Hermann Buhl
Achttausend drüber und drunter

Hermann Buhl bei der Rückkehr vom Gipfel des Nanga Parbat 1953

SERIE PIPER

Zu diesem Buch

Der Innsbrucker Hermann Buhl (1924–1957) erstieg mit zehn Jahren seinen ersten Berg. Nach großen Erfolgen in den Alpen erreichte Buhl am 3. Juli 1953 nach siebzehnstündigem Alleingang den 8125 Meter hohen Gipfel des Nanga Parbat und bezwang damit den »Schicksalsberg der Deutschen«. Nach seiner Rückkehr wurde Buhl zum Star. Sein Buch »Achttausend drüber und drunter«, in dem er von seinen Anfängen, frühen Erfolgen und dem Triumph am Nanga Parbat erzählt, wurde ein Bestseller. Doch erst ein halbes Jahrhundert später werden auch Buhls Tagebuchaufzeichnungen vom Nanga Parbat, Broad Peak und der Chogolisa erstmals vollständig der Öffentlichkeit zugänglich gemacht. Autorisiert von Buhls Witwe Eugenie, kommentiert Kurt Diemberger diese Texte. Er war Buhls letzter Seilgefährte. Zusammen gingen sie 1957 nach dem Erfolg am Broad Peak – Buhls zweitem Achttausender – zur Chogolisa. Dort verunglückte Buhl am 27. Juni tödlich.

Hermann Buhl, geboren 1924 in Innsbruck, 1957 an der Chogolisa (Karakorum) tödlich verunglückt, war Bergführer. Der legendäre Erstbesteiger des Nanga Parbat (1953) bezwang 1957 mit dem Broad Peak seinen zweiten Achttausender. Sein Buch erschien 1954, wurde zum Bestseller und erlebte zahlreiche Übersetzungen.

Kurt Diemberger, geboren 1932 in Villach, arbeitete als Lehrer und ließ sich als Bergführer ausbilden, ehe er zu filmen begann. Seine Bücher wurden ausgezeichnet, seine Filme preisgekrönt. Er lebt in Bologna und Salzburg und hält regelmäßig Vorträge über seine Bergerlebnisse.

Hermann Buhl

Achttausend drüber und drunter

Mit den Tagebüchern von Nanga Parbat, Broad Peak und Chogolisa

Kommentiert von Kurt Diemberger

Vorwort von Hans Kammerlander

Mit 8 Farbtafeln und 24 Schwarzweißtafeln

Ein MALIK Buch

Piper München Zürich

FSC

Dieses Taschenbuch wurde auf FSC-zertifiziertem Papier gedruckt. FSC (Forest Stewardship Council) ist eine nichtstaatliche, gemeinnützige Organisation, die sich für eine ökologische und sozialverantwortliche Nutzung der Wälder unserer Erde einsetzt (vgl. Logo auf der Umschlagrückseite).

Ungekürzte Taschenbuchausgabe
Juni 2007

Umschlagkonzept: Büro Hamburg
Umschlaggestaltung: Birgit Kohlhaas
Umschlagfotos: Archiv Eugenie Buhl
Satz: Filmsatz Schröter, München
Litho: Lorenz & Zeller, Inning
Papier: Munken Print von Arctic Paper Munkedals AB, Schweden
Druck und Bindung: Clausen & Bosse, Leck
Printed in Germany ISBN 978-3-492-24979-9

www.piper.de

Inhalt

Editorische Vorbemerkung

Dieses Buch erschien erstmals 1954 bei der Nymphenburger Verlagshandlung in München. Nach dem Tod Hermann Buhls, der am 27. Juni 1957 an der Chogolisa tödlich abgestürzt ist, erschienen mehrere Ausgaben, in denen Kurt Diemberger in einem ausführlichen Anhang die Karakorum-Expedition von 1957 mit dem Erfolg am Broad Peak – Hermann Buhls zweitem Achttausender – und Buhls Ende an der Chogolisa schilderte. Später kamen auch Ausgaben heraus, in denen Buhls ursprünglicher Text gekürzt wurde.

Für die vorliegende Neuausgabe wurde mit Zustimmung von Eugenie Buhl, der Witwe Hermann Buhls, und in Absprache mit Kurt Diemberger der Text der Erstausgabe gekürzt. Gleichzeitig wurden mit ausdrücklicher Genehmigung von Eugenie Buhl die Expeditionstagebücher von Hermann Buhl vollständig abgeschrieben. Es handelt sich um die handschriftlichen Aufzeichnungen von der Nanga-Parbat-Expedition 1953 (zwei kleinformatige Notizbücher) und von der österreichischen Karakorum-Expedition 1957 mit Broad Peak (zwei kleinformatige Notizbücher) und Chogolisa (ein kleinformatiges Notizbuch). Diese Tagebücher werden im Rahmen der vorliegenden Ausgabe zum ersten Mal vollständig der Öffentlichkeit zugänglich gemacht.

Der Text des Nanga-Parbat-Tagebuchs findet sich im Anschluß an Buhls Bericht vom Nanga Parbat. Die beiden anderen Tagebücher wurden dem Bericht von Kurt Diemberger über Broad Peak und Chogolisa zugeordnet, der ursprünglich für die Gedächtnisausgabe (1958) verfaßt worden war und hier leicht gekürzt wieder abgedruckt wird. Dort finden sich auch Auszüge aus einem Gedächtnisprotokoll Hermann Buhls zur Karakorum-Expedition.

Schließlich wurde diese Ausgabe ergänzt um das »Protokoll über den tödlichen Unfall Hermann Buhls«, einen Bericht, den Kurt Diemberger direkt nach seiner Rückkehr von der Chogolisa gegeben hat. Diemberger, der Buhls Tagebücher, dessen Gedächtnisprotokoll und seinen eigenen Bericht jeweils kommentiert hat, faßt in seinen Schlußbemerkungen aus seiner Sicht die anhaltende Diskussion um Hermann Buhl zusammen.

Damit deutlich wird, wie aktiv der Bergsteiger Hermann Buhl überhaupt und auch noch nach seinem Erfolg am Nanga Parbat gewesen ist, hat Rollo Steffens Auszüge aus Buhls Tourenbuch zusammengestellt. Diese bilden mit Literaturhinweisen den Schluß des Buches.

Der Verlag dankt Eugenie Buhl, Kurt Diemberger, Hans Kammerlander und Rollo Steffens für ihre Mitarbeit bei dieser Neuausgabe.

MALIK Verlag

Vorwort

von Hans Kammerlander

Was bleibt von einem Bergsteiger, der nicht mehr lebt. Ein Grabstein mit einer Inschrift, ein »verschollen« hinter dem Namen, ein Buch, Geschichten, Legenden ...?

Zu den ganz großen Figuren der Bergsteigerei – und es gibt nicht wirklich viele – gehört Hermann Buhl. Er war einer der Top-Alpinisten der Welt, ein Klettergenie und ein Energiebündel. Dieser Mann konnte offenbar über einen nicht zu bändigenden Willen verfügen.

Hermann Buhls Leistung am Nanga Parbat ist eine unter Bergsteigern atemlos erzählte Geschichte. Im Alleingang zum Gipfel, Stehbiwak, kurz vor dem Erfrierungstod. Aber lebend zurückgekehrt. Dieses Kapitel alpiner Geschichte diente den Kritikern aber auch dazu, ihr Mütchen zu kühlen. Da ging es um Tabletten, um »Pervitin«, ein aufputschendes Mittel, das Buhl vielleicht das Überleben sicherte. Doch wer würde nicht, wenn das Leben zu schwinden beginnt ...

Hermann Buhl wird vielfach reduziert auf die Erstbesteigungen am Nanga Parbat und am Broad Peak. Er gilt als Erfinder des »Alpin-Stils« an den Achttausendern. Doch da gibt es ja viel, viel mehr. Sein bereits erwähnter Wille zum Beispiel. Nur eine Tour in Stichworten: mit dem Zug von Innsbruck nach Landeck – auf dem Fahrrad durch das Engadin – in brüllender Hitze über den Malojapaß – Aufstieg zur Sciorahütte – am Morgen verschlafen – im Eiltempo unter die 800 Meter hohe Nordostwand des Piz Badile – riesige Plattenschüsse – Hermann Buhl, der Solokletterer – am Gipfel angelangt, läuten im Tal die Glocken zu Mittag – drei Stunden später ist er auf dem Gletscher am Wandfuß – zwei weitere Stunden für zwanzig Kilometer und 1100 Höhenmeter auf dem Malojapaß – nun sind es »nur« noch

140 Kilometer bis Landeck. Plötzlich kracht es. Buhl fliegt im hohen Bogen durch die Luft – und erwacht schlaftrunken im Hochwasser führenden Inn. Eine Beule am Kopf, schlotternd vor Kälte, das Fahrrad geknickt. Woran denkt er? Mit Hochgenuß an den Piz Badile ...

Beim Militär hat man ihn gehänselt, weil er zu klein war, zu schmächtig, zu schwach, zu kränklich. Und dann hat er sich zu einem der bedeutendsten Alpinisten der Welt entwickelt. In 33 Stunden überschreitet er nonstop die Gleirschkette oberhalb Innsbruck mit ihren 25 Gipfeln. In einer ersten vollständigen Begehung gelingen ihm die 15 Gipfel, die sich über Chamonix aneinanderreihen.

Achttausend drüber und drunter war eines der ersten Bergbücher, das ich verschlungen habe. Da roch es auf jeder Seite nach Spannung und nach Abenteuer, nach Aufbruch und immer neuen Zielen. Aus diesem Buch sprang mir die überbordende Leidenschaft eines Mannes entgegen, der sein Leben den Bergen schenkte. Nun erscheint diese Kostbarkeit in einer neuen, überarbeiteten Auflage, erweitert um wertvolle Texte: die Tagebücher von Hermann Buhl.

Kurt Diemberger, Buhls Partner bei der Erstbesteigung des Broad Peak, hatte die kleinen Büchlein mit den handschriftlichen Aufzeichnungen vom Broad Peak dessen Witwe Eugenie überbracht. Ein Jahr nach Buhls tragischem Absturz an der Chogolisa hatten Japaner ein weiteres Tagebuch gefunden. Diese Aufzeichnungen und die Tagebücher vom Nanga Parbat hat Diemberger jetzt kommentiert. Die beiden verband viel. Auch das Kuriosum, daß Diemberger auf dem Rückweg vom Broad-Peak-Gipfel noch einmal kehrt machte und an Buhls Seite sofort ein zweites Mal hinaufstieg.

Die Tagebücher können nun endlich ungekürzt gelesen werden. Und das ist gut so: Sie sind ein fesselndes, hautnahes Dokument der alpinen Zeitgeschichte und sollten nicht in Vergessenheit geraten.

Am 21. 9. 2005 würde Hermann Buhl 81 Jahre alt. Geblieben sind die Erinnerungen jener, die ihn erleben durften. Und die Hochachtung derer, die heute beieinander sitzen und irgendwann – fast zwangsläufig – auf den Namen Hermann Buhl stoßen. Man muß Eugenie Buhl und Kurt Diemberger also dafür dankbar sein, daß sie uns das Leben dieses großen Bergsteigers noch einmal vor Augen führen.

ALPINE LEHRJAHRE

Aus mir wird niemals ein Bergsteiger …

Ich bin in Innsbruck geboren. Die Berge schauten in meine Wiege. Die Liebe zu ihnen war wohl vererbt. Mein Vater war ein begeisterter Bergwanderer, und meine Mutter stammte aus dem Grödnertal, also aus dem Herzen der Dolomiten. Ich war erst vier Jahre alt, als ich sie verlor. Sie muß eine feine, zarte Frau gewesen sein, deren Verständnis über den Rahmen des Alltags hinausreichte und sich auf Dinge erstreckte, die man nicht nach ihrem materiellen Wert beurteilen konnte. Ihr Bild und die Sehnsucht nach ihr begleiteten mich im Leben.

Es schien unsinnig, daß ich Bergsteiger werden wollte, daß in mir ein unlöschbares Feuer der Begeisterung für die Welt der Gipfel, Wände und Grate brannte. Ich war als Kind so zart, so schwach, daß ich sogar ein Jahr später als normal in die Schule kam. Trotzdem träumte ich von den Bergen. Bei Schulausflügen blieb ich oft bei Wasserfällen oder anderen romantischen Stellen stehen. Es war mir, als ob die Berge eine eigene Sprache zu mir redeten und ich ihnen zuhorchen müßte. Wenn Lehrer und Gefährten mich schalten oder verlachten, dann schwieg ich. Würden sie mich denn überhaupt verstehen, wenn sie selbst nicht die Stimmen hörten?

Zu meinem zehnten Geburtstag fragte mich mein Vater, ob ich zur Feier des Tages lieber eine Bahnfahrt nach Bregenz an den fernen Bodensee oder eine Besteigung des Glungezer machen wollte. Es gab kein langes Überlegen für mich. Der Glungezer war immerhin 2600 Meter hoch. So wanderten wir auf diese Bergkuppe oberhalb Innsbrucks. Jenseits des Tales sah ich nun die ganze Nordkette vor mir, ein Gewirr von Zacken und Türmen, von abenteuerlichen Felsgestalten und schier endlosen Graten. Stark und groß müßte man sein, um dort klettern zu können. Von Berg zu Berg, von Turm zu Turm …

Wenige Jahre später wurde die Nordkette bei Innsbruck mein Hauptbetätigungsfeld. Fast jeden Sonntag war ich droben. Das war allerdings nicht so einfach. Wir waren streng religiös erzogen. Ein Sonntag mußte durch den Besuch der Messe die richtige Weihe und Würde bekommen. Also gab es auch keine Tour ohne vorherigen Gottesdienst. Da wir aber in Innsbruck lebten, wo man den Wünschen der Bergsteiger Rechnung trägt, ohne die Rechte der Kirche zu schmälern, gab es Frühmessen, Gottesdienst gewissermaßen zwischen Nacht und Tag. Man mußte eben schon vor vier Uhr früh aufstehen, um in die Kirche und doch noch rechtzeitig auf den Berg zu kommen.

Die Leute, die mich wegen meines schwächlichen Aussehens bedauerten oder nicht als vollwertigen Jungen nahmen, hatten nicht recht. Ich war nicht zu schwach. Nicht für die Berge. Ich lief und tollte, kletterte und sprang. Bergauf, bergab. Das Steigen schien mir so leicht. Und wenn irgendwo kahler Fels aus Schutt und Schnee emporwuchs, stopfte ich meine Schuhe in den »Schnerfer«, den kleinen Rucksack, und kletterte den Stein in Wollsocken empor. Ich hatte kein Geld für Kletterschuhe. Das bedrückte mich aber nicht. Mich bedrückte überhaupt nichts, wenn ich nur droben in den Felsen sein durfte. Abends stand ich dann wieder im Tal des Inn, in irgendeiner Straße meiner Heimatstadt und blickte hinauf zur Nordkette. Dort oben also war ich gewesen? Auf diesem oder jenem Zacken? Ich war klein und zart und in den Augen der würdigen, heimkehrenden Sonntagsspaziergänger bestimmt etwas komisch. Trotzdem fühlte ich mich in meinem kindlichen Stolz auf meine eingebildete Leistung über sie erhaben. Zu Hause wurde meine Begeisterung meistens gedämpft. Man sah das Wesentliche: die zerrissenen Wollsocken. Ich erfand alle möglichen Erklärungen und Ausreden. Zuletzt stand ich doch – mit geröteten Backen da. Bestimmt werde ich in Hinkunft auf die Socken besser aufpassen! Bis zum nächsten Sonntag.

Der Mensch wächst mit seinen höheren Zielen. Auch wenn er in einen so engen Rahmen gestellt wurde wie ich. Mit meinem Schulfreund Ernstl wollte ich einmal etwas richtig Zünftiges machen. Eine Kletterei mit Seil und allem Drum und Dran. Es gab herrliche, verführerisch schöne Seile. In den Schaufenstern der Sportgeschäfte. Für Menschen, die sie auch bezahlen konnten. Nicht aber für kleine Buben mit großen Rosinen im Kopf. Aber ein Seil mußte her. So wechselte der stiefmütterliche Wäschestrick vom Balkon in meinen Rucksack.

Draußen vor den Toren der Stadt allerdings wechselte unser Bergseil wieder seinen Platz. Wir trugen es abwechselnd um die Brust, die stolzgeschwellte. Was war das für ein erhebendes Gefühl. Wir kamen uns nicht die Spur lächerlich vor, sondern als verwegene Berghelden, wie wir sie aus Büchern und Liedern kannten. »Das Seil um die Brust …«

Das Brandjoch war unser Ziel. Mit seinen 2700 Metern war es mein bisheriger Höhenrekord. Und nun, als 13jähriger Gipfelstürmer, dessen Bedeutung doch jedem durch den um die Schulter geschlungenen Wäschestrick klar sein mußte, konnte ich nicht dulden, daß auf dem Weg andere Touristen vor uns waren. Wir liefen, überholten, fühlten uns als überlegene »Felsentiger« – und waren doch vom echten Bergsteigen noch so weit entfernt. Was so ein Wäschestrick alles anrichten kann …

Wir erreichten den Fuß der »Frau Hitt«. Eine verwegen aussehende Felsgestalt, in die nach der Sage die hochmütige, eitle Frau Hitt verwandelt wurde. Aber auch zu Stein geworden behielt die von Gott gestrafte Dame ihre Unnahbarkeit. Steil der Fels. Kleingriffig und glatt. Wir verloren etwas von unserer Bubenüberlegenheit.

Am Fuße des Felsturms sind schon andere. Richtig zünftige, verwegene Gestalten, mit braungebrannten, hageren Gesichtern. So müssen Bergsteiger aussehen. Wir gesellen uns zu ihnen, ernten fragende, etwas spöttische Blicke. Aber wir lassen uns die Unsicherheit nicht anmerken. Mit möglichst gelassener Selbstverständlichkeit entrollen wir unseren Wäschestrick, während sich die anderen mit echten Kletterseilen verbinden.

Wie die klettern können! Mit sicheren Griffen und Tritten und doch ohne merklichen Ruck gehen sie dem steinernen Weibsbild zu Leibe, gewinnen rasch an Höhe. Und dann sind wir dran. Die Sorge ist verschwunden. Da sind ja wirkliche Griffe und Tritte. Hier kann man ja wirklich empor. Auch wir, und gar nicht so schlecht. Die anderen, die wir auf der schmalen Gipfelfläche wiedertreffen, schauen nicht mehr spöttisch.

Wir sind sehr stolz, als wir uns nachher zu den Zünftigen setzen dürfen. Vor allem einer fällt mir auf, dessen markantes Gesicht vom breitkrempigen Hut überschattet wird. Auf diesem Hut sind Abzeichen: Edelweiß, Seil und schräg durchgesteckter Pickel. Bei so einem Verein, so einem Klub, müßte man halt einmal sein. Mächtig imponieren mir die jungen Männer, gegen die ich ja noch ein Kind bin. Ich rede nicht viel, höre aber um so angespannter zu. Namen von Bergen, Wänden, Anstiegen: Hohe Warte, Grubreißen, Kumpfkar, Schüsselkar ... Jeder dieser Namen bedeutet eine abenteuerliche, wilde Welt für sich. Ziel der Sehnsucht. Ob wir es so weit bringen werden?

Ich muß es so weit bringen!

Die Grubreißentürme. Sie werden ein Jahr lang Mittelpunkt meiner Phantasie. Diese Felsgebilde hinter dem Hafelekar – sie sind in meinem Traum Inbegriff aller Kletterfreuden, mehr noch, aller Freuden auf Erden. Gibt es denn auf der Welt noch etwas Schöneres als Klettern? Ich bin jetzt 14 Jahre alt. Zwar noch immer unscheinbar mager und zart, aber ich fühle mich schon als »Alter«, als ich wieder einmal am Hafelekar stehe. Natürlich bin ich von Innsbruck zu Fuß heraufgestiegen. Wer hat schon das Geld für Seilbahn und dergleichen Luxus?

Da stehe ich nun und schaue hinüber zu den grauen Felsnadeln im Norden, im Karwendel. Dort hinten entdecke ich auch einige kleine Punkte. Die bewegen sich. Kletterer. Vielleicht würden die mich mitnehmen ...?

Ich eile das schmale Steiglein hinunter, quere das Kar zu einer Schneerinne hinüber, steige durch diese zu einer Scharte an. Da sind sie nun, die Felsnadeln, die Türme, die Grubreißentürme. Da rechts – der Südturm, der sogenannte Melzerturm, der ist der schwerste. Dort hinten – der Nordturm. Vom Hörensagen kenne ich alle. Auch die Anstiege. Auch Bilder habe ich gesehen und Berichte gelesen. Lohnt es sich, das Leichtere zu wagen? Nein, das Schwere muß es sein. Der Melzerturm.

Gleich so, wie ich bin, in schweren Skistiefeln, mit umgehängter Regenpelerine, springe ich hinüber zum Einstieg, suche nicht lange nach Weg und Route, beginne zu klettern. In Skistiefeln und Pelerine. Komme ein gutes Stück empor. Dann kann ich nicht mehr weiter. Wie eine komische Fledermaus klebe ich in den Felsen. Fledermäuse können fliegen. Auch hinauf. Ich nur hinunter... Es ist ein böser Augenblick.

Da höre ich Stimmen. Ich erinnere mich der Kletterer, die ich früher als Punkte aus der Ferne sah. Man hat erkannt, daß ich mich hoffnungslos verstiegen habe, man bietet dem dummen Buben Seilhilfe an. Ich wäre glücklich über die Hilfe gewesen, überglücklich. Aber ich darf sie jetzt nicht annehmen. Ich will meine Kletterlaufbahn nicht gleich als Geretteter beginnen. Stolz und patzig (und im Inneren doch recht verzweifelt) lehne ich die gebotene Hilfe ab.

Hinauf kann ich nicht mehr. Also zurück. Es scheint unmöglich. Es wird aber doch möglich. Trotz der glatten Skistiefel. Hie und da werfe ich einen Blick nach unten, sehe den Weg, den ich nehmen müßte, wenn mich die Kraft verließe. Es gäbe keine Rückkehr ins Leben mehr von diesem Weg. Ich darf nicht stürzen! – Ich stürze nicht, erreiche wieder den sicheren Boden.

Die anderen haben mir zugeschaut. Und jetzt kommt der Lohn für meine Selbstüberwindung.

»Willst du mit uns auf den Nordturm steigen?«

Ich kann es kaum fassen vor Stolz und Glück. Ich darf mit Zünftigen gehen. Von ihnen eingeladen. An ihrem Seil gesichert.

»Wo hast du denn deine Kletterschuhe?«

Ich habe keine. Aber wunderschöne neue Skistiefel. Stolz zeige ich auf meine Treter mit den glatten Ledersohlen, die für schwere Klettereien denkbar ungeeignet sind. Man lacht, nimmt mich aber trotzdem mit. Ich schwelge förmlich im Glück. Hie und da geben meine kostbaren Schuhe doch zu wenig Halt und ich muß die Unterstützung durch das Seil in Anspruch nehmen. Aber was tut das. Von solchen Männern darf man sich schon helfen lassen. Ich habe inzwischen ihre Namen erfahren. Welcher Bergsteiger kennt sie nicht? Aschenbrenner, Mariner, Douschan – alles »Prominente«.

Beim Abstieg durch die Schneerinne zeigen mir meine Führer den begrenzenden Südgrat des Turmes. »Das ist eine ganz schwere Fahrt. Das ist noch nichts für dich. Vielleicht in ein paar Jahren.«

Bei mir haben sich die Zeitbegriffe scheinbar verschoben. Ich warte nicht ein paar Jahre. Schon eine Woche später stehen wir beide, mein Schulfreund Ernstl Vitavsky und ich, am Fuße des Südgrates, unter der senkrechten Einstiegswand. Wir würgen an unserem üblichen Frühstück: Brot und Streichkäse, beobachten dabei eine Seilschaft, die über uns auf dem Südgrat klettert. Jetzt entdecken auch die Kletterer uns, rufen uns zu, wir möchten das beim Einstieg liegende Seil hinauf in die Scharte tragen.

Richtig, da liegt ein Seil, ein echtes, schönes Bergseil. Und das sollen wir durch die Rinne in die Scharte hinauftragen? Das Seil – es wird unwiderstehliche Verlockung. Mit dem Seil könnten wir doch auch den Südgrat machen und es den anderen oben übergeben. Kommt auf das gleiche heraus – für die andern. Nicht für uns. Für uns würde die Fahrt das große, ersehnte Abenteuer bedeuten.

Die anderen sind unseren Blicken entschwunden. Da entrollen wir das Seil. Seilknoten? Wir haben keine Ahnung davon. Ein gewöhnlicher dreifacher Knoten muß es auch tun. Dann sind wir angeseilt. Eine echte Seilschaft. Es ist, als ob das Tau eine Ader wäre, durch die uns neue Kraft und Mut zufließen. Ein Karabiner liegt auch da, einer von jenen komischen Schnappringen, mit denen man das Seil in die Ösen der in Felsspalten getriebenen Haken hängt. Das habe ich schon den anderen, den Zünftigen, abgeschaut. Die Schuhe bleiben zurück. Kletterschuhe haben wir noch nicht, also muß es diesmal noch in Socken gehen.

Ernstl steigt ein. Ich stehe noch herunten, »sichere« ihn. Lasse halt das Seil so ganz normal durch meine Hände laufen, glaube, ihn damit jederzeit halten zu können. Unser Vortraining war nicht umsonst. Der Freund geht sehr rasch. Bei einem Haken hängt er den Karabiner ein – ganz wie ein Großer. Den folgenden Spreizschritt allerdings hätte ein wirklich großer Mensch schon leichter getan. Ernstl ist aber noch ein genauso kleiner Junge wie ich, den Kinderschuhen noch kaum entwachsen. Er reckt und streckt sich, kommt dann gut über die Stelle, erreicht bald einen sicheren Stand. »Nachkommen!« sagt er großartig.

Es ist für mich ein großer Augenblick. Klettern in einer wirklich selbständigen Seilschaft. Meine ersten Schritte sind noch etwas zaghaft. Bald aber habe ich vollkommene Sicherheit erlangt. So angeseilt, ist ja das Klettern eine lustige, eine harmlose Angelegenheit. Abstürzen? Wer kann schon abstürzen? Schnell gewinne ich an Höhe. Da stecken einige Haken, die Ernstl nicht einmal beachtet hat. Ich will sie ausprobieren, stecke meine Finger in die Hakenringe. Das gibt prächtigen Halt. Weiter. Ein glatter Block, eine luftige Kanzel. Nun – der heikle Spreizschritt.

Rechts ist der in den Haken gehängte Karabiner, durch den zur Sicherung das Seil läuft. Ernstl gibt kurzen Zug, meine Hand tappt hinter einer Kante nach einem Griff, der Körper schwingt nach – dann stehe ich in einem Kamin. Ist das eine Freude! »Wir sind Herren dieser Welt ...«

Ernstl sitzt bequem auf einer Kanzel und holt langsam das Seil ein. Er lacht und ich lache. Wir sind wunschlos glücklich nach dieser ersten gelungenen selbständigen Seillänge. Jetzt gehe ich voraus. Wir lösen uns im Vorklettern ab, wie es unter gleichwertigen »Zünftigen« der Brauch ist.

Wir hören Stimmen über uns. Die vorangehende Partie ... Holen wir sie am Ende gar ein? Wir Buben? Richtig – am Fuß des »Auckenthalerrisses« treffen wir mit ihnen zusammen. Sie begrüßen uns nicht gerade freundlich. Wir müssen uns eine recht gewaschene Moralpredigt anhören. Das gehört dazu. Das stört niemanden und hemmt auch nicht unseren Auftrieb. In der Gipfelwand entpuppen sich die anderen doch als wirklich besorgte, auf uns Jungen schauende ältere Kameraden. Sie lassen uns ein Seil zur Hilfe herunter, so daß wir dieses letzte böse Stück in völliger Sicherheit genießen können. Dann sitzen wir auf dem warmen Gipfelfelsen des Südturms und liefern wunschgemäß das Seil ab. Lachendes Händeschütteln. Die anderen nennen uns grüne Lausbuben.

Obwohl es eher wie eine versteckte Anerkennung als eine Rüge klingt, soll mir die Berechtigung dieser Rüge sehr bald auf die grausamste Weise zu Bewußtsein gebracht werden. Wenige Wochen später, beim ungestümen Versuch, den Auckenthalerriß allein zu begehen, stürzt Freund Ernstl zu Tode. Ich verliere meinen ersten Seilgefährten.

Trotzdem statte ich in diesem Sommer 1939 den Grubreißentürmen noch öfters einen Besuch ab. Ich lerne mit der Zeit einiges über

Seilbedienung, Technik im Fels, Schwierigkeitsbewertung und dergleichen. Ich nütze jede freie Stunde fleißig zum Training.

Ich bin inzwischen auch in die Jungmannschaft der Sektion Innsbruck des Alpenvereins aufgenommen worden. 30 bis 40 bergbegeisterte, junge Menschen, eine fröhliche Runde, die Sonntag für Sonntag in die Berge zieht. Unsere Grenzen sind eng gesteckt. Das Geld reicht nur für Touren, die man zu Fuß oder per Fahrrad von Innsbruck aus unternehmen kann. Die ganze Woche wird gespart, jeder Groschen wird zusammengekratzt, um für den Sonntag das nötige Kleingeld beisammen zu haben.

Wir kommen immer besser in Form, glauben schon, der Meisterschaft nahe zu sein. Aber die Berge sorgen dafür, daß die Bäume nicht in den Himmel wachsen, daß junge Kletterer auf das rechte Maß gebracht werden. Auch wenn sie schon echte Kletterschuhe mit Manchonsohle besitzen und nicht mehr daheim für zerrissene Socken gerötete Wangen ernten müssen.

Eine Schulungsbergfahrt der Jungmannschaft eröffnete uns ein neues Gebiet: den Wilden Kaiser. Bisher nur Sehnsucht, Traumvorstellung. Nun sollte es Wirklichkeit werden. Im Geiste sah ich schon die lotrechten Plattenfluchten gegen den Himmel schießen. Die Vorfreude war unbeschreiblich. Meine überschwengliche Phantasie zauberte mir Bilder vor, wie sie die Wirklichkeit nie bieten konnte.

Gaudeamus- und Gruttenhütte. Wir kennen diese berühmten Asyle ganzer Generationen von Kaiserkletterern vom Hörensagen. Als wir sie erreichen, sind sie überfüllt. So macht sich ein Teil von uns auf den Weg empor zum Ellmauer Tor. Unser erstes Biwak. Dieses Wort hat in mir immer eine ganze Flut romantischer Vorstellungen ausgelöst. Nun sollen wir ein Freilager in den Bergen am eigenen Leib auskosten. Im Fackelschein stolpern wir das schmale Steiglein bergan. Rabenschwarze Nacht, gespenstisch durchrissen vom flackernden Schein. Geisterhaft unwirklich leuchten steile Abhänge. Schluchten stürzen in die Tiefe. Eine Fackel nimmt den Weg hinunter, wir sehen ihr nach, bis sie irgendwo weit, weit unten erlischt.

Um Mitternacht erreichen wir das Ellmauer Tor, legen uns hinter einen Stein, decken uns mit allen verfügbaren Kleidungsstücken zu, versuchen zu schlafen. Bald verwünschen wir die Romantik. Wir sind noch unerfahrene Jungen, die zähneklappernd an die warme Hütte, oder auch nur an einen Heustadel, mit Sehnsucht denken. Es fehlt uns noch viel zum echten Bergsteiger…

Dann kommt, gleichzeitig mit der ärgsten Kälte, der junge Tag. Die Zinnen und Zacken werden licht. Not und Unbequemlichkeit der Nacht sind rasch vergessen. Nach wenigen Schritten stehe ich am höchsten Punkt des torartigen Einschnitts im Bergeskamm. Es ist das Tor zu einer Wunderwelt. Da liegt sie vor, unter mir, die Steinerne Rinne…

Eine enge Schlucht, begrenzt von himmelstürmenden Wänden, abenteuerlich in ihrer Steilheit und Glätte. Eine Landschaft von Urgewalten geformt. Da stehen die Wächter der Rinne – rechts der Predigtstuhl, links die Fleischbankspitze. Und dort, ja dort, ist die berühmte Fleischbank-Ostwand, die den Reigen der schweren Kaisertouren eröffnete. Die Wand, die Hans Dülfer mit seinem Gefährten Werner Schaarschmidt vor dem Ersten Weltkrieg als erster bezwang. Vor 28 Jahren.

Seinerzeit eine alpine Sensation, zählt die Fleischbank-Ostwand heute nicht mehr zu den schwersten Kaisertouren. Aber sie ist noch immer die Fleischbank-Ostwand. Man muß die Kinderschuhe des Kletterers längst abgetreten haben, ehe man sich in sie wagen darf. Darf ich es schon? Der Verstand verneint die Frage. Die Sehnsucht schreit ein leidenschaftliches »Ja«! Ich weiß, daß einige ältere, erfahrene Jungmannen heute den Spuren Dülfers folgen dürfen. Mich, den Jüngsten und körperlich Schwächsten, hat Hannes Schmidhuber, unser Mannschaftsführer, noch nicht für reif erachtet. Offiziell werde ich bestimmt nicht mitgenommen.

Also heimlich. Ich schleiche zum Einstieg der Wand, verstecke mich hinter einem Block, warte auf die Seilschaft, die den Dülferweg gehen darf. Da kommen sie. Eine kleine Gruppe. Man hört die »Schlosserei« – Haken, Karabiner, Hammer – klingeln. In Kletterpatschen steigen sie das Steiglein ab, der Vigl Luis, der Magerle Hugo und noch einige. Und dann – ja dann kommt als letzter Hannes Schmidhuber. Er hat mich sofort in meinem Versteck erblickt. Ich brauche ihm gar nichts zu erklären, er kennt meine Absicht auch so. Sein Gesichtsausdruck verspricht nichts Gutes. Nein, Bürschlein, du kannst dich nicht heimlich in die Ostwand schleichen. Nicht, solange ich verantwortlich bin. Du bist noch zu jung, zu grün...

Ich könnte heulen vor Zorn und gekränktem Stolz, als mich Hannes mit starker Hand anpackt und mich zwingt, mit ihm zurück zum Ellmauer Tor zu gehen. Die anderen sind bereits in die Ostwand eingestiegen. Ich kann sie nur beobachten, beneiden, bewundern. Vielleicht habe ich in diesem Augenblick Hannes Schmidhuber verwünscht. Er tat mir auch viel an an diesem Tag. Er verbot mir nicht nur die schwere Wand, sondern teilte mich einem neuaufgenommenen Jungmannen – sogar nur als zweiten am Seil – zu. Auf dem Normalweg, dem sogenannten »Herrweg«, auf die Fleischbank. Ich, der sich schon so gut dünkte, sollte nun gesichert hinter einem anderen nachzotteln über einen Anstieg, zu dem man überhaupt kein Seil gebraucht hätte...

Heute denke ich anders über die Episode. Heute denke ich nur mit dankbarer Freundschaft an Hannes zurück. Viel habe ich von ihm gelernt, von diesem großartigen Bergsteiger und verantwortungsbewußten Mann, der im Bergrettungseinsatz für andere sein Leben ließ. Er erkannte wohl, daß ich in meiner Begeisterung blind in das Verderben gestürmt wäre, hätte er meine überschäumende Leidenschaft nicht gezähmt. Er beobachtete mich gut, wollte mir auch Selbstbeherrschung beibringen. Aber es ist schwer, eine Besessenheit zu beherrschen, die alle Schranken und Dämme brechen will.

Es ist einmal zu Pfingsten. Wieder im Wilden Kaiser. Das Wetter ist prachtvoll, so ist Massenauftrieb in den Wänden der Steinernen Rinne. Aus allen Routen, Mauern, Kanten, Verschneidungen, Rissen, Kaminen hört man die Seilkommandos, die Stimmen, Rufe und Jodelkünste der Kletterer. Wie winzige Fliegen an himmelhohen Feuermauern scheinen sie von der gegenüberliegenden Seite.

Auch wir haben eine schöne Kletterei hinter uns, die Nordkante des Predigtstuhls. Fredl Schatz, der vom Militärdienst gerade auf Urlaub ist, läßt es sich nicht nehmen zu führen. Helmut Weber macht den Mittelmann, während ich heute letzter am Seil bin. Wir steigen vom Nordgipfel über den Mittelgipfel gegen den Hauptgipfel an. Fred kommt zu einer schweren Stelle. Er probiert einige Male, steigt zurück, wieder empor. Helmut als Mittelmann hat ihn zu sichern. Auch ich schaue gespannt zu dem Führenden, denke aber nicht an die Möglichkeit eines Absturzes.

In diesem Augenblick erfüllt die Steinerne Rinne dröhnender Lärm. Als ob alle Berge einstürzten. Der Laut bricht sich hundertfach in den Wandwinkeln, steigert sich zu ohrenbetäubender Höllenmusik. Es sind aber nicht einstürzende Berge. Es ist ein Flieger, der das tollkühne Husarenstück vollführt, mitten durch die Steinerne Rinne zu fliegen – tief unter meinem Standplatz. Ein toller Bursche, der Pilot. Ich kann von oben in seine Kanzel sehen. Gleich einem Spuk ist das Flugzeug im nächsten Moment meinen Blicken entschwunden.

Ich schaue zurück zu der Stelle, wo mein Kamerad am Felsen hängt. Nein er ist nicht mehr dort. Nur ein Schatten huscht entlang der Felsen abwärts. Blitzschnell. Fred ist gestürzt, fällt ... Schnell umfasse ich das Seil, klemme mich hinter einen Block. Halten, halten ... Ein kurzer Ruck, nicht allzu stark, da wir ja zu zweit sind. Der Körper Freds bleibt 20 Meter tiefer frei baumelnd am Seil hängen. Wir lassen ihn weiter hinab, bis er einen Standplatz findet. Dann klettere ich zu ihm hinunter.

»Ist's schlimm, Fred?«

Tapfer die Antwort.

»Nein, nur Prellungen in den Beinen und Hüften. Aber – ich kann nicht mehr klettern.«

200 Meter tiefer ist das sichere Kar. Zwischen uns und dem rettenden Boden ist ein schwarzer, abweisender Schlund. Wasser rieselt über die Felsen; der Botzongkamin ist sonst ein schneller, luftig-lustiger Weg hinunter, wenn man frei von Sorge und Ballast sich abseilen kann von Absatz zu Absatz, von Stufe zu Stufe. Aber mit dem verletzten Gefährten?

Die Zeit drängt. Wir haben nur ein 30-Meter-Seil. Das muß für die Rettung des Freundes und zur eigenen Sicherung genügen. Wir wollen und werden nicht um Hilfe rufen. Dort unten bleiben schon einige Menschen stehen. Kleine, jetzt regungslose Punkte. Sie starren zu uns herauf. Wir rufen nicht um Hilfe, und von selbst kommen sie nicht.

Helmut und ich haben noch keine Erfahrung in Rettungen mit so primitiven Mitteln. Aber wir müssen aus der Wand, durch den Kamin, mit dem verletzten Fred. Ohne fremde Unterstützung. Wir lassen Fred am Seil hinunter. Er braucht sich nur mit den Händen vom Fels abzuspreizen, alles andere besorgen wir. Am selben Seil steigen wir dann hinab, sichern uns gegenseitig, so gut es geht; Meter für Meter kommen wir so tiefer in dem kalten, wasserüberronnenen Schlund. Es bleibt nicht bei Wasser. Es kommt Eis. Kein Sonnenstrahl trifft diesen Wandteil. Es wird so kalt, daß wir, schon ganz durchnäßt, völlig steif und durchfroren werden. Jetzt könnten wir gar nicht mehr rufen, weil wir alle ganz heiser sind. Es schleicht sich nur der Gedanke und die bange Frage in unsere Hirne: Warum kommt keiner der vielen, die sich mittlerweile am Fuße des Botzongkamins versammelt haben, uns zu Hilfe? Sieht man denn nicht, wie wir uns plagen? Will man uns prüfen? Nimmt man die Sache nicht ernst?

Wir haben keine Zeit, über diese Probleme nachzudenken. Wir müssen weiter, tiefer, um endlich herauszukommen aus diesem grausigen, kalten Gefängnis. Weder Helmut noch ich sind Athleten. Der Abtransport des Verletzten erfordert unsere letzte Kraft. Die Hände sind von Nässe wie ausgelaugt, vor Kälte gefühllos und steif. So müssen wir das wie zu Draht erstarrte Seil bedienen. Nur widerwillig gehorchen die Muskeln, wenn sie mit dem schweren Hammer Abseilhaken schlagen müssen. Wir sind am Rande der Erschöpfung, als wir nach zwei Stunden den Botzongkessel, das Schuttfeld erreichen. Fred wird hier von den Wartenden, unter denen sich einige »Prominente« befinden, übernommen.

Wir werden seltsam begrüßt. Man bezichtigt uns, am Absturz Freds schuld zu sein. Ich protestiere, will den Irrtum aufklären. Man gebietet mir zu schweigen. Es sind lauter starke, sehnige Männer, die einem schmächtigen Halbwüchsigen, der vor Erschöpfung ganz heiser ist, seine Traumwelt von Bergleidenschaft und sehr jungem Selbstbewußtsein zusammenschlagen wollen. Mit harten Worten:

»Du solltest zu Hause bleiben. Du gehörst nicht in die Berge. Aus dir wird nie ein Bergsteiger.«

Ich bin zu müde, zu durchfroren, zu getroffen, um mich energisch durchzusetzen. Ich denke nur nach, wie es zu dem Mißverständnis kommen konnte, wo mein Fehler lag. Vielleicht hätten wir Fred, der doch durch den Wehrdienst außer alpinem Training war, nicht führen lassen dürfen. Aber er war doch der Ältere, Erfahrene, Erwachsene.

Vielleicht hätte ich mich nicht von dem Flieger ablenken lassen dürfen von der Arbeit des Sicherns, obwohl diese Aufgabe dem Mittelmann zufiel. Aber bei einer Seilschaft ist jeder für jeden verantwortlich. Man muß an sich den strengsten Maßstab anlegen, muß von sich das Äußerste verlangen, wenn man das Höchste will.

Gewiß hatte ich Fehler gemacht, wenn ich auch die Vorwürfe zunächst als verletzende Ungerechtigkeit empfand. Aber aus der Demütigung wuchs der Trotz. Wenn ich auch noch ein halber Knabe war, der in seiner Schmächtigkeit das Gegenteil von dem schien, was man sich landläufig unter einem Helden vorstellte, fühlte ich mich den anderen doch in einem überlegen: In dem schier verzehrenden Feuer der Leidenschaft für den Berg.

Ich gehörte nicht in die Berge? Ich konnte ja ohne Berg gar nicht mehr leben! Ich dachte, träumte, lebte nichts anderes als den Berg. Und ich tat einen heimlichen Schwur, während ich hinter den anderen durch die Steinerne Rinne stolperte:

»Ich werde doch ein Bergsteiger werden!«

Ich glaube – ich habe den Schwur gehalten.

Der Tod als Lehrmeister

Sommer 1940.

Ich schließe mich mit dem Fuchs Seppl zusammen, um mit ihm die sogenannte Kadnerroute anzugehen.

Unter uns steigt ein Mann über die Schutthalden an, allein, etwas zögernd. Er bleibt immer wieder stehen, schaut nach oben, geht dann wieder einige Schritte.

Merkwürdig – ein Mann allein, was will der da heroben? Er scheint etwas Besonderes vorzuhaben.

Wir haben keine Zeit, uns mit dem einsamen Wanderer zu befassen. Wir steigen ein. Wunderbar, großartig ist die Kletterei. Der Fels ähnelt dem des Kaisergebirges, eisenfest, jeder Griff hält, ein Genuß dieses Höherklimmen. Nach einem Überhang tut sich ein Kamin auf, Verengungen zwingen uns immer wieder zum äußersten Kaminrand hinaus. Sehr luftig fällt die Wand ab, rechts und links glatter Fels ohne Rauhigkeit.

Wir sind schon 200 Meter gestiegen – noch eine Verengung, ein schmaler Kamin, fast ein Riß. Schlangenartig schiebe ich mich höher, etwas keuchend, und Sepp steht dann auch bald neben mir.

Da taucht unter uns im Kamin ein Haarschopf auf... Eine zweite Seilschaft? Doch dann erkennen wir den Einzelgeher, der sich so zögernd dem Einstieg näherte. Er ist allein – eine ganz beachtliche Leistung! Seine Hände sind zerschunden, bluten etwas. Wir fragen ihn nach der Ursache.

»Beim Einstieg...« sagt er – mehr gibt er nicht zu verstehen.

Wir bieten ihm das Seil an. Er lehnt dankend ab. Nun seien die größten Schwierigkeiten ja vorbei... Er geht an uns vorbei, steigt, da er allein ist, schneller empor und entschwindet rasch unseren Blicken.

Wir zwei wenden uns nach links. Hier gibt es noch eine glatte Stelle. Ich bewege mich mit Hilfe der Reibung der Kletterpatschen auf glatter Plattenwand nach oben, erreiche einen guten Stand, dann ist es an Sepp, diese heikle Stelle anzugehen...

Ein Rumpeln läßt uns plötzlich aufschrecken – Steinschlag? Wir ducken uns eng an den Fels und erwarten den Steinhagel. Dieser bleibt aber aus. – Statt dessen fliegt etwas Dunkles durch die Luft, etwas Schweres, Längliches – wie ein gefüllter Sack... Plötzlich erkenne ich einen menschlichen Körper – den Alleingänger! Kalt läuft es mir über den Rücken. Er fliegt direkt auf Sepp zu, der unter mir an der Wand hängt. Er muß ihn fortreißen, denke ich und umklammere das Seil noch fester. Der leblose Körper fliegt aber einen halben Meter über meinen Freund hinweg, hinaus in die Leere...

Endlose Sekunden vergehen, bis wir den letzten Aufprall unten im Kar hören... Dann lähmende Ruhe.

Drüben am Scharnitzjoch blöken die Schafe, wie unheimliche Klagerufe hört sich das an. Ich zittere am ganzen Körper. Noch hoffe ich, daß das Ganze nur ein Spuk gewesen sei. Aber Sepp deutet auf die Blutspritzer um uns. Ein Menschenleben ist ausgelöscht. Ein Mensch, mit dem wir Minuten vorher noch einige Worte gewechselt haben. So schnell geht das?

Wir machen uns bittere Vorwürfe; warum haben wir ihn nicht zum

Anseilen gezwungen? Aber was hilft das jetzt! Und – welcher Bergsteiger ließe sich auch schon zwingen?

Wir getrauen uns kaum mehr weiter. Aber wir müssen heraus aus dieser grausamen Wand, nur hinaus so schnell wie möglich! … Hinunter! Vielleicht können wir noch helfen? Vielleicht lebt er noch? Aber da ist nichts zu hoffen – 200 Meter tiefer liegt das Kar …

Sepp kommt nach. Er steigt sehr unsicher. Auch ich muß mich arg zusammennehmen. Mein Kamerad kann sich auf der glatten Platte nicht halten, rutscht. Ich halte, was ich kann, ohne Sicherungshaken, mit freier Hand, an die Wand gepreßt. Das Seil schneidet mir schmerzend in die Hand, drückt mich fast zu Boden, droht mich aus dem Stand zu reißen. Ich rufe Sepp zu: »Halt dich fest, sonst komme ich gleich nach, ich kann dich nicht lange halten.« Sepp wiegt 20 Kilogramm mehr als ich. Schweißperlen treten mir auf die Stirn, ich kann gar nicht mehr die Wand hinabschauen. Aber da hat sich Sepp wieder gefangen, hat wieder festen Stand, geht langsam weiter, erreicht mich. Mit letzter Willensanstrengung und größter Vorsicht steigen wir dann zum Gipfel hinaus.

Diesmal ist's nur ein stummer kurzer Händedruck; nichts von der gewohnten Freude, nicht das Lachen der Begeisterung nach schwerer Fahrt. Wir hasten hinunter, seilen uns von der Wangscharte ab. Als wir zum Einstieg gelangen, finden wir bereits andere um den Toten bemüht. Mit einem Latschenkranz wird sein Körper bedeckt. Dann geben wir ihm das letzte Geleit.

Tage, Wochen später bin ich von diesem Zwischenfall noch so ergriffen, daß ich meine Kletterausrüstung gar nicht mehr ansehen kann. Ich glaube, meine kaum erst begonnene Bergsteigerlaufbahn wieder beenden zu müssen. Immer wieder sehe ich den Körper eines lebenden, blutwarmen Menschen durch die Luft fliegen. Nachts träume ich davon. Ich hatte erfahren, daß Klettern gefährlich sein und daß es ein so rasches Ende bringen kann.

IN DEN BERGEN NORDTIROLS

Die alpine Lehrlingszeit ist vorbei

Das Jahr 1942 eröffnet mir das Reich des VI. Grades. Ich fühle mich reif genug, in diese Welt der »Äußersten Schwierigkeit« einzudringen. Mit der ersten winterlichen Durchsteigung der Südwand der Schüsselkarspitze, des Spindlerweges im Wetterstein, beginne ich die Reihe schwerer und schwerster Kletterfahrten. Eine neue Epoche des Bergsteigens nimmt nun seinen Anfang. Freund Waldemar Gruber, auch erst 17 Lenze zählend, ist in jener Zeit mein treuester Begleiter.

Pfingsten. Nochmals im Wilden Kaiser.

Die Gaudeamushütte ist überfüllt. Gedränge, Trubel, Wirbel, Lärmen. Das muß man eben zu Pfingsten im Kaiser in Kauf nehmen. Dafür findet man auf den Touren reichliche Entschädigung. Der Auftrieb jagt uns schon früh aus der Hütte. Das Notlager hat mit dazu beigetragen, daß uns das Aufstehen nicht schwerfiel. Fleischbank-Ostwand und Christaturm-Südostkante haben schon am Vortag den Auftakt gebildet. Wir fühlen uns heute für die Südostwand der Fleischbank gerade richtig in Form. Wir brauchen nun auch nicht mehr so heimlich und zögernd mit dem Kletterwerkzeug herumzuhantieren. Wir können schon etwas selbstsicher die »Schlosserei« klingen lassen. Die alpine Lehrlingszeit ist vorbei.

In wohlgezielten Sprüngen von Block zu Block erreichen wir den Ansatz der Felsen und über einen kurzen Schrofengürtel den Einstieg. Waldemar geht mit mir, die zweite Seilschaft bilden Herbert Eberharter und Manfred Bachmann. Wir sind nicht die einzigen, die zum Einstieg der Fleischbankwände ziehen. Ein ganzer Verein ist unterwegs. Hier werden vermutlich Platzkarten gebraucht. Ob die Zeit, wo man per »Kletterlift« von der Schutzhütte aus in wenigen Minuten zum Beginn der Hauptschwierigkeiten geführt wird, nicht mehr fern ist?

Das erste Rot erglüht auf den Zacken des Predigtstuhls, während in den Wänden noch der Nachtfrost nistet. Die ersten Strahlen der Morgensonne treffen uns. Es ist angenehm warm. Zu Mittag wird es vermutlich recht heiß werden. So bleibt der Pullover zurück. In der alten üblichen Adjustierung richten wir uns zum Klettergang her. Durch die zerrissenen Manchonsohlen der Kletterpatschen schauen bereits neugierig einige Zehen hervor. Heute müssen sie noch aushalten. Weil die Strümpfe zur Schonung im Rucksack verschwinden, bleiben diesmal auch zwangsläufig die Waden frei. Aber was macht's? Ich habe abgehärtete Beine. Der Anorak – etwas morsch zwar – muß diesen Sommer auch noch herhalten. Mit der Hose dagegen ist kein rechter Staat mehr zu machen – sie erfüllt nicht einmal mehr ihre einfachsten Aufgaben, zum Beispiel läßt sie beim Klettern den Hammer ständig durch das Sieb der rückwärtigen Hosentasche gleiten, so daß sich das Eisen wenig angenehm in das Gesäß bohrt. Am liebsten würde ich auch auf die nichtsnutzige Hose verzichten. Aber ganz »ohne« geht es auch in den Bergen nicht...

Es ist immer ein eigenartiges Gefühl, wenn man am Einstieg einer schweren Wand steht. Wenn man, kurz nachdem man Hand an den Fels gelegt hat, einen Blick hinunter wirft und sich heimlich eingesteht, daß dies durchaus keine »Promenade« ist. Trotzdem: um zu beweisen, wie gut man heute in Form sei, erklettert man alles natürlich frei, also ohne Zwischenhaken und Sicherung. Wenn man dann, angenehm überrascht, einen Standplatz erreicht hat, spielt man den Enttäuschten und fragt den Kameraden, ob denn das Seil auch wirklich schon zu Ende sei.

Die ältere Generation wirft uns Jungen gern vor, daß wir keinen Respekt mehr vor den Bergen hätten. Soweit ich aus meiner eigenen Erfahrung berichten kann, ist der Respekt durchaus der gleiche geblieben, nur die Einstellung zum Bergsteigen, zur technischen Schwierigkeit hat sich gewandelt. Ich glaube, daß auch der junge Bergsteiger von heute, wenn er am Fuße einer solchen Wand steht, kein anderes Gefühl kennt als das, was andere schon vor ihm verspürten. Diese eigenartige Mischung von Auftrieb, Begeisterung, Vorfreude, Ehrfurcht vor der Natur und der Schöpfung und – gestehen wir es uns doch ein! – einer guten Portion Angst! Man kennt doch die Berge und ihre Gefahren – wie sollte man da den Respekt verlieren können? Zwar sagt man bei jeder neuen Bergfahrt immer wieder der Natur den Kampf an, der Natur, die wohlwollende Freundin sein kann, aber auch unbarmherzige Feindin. So erklärt sich auch das Hochgefühl, das uns bewegt, wenn wir nach überstandenem Kampf mit der Gegnerin Natur freudestrahlend, siegesbewußt, wenn auch abgekämpft, am Gipfel stehen, den Bergriesen unter uns. Nun eins und Freund mit der Natur und allem Schönen auf dieser Erde – wohl aber wissend, daß wir nicht die große Natur des Hochgebirges gezähmt haben, sondern nur uns selber. Wie winzig klein, wie nichtssagend der Mensch im Weltall steht, können wir Bergsteiger vielleicht am besten erkennen, gerade wir »Extremen«.

Doch zurück zu unserer Pfingsttour in die Südostwand der Fleischbank. 1925 wurde sie erstmals von den großen Felsenmeistern Roland von Rossi und dem Dresdner und jetzigen Amerikaner Fritz Wiessner durchstiegen. Die größte Sensation im Wilden Kaiser seit Dülfer. Im oberen Teil dieser Feuermauer aus hell leuchtendem Kaiserfels kann man auf schmalem Band nach links in die Scharte zwischen Fleischbank und Christaturm »auskneifen«.

Wir dachten nicht daran, dies zu tun. Am Ellmauer Tor hat sich inzwischen eine ansehnliche Gesellschaft eingefunden. Wie auf einer Tribüne sitzen die Zaungäste des Alpinismus dort unten und beobachten gespannt das verwegene Spiel der Kletterer mit der Schwerkraft. Ganze Karawanen ziehen durch die Steinerne Rinne.

Eine andere Seilschaft macht sich hinter uns kletterbereit. Wir sind keine Freunde des langen Wartens und ziehen gleich los. Behangen mit dem Doppelseil, das einen förmlich in die Tiefe zieht, ist es anfangs noch ein vorsichtiges Tasten und Prüfen. Man muß erst wieder mit der Materie vertraut werden. Man muß auch den geistig-seelischen Kontakt finden. Noch etwas zögernd gestaltet sich die erste Seillänge, aber dann rollt das Seil schon rascher durch die Finger der Freunde. Der Kampfgeist und die Freude am Höherklimmen sind bald wieder da. Hemmungslos stehle ich nun Meter um Meter der Wand ab. Über mir noch eine Galerie von Haken, bis zum obersten steige ich an. Beinahe wäre ich zu hoch gekommen. Ich bemerke gerade noch links unten in der glatten Platte einen rostigen Stift. Also hier setzt der berüchtigte Quergang an. Im »Dülfersitz« – das hatte ich in der Zwischenzeit auch schon gelernt – schiebe ich mich, im Quergangseil hängend, entlang dem glatten, fast grifflosen Fels nach links hinüber. Wieder klinkt ein Karabiner ein – das wirkt beruhigend auf die Nerven –, und dann ist die Fortsetzung der Rißreihe jenseits dieser sperrenden Wandzone erreicht. Ich hänge an einem Haken, vom Fels gestützt, und erst wenn ich den Oberkörper weit nach außen lege, kann ich zum Einstieg hinuntersehen. Ein Seilgeländer wird gespannt. Einer nach dem anderen kommt nun dran, rutscht auf dem improvisierten Lift zu mir.

Das Wetter ist wunderbar. Zwischen Karlspitze und Bauernpredigtstuhl leuchtet der Groß-Venediger herüber. Seillänge um Seillänge zwingen wir der Wand ab, und bald stehen wir unter einem großen Überhang, dem Rossi-Überhang, einer Schlüsselstelle dieser großartigen Route.

Plötzlich kommt ein scharfer Wind auf. Wie durch einen Strich getrennt, schiebt sich eine rabenschwarze Wolkenwand im Nu über den Fleischbankgipfel herüber. Nebel legt sich kaltfeucht an die Wände, zieht vom Wind getrieben durch die Steinerne Rinne. Das lebhafte Stimmengewirr und das Gejohle von den umliegenden Gipfeln und Wänden sind mit einemmal verstummt. Es beginnt zu regnen, bald schüttet es, als ob der Himmel offen wäre. Wir wollen nicht zurück, steigen weiter. Die Wand, der Gipfel bleiben unser Ziel. Bald stehen wir vereint am Grasband, das die ganze Wand durchzieht. Die letzte, einzige Möglichkeit, zur Fleischbankscharte hinauszuqueren und schleunigst den Abstieg anzutreten. Die hinter uns kommende Seilschaft macht von dieser Möglichkeit Gebrauch und verläßt die Wand. Wir überlegen noch: nun sind wir schon hier im Kaiser, haben mehr als die halbe Wand bereits durchstiegen, noch dazu die »Südost« ... so schnell werden wir nicht wieder hierherkommen ... das Fahrgeld! – Also weiter, empor! – Nach einer Rechtsquerung ist der Ausstiegsriß erreicht. Der Regen geht nun allmählich in Hagel über; was kümmert uns das, wir raufen uns durch den überhängenden Riß, steigen weiter, sind ja doch schon pudelnaß. Von den Wänden tropft es wie aus einer Traufe. Es wird spürbar kälter, und schon fallen die ersten Schneeflocken vom Himmel, typisches Pfingstwetter in den Bergen!

Nun trauere ich allerdings meinem Pullover nach. Auch friert es mich jetzt jämmerlich an Händen und Füßen. Die Waden sind blau, wie schön wären jetzt Strümpfe. Aber wir müssen weiter. Vielleicht wäre es doch besser gewesen, über das Band die Wand zu verlassen. Aber jetzt ist keine Wahl mehr. Noch zwei schwere Seillängen, dann legt sich der Fels etwas zurück. Hier hat sich bereits Schnee angesetzt. Manchmal, wenn der Nebel etwas aufreißt, sehen wir hinüber zu den Predigtstuhlwänden. Die sind ganz weiß angezuckert. Wir können nur froh sein, daß wir nicht dort drüben sind. Der Westwind peitscht den Schnee direkt in jene Flanken.

Wir haben keine Ahnung, wie spät es ist. Wir leben zeitlos. Eine Uhr ist ein Luxusartikel, den wir uns nicht leisten können. Wenn wir uns auch mit der Sonne gut verstehen, heute läßt sie uns im Stich. Ein eisiger Wind empfängt uns, waagerecht jagt er den Schnee über den Gipfel hinweg. Einen kurzen Eintrag ins Gipfelbuch – und schleunigst wenden wir uns dem Abstieg, dem sogenannten Herrweg, zu. Der vor Stunden noch sonnige Fels hat sich nun mit einem Winterkleid bezogen. Durch Schneerinnen, unter denen sich spiegelglatt vereister, tükkischer Fels verbirgt, rutschen wir abwärts.

Jäh stehen wir vor zwei Gestalten. Ein Ehepaar. Er in kurzer Hose, seine bessere Hälfte in einem Trainingsanzug. Beide frieren zum Gotterbarmen. Vollkommen durchnäßt, machen sie einen ganz verzagten Eindruck. Sie erzählen uns, daß sie bei schönem Wetter über den Nordgrat der Fleischbank heraufkamen, um den Gipfel zu überschreiten. Hier in der Fleischbankscharte wurden sie vom Unwetter überfallen, vom Nebel eingehüllt. Da überall Steilhänge abfallen, wußten sie nicht mehr weiter. Es blieb ihnen keine andere Möglichkeit, als eben abzuwarten. Abwarten – bei dieser Witterung, in diesem Zustand und derart ausgerüstet –, das hieße abwarten, bis sich durch Unterkühlung Bewußtlosigkeit einstellt, hieße also auf den sicheren Tod warten.

Wir nehmen sie kurz entschlossen in die Mitte, binden sie ans Seil und setzen den Abstieg fort, wenn auch etwas langsamer als zuvor.

Innsbruck mit Nordkette: die Heimatstadt Hermann Buhls

Wilder Kaiser: der Predigtstuhl

Wettersteingebirge: die Schüsselkarspitze

Karwendelgebirge: die Nordwand von Laliders

Dolomitenfels: »Ohne Haken schlagen zu müssen, komme ich höher.«

Wir selbst frieren schon fast ein. Nach zwei Stunden ist aber das Kar erreicht, der sichere Boden. Nun können die gefühllosen Hände wieder in den Hosentaschen Unterschlupf finden, denn Handschuhe, so was gibt's doch nur im Winter! Mit einem kurzen Händedruck verabschieden sich die beiden von uns. Ihr Weg führt sie zum nahen Stripsenjoch hinüber.

Wir sind an diesem Tag nicht die einzigen, die in Decken gehüllt am warmen Ofen der Schutzhütte hocken und daran die zum Auswinden nasse Kleidung trocknen. Spät abends kommt noch eine völlig ausgefrorene Seilschaft in die Hütte. Sie sind noch angeseilt. Der feuchte Brustknoten ließ sich mit den bloßen, steifen Fingern nicht lösen. Jetzt rückt man ihm mit einem Stück Eisen zu Leibe.

Das alles hindert uns nicht, anderentags wieder bei strahlendem Wetter droben am Ellmauer Tor zu stehen. In den Rinnen und Runsen der Flanken sind noch Reste des gestrigen Neuschnees, die unter der warmen Frühlingssonne zusehends dahinschmelzen. Sonnenüberglänzt, regennaß grüßen die Kaiserwände herüber, so als ob sie gar nicht wüßten, was sich in den letzten 24 Stunden an ihnen abgespielt hat. Sie machen das friedlichste Gesicht, es ist wie zynisches Lächeln einer erbarmungslosen Natur. Doch so grotesk auch die Wandlung im Witterungscharakter ist – sie vermag nicht das Drama der letzten Nacht zu verbergen. Überall ertönen Hilferufe, Rettungskolonnen sind unterwegs. Vier Bergsteiger konnten nicht mehr aus dem ewigen Schlaf zurückgeholt werden. Sie sind der Kälte und der Erschöpfung erlegen. So bedeutet uns auch die Westverschneidung des Predigtstuhl-Mittelgipfels keine reine Freude mehr. Bedrückt verlassen wir diesmal den Kaiser und sein Kletterdorado an der Steinernen Rinne.

Sechster Grad – in den Kalkkögeln

Es geht bescheiden bei uns zu Hause zu. Mein Vater ist ein kleiner Handwerker im Staatsdienst, sein karger Lohn reicht gerade fürs Nötigste zum Leben. Zum Frühstück gibt es gewöhnlich nur trockenes Brot, und das Mittagessen muß ich mir von meinem eigenen

Taschengeld, das ich als Speditionslehrling verdiene, bezahlen. Um trotzdem noch soviel zu ersparen, wie ich für meine sonntäglichen Bergfahrten brauche, entwickle ich einen geradezu hellseherischen Spürsinn für das jeweils billigste Speiselokal. Meine Standard-Tourenverpflegung besteht aus Brot und Streichkäse. Zu mehr reicht es nicht. Aber ich bin glücklich.

Die ewige Geldkalamität bestimmt natürlich auch mein Tourenprogramm. Teure Eisenbahngelder auszugeben kann ich mir nicht oft leisten. Wenn man doch ein Fahrrad hätte! Gott sei Dank liegen aber in Innsbruck die Berge sozusagen vor der Türe. Und was für Berge! Die Kalkkögel zum Beispiel – ein wahres Kleinod. Die Adolf-Pichler-Hütte wird uns beinahe zum Stammsitz. Wenn ich in der Mehrzahl spreche, so meine ich unseren Kameradenkreis von der Jungmannschaft Innsbruck. Fast jedes Wochenende treffen wir uns dort zu fröhlicher, zuweilen etwas rauhfröhlicher Runde. Vielleicht sind es aber auch die Töchter des Hüttenwirtes, die eine besondere Anziehung auf uns ausüben.

Durch einige leichtere Eingehtouren habe ich mich schon allmählich an den brüchigen, kleinsplittrigen Fels der Kalkkögel gewöhnt; ich bin mit ihm recht vertraut geworden. Es ist kein Klettern an eisenfesten Griffen wie im Kaiser, sondern ähnlich dem im Karwendel. Ein Schleichen über das Gestein, katzengleich, mit größter Vorsicht. Kein Ziehen oder Stemmen, kein kraftvolles »Ho-ruck«, sondern ein behutsames Aufwärtstasten. Oftmals erschwert durch abfallende Gesteinsschichtung. Dabei darf man keinesfalls in Versuchung kommen, die Griffe »nach auswärts« zu belasten, wie beispielsweise im Wetterstein. Auf Reibung zu gehen, ein »weg vom Fels«, wäre hier völlig fehl am Platze. Hier gilt der Grundsatz, sich an den Fels zu schmiegen, die Griffe und Tritte nur »auf Druck« zu belasten. Dieses Klettergebiet ist eine ideale Schule, aus der so mancher erstklassige Felsgänger hervorging. Hias Auckenthaler, Hias Rebitsch, Kuno Rainer – um nur einige bedeutende Namen von vielen zu nennen.

Waldemar und ich sind wieder beisammen, sitzen zwischen den riesigen Blöcken am Fuße mächtiger Schutthalden und halten wieder einmal den Blick emporgerichtet, wie schon so oft. Die Nordwestwand der Riepenwand haben wir bereits hinter uns gebracht. Es ist aber erst Mittagszeit, und wir haben Lust, noch etwas anderes zu unternehmen. Wir machen einen Spaziergang unter den gelbschwarzen Wandfluchten der Riepenwand entlang, bummeln von Einstieg zu Einstieg, erwägen die Schwierigkeiten. Plötzlich kommt mir ein Gedanke. Wie wäre es, wenn wir nur ein Stück höher stiegen, bis dorthin, wo sich die Wand im steilen Schwung vom Vorbau abhebt? Nur wenige Meter, dann müßte man schon bei der Stelle sein, wo unsere großen Vorgänger in die Riepenwestwand eingestiegen sind. Nur zweimal vor uns wurde diese große Tour gemacht.

»Schaut eigentlich gar nicht so schwer aus. Kann mir gar nicht vorstellen, daß diese Wand unmöglich ist«, fordere ich Waldi heraus, »was meinst?« Er nickt mir zu: »Können's ja mal versuchen.«

Die Schuhe verschwinden im Rucksack, die Kletterpatschen treten an ihre Stelle, und gleich darauf steige ich wortlos hinauf zum Beginn der Kletterei. Es scheint alles so spielerisch leicht. Aber die Wand zeigt ihre Zähne, der Fels hat mich getäuscht. Schon bei den ersten Metern bleibe ich hängen. Der Fels ist stark abschüssig, leicht überhängend und erfordert letzte Fingerkraft. Nur auf den vorderen Fingerspitzen hängt die ganze Last des Körpers. Mehrmals muß ich wieder zurück. Waldemar kann es einfach nicht glauben, daß man da nicht weiterkommt. Jetzt versucht er es einmal, aber auch er muß bald aufgeben. Zur Vorsicht schlage ich einen Haken in den morschen Fels, es klingt aber wenig vertrauenerweckend. Abwechselnd machen wir noch mehrere Versuche – vergebens, schon nach kurzer Zeit hat jeder von uns genug.

»Der Fels rollt einem fast die Finger auf«, meint Waldemar. Schließlich sehen wir das Aussichtslose unseres Beginnens ein, wollen abziehen. Es sollte ja auch nur ein Versuch sein, für eine Durchsteigung wäre es ohnehin zu spät.

Erst beim Herausschlagen des Hakens merke ich, daß dieser doch mehr zu halten verspricht, als wir ihm anfangs zutrauten. So will ich doch noch einen letzten Versuch wagen. Diesmal kann ich ja etwas riskieren, denn der Haken würde sicherlich einen Sturz hemmen. Vorsichtig steige ich über ihn hinaus. Langsam, zentimeterweise, muß ich jeden Griff und Tritt auf seine Haltbarkeit hin prüfen und abschätzen, wieweit meine Fingerkraft den Anforderungen noch gewachsen ist. Mit jedem Zentimeter entferne ich mich mehr vom Haken. Ich versuche einen zweiten in eine Ritze zu treiben, doch der Fels ist geschlossen. Er bietet nirgends eine schwache Stelle. Unnötige Kraftvergeudung. Und so versuche ich »ohne« weiterzusteigen. Die Finger drohen schon zu erlahmen, doch ich muß weiter. Ein Zurück gibt es nun nicht mehr. 20 Meter unter mir steht Waldemar. Es sind aber noch gut zehn Meter hinauf zum Band. Erst dort oben kann ich wieder normal stehen und mich ausrasten.

Eine Stunde lang mag ich so an kleinen Absätzen und Leisten hängen. Daß ich nicht stürze, verdanke ich der Kraft und Zähigkeit der trainierten Finger. Jeder Meter wird bereits ausgewogen, es geht nun fast nicht mehr, ich kann mich wirklich kaum mehr festhalten. Aber ich muß! Es bleibt mir keine andere Wahl ... Einen Sturz von 30 Metern und dann weiter den Vorbau hinab? Kein Haken in der ganzen Seillänge – ich muß aushalten – sage ich mir selbst, immer wieder rede ich es mir vor. Ich denke schon gar nicht mehr an die Wand unter mir, sondern schaue nur mehr hinauf auf das Band. Ich zähle schon förmlich die Zentimeter.

Dann kann ich endlich – endlich – den Rand des Bandes erreichen. Ich bin schon fast nicht mehr imstande, die Finger steif zu halten, schwinge mich mit dem Oberkörper über den äußeren Rand und bleibe erst einmal erschöpft liegen, verschnaufe und lasse die gefühllosen Finger sich etwas erholen. Ich bin mir bewußt, daß ich diesmal um Haaresbreite an einem Sturz vorbeikam, einem Sturz, der wohl das frühe Ende meiner Laufbahn als Bergsteiger und Mensch bedeutet hätte. Waldemar muß es auch bemerkt haben, er verhielt sich aber vollkommen ruhig. Nun kann er einmal auskosten, was es heißt, eine »Obere Sechs« zu meistern, sich also an der Grenze des Menschenmöglichen zu bewegen.

Erst an der Lage des Seils, das nicht einmal am Fels aufliegt, merke ich die Steilheit. Kein Wunder, wenn diese Route erst zweimal gemacht wurde, im Laufe von zehn Jahren, noch dazu in einem Klettergebiet, wo sich jeden Sonntag einige Dutzend Bergsteiger herumtreiben.

Waldi ist bei mir. Die Neugierde lockt uns aber wieder weiter. Über uns schaut es wesentlich besser aus. War die erste Seillänge eine freie

Wandstelle ohne Gliederung, ohne Möglichkeit, Haken zu schlagen, so bietet sich jetzt wenigstens ein Riß an. Von oben schauen noch mehrere dieser beruhigenden Gesellen herab. Der Riß drückt sehr nach außen. Mein Körper ist schon wieder weit außerhalb meines Begleiters, außerhalb der Vertikalen. Doch wiederum löst ein breites Band die lotrechte Wand ab. Wir sind zuerst sehr erstaunt, in dieser so abweisenden, »unmöglichen« Wand ein so freundliches, breites Band vorzufinden, eine wahre Promenade.

Zurück können wir immer noch, stellen wir fest, und so verfolgen wir das Band weiter nach rechts. Man kann bequem aufrecht gehen. »Fast ein Radfahrweg«, meint Waldi. Ein kleiner Pfeiler unterbricht das Band, dann setzt es sich wieder, allerdings etwas schmaler, in der Wand fort. Über uns gelbe dräuende Wandfluchten. So stelle ich mir die Nordwand der Großen Zinne in den Dolomiten vor. Nirgends findet das Auge Halt, es gleitet nach oben, nach rechts und links, überall dasselbe Bild. Gelbe glatte Wandfluchten, ohne Unterbrechung. Ich lege die Hand an den Fels, sie gleitet ab, nirgends ein Griff – also weiter nach rechts. Das Band wird nun immer schmaler, ich kann schon nicht mehr aufrecht gehen, lege mich daher flach auf den Bauch und krieche auf allen vieren, mich wie eine Schlange windend, dahin. Das Band wird zur Leiste, rechts fällt die Wand überhängend ab. 60 Meter tiefer – der äußere Rand des Vorbaues, auf dem wir vor Stunden gestanden. Direkt unter mir wölbt sich die Wand weit nach innen. Ich komme mir vor wie am äußeren Rand eines riesigen Gewölbes. Die rechte Hand stützt den Körper ab, ebenso der rechte Fuß, um nicht von der Leiste abzugleiten, die schließlich nur mehr handbreit ist. Waldemar steht 30 Meter hinter mir am Band und »sichert«. Er weiß ebenso wie ich, daß diese Sicherung nur eine moralische ist, eine reine »Blicksicherung«. Wenn ich stürze, muß er mit...

Hier hilft nur die Seilkameradschaft, die Verbundenheit auf Leben und Tod, das große Verantwortungsgefühl, das Bewußtsein, auch für das Leben des anderen einstehen zu müssen.

Je größer die Schwierigkeit, um so langsamer mein Fortkommen. Nur daran, wie das Seil durch seine Hände läuft, ob gleichmäßig oder ruckartig, kann Waldi erkennen, wie es mit den Schwierigkeiten bei mir bestellt ist. Ich hatte ganz darauf vergessen, daß wir ja auch wieder einmal zurück wollten. Aber dafür ist es nun zu spät. Hier gibt es kein Zurück mehr. Dieses Kriechband ist die reinste Mausefalle, man kann sich, einmal in dieser Lage, nicht mehr umdrehen. Die Leiste wird immer schmaler, ich muß aus dieser kriechenden Stellung heraus. Der überhängende Fels über mir drängt den Körper stark ab. Ich versuche mit den Füßen abzusteigen, um aus dieser horizontalen Stellung wieder in eine normale Kletterstellung zu gelangen. Die Leiste verengt sich zum fingerbreiten Gesimse, wird zur Hangeltraverse. An dieser Querung ist alles dran, nichts wurde vergessen. Noch ein bißchen absteigend, erwische ich spärlichen Stand. Er reicht gerade aus, um einen Sicherungshaken zu schlagen. Erleichtert hänge ich mich ein.

Nun allerdings müssen wir durch! Durch die ganze Wand! Unter allen Umständen hinauf! Der Weiterweg erscheint wesentlich leichter. Der Schein aber gilt hier nichts. Nur die Tatsachen. Und die sind bitter…

Ein Überhang wölbt sich weit nach außen. Waldemar tastet sich an mir vorbei und nimmt jetzt den Überhang in Angriff. Ich bewundere ihn, wie er barfuß diesem scharfen rauhen Gestein zu Leibe geht. Er verspreizt sich mit den nackten Fußsohlen, verkrallt die Zehen in den Ritzen, als letztes sehe ich seine derben Fersen über dem Überhang entschwinden.

Weiter.

In glatten Kaminen geht es mühsam zur Höhe, naß und glitschig ist das Gestein. Wenn wir Zeit haben, werfen wir auch einen Blick hinunter auf die grünen Almböden und finden an der Ruhe dort unten die notwendige nervliche Entlastung und Entspannung für den nächsten Einsatz. Frei schweift der Blick hinüber nach Westen. Dort geht hinter den Kühtaier Bergen golden die Sonne unter. Es mag schon acht Uhr abends sein. Fünf Stunden sind seit unserem Einstieg verstrichen. Da muß es doch bald dem Ende zugehen? Der Spalt über uns wird immer tiefer, und dort oben scheint sich der Fels auch zurückzulegen – das Ende der Wand? Auf einem Band machen wir kurze Rast.

»Nun hätten wir's«, sage ich zu Waldemar und freue mich heimlich, daß uns diese große Tour, die dritte Begehung der Riepen-Westwand, eine der schwersten Fahrten in Tirol, gelungen ist.

Den kommenden Überhang will wieder Waldemar führen. Ungern überlasse ich ihm diese Seillänge. Aber ich darf mit meinem heutigen Pensum zufrieden sein.

Waldemar muß wieder zurück, versucht es ein zweites Mal. Auch diesmal gelingt es ihm nicht.

»Kann doch nicht so schwer sein«, sage ich etwas ungeduldig zum Freund.

»Versuch's du doch!« meint er.

Aber bereits nach zwei Metern stecke auch ich fest. Der Fels drückt sehr nach außen, die Füße finden fast keinen Halt, dazu sind die wenigen Griffe sehr nach unten gerichtet. Ich versuche es mit einem »Steigbaum«, aber auch das gelingt nicht. Haken will keiner in den widerspenstigen Fels. Ich muß zurück und überlasse Waldi den nächsten Versuch. Als er neuerdings abblitzt, meint er wütend: »Verdammte Wand...«

Drunten im Tal ist die Sonne schon weg.

»Wir müssen uns beeilen!«

Aber was hilft das alles, wenn wir einfach nicht mehr weiterkommen? Zurück ist aussichtslos. Wir können aber nicht hierbleiben... Etwa um Hilfe rufen? Das kommt nicht in Frage! Wir zerbrechen uns den Kopf, ob es nicht eine andere Möglichkeit gibt, schauen rechts, schauen links, doch hier ist der Fels noch abweisender. Es bleibt kein anderer Ausweg als der gerade Aufstieg! Es will mir einfach nicht eingehen, daß wir nun am Ende unserer Künste sein sollen. Ich sage mir, was für andere möglich war, muß auch uns gelingen. Allmählich gerate ich in Wut, ärgere mich über meine eigene Hilflosigkeit. »Zu feig bist du eben«, beschimpfe ich mich selbst, dann rede ich mir wieder neuen Mut zu. Waldemar muß nun in eine sichere Position gehen. »Ein letzter Versuch«, sage ich zu ihm, »diesmal muß es gelingen... oder mich schmeißt's!«

Bald hänge ich wieder die zwei Meter oben an der kritischen Stelle, schaue gar nicht mehr zurück. Die Wand unter mir interessiert mich jetzt nicht mehr, egal wie es da hinunter geht, hinauf müssen wir. Wieder rechts der kleine, abschüssige Griff. Er allein nur kann mir nach oben verhelfen. Die Kraft darf mich dabei nicht verlassen. Es gelingt mir auch schließlich – mit dem Aufwand letzter Kraft, Schweißperlen stehen mir auf der Stirn. Es war eine böse Stelle, aber wir haben gewonnen.

Was nun folgt, ist wirklich nur mehr leichter Fels. Bereits im Dämmerlicht queren wir aus der Wand rechts hinaus, erreichen eine Rinne und steigen in der Dunkelheit das Geröll ab. Waldemar kann fast nicht mehr gehen, seine Zehen bluten. Um Mitternacht stehen wir wieder unter jenen wulstartigen Dächern, die wir am Morgen noch mit Ehrfurcht betrachtet und bei deren Anblick wir nicht einmal in Gedanken gewagt hatten, sie zu durchsteigen.

Und wie es schon so geht, wenn man einen schweren Weg zu Ende geführt hat, wenn man mit schönem Erfolg Sonntag abends nach Hause kommt, so kreisen die Gedanken schon wieder um das nächste Ziel, das vielleicht noch eine Steigerung bringt. Man sage aber nicht, die extremen Kletterer sähen nur mehr Überhänge, Risse, Quergänge und Haken und hätten für Naturschönheiten kein Auge mehr oder gäben sich mit mittelmäßigen Touren nicht mehr ab. Weit gefehlt. So arm sind wir nicht.

Die Grenze des Kletterbaren ist verhältnismäßig bald erreicht. Dann müßte allerdings ein »Extremist«, der nur in der Steigerung der Schwierigkeit und Gefahr seine Befriedigung findet, sich nach einer anderen sportlichen Betätigung umsehen. Vielleicht Autorennen oder sonst etwas, wo er nach Geschwindigkeiten oder Rekorden jagen kann. Freilich gibt es solche auch unter den jungen Kletterern, aber sie sind in der Minderzahl. Der echte Bergsteiger, auch der extremste, hat an einer leichten Tour oder an einem Spaziergang genauso seine Freude, wie er sie empfindet, wenn er sich dann wieder hart an der Grenze des Menschenmöglichen bewegt.

Eine Reihe von Touren bringt dieser Sommer noch. Bergfahrten aller Art: harten Kampf, freudiges Erlebnis, beschauliches Genießen. Aber ungestillt bleibt das Verlangen. Das muß wohl in mir liegen. Wenn auch mancher Wunsch in Erfüllung ging, jede Erfüllung löst wieder neues Begehren aus. Jeder geglückte Abschluß einer Fahrt wird bereits zum Auftakt zur nächsten. Wenn ich mich nach hartem Kampf auf der sonnigen Gipfelfläche ausruhe, so sind die Gedanken schon wieder weit, weit weg, woanders. – Die Sehnsucht kennt keine Grenzen, kein bleibendes Ziel.

Rückflug ins Leben

Pfingsten 1943. – Ich bin alt und reif genug für den Wehrdienst geworden. Feldgrau ist schon seit Jahren modern, nur ich war noch zu jung dazu. Jetzt ist es soweit. Noch höre ich das Zwitschern der lieben Vogerln, der todbringenden Kugeln, nicht. Noch hat man mich in einem besonders schönen Fremdenverkehrsort meiner Tiroler Heimat auf Staatskosten einquartiert: St. Johann in Tirol, am Fuß des Wilden Kaisers. Jetzt Standort der Hochgebirgsschule für Sanitäter...

Mischung von strengem Barras und Bergsteigen. Für mich, der ich bisher sozusagen »auf freier Wildbahn« durch die Berge gezogen bin, ist es nicht leicht, jäh in die starre Klammer der Disziplin zu kommen. Da ist ein Widerspruch: Bergsteiger müssen eigenwillige, selbständige Dickköpfe sein, sonst gehen sie zugrunde, wenn der Berg von ihnen Initiative und Entschlußkraft fordert. Beim Militär darf man diese in Selbsterhaltungstrieb und Lebenswillen begründeten Charaktereigenschaften vielleicht in Augenblicken der Gefahr, an der Front, bei Feindberührung, zeigen. Vorher, bei Ausbildung und Drill, sind sie aber verpönt, werden mir oft zum Verhängnis. Seltsamer Widerspruch: Bergsteiger-Soldat. Noch habe ich die Verschmelzung beider Begriffe nicht gefunden. Noch bin ich mehr Bergsteiger. 18jährig. In St. Johann in Tirol, wo einem die Grate, Zacken und Wände des Wilden Kaisers gewissermaßen in die Stube hängen.

Es ist im Juni.

Ein Tag Urlaub.

Waldi und ich sind wieder beisammen.

Wir steigen die Steinerne Rinne ab, diesmal etwas weiter hinunter als üblich. Über uns die lotrechten Wände. Sie lassen nur einem kleinen Streifen Himmel Raum. Wenn man sich auf einen Block legt und dort hinaufschaut, wo die beiden Wandfluchten fast zusammenstoßen, hat man das Gefühl, daß sie über einen hereinstürzen. Rechts der Predigtstuhl, seine Mittelgipfel-Westwand liegt noch im Schatten, sie ist uns zu kalt. Also wenden wir uns den sonnigen Ostwänden zu, den Abstürzen der Fleischbank. Die Sonnenstrahlen zeichnen immer deutlicher die Plattenwülste ab. Nun kann man auch diese markante, überhängende schwarze Verschneidung ganz genau erkennen. Peter Aschenbrenner und Hans Lucke haben vor Jahren hier einen Durchstieg gefunden.

Es ist eine Seltenheit, daß eine Seilschaft sich diesem Teil der Wand zuwendet. Die »Asche-Luck« hat nicht das Prädikat einer schönen Kletterei. Aber wir wollen sie trotzdem versuchen.

»Mit dem Tod hackelziehen«, meint Waldi, der rauhe Sprüche liebt. Nur nichts verschreien...

Die erste Seillänge wird noch frei erklettert. Einen Haken beachten wir gar nicht; sind von unserer eigenen Hochform begeistert. Bei der folgenden Querung sind wir schon um das Seil froh, aber erst auf einer geräumigen Kanzel richten wir uns kletterfertig her, wie es sich für den »6. Grad« geziemt: 25 Karabiner, 20 Haken, zwei 40-Meter-Seile und einige Seilschlingen bilden das äußere Rüstzeug. Unbändiger »Auftrieb« und Lebensfreude sind die innere Triebfeder. Dazwischen steht die Kraft. Die braucht man hier notwendig. Sie ist es, die mich nicht schon bei den ersten paar Metern der Verschneidung verzweifeln läßt, sondern erst recht den Willen anspornt. Äußerste Schwierigkeiten gebieten äußerste Konzentration von Körper und Geist. Ein freies Klettern ist hier nicht mehr möglich. Trotzdem ist die Wand vollkommen ohne Haken. Hat man sie bewußt herausgeschlagen, um anderen die Möglichkeit einer Nachfolge zu nehmen? Es bleibt uns ein Rätsel.

Äußerst mühsam wird Haken um Haken in den Fels getrieben. Wenn ich dazwischen einige Meter frei emporklettere, bin ich völlig entkräftet, muß schnell einen neuen Sicherungshaken schlagen. Das gelingt oft in allerletzter Sekunde. Singend fährt dann ein Stift in eine Ritze, wehe, wenn er nicht hält! Ich spüre schon, wie die Finger butterweich werden, als ob keine Knochen darin wären, wie sie nachgeben. Schnell noch den Karabiner hinein, Seilzug – noch einige Hammerschläge – der Stift muß halten. Und nun hänge ich an ihm. Der Hammer entgleitet meinen Händen, er hängt an der Schnur. Für kurze Zeit ist mir nun eine Rast gegönnt. So lange, bis sich die gefühllosen Finger wieder etwas erholt haben. Dazu haben sie allerdings wenig Zeit, denn inzwischen macht sich bereits der Brustkorb bemerkbar, der durch den Seilzug arg zusammengeschnürt wird und energisch verlangt, aus dieser Lage wieder befreit zu werden. »Drum, liebe Finger, ist die Reihe wieder an euch!«

Nochmals wird der Haken fest in den Fels getrieben. Ein kurzer Seilzug nach oben. Mit den Zehen wird jede Unebenheit genützt. Ich stütze mich ab, versuche so hoch wie möglich zu kommen, und in Reichweite fährt der nächste passende Stift in eine Felsritze. Er wird angesetzt, ein gutgezielter Schlag ... und doch verfehlt. Das Stück Eisen springt weg und verschwindet klirrend in der Tiefe.

»Wieder ein Haken weniger, noch dazu ein Spezialhaken!« hadere ich mit dem Schicksal.

Sorgfältig wird ein anderer Haken hervorgeholt und wieder zum Schlag angesetzt. Diesmal mit aller Vorsicht. Ein kräftiger Hieb mit dem Hammer, und der Stift sitzt, und singend nach altbekannter, beruhigender Melodie fährt er in die Ritze. Dann Karabiner hinein, das muß schnell gehen, und nun noch das Seil. Aber in der Eile hänge ich es verkehrt ein – ganz egal.

Nach dieser anstrengenden Tätigkeit ruht man sich gerne etwas aus. Allerdings hat man dazu keinen Lehnstuhl – nur eine Seilschlinge um die Brust und für die Füße zwei winzig kleine Vorsprünge. – Bequem ist die »Asche-Luck« der Fleischbank bei Gott nicht zu nennen!

Weit spreizen die Beine am äußeren Rand der Verschneidung, das Klettern wird zur akrobatischen Übung. Die Finger bluten. Man hätte es gar nicht bemerkt, wenn nicht am Felsen die roten Tupfen wären.

Wieder einen halben Meter weiter. Nun gehen auch noch die Karabiner aus, nur noch zwei Stück habe ich bei mir. Also muß ich unter mir immer wieder aushängen, das erschwert die Arbeit und erhöht die Gefahr. Die Sonne brennt inzwischen schon heiß herein. Von den umliegenden Wänden ertönt Geschrei. »Hö-lapp-lapp.« Aber ich beachte es kaum ... Die Leute drunten am Steiglein starren neugierig herauf. Sie mögen wohl die Köpfe schütteln über das sonderbare Sonntagsvergnügen. Nun, die Geschmäcker sind verschieden. Mich kümmert's nicht.

Ein Riß nimmt mich auf, ich zwänge mich hindurch. Nur noch wenige Meter, dort winkt ein Standplatz, dort kann ich mich ausrasten. Das Seil geht nicht mehr nach. Ich schimpfe und fluche. – »Nachlassen!« – Ich sitze fest und kann keinen Zentimeter mehr vorwärts.

Waldemar schwingt das Seil. Zwischen meinen Beinen hindurch kann ich ihm bei dem Seilmanöver zusehen. Kreuz und quer läuft der verflixte Strick. Vermutlich irgendwo falsch eingehängt ... meine Schuld.

Mit aller Kraft, soviel ich eben noch aus mir herausholen kann, ziehe ich nun selbst das Seil ein. Ich nehme es zwischen die Zähne und steige dann den glatten Riß ganz vorsichtig höher. Jedes geringste Abgleiten würde den sicheren Absturz bedeuten. Endlich wird ein Stand erreicht. Stand? Eine kleine Verflachung in den Überhängen. Die 40 Meter haben mich Stunden gekostet.

Nun ist Waldemar dran. Fast schadenfroh rufe ich hinunter: »Nachkommen!«

Für ihn ist es nun besonders schwer nachzusteigen, besonders weiter oben, wo alle Karabiner ausgehängt sind. Anfangs geht's ja noch, da kann er sich mit der nötigen Armkraft von einem Haken zum andern ziehen, während ich rasch das Seil einhole. Aber dort, wo die Karabiner aufhören, ist es auch für ihn aus. Es gibt nur eine Möglichkeit: Prusikknotentechnik. Er hängt zwei Seilschlingen in das eine Seil, das ich fixiere, mit dem sogenannten Prusikknoten. Der hat die Eigenschaft, sich bei Belastung zusammenzuziehen, wodurch er sich am Seil festklemmt, um sich bei Entlastung zu lockern und am Seil verschieben zu lassen.

Waldi steigt mit den Füßen in die beiden Schlingen und baumelt schon hinaus in die Luft, bis er senkrecht unter mir im Seil hängt. Nun kann das Manöver beginnen, und während er in den Seilschlingen langsam höhersteigt, ziehe ich das zweite Seil zu seiner Sicherung ein. Wir sind beide nach dieser Tätigkeit völlig erledigt – ich vom ständigen Seilfesthalten und er vom Klettern.

Der Standwechsel ist furchtbar umständlich, nur ein Mann kann hier stehen, dazu dieses viele Seil. Wir müssen achtgeben, daß es sich nicht heillos verwirrt, daß kein »Seilsalat« entsteht, wie es in der Zunftsprache heißt.

Ich belaste mich wieder mit der Schlosserei und steige einen Kamin aufwärts. Noch einmal eine Verengung, zwei Felswände treten ganz nahe zusammen. Der Fels drängt mächtig ab, ich kann mich mit Mühe und Not gerade noch dazwischenklemmen. Weder hinab noch hinauf kann ich sehen. Alles, was es zu greifen gibt, muß ertastet werden. Schlangenartig sind meine Bewegungen, vorsichtig, um ja nicht durch diesen offenen Schlund hinunterzugleiten.

»Das Schwerste dürfte hinter uns liegen«, meine ich zu dem Kameraden, als wir beide endlich oberhalb auf schönem Stande im Grunde eines tiefen Kamines stehen. Waldi schaut mißtrauisch.

»Da gibt's keinen Zweifel, da geht's direkt hinauf, geradezu von der Natur vorgezeichnet«, bekräftige ich meine Behauptung.

Rasch bin ich droben in den glatten Kaminwänden. Ekliges Gelände, diese schmierigen, kaltfeuchten Kamine werde ich nie lieben lernen! Aber trotzdem gewinnen wir rasch an Höhe, können schon fast eben zum Nordgipfel des Predigtstuhls hinüberschauen. Weit kann's nicht mehr zum Grat hinaus sein, nur noch ein steiler, überhängender Wandgürtel. Nur ...

Auf einem kleinen Absatz bemühe ich mich lange, einen guten, verläßlichen Haken anzubringen. Endlich sitzt einer, wenige Zentimeter tief ...

»Zur Not wird er schon halten.« Ich lasse meinen Gefährten nachkommen. »Was meinst, grad hineinfallen möcht ich in den nicht«, sage ich zu Waldemar, setze aber die Kletterei fort. Der Kamin wird nun breiter, zum Stemmen schon zu breit. Im Schluchtgrund, an der Wand, steige ich höher, quere dann rechts hinaus. Ungefähr 20 Meter über dem Freund, auf dem kleinen Standplatz, verschnaufe ich ein wenig und betrachte kritisch den Weiterweg. Nein, es ist noch nicht zu Ende ...

»Nun scheint's schwer zu werden«, rufe ich zu Waldi hinunter, was ihn veranlaßt, noch festeren Stand zu fassen.

Im Grunde des Kamins ist ein kleines Postament. Es erscheint mir verläßlich und außerdem – hier im Kaiser, da hält doch jeder Stein ... Ich spreize hinein, ziehe den zweiten Fuß nach, stehe nun bequem auf dem kleinen Sockel und massiere meine etwas überbeanspruchten Finger.

Plötzlich rutscht mir der Boden unter den Füßen weg – der Block ist ausgebrochen! Blitzartig habe ich noch die Situation erfaßt, instinktiv stoße ich mich von der Wand, und was nun folgt, spielt sich in Sekunden ab. Sekunden – in denen ich über die Grenze geblickt habe ...

60 Meter tiefer in einem Kamin finde ich mich wieder. Eng an die Wand gepreßt. Auf winzigem Fleck. Das Seil spannt sich nach oben, wohin wohl?

Dort müßte Waldemar sein. Es ist so still. Ich wage kaum zu rufen. Hoffentlich hat ihn nicht der Stein erschlagen.

»Was ist mit dir, Waldi, ist was passiert?«

Eine Stimme, die vor Freude und Staunen überschnappt, kommt zurück: »Ja, lebst du?«

Nun erst begreife ich, ich bin ja 60 Meter gestürzt, 60 Meter – und ich lebe! ...

Allmählich setzt auch die Erinnerung an Einzelheiten ein – wie der Block ausbrach. Ich kann mich gerade noch vom Felsen abstoßen. Dann stürze ich. – Nein, ich sehe, wie plötzlich Waldi mir entgegenfliegt ... Vorbei. Dann habe ich das Gefühl, in der Luft zu schweben – schwerelos ... ein angenehmes Gefühl. – Schließlich ein dumpfer Schlag, keineswegs hart und erschreckend ... Nur so, als ob ich auf etwas weichem, auf einem Sofa etwa, aufgekommen wäre. – Aber es geht noch weiter. Von einer Wand zur anderen. – Plötzlich fällt mir der Haken dort oben ein, von dem ich zu Waldemar sagte, daß ich in ihn nicht hineinstürzen möchte. Ich spüre jeden Aufprall, empfinde aber nicht den geringsten Schmerz. Und so lächerlich es klingt – ich muß plötzlich an meine neue Kletterhose denken. Wenn nur sie nicht unter dem Sturze leidet! Wie leicht könnte sie durch den Fels zerrissen werden! – Fieberhaft arbeiten nur meine Gedanken. Mir fällt das Taschenmesser im Hosensack ein. Hoffentlich verliere ich es nicht! – Furchtbar lang kommt mir der Sturz vor ... Ich muß doch bald im Kar angelangt sein. Es sind ja nur 300 Meter! Wo bleibt der Ruck des Seiles? Wirre, verwirrende Gedanken beschäftigen mich, aber eher im harmlosen Sinn. Alle Logik, alle Vernunft ist ausgeschaltet. Ich denke keinen Moment daran, daß mir selbst bei diesem Sturz etwas Ernstliches zustoßen könnte, eine stärkere Verletzung etwa, oder gar, wenn ich im Kar aufschlüge, ein letztes Ende. – Deutlich spüre ich auch, wie ich mich überschlage ... ach so, jetzt geht es mit dem Kopf voraus. – Dann kommt der erwartete Ruck. Der Oberkörper wird nach oben gerissen, nun bin ich wieder in normaler Lage, den Kopf nach oben. Aber weiter geht die Fahrt. Noch immer kein Erschrecken. Nur: ja, da ist eben das Seil gerissen!

Nochmals ein Ruck. Die Fahrt ist überraschend gestoppt. Wie durch ein Wunder stehe ich plötzlich auf einer ganz kleinen Kanzel inmitten der Wand, im Grunde des Kamins, das Seil spannt sich straff nach oben. Ich darf mich nicht bewegen, um nicht aus dem Gleichgewicht zu kommen. Im ersten Moment spüre ich überhaupt nichts. Nur über die Stirn fließt es mir warm. Der Fels ist etwas rot gefärbt, anscheinend eine Kopfwunde. Aber jetzt, als ich wieder den Felsen anpacken will, merke ich gleich, daß die linke Hand den Dienst versagt. Wahrscheinlich eine kleine Knochenverletzung.

Mit Seilzug hilft mir Waldemar nun nach. Ich steige zu ihm hinauf. Er legt mir einen Kopfverband an. Sonst, mit Ausnahme der linken Hand, scheint alles in Ordnung zu sein. Wir müssen nun beide lachen über dieses unheimliche Glück im Pech.

Waldemar erzählt mir nun den Vorgang von seiner Warte aus ... Wie ein Engel wäre ich herabgesegelt. Ein etwas eiliger Engel allerdings! Und kopfüber – direkt in den Kamin hinein, vom Kamin verschluckt – hätte gräßlich ausgesehen. – Man könne es sich gar nicht vorstellen, wie gräßlich! – Dann wartete Waldi auf den Ruck – den Ruck, der kommen mußte und der wohl das Ende bringen würde. Das Seil spannte sich, wie eine Saite, fast zum Zerreißen, aber es hielt. Dann kam der Moment – der Moment, auf den er bangen Herzens gewartet hatte. – Der Haken hielt nicht, konnte natürlich nicht halten. Die Wucht des Seiles riß ihn aus dem Fels, doch der ärgste Schwung meines Sturzes war gebrochen. – Aber weiter ging's. Das Seil straffte sich von neuem. Nun war zwischen mir und ihm kein Haken mehr, keine Bremsung, nichts. Es zog ihn mit, zerrte ihn hinaus aus dem

Kamingrund. Da war noch eine größere Fläche mit eingekeilten Blökken. Verzweifelt versuchte er sich und mich zu halten, aber immer weiter zog es ihn hinaus, dem Abbruchrand zu, an den Abgrund… Nur noch einen Meter… einen halben Meter. Dann war auch für ihn der Augenblick gekommen, wo ihn das verbindende Seil über die Kante hinausziehen mußte.

Nun ist's aus – er wußte es genau. Er sah das Ende… In diesem Moment, am äußersten Rand der Plattform, läßt plötzlich der Seilzug nach. Das Seil lockert sich, Waldi kommt zum Stillstand.

Er wagt nun gar nicht mehr, sich zu bewegen oder zu rufen. Und dann plötzlich – wie eine Erlösung – meine Stimme…

Welcher Schutzpatron uns damals zur Seite stand, weiß ich heute noch nicht. Eines weiß ich aber, daß es um Haaresbreite ging. Je öfter ich darüber nachdachte, um so unglaubwürdiger erschien mir dieser Vorfall. Das hat mit Glück nicht mehr das geringste zu tun, da hat ein gütiges Schicksal seine Hand im Spiel gehabt. Unsere Zeit war noch nicht abgelaufen. Der liebe Herrgott wollte nicht, daß wir schon abgelöst würden. Es war ein Sturz nicht in den Tod, sondern ins Leben… Wir versprachen uns, diesen großartigen neuen Geburtstag bei Gelegenheit nachzufeiern.

Aber zum Feiern ist es noch zu früh, wir müssen erst trachten, aus dieser Wand herauszukommen. Waldi will es nach oben versuchen. Ich halte es für ein aussichtsloses Beginnen. Er steigt trotzdem hinauf, muß aber bald einsehen, daß es keinen Sinn hat. Also doch zurück… Die lange Kaminreihe hinunter. Aber wie unten über die gewaltigen Überhänge hinab?

Es muß eben gehen!

Bald stellen sich die Folgen des 60-Meter-Sturzes ein. Überall verspüre ich Prellungen, kann mich kaum mehr bewegen. Wie gelähmt lasse ich mich im Abseilsitz zur Tiefe. Das Abseilen mag noch angehen, aber wenn ich dann wieder Stand habe und ein wenig klettern muß, glaube ich, die Glieder geschient zu haben.

Wir sind nun wieder drunten am Grund der Kamine oberhalb der gewaltigen überhängenden Verschneidung. Drohend schwarz ist der Himmel. Nur jetzt keinen Wettersturz! Nur noch ein bißchen Aufschub. Noch eine Stunde, bis wir drunten in der Steinernen Rinne sind. Aber der Petrus kennt kein Erbarmen und schickt seinen nassen Segen in himmlischer Fülle ...

Die beiden 40-Meter-Seile hängen frei in die Luft hinab. Weit ab von der Wand wedeln die beiden Seilenden. Ist auch alles gut verankert? Die Seile richtig gelegt, daß wir sie nachher auch wieder herunterbringen? Ein Zurück gibt es hier nicht!

Noch ein prüfender Blick, dann nehme ich als erster Abseilschluß – sogenannten Dülfersitz. Das Seil liegt um Schenkel, Brust und Schulter und hängt hinter dem Rücken frei abwärts.

Um jeden Meter, den ich so in die Tiefe gleite und um den wir zuvor so hart gekämpft haben, tut es mir nun leid.

Der letzte Haltepunkt verschwindet unter den Fußsohlen. – Bald hänge ich völlig frei im Seil, drehe mich wie ein Karussell bald rechts, bald links, immer schneller. Bald zieht der Predigtstuhl an mir vorüber, dann wieder die überhängende Verschneidung unmittelbar vor mir. Das Seil hat ein unheimliches Gewicht. Es zieht mich stark nach rückwärts. Ich kann mich nirgends mit den Füßen abstützen, der Fels ist ja einige Meter weit entfernt. Das werde ich nicht mehr lange aushalten! Es ist zu anstrengend, das ganze Gewicht nur in einer Hand zu halten. So lasse ich mich schneller als üblich im Seilsitz hinunterrutschen.

Ein Übel kommt selten allein. Dieser Alltagsspruch trifft auch in den Bergen zu. So reißt zu allem Überfluß noch die Naht meines Anoraks. Das Seil liegt nun im bloßen Nacken auf, und seine Reibung erzeugt unerträgliche Hitze und scheußliche Brandwunden. Aber ich kann nichts daran ändern, ich bin ja vollkommen hilflos.

Endlich ist die Höhe des Platzes unter der Verschneidung erreicht. Nur noch wenige Meter Seil habe ich zur Verfügung. Ich versuche nun, in eine pendelnde Bewegung zu kommen, schwinge hin und her. Warte den Moment ab, wo ich mit dem Gesicht zur Wand schaue, und nun – einen Ruck – noch zu kurz!

Wieder schwinge ich in die Luft zurück, wie ein Artist auf seinem Trapez. Nur ohne Netz! Auch ist es höher als in der Zirkuskuppel.

Ein zweites Mal. – Mit den Füßen kann ich gerade Stand fassen, der Körper drückt mächtig durch. Im gleichen Moment muß das Seil losgelassen werden, um nicht wieder zurück – hinaus zu pendeln.

Diesmal gelingt es. Ich stehe nun am Fuß der Verschneidung und rufe Waldemar hinauf, daß er nachkommen könne.

»Gib acht, daß sich das Seil nirgends verklemmt oder verwickelt!« Dann schwebt er auch schon wie eine Spinne am eigenen Faden herab, kommt in meine Höhe, schwingt ein bißchen, bis ich ihn erfassen kann. Ich ziehe ihn zu mir herüber.

Nun kommt aber erst der spannende Moment. Läßt sich das Seil abziehen? Wir brauchen es noch für den weiteren Abstieg. Ohne Seil kämen wir hier nicht hinunter, hinauf aber auch nicht. Wir haben uns genau das Ende gemerkt, an dem wir ziehen müssen. Gemeinsam legen wir uns nun in das Seil. Es geht schwer, ruckartig, aber es geht. Wir lassen das eine Ende aus. Es verschwindet über uns, aber – was ist los? Plötzlich klemmt das Seil. Es rührt sich nicht mehr von der Stelle – keinen Zentimeter!

Das Seil muß herab! Wir können doch nicht die Gefangenen dieser Wand bleiben! Wir hängen uns mit aller verfügbaren Kraft an das eine Ende, es rührt sich nicht. Von der Nässe sind die Seile etwas bokkig – wir schlingern, lockern – dann wieder gleichzeitig: »Ho-ruck!« Da gibt es endlich nach. Ganz langsam und behutsam ziehen wir das Seil ein. Immer rascher läuft es durch unsere Hände – dann kommt der glückliche Moment, wo es wie eine Riesenschlange durch die Luft schnellt. Befreit atmen wir auf. Wir sind gerettet.

Noch einmal müssen wir uns abseilen, dann stehen wir zwischen den Blöcken der Steinernen Rinne. Nun ist's allerdings ruhig, kein Laut mehr, keine Menschenseele. Kalt, naß und abweisend starren die Wände herab. Nochmals schaue ich da hinauf: Dieser Kamin!... Jetzt erst wird mir bewußt, wie hoch oben wir schon waren. Und jäh das Bewußtsein: Wo wir wohl jetzt sein würden, wenn der Berg nicht doch mitunter gnädig wäre?

Meine Prellungen werden immer spürbarer. Ich stolpere voraus, während Waldemar noch unsere Ausrüstung ordnet und zusammenpackt. Auf der Gaudeamushütte erzählt man uns, daß wir weit von der Route abgekommen waren, daß wir uns verstiegen hatten. Nun erst kann ich verstehen, daß wir nach der Verschneidung nirgends mehr menschliche Spuren vorfanden, nirgends mehr auch nur einen einzigen alten verrosteten Haken. Ich muß dann etliche Wochen das

Krankenbett hüten, und mit wachsender Gesundung schaue ich immer sehnsüchtiger hinauf zu den Zinnen und Zacken des Kaisergebirges.

Gang an der Sturzgrenze – Mauk-Westwand

Erst der Herbst führt mich wieder hinauf in die Berge, jedoch unter erschwerenden Umständen. Ein Urlaubsschein für den Sonntag ist nur selten zu bekommen. So muß eben nach altbewährter Methode eine strohgestopfte Puppe meine Anwesenheit im Bett der Kasernenstube nach Zapfenstreich vortäuschen. Der Betrug gelingt meist.

Einer meiner Leidensgenossen, der Salzburger Hans Reischl, den man auch schon meistens Samstag mittags die Kaserne verlassen sieht, kommt eines Tages zu mir und meint: »Wie wäre es mit der Mauk-Westwand?«

»Ich befürchte, da wird uns der Weiss Wastl bitterböse, die können wir ihm nicht gut wegschnappen«, wende ich ein...

Der Weiss Wastl hatte sehr enge Beziehungen zur Maukwand. Nicht nur seelische, sondern auch körperliche, sehr robust-schmerzhafte sogar. Seither ließ er die Wand in Ruhe. Aber er hat sie nicht vergessen. Sie beherrscht sein Denken.

Eifersüchtig wacht er über sie. Daß kein anderer käme...

Vielleicht sind die Erfolgsaussichten doch zu gering. Ich weiß aber, daß sich Wastl in der Zwischenzeit, als er von der Absicht zweier Münchner, sich an seiner geleisteten Vorarbeit gütlich zu tun, erfuhr, von oben herabseilte und alle erreichbaren Haken wieder aus der Wand entfernte.

Jedenfalls reden kann man ja einmal darüber, und so wollen wir am kommenden Wochenende zur Ackerlhütte im Ost-Kaiser ansteigen, wo Wastl sein Domizil aufgeschlagen hat.

Abends sitzen Reischl und ich in der Nähe der Hütte auf einem Latschenkopf und mustern mit Hilfe eines guten Feldstechers eingehend die völlig ungegliederte Wandflucht. Besonders den mittleren Teil, wo man selbst mit dem besten Glas keinen Riß erkennen kann, betrachten wir eingehend. Nichts als glatte Wand! Zu allem Überfluß ist dieses Wandstück nach oben auch noch durch einen riesigen überhängenden Wulst gesperrt. Ich zucke die Achseln und meine: »Die Aussichten sind gleich Null. Aber versuchen kann man es ja einmal …«

Wastl hat uns erkannt, kommt herbei, setzt sich zu uns. Ich merke, daß mit ihm in Angelegenheit Mauk-Westwand nicht gut Kirschen essen ist. »Wollt's ihr etwa da hinauf? Untersteht euch nicht!« meint er drohend. Ich kenne ihn zu gut, um nicht zu wissen, was es bedeutet, wenn er – sonst ein guter Kerl – zu drohen beginnt. Ihm bedeutet diese Wand alles, und er hat sie offensichtlich noch nicht aufgegeben.

»Geht in die Fleischbank-Verschneidung … da gehört's hin!« versucht er abzulenken.

»Ja, dort hat sich schon der Rebitsch versucht, und wenn der abgeblitzt ist, dann brauchen wir es gar nicht erst zu probieren«, gebe ich zurück. »Aber wie wär's, wenn du mit uns kämst?«

Wastl überlegt, schlägt dann ein mit der Bedingung, daß er die Schlüsselstelle führen darf. Die Sache ist abgemacht.

Mit Eifer stürzt sich nun Wastl in die Vorbereitungen, ordnet die Seile und die »Schlosserei« – 30 Karabiner und ebenso viele Haken und das Wichtigste, die Spezialhaken, genau nach Maß, die er schon längst vorbereitet hat.

Um sieben Uhr sind wir kletterbereit. Zwei Seile verbinden mich mit Wastl, eines ihn mit Hans, und das vierte, ein Reserveseil, dient für die Quergänge in der Wandmitte. Der letzte Mann trägt unseren Rucksack mit etwas Proviant und Tee, einer einfachen Biwakausrüstung für alle Fälle und den Photoapparat.

Die Wand zeigt gleich zu Beginn ihre Zähne. Ein schwerer Kamin zieht nach oben. Wir sind noch steif von der Kälte. Es geht noch nicht recht. Ich muß mich erst warm laufen. Wir kommen an eine Rißgabelung, nehmen den rechten, dann zieht ein nach außen sich öffnender Schacht nach oben. Im Innern glatter Fels, von einigen Klemmblökken gesperrt, die uns immer wieder an die äußere Kante drängen. Doch auch hier ist nirgends Halt. Der Oberkörper droht nach außen abzurutschen, man versucht verzweifelt, sich mit Rücken und Knien darin zu verklemmen. Eine ganz kleine Felsschuppe am linken äußeren Rand des Kamins erlaubt, das Gewicht für einen Moment zu verlagern. Befreit schiebe ich mich aus dieser beklemmenden Enge hinaus an den äußersten Rand des Kamins. Der Körper liegt schon waagrecht zwischen den Wänden. Die Füße müssen aber jetzt noch ein bißchen höher, nur noch wenige Zentimeter. Mit der Hand helfe ich nach, und dann haben die Sohlenränder der Kletterpatschen die kleine Schuppe erreicht. Ich stütze mich hoch, richte mich auf.

Zwei Meter sind wieder gewonnen, und somit liegt diese Kaminsperre hinter mir. Keuchend geht der Atem. Ich kann mir eine Steigerung der Schwierigkeit nicht mehr vorstellen. Einmal muß doch eine Grenze sein. Aber Wastl sagt nur mit scheinheiliger Miene – so, als ob er mich beruhigen möchte –, daß es noch viel schlimmer käme.

Lotrechte Rißreihen führen uns nach oben. Um die Mittagszeit ist die grasbewachsene flachere Wandzone unterhalb der Hauptschwierigkeit erreicht. Eine kurze Stärkung, ein »Hä-jua-hä«-Jauchzer hallt hinunter, gleichsam um Ruhe und Sicherheit vorzutäuschen. Es ist aber nur ein Sichselbstbelügen. Man spürt die innere Unruhe – die Nerven sind gereizt. Um sich abzulenken, beginnt man zu singen, zu jodeln und zu schreien – eine unter den Kaiserkletterern besonders häufige Erscheinung. Vor allem im Bereich der Steinernen Rinne, wo das Klettern sonntags schon fast zum Schauklettern wird, bekommt man von den »Schnürlsamt-Übermenschen« allerhand Nettigkeiten zu hören.

Wastl scheint recht zu haben. Die Schwierigkeiten kommen erst …

Ein glatter Riß zieht in Schlangenlinie nach oben. Noch ein kurzes Stück – dann stehe ich unter dem gewaltigen Dach, das den Blick nach oben verwehrt. Hier lasse ich nachkommen. Winzig klein ist dort unten das Ackerlhüttel, die Leute davor kann man kaum als Punkte ausmachen. Rechts drüben stürzt unsere Wand in jähem Plattenschuß zur Tiefe, haltlos fällt der Blick daran hinab. In starkem Kontrast dazu die grünen Wiesen, das Tal von St. Johann und Kitzbühel.

Am höchsten Punkt, unter dem Dach, versuche ich einen Haken in eine Ritze zu treiben. Aber bei jedem Schlag springt er wieder zurück. Da keile ich einen zweiten dazu. Viel verspricht er zwar nicht, aber für diese Querung muß er genügen. Wastl gibt mir die Spezialhaken, kurze Vierkantstifte.

Hoffentlich hält der Haken, noch einen prüfenden Blick nach oben, dann kann der Tanz beginnen!

Ich bin auf das Ärgste gefaßt. Zehn Meter waagrecht drüben – ein winziger Vorsprung, kaum genügend für die vordere Hälfte der Kletterschuhsohlen. Dazwischen liegt eine bauchige, senkrechte, vollkommen grifflose Wand. So eine Querung habe ich noch nie gemacht. Ich schiebe mich nach rechts, zentimeterweise, und lehne mich gegen den Seilzug. Sorgfältig und sehr behutsam gibt Wastl das Seil nach, beobachtet jede meiner Bewegungen, und wenn er fürchten muß, mein Oberkörper könnte nach hinten kippen, zieht er gleich wieder das Seil an.

Mit den Händen habe ich nun den Vorsprung, aber das ist zu wenig. Ich muß mit den Füßen drauf zu stehen kommen. Alles ist grifflos. Ich kann hier nicht höher steigen. Ich gehe nochmals zurück, um die Querung gleich von Anfang an etwas höher anzusetzen.

Abermals hänge ich in beiden Seilen. Plötzlich geben sie nach. Ich falle von der Wand wie eine abgeklatschte Fliege und pendle zehn Meter tiefer wie der Perpendikel einer Uhr am Seil hin und her. Aber jetzt habe ich erst die richtige Stimmung. Das mußte kommen! Rasch bin ich wieder droben, habe den ausgebrochenen Haken wieder in die Ritze geschlagen und hänge schon wieder in beiden Seilen, in der Querung. So wie der Seiltänzer keine unachtsame Bewegung machen darf, so muß auch ich mir jede Körperbewegung überlegen, wage kaum zu atmen, mich kaum mehr zu rühren, spüre, wie sich langsam der Körper wieder von der Wand lösen will.

Nur noch einige Zentimeter.

»Ganz langsam nachlassen.« Ich flüstere es beinahe und wage kaum zu sprechen. Wastl aber bedient das Seil so, als ob er ein Stück von mir wäre. Dann ist die kleine Plattform erreicht.

Vorsichtig stehe ich nun auf dieser Miniaturkanzel. Über mir ein kleines Loch im Fels. Da muß natürlich ein solcher Spezialhaken hinein. Zur Vorsicht habe ich noch etwas Dübelholz mitgenommen. Das ist fast schon so wie beim Bilder-an-die-Wand-Hängen. Der Haken wird zwischen das Holz gekeilt und hineingetrieben, was nur die Kräfte hergeben. Tief sitzt er trotzdem nicht, aber eine kurze Belastung wird er schon aushalten. Noch ein paar gefühlvollere Hammerschläge.

Beim Ausholen muß ich achtgeben, daß ich das Gleichgewicht nicht verliere.

Ein Karabiner schnappt ein, eine Seilschlinge hängt herunter, sie wird als Strickleiter benützt. Mit der einen Hand drücke ich mich am Haken hoch, die andere sucht den Fels oberhalb ab – aber nirgends ein Griff. Neidvoll betrachte ich die Dohlen, die um die Felsen kreisen und sich auf winzigen Vorsprüngen niederlassen. Wie sie mir bei dieser Arbeit zuschauen – das erinnert an höhnisches Lachen! Ich fauche sie an. Mit einem Flügelschlag erheben sie sich von der Wand, um erhaben in die Luft hinauszusegeln!

Der rechte Fuß pendelt in der Seilschlinge hin und her, er zittert schon. »Nähmaschine« nennt man diesen Zustand, den Beginn eines Muskelkrampfes. Ein kurzes Balancespiel, der linke Fuß tastet nach, steigt auf den Haken, der mir für die rechte Hand noch als Griff dient. Die offene Handfläche der linken streicht über den Fels, als müßte sie unbedingt irgendwo haftenbleiben. Langsam richte ich mich auf, eng an den Fels geschmiegt, schiebe ich mich höher, drücke das Knie durch und stehe nun auf dem Haken. »Nur einen Augenblick noch – dann kannst du von mir aus herausbrechen«, bitte ich laut das Stück Eisen, dem jetzt mein ganzes Gewicht anvertraut ist. – Nun kommen wieder vereinzelte Griffe, ein Riß zieht nach oben, und wiederum stehe ich unter dem wulstartigen Dach. Nur um eine ganze Seillänge höher. Mit Seilunterstützung kommen nun die beiden Freunde nach. Sie können sich heute die mühsame Arbeit des Herausschlagens der Haken ersparen. Wastl hat sie beim bloßen Berühren meistens schon in der Hand – den Rest besorgt Hans ohne viel Umstände.

Der Weiterweg erscheint mir rätselhaft. Die Fortsetzung über das Dach ist unmöglich. Also muß man versuchen, von einem Absatz zum andern, von einer Ritze zur nächsten, die Platten wiederum zu queren. Immer weiter schiebe ich mich nach rechts hinaus, immer steiler fällt die Wand unter mir ab, und immer glatter stellt sie sich über mir auf. Diese unheimliche Glätte – sie wirkt auf die Dauer deprimierend. Nirgends kann das Auge einen Halt finden. Unbarmherzig gleitet es ab, hinunter – Hunderte von Metern tief. Man sucht vergeblich nach Ruhepunkten, es ist zermürbend. Nach zweimaligem Queren bin ich am äußersten Ende dieser langen Traverse angelangt.

Hier geht es nicht mehr weiter. Hier muß man nun gerade empor! In eine kleine Nische geduckt, auf einem Rasenpolster, nehme ich Platz. Die Füße baumeln in der Luft. Sie schmerzen vom stundenlangen Stehen auf kleinsten Tritten. Die Finger sind schwer wie Blei. Müdigkeit drückt mir die Augen zu, ich nicke ein. Der Oberkörper neigt sich immer weiter nach vorne...

Wohltuend die Wärme der Sonne – aber weniger wohltuend der Abgrund, der sich jäh vor mir auftut, als ich die Augen aufreiße. Ein zu gefährliches Mittagsschläfchen! Ich richte mich wieder auf und warte, bis Wastl bei mir ist. Ich kann ihm nur meine größte Hochachtung aussprechen: Hier heroben war er schon zu Pfingsten, noch höher! Das dicke Ende kommt erst. Wastl nimmt meinen Stand ein, schlägt zur Vorsicht noch einen zweiten Haken, überreicht mir dann sein sämtliches Eisenzeug. Schwer behängt trete ich hinaus in eine freie Wand. Ein ganz feiner Riß zieht nach oben, hie und da unterbrochen. Die besondere Schwierigkeit besteht nun darin, diese leeren Stellen zu überwinden. Obwohl wir schon allerhand gewöhnt sind, was uns heute geboten wird, übertrifft alles bisher Dagewesene. Förmlich mit der Lupe betrachten wir den Fels, um auch die geringsten Möglichkeiten zum Weiterkommen herauszufinden. Die kleinsten Haken, die wir zur Verfügung haben, finden nun Verwendung. Sie dringen aber nur ein bis zwei Zentimeter tief in den Fels, ich traue mich kaum, sie zu belasten. Geschweige denn eine Trittschlinge einzuklinken, um mein ganzes Gewicht daranzuhängen.

Es muß trotzdem gehen. Es bleibt kein anderer Ausweg. Musterte ich anfangs noch des öfteren die Wand unter mir, um herauszufinden, wo ich ungefähr aufschlagen würde, falls ein Stift ausbräche, so verbieten sich jetzt von selbst solche Gedanken. Mit zunehmender Höhe, je mehr ich mich von meinen Kameraden entferne, fordert die Kletterei immer größere Konzentration. Ich habe keine Zeit mehr, hinabzuschauen und darüber nachzudenken, was wäre, wenn... Es darf nur einen Gedanken geben: hinauf ohne Zögern! So rasch wie möglich! Es gibt kein langes Verweilen an den Haken. Jede längere Belastung bedeutet Gefahr. Wenn nur einer ausbräche... Ich kann mir gut vorstellen, wie dann die ganze Serie – einer nach dem andern – sich lösen würde. Wie wenn man einen Reißverschluß öffnet.

20 Meter habe ich schon geschafft, aber nun scheint die Welt doch endgültig ein Ende zu haben. Ich besitze nur mehr zwei Haken. Sehe schon, wenige Meter über mir, den Standplatz und rufe zu Wastl hinunter: »Wie soll ich da weiterkommen? Hier hat alles aufgehört!«

Immer wieder schaue ich hinauf. Zwei lumpige Meter, dann wäre es geschafft. Ich kann es gar nicht fassen: Nur noch zwei Meter – aber sie bedeuten alles! Zurück kann ich nicht mehr. Einige Haken haben sich bereits durch die Seilbewegung vom Fels gelöst und rutschen in den Karabinern klingend das Seil hinunter. Verdammt, denke ich mir, hier ist doch der Wastl schon einmal drüber weg. Er hat auch nur zwei Hände und zwei Füße wie ich! Vielleicht aber mehr Fingerkraft?

Alle Hemmungen fallen von mir ab. Ich beachte gar nicht mehr den Abgrund. Für mich sind nur mehr die zwei Meter über mir da, alles andere interessiert mich jetzt nicht mehr. Langsam gelingt es mir, mich höherzuschieben. Nur schwer läßt sich das Seil nachziehen, es läuft durch zu viele Karabiner. Hier – eine Schuppe, die nach unten hin einen Riß offen läßt, die einzige Möglichkeit, einen Haken anzubringen, meine Rettung? Der kürzeste Stift, den ich besitze, wird angesetzt. Die Schuppe klingt verdächtig hohl – sie hält nicht viel. Der Haken würde wohl noch weiter hineingehen, aber dann könnte das handgroße Stück Fels abspringen. Damit aber wäre mir die letzte Möglichkeit genommen. Nach unten darf ich den Haken nicht belasten, das weiß ich zu genau. Ich nehme ihn in die Hand, drücke die Öse nach oben, damit er sich im Riß verklemmen kann, lasse mir dann langsam Zug geben.

»Noch mehr einziehen.« – Ich richte mich auf. Der Haken ist nun schon in Kniehöhe, aber für die Hände habe ich noch immer nichts!

»Langsam nachlassen.« – Ich recke mich, lange sehr weit hinauf. Nun verspüre ich einen Griff, umklammere fester diese Felsschuppe. Für einen kurzen Moment überlege ich: Ist der Griff groß genug? Kann ich mich daran festhalten?

Dann rufe ich hinunter: »Seil locker!« Der Zug läßt nach. Die zweite Hand greift empor. Die Finger verkrallen sich förmlich im Fels. Nun hängt mein ganzes Gewicht an den Fingerspitzen. Die Füße rutschen vom Fels, baumeln in der Luft, der Haken, der noch vor wenigen Sekunden meinen Körper hielt, springt heraus und rasselt am Seil hinab. Nun bleiben mir nur mehr zwei Möglichkeiten: Auslassen bedeutet Sturz, einen gewaltigen Sturz bis hinab. Beide Freunde müßten mit... Also hinauf!

Auf die Zähne gebissen ... Und nun schnell. Das Seil kommt nicht nach, es zieht mich nach hinten. Die Finger wollen nicht mehr, sie versagen ihren Dienst. Verzweifelt dränge ich nach oben, mit den Knien helfe ich nach. Und endlich – in letzter Sekunde – liegt der Überhang unter mir. Ein befreites »Nachkommen« kommt aus meiner heiseren Kehle.

Um den anderen die Arbeit des Aufsteigens zu erleichtern, hänge ich zuvor noch ein fixes Seil mit Knöpfen und Schlingen hinein, damit sie sich daran hochziehen können. Wastl steht auf diese Weise bald neben mir und beglückwünscht mich zu dieser Seillänge, der Schlüsselstelle. Dann erst gesteht er mir, daß er hier unterhalb gestürzt sei und diese Stelle bis zum heutigen Tag noch unberührt war.

Ich bin nun restlos fertig und lasse mich im Voransteigen gern durch Wastl ablösen.

Um zehn Uhr nachts stehen wir auf dem Gipfel. Wir sind nicht wenig stolz auf unseren Sieg über die Mauk-Westwand, die schwerste der Kaiserwände.

Doch so ganz ungestraft sollte diese Erstbesteigung nicht bleiben. Als ich anderntags erst mittags in die Kaserne schleiche, hat man meine Abwesenheit bereits bemerkt. Der »Spieß« kündigt mir gleich beim Eintritt mindestens drei bis fünf Tage »Bau« an. Das soll mir die Wand wert sein, denke ich nur, mache mir nicht die geringsten Sorgen über meine Zukunft.

Man weiß auch bereits genau Bescheid über unsere Unternehmung. Das hat sich natürlich sofort herumgesprochen. Bei einem aus Bergsteigern bestehenden Truppenteil sollte man meinen, für eine Erstbegehung Anerkennung zu finden. Nur ein paar Vorgesetzte meinen – mehr höhnisch als anerkennend: »Das hat sich wohl gelohnt!«

Wegen Vergehens gegen die Dienstordnung und Überschreitung der Ausgehzeit werde ich vor ein internes Gericht gestellt. Abstellung zur Fronteinheit, lautet das Urteil. Gleichgültig nehme ich es hin. Einmal mußt auch du die Kugeln pfeifen hören, denke ich mir. Bald darauf höre ich sie tatsächlich.

Der Gerade Weg – Lalidererwand

Der Krieg, die Gefangenschaft, eine zweijährige Pause, vermochten nicht, meinen Drang in die Berge zu beeinträchtigen. Meine Einstellung zum Bergsteigen war die gleiche geblieben, und die Begeisterung für die Berge war durch die zwangsweise Enthaltsamkeit nur noch größer geworden. Aber meine physische Kondition ließ durch die harten Monate an der Front und hinter Stacheldraht sehr zu wünschen übrig. Ich mußte wieder von neuem beginnen. Auch alle übrigen Voraussetzungen für das Bergsteigen sind um ein beträchtliches schwerer als zuvor.

Vorsichtig mache ich meine ersten Kletterversuche, muß aber enttäuscht feststellen, daß es nicht mehr recht gehen will. Die Kraft läßt bald nach, ich bin vollkommen aus dem Training, außerdem hat mich die ständige Hungerkur seit der Gefangennahme sehr geschwächt. Aber den Mut darf man deswegen nicht sinken lassen. Langsam, nur sehr langsam, finde ich wieder zur alten Form zurück.

Während unsere großen Vorbilder aus den älteren Jahrgängen bereits Eishaken, Steigeisen und Pickel bereitlegen, für die Westalpen rüsten, ziehen meine Gedanken noch nicht weiter hinaus als über die Nordkette, ins Karwendel, wo noch so viele unberührte Wände stehen. Westalpen – das kommt für mich sowieso nicht in Betracht, dazu bin ich doch zu schwach, zu schmächtig, das würde ich schon rein körperlich nicht durchhalten. Da gehören ganz andere Kerle dazu, als ich einer bin. Das wird mir oft und oft versichert. Und ich glaub's …

Bleib in deinen Felswänden, Hermann, das ist dein Element! Die Westalpen können noch warten.

Karwendel – abseits des Menschenstromes, unberührt vom Lärm des Alltags. Ein Paradies für den stillen Genießer, für den einsamen Wanderer, aber auch für den erfahrenen Bergsteiger. Der reine Sportkletterer wird sich hier allerdings enttäuscht abwenden. Das ist aber auch gut so.

Im Herzen dieses urweltähnlichen Gebirges ragt eine Wand in den Himmel, die an Wucht und Großartigkeit ihresgleichen sucht. Die Nordwand von Laliders.

Im Sommer des Jahres 1933 stand der schlichte Innsbrucker Rauchfangkehrermeister und großartige Kletterer Hias Auckenthaler vor dieser Wand und musterte sie eingehend. Er wollte ihr einen Durchstieg abringen, gerade dort, wo sie sich am abweisendsten zeigt. In der Fallinie des Laliderer Gipfels. Doch sein Beginnen scheiterte bereits beim ersten Versuch im unteren Wandteil. Unüberwindbare Dächer zwangen ihn zum Rückzug. Auckenthaler gab sich jedoch nicht geschlagen. Hundert Meter weiter links überwand er die untere Wandpartie und gelangte so in weiter Schleife in die große Schlucht, die links der Gipfelfallinie zum Grat emporzieht. Nach zweitägigem hartem Ringen war ihm und seinem Gefährten, Hannes Schmidhuber, der große Erfolg beschieden. Der »Auckenthalerweg« ist noch heute eine der großzügigsten Felsfahrten im klassischen Stil.

Mit dem nahenden Sommer des Jahres 1946 taucht zum ersten Mal in Kreisen extremer Kletterer das Gespräch von der »Direkten« auf. Kaum ist die Zeit für Nordwände gekommen, finden sich auch schon einige Unentwegte auf der Falkenhütte ein, darunter auch Hias Rebitsch und Sepp Spiegel. Jeder hat tüchtig trainiert, so daß man einen Erfolg erwarten kann. Hias, der die Wand schon zum Teil kennt, glaubt, durch einen feinen Riß die Schlucht direkt zu erreichen. Wegen Nässe der Felsen muß er aber diesen Plan aufgeben. Jetzt versucht er weiter links davon sein Glück. Es gelingt ihm auch, mittels eines abenteuerlichen Querganges wieder besseres Gelände zu erreichen. Doch fast täglich niedergehende, heftige Gewitter machen Hias und Sepp den Einstieg in die Schlucht unmöglich, zwingen sie zu immer neuem Rückzug. Dabei müssen sie sich mehrmals in einem Sturzbach etliche hundert Meter ins Kar abseilen; dreimal werden sie wegen Hammerbruch zur Umkehr gezwungen; zu guter Letzt bekommt Sepp noch eine Blutvergiftung im Arm. Dadurch sind sie für einige Zeit außer Tätigkeit gesetzt.

Rebitsch durchsteigt inzwischen mit Kuno Rainer den oberen Wandteil, von der Schlucht direkt zum Gipfel. Wieder bricht ein Unwetter über sie herein und zwingt sie, knapp hundert Meter unter dem Gipfel zur Nordkante hinauszuqueren. Bei stockdunkler Nacht steigen sie über den »Spindlerweg« zur Falkenhütte ab, die sie erst bei Anbruch des neuen Tages erreichen. Die Verbindung zwischen unterem und oberem Teil ist damit hergestellt, es fehlt nur noch die Durchkletterung in einem Zuge.

Im Herbst ist Sepp Spiegel wieder soweit. Um fünf Uhr morgens stehen er und Rebitsch bei sicherem Wetter am Einstieg. Diesmal scheint alles zu klappen. Die beiden kommen rasch vorwärts, und nach vier Stunden sind sie schon fast in der Schlucht. Doch das Pech verfolgt sie auch diesmal. Sepp stürzt 20 Meter frei ins Seil, Hias kann den Sturz zwar abfangen, aber beiderseitige Verletzungen zwingen die Unglücksraben neuerlich zum Rückzug. Für heuer ist's aus.

Weißer Hermelin überdeckt bald Berge und Täler, und auch ich begebe mich nun notgedrungen unter die »Holztreiber«, wie wir die abwärtsgleitenden Schneeschuhpilger nennen. Die Skier eröffnen mir wieder ein neues Reich, eine Zauberlandschaft. Aber nur selten bin ich auf den großstädtisch bevölkerten Abfahrtspisten in der Nähe von Seilbahnen anzutreffen. Es fehlt da noch an ausreichender Verkehrsregelung.

Das Frühjahr allerdings, wo das Skifahren erst zum reinen Genuß wird, sieht mich bereits wieder auf luftigen, überwächteten Graten oder in Steilwänden. Nach dem Grundsatz: je steiler die Wand, um so weniger Schnee, ist für mich der Winter stets denkbar kurz. Die Monate Mai und Juni des Jahres 1947 sind außerordentlich trocken, alles jammert über Wassermangel, nur wir Bergsteiger sind froh. So waren die Nordwände um diese Zeit noch nie so staubtrocken.

Die »Direkte Laliderer« sticht mir schon arg ins Auge, doch der alpine Takt verlangt es, daß man diejenigen, die sich als erste einer neuen Route zuwandten, ihren Weg zu Ende führen läßt. Aber Rebitsch muß wieder warten, Sepp hat eine Gelenkentzündung. So vergeht der halbe Sommer. Ende Juli glaube ich dann doch lange genug gewartet zu haben. Ich will die gute Witterung, die gerade bei einer solchen Tour ausschlaggebend ist, nicht ungenützt verstreichen lassen und verabrede mich mit meinem Tourengefährten aus früheren Jahren, mit Luis Vigl.

Am kommenden Freitag treffen wir uns in Schwaz, denn wir wollen von hier aus durch das Stallental zur Falkenhütte gehen. Luis kommt mit einer schweren Rennmaschine an, ist noch ganz benommen vom rasanten Tempo und kann sich gar nicht recht auf 1/5 PS umstellen. Unser Äußeres gleicht eher dem von Landstreichern, und manchen prüfenden Blick müssen wir einstecken. Um jeden Ballast zu vermeiden, gehen wir heute leicht besohlt in sogenannten Geröllpatschen, die mit einer strapazierfähigen Sohle ausgestattet sind.

Luis macht unterwegs noch einem Bekannten seine Aufwartung. Wenig später kommt er mit einer langen Stange Wurst daher. Solche Bekanntschaften lobt man sich in unseren mageren Zeiten! Die Wurst trägt natürlich enorm zur Hebung unserer Stimmung bei und garantiert allein schon einen guten Erfolg am nächsten Tag.

Links kommen bereits die Rotwandlspitzen hervor. Der Lamsen-Hüttenturm. »Hier wäre noch was zu machen«, meint mein Spezi. Wir überqueren das Lamsenjoch und halten auf einer Alm kurze Einkehr.

In steilen Kurven steigen wir zum Ahornboden ab. Ein wunderbares Plätzchen, ein Kleinod der Berge. Mächtige Ahorne stehen auf lieblich-saftigem Almboden, darüber in krassem Gegensatz die düstergrauen Felsfluchten der Grubenkar-Nordwand.

Jenseits führt uns ein Steiglein hinauf zum »Hohljoch« – und da steht sie wieder vor uns – die herrliche Lalidererwand. Wir haben sie schon oft geschaut, sie ist uns nichts Neues, aber immer wieder steht man da wie gebannt und schaut und staunt. Ein Wunderwerk der Natur!

Die Falkenhütte ist erreicht. Hier herrscht Hochbetrieb! Aber wir erfreuen uns wieder einiger Protektion. Für Kletterer hat der Wirt immer ein Plätzchen bereit, und während die Wurstnudeln in der Pfanne brodeln, suchen wir noch im letzten Abendschein die Wand mit dem Fernrohr ab. Was wir an der Rißfolge ausmachen können, ist nicht sehr ermutigend. Man ruft uns zum Mahle. Heute haben wir leicht lachen: mit unserer Stange Wurst kann uns keiner...

Lange wälze ich mich diesmal im Matratzenlager von einer Seite auf die andere. Ich kann einfach nicht einschlafen. Die Gedanken sind droben in dieser Wand. Ich sehe sie genau vor Augen, sehe mich auch schon durch glatte Risse höherklimmen. Überall finde ich nur eisenfeste Griffe, immer dort, wo man sich gerade einen wünscht... wie auf Bestellung. Wir sind schon bald oben, nur noch wenige Seillängen.

Da rüttelt mich jemand: »Hermann, aufstehen, vier Uhr ist's!«

»Hättest mich doch gelassen, nur noch wenige Seillängen. Dann wäre ich draußen gewesen, dann hätte ich mir das Aufstehen ersparen können und könnte weiterschlafen«, geb' ich grantig und noch ganz benommen zurück. Aber, was hilft's? Der Traum ist aus. Die rauhe Wirklichkeit beginnt.

Leise, wie Diebe, schleichen wir die steile Treppe hinunter. Das Frühstück steht schon bereit. Die Wirtsleute sind heute gar nicht ins Bett gekommen. Eine Seilschaft kehrte erst vor wenigen Stunden aus der Nordwand zurück. Sie hatten sich im Auckenthalerweg verstiegen.

Wir treten hinaus in die nächtliche, geheimnisvolle Stille. Die Natur scheint zu schlafen. Drüben im Kar poltern Steine – Gemsen jagen aufgescheucht davon – dann wieder Ruhe. Über uns ein mächtiger schwarzer Schatten, wie ein drohendes Gespenst: die Wand – unsere Wand.

Allmählich kommt der Morgen hinter den Vorbergen des Karwendel herauf und bringt das ersehnte Licht. Ein Jubel von Farben – die Sonne geht auf! Wir betrachten das Schauspiel bereits von den Einstiegfelsen aus. Einzelne steile Wandpartien verbinden die unterste Reihe der Bänder, die die ganze Wand durchziehen. Hier ist noch genußreiches Klettern. Eine lange Querung nach links führt zum Beginn der feinen Rißreihe. Wunderbar ist der Fels hier. Er unterscheidet sich wesentlich von anderen Karwendeltouren.

Immer tiefer sinkt das Kar nach unten. Mit jedem Schritt nach oben aber weitet sich der Blick hinüber ins Rofan und hinaus ins Inntal. Bei einer Rißgabelung wenden wir uns nach rechts, Haken weisen dorthin. Die einzige Seillänge in der ganzen Wand, wo man auf diese Dinger angewiesen ist. Ein 40 Meter hoher überhängender Riß bildet die Fortsetzung. Er wird von einem großen Dach abgeschlossen.

»Hier muß Sepp Spiegel gestürzt sein«, sage ich zu meinem Freund.

Ganze 40 Meter, gute Kirchturmhöhe, müssen frei erklettert werden. Nur zweimal ermöglicht ein Haken kurzes Ausrasten. Das Seil zieht frei durch die Luft, es liegt nirgends am Fels auf. Diese Stellen sind wir aber schon gewöhnt. In den Kalkkögeln und im Kaiser haben wir ähnliches erlebt. Zu meiner Genugtuung spricht auch Luis, als er heraufkommt, sehr respektvoll von dieser letzten Seillänge.

Bald wird das alte Quergangseil unserer Vorgänger über uns sichtbar. Ein kurzer Riß noch, dann halten wir den vergilbten, gebleichten Hanf in unseren Händen. Es ist ein feierlicher Moment.

Wir haben aber kein großes Vertrauen zu dem alten Seil, verwenden lieber unser eigenes, hängen es in einen Ringhaken und lassen uns daran an kleinen Vorsprüngen hinunter. Dann schieben wir uns über eine glatte Platte nach links. Solche Quergänge sind das richtige für uns »Genuß-Spechte«. Als krasses Gegenteil dieser Genußtour schildere ich Luis die Querung in der Mauk-Westwand. Aber das war einmal…

Es sind etliche Seillängen, die noch vor uns liegen. Wir zählen sie überhaupt nicht. Bisher ging alles ohne besonderen Kraftaufwand und ohne Ermüdung ab. So macht Klettern Freude.

Voller Spannung nähern wir uns einem Felsturm, der als etwas unsicherer Geselle den Weiterweg sperren soll. So hat man uns wenigstens berichtet. Von der Hütte aus war er nur als kleiner gelber Streifen erkennbar. Jetzt aus der Nähe entpuppt er sich als ein hoher, mächtiger und vollkommen von der Wand abgelöster Pfeiler. Diesem frei stehenden Turm hat die Natur nur einen ganz kleinen Platz zugebilligt. Er ruht auf einem Sockel von ungefähr vier Metern im Quadrat. Nach oben hin wird er immer breiter, zudem weit nach vorn – wandauswärts – geneigt. Ein architektonisches Wunder.

Ein schmaler Spalt trennt ihn von der geschlossenen Wand. Dieser Spalt, ein enger Kamin, teils nur Riß, bietet die einzige Möglichkeit, höherzukommen. Ungemein brüchig ist der Fels hier, und alles, was nicht niet- und nagelfest ist, verschwindet lautlos in der Tiefe. Ich räume ab, um meinen Freund nicht später durch unerwarteten Steinschlag zu gefährden. Der Riß wird nach oben hin immer steiler, bäumt sich überhängend auf, doch ich vermeide es, einen Haken zu schlagen. Eine solche Beanspruchung traue ich dem Turm nicht ohne weiteres zu. Er bebt schon so ganz anständig unter meinen Bewegungen.

Um das Gefühl der Sicherheit zu erhöhen, krieche ich jetzt tiefer in den Riß hinein. Wenn man so viel Fels um sich hat, meine ich, kann wohl nichts passieren. Dafür ist der Rucksack hindernd im Wege, drückt in den Rücken und bleibt an jedem Zacken hängen. Wie mag

Dolomiten: die Südwand der Marmolata und der berüchtigte Pfeiler

Aiguille Blanche: die Nordwand mit ihrem Hängegletscher

Die Grandes Jorasses: Bollwerk aus Fels und Eis, links der Walkerpfeiler

Die Felsnadeln von Chamonix: Traum jedes Kletterers

Die Badile-Nordostwand im Alleingang: eine vermessene Herausforderung?

es wohl in seinem Innern aussehen? Das Obst? Die Kekse? Das Brot? Das wird ein netter Brei sein! Schweißtriefend erreiche ich den Kopf des Pfeilers. Rechts fällt der Blick in den großen Trichter ab, ein Tiefblick von imposanter Wucht. Weit unten die feine Rißreihe, wo wir vor Stunden noch kletterten. Darunter entschwindet der Fels abermals unseren Augen. 400 Meter tiefer die Geröllhalde.

Sichtlich erleichtert verlassen wir diesen Turm, der doch auf sehr schwachen Beinen steht. Ein kurzer, äußerst luftiger Quergang führt zum Schluchtüberhang. Vollkommen glattpoliert ist der Fels hier von den tosenden Wassermassen und vom ständigen Steinschlag. Aber heute herrscht Ruhe. Ich möchte mich hier bei keinem Gewitter aufhalten. Das müßte die Hölle sein…

Um zehn Uhr vormittags erreichen wir den Fuß der großen Schlucht und freuen uns schon auf Wasser. Die Hitze hat uns vollkommen ausgedörrt. Wie ein steiles Bachbett zieht der Grund der Schlucht stufenartig nach oben. Aber wir finden sogar die kleinen Tümpel vollkommen ausgetrocknet. Mit lechzender Zunge steigen wir enttäuscht weiter. Es ist noch lange bis hinauf zur Einmündung des Auckenthalerweges. Allmählich verschwindet auch die Sonne hinter der Zackenkrone des Grates über unseren Häuptern. Gott sei es gedankt!

Eine kurze Rast gönnen wir uns. Wir haben sie ehrlich verdient. Mit Heißhunger verschlingen wir den undefinierbaren Mischmasch unseres Kletterrucksackes.

»Was meinst', Luis, das Ärgste dürften wir jetzt wohl hinter uns haben? Es ist erst Mittagszeit, so kommen wir heute noch leicht hinaus auf den Grat.«

Wir müssen nun rechts ab, die Gipfelschlucht überqueren, um in die große Wandpartie, die direkt zur Spitze hinauszieht, zu gelangen. »Da schau, dort oben! Zwischen den beiden mächtigen Pfeilern müssen wir hindurch!«

Das Gestein wird nun sehr brüchig, und erstmals tritt auch der Hammer in Tätigkeit. Ein paar Haken schauen von oben herab.

»Kuno hat noch keinen Haken zuviel geschlagen, da muß also was dran sein!«

Es ist auch was dran, wenn es zunächst auch leicht erscheint. Ein unheimliches Surren läßt uns aufhorchen, diesen Ton kennen wir – er dringt durch Mark und Bein – Steinschlag! Da prasselt es auch schon vorbei, eng drücken wir uns an die Wand. Ganz nette Trümmer kommen da herab! Eine Staubwolke und ein schwefliger Geruch, der die Luft verpestet, ist alles, was nach bangen Sekunden zurückbleibt.

Gleichzeitig laufen wir das folgende, steinschlagbedrohte Stück hinauf, stehen dann völlig außer Atem am Fuße des mächtigen Doppelpfeilers. Ein feiner Riß durchzieht rechts diese 100 Meter hohe Wand, und ich gehe ihn gleich an. Höher, höher ... Ich höre Luis noch lange schimpfen. Er macht mir bittere Vorwürfe, daß ich alles frei, ohne Haken erklettere.

»Hermann, blöder Spinner! Geh, schlag doch endlich einmal einen Haken! Narrischer Hund!« dringt es zu mir herauf. Ich lasse ihn schimpfen und steige weiter. Er wird sich schon selbst von der Griffigkeit des Gesteins überzeugen. Und Luis ist auch beruhigt, als er an der Reihe ist.

Nun wird der Blick nach oben frei. Enttäuscht stellen wir fest, daß wir vor einem neuen Aufschwung stehen. Rotgelb leuchtet der Fels. Vom Gipfel noch immer nichts zu sehen! Ja, will denn diese Wand überhaupt kein Ende mehr nehmen? Den ganzen Tag sind wir schon unterwegs. Und wir haben uns weiß Gott beeilt! Aber 1000 Meter brauchen eben ihre Zeit; sie wollen durchstiegen sein ...

Wir kommen uns klein und verlassen vor. Ein Wahnsinn eigentlich, gegen eine solche Wand anzukämpfen, 1000 Meter Höhe senkrecht hinauf. Aber die drängende Zeit gebietet uns, solche Gedanken abzustreifen. Wir haben nur ein Ziel: den Weg zum Gipfel – endlich hinauf ins Licht.

Rastlos steigen wir weiter, queren wieder nach links zur Schlucht zurück. Ein letzter Überhang gebietet uns energisch Halt. – Gelber, brüchiger Fels!

Die Wand legt sich nun zurück. Wir legen das Seil ab, gleichzeitig steigen wir höher, wandeln über gewaltigen Abgründen zur Nordkante hinüber. Erst jetzt läßt die Spannung, die uns während der ganzen Kletterei beherrschte, nach. Die Spannung, die den Geist wach und bereit macht und den Körper blitzschnell auf alles reagieren läßt. Sie macht nun unbändiger Freude Platz.

Der Gipfel ist erreicht. Elf Stunden, nachdem wir den Kampf

begonnen hatten, reichen wir uns glückstrahlend die Hand. Erstmals stehe ich bei Sonnenschein auf diesem Berg. Wir schauen in den düsteren Abgrund vor uns und wollen es kaum glauben, daß wir hier heraufgekommen sind. Tief drunten, wie eine Zündholzschachtel, die Falkenhütte. Wie reich fühlen wir uns, daß uns die Natur mit der Gabe bedacht hat, uns in diesem großartigen Gelände bewegen zu können. Wie dankbar bin ich dem Schicksal, daß es meine Wiege mitten in die Berge stellte. Was wohl meine so früh verstorbene Mutter sagen würde, wenn sie ihren Buben, das gebrechliche Sorgenkind, so sehen könnte? Dort hinten im Süden war ihre Heimat – dort, wo hinter dem weißen Kamm der Zillertaler Alpen die Dolomiten stehen müssen. Dort geht auch meine Sehnsucht hin, über alle unsinnigen Grenzen hinweg.

Erst als sich die Sonne dem Horizont zuneigt, verlassen wir den Gipfel, von Freude und Stolz erfüllt, einen Weg gegangen zu sein, der nicht jedem beschieden ist – den vielleicht großzügigsten der nördlichen Kalkalpen.

Lawinen, Gipsbein und ein bißchen Frühling

Schnee ist eine besondere Sache. So zart und regelmäßig sind die Sterne der Flocken. Wunder an Schönheit und Vollkommenheit. Aber der Schönheit ist nicht immer zu trauen. Ihr Charakter ist meist unergründlich, wankelmütig. Auch der des Schnees. Den muß man schon sehr genau kennen, um mit ihm auf die Dauer gut auszukommen. Fels ist viel ehrlicher. Entweder er ist gesund oder krank, fest oder brüchig. Nur selten täuscht er den Erfahrenen. Er ist lange nicht so trügerisch wie jene weiße Masse, die ursprünglich als sechszackige, zauberhafte Sternchen vom Himmel zur Erde gefallen ist.

Da sind einmal die Lawinen. Man muß sie kennenlernen, muß ihre Gesetze studieren, wenn man als Bergsteiger in die winterliche Hochregion eindringen will. Man muß Erfahrungen sammeln. Erfahrungen …

Karl und Franz Glätzle und ich verlassen an einem Wintermorgen die Adolf-Pichler-Hütte in den Kalkkögeln mit Ziel Kleine Ochsenwand. Die Schneelage ist etwas unsicher. Ganz verdächtig krachen die Steilhänge unter unseren Skiern. In größerem Abstand steigen wir die Rinne zur Alpenclubscharte an, vermeiden dabei jede längere Hangquerung. Die Oberfläche des Schnees ist hartgepreßt, aber gerade darin liegt die Gefahr, das wissen wir. Eine unheimliche Spannung ist im Hang. Man fühlt es direkt. Karl spurt voraus, er hält sich schon immer dicht neben den herausragenden Felsrippen, um bei Gefahr sich gleich vom Schnee weg auf diese Inseln retten zu können. Er ist schon hoch oben, dicht bei den Felsen der Kleinen Ochsenwand. Nun kann nichts mehr passieren. Beruhigt steigen wir weiter an.

»Lawine!« tönt es plötzlich gellend herab. Da vernehmen wir schon das durchdringende Rauschen. Wie ein tosender Wasserfall, wie eine Flutwelle stürzen die Schneemassen gegen uns. Schnell springe ich um – in diesem Augenblick hat die Lawine auch schon den weiten Hang, in dem wir stehen, erreicht. Ein leiser Knall, wie ein Blitz durchreißt eine gezackte Linie die weiße Oberfläche. Der Hang platzt auf, löst sich in Schollen auf. In Bruchteilen von Sekunden kann ich dies beobachten, während ich versuche, durch seitliches Abfahren aus der Gefahrenzone herauszukommen. Ich schieße, was ich sonst nie machen würde, den Steilhang kerzengerade hinab. Die Lawine ist aber schneller. Trotz meiner Geschwindigkeit glaube ich stehenzubleiben. Der ganze Hang bewegt sich nun. Ich komme mir vor wie im Wasser. Ich spüre keinen Grund mehr. Schollen legen sich über die Skier und drohen mich umzuwerfen. Es ist, als wolle der Boden mich verschlingen.

Aber das Unwahrscheinliche gelingt. Ich kann mich gerade noch aus dieser wilden beweglichen Masse lösen, kann noch den äußeren Abrißrand erreichen, bis ins Sichere, beobachte nun den Fortgang der Lawine.

Drei Meter neben mir ist eine fast einen Meter hohe Stufe, der Rand der Lawine. Die Schneemassen bewegen sich am Fuße des Hanges hinaus, stauen sich, türmen sich auf, dann stehen sie still. Ruhe tritt wieder ein. Von den Kameraden ist aber nichts zu sehen. Ich fahre schnell an die andere Seite der Lawine, da der Hang über mir nichts Gutes verrät. Dort bewegt sich was…

Es ist Karl. Er hat sich hinter einen Felsvorsprung gerettet. Mit den Skistöcken konnte er gerade noch zwischen Schnee und Fels sich festklammern und die ganze Lawine über sich ergehen lassen.

Aber wo ist Franz? Wir fahren hinab und suchen den ganzen Lawinenkegel ab, der über 100 Meter breit ist. Nun können wir auch eine Skispitze erkennen, und bald ist Franz frei. Er war nicht tief unter den Schneemassen, doch diese waren derart kompakt, daß er wie einzementiert bewegungslos verharren mußte. Etwas früh am Tage, aber um eine Erfahrung reicher, brechen wir heute die Tour ab.

Ja, der Schnee...

Nicht nur in den Lawinen liegen seine Gefahren. Er kann zum Beispiel bewirken, daß ich im strahlenden Frühling, während die warmen und schon trockenen Felsen den Kletterer locken, drunten im Tal oder im Mittelgebirge in Begleitung eines hübschen Mädchens wandere – oder richtiger gesagt – humple.

Zum letztenmal war ich im Februar Skilaufen. Ich war wieder einmal auf der Seegrube bei Innsbruck und nahm mir wegen des guten Schnees etwas zuviel »Kraut« heraus. Zuviel Schneid. Die Piste war einfach großartig, und um die Zeit auszunützen, benützte ich die Seilbahn in einem fort. Kaum war ich oben, ging's im Schuß wieder hinunter – buchstäblich ein Einmannrennen. Der Enderfolg: eine Bänderzerrung im Knie. – Gipsverband.

Das eingegipste Bein gestattet mir nur bescheidene Mittelgebirgswanderungen, und seltsam – es ist gar keine zu arge Strafe. Ich sehe erst, wie schön der Frühling auch im Tal sein kann. Wie reizend es ist, durch die wiederauflebende Natur zu schreiten. Vertraut klingt wieder das Murmeln der vielen Wässerlein. Alles regt sich, sprießt und keimt, und nur noch die letzten Reste verkümmerten Lawinenschnees in den Gräben erinnern an die kalte Jahreszeit. Und wenn ich auch hier und da einen sehnsüchtigen Blick nach oben werfe, zu den glitzernden Firnhängen, so empfinde ich doch, daß es auch schön ist, an der Seite eines hübschen Mädchens durch die liebliche Landschaft zu gehen. Ich merke, daß einem das Leben auch außer den Bergen noch manche Freude zu schenken hat.

WUNDERLAND DOLOMITEN

Schwarzfahrt ins Wunderland

Dolomiten – ein unübersehbares Meer von Bergen. Kühn recken sich ihre zum Teil schnee- und eisbedeckten Häupter in den südlich blauen Himmel, so als gehörten sie nicht mehr unserer Erde an, sondern dem Paradies, dem Wunschtraum der Bergsteiger. Wuchtig und erhaben, gleich Gralsburgen, entsteigen sie den grünen, lieblichen Tälern. Wer nennt die Zahl der vielen Zacken, Türme und Nadeln, die verwegen Grate und Flanken krönen? Gelbe Mauern schießen jäh aus sanften Matten lotrecht in die Höhe oder wachsen unvermittelt aus grauen Schuttströmen auf, abenteuerlich, wildromantisch.

Und wo sind die Seen, die sprudelnden Wasser und rauschenden Wälder so bezaubernd wie hier in diesem Garten Gottes, im Wunderland der Dolomiten?

September 1946. Wir sitzen in einem behaglichen Gasthaus in der Nähe von Sterzing und stoßen auf unser erstes Südtiroler Stelldichein an. Nun müssen wir wohl lachen über die Ereignisse der letzten 24 Stunden.

Vor einigen Tagen kam Herbert Eberharter freudestrahlend zu mir: »Was meinst' zu einer Fahrt nach Südtirol, in die Dolomiten?«

»Ja, ich wär' schon dafür, aber wir haben ja keinen Paß, wie sollen wir da hineinkommen?«

»Das ist das wenigste«, gibt er zurück.

Bald ist es eine abgemachte Sache: Wir fahren in die Dolomiten. Die Vorfreude ist unbeschreiblich. Wir träumen schon von den Zielen: Zuerst Zinnengruppe und dann Civetta. Auf den Spuren von Comici, Tissi, Solleder, Steger, Stösser ... So lange eben der Vorrat reicht.

Eines Mittags verlassen wir zu fünft Innsbruck. In Etappen bringt uns Fritz Bauer, der glückliche Besitzer eines Motorrades, ins Obernbergtal in der Nähe des Brennerpasses.

Schwer bepackt steigen wir in der Nacht ein Seitental des Obernbergtales an. Als ich zu Hause den Rucksack aufnahm, drückte er mich fast zu Boden. Ich schätzte ihn auf mindestens 30 Kilogramm und konnte es mir gar nicht vorstellen, damit zu Fuß in die Dolomiten zu gehen. Man gewöhnt sich aber an alles, und der Auftrieb ist immer der beste Begleiter. Ein Vortrupp, der sehr harmlos aussieht, wird vorausgeschickt. In einigen hundert Metern Abstand folgen Herbert, Reinhold Berger und ich. Wir haben die wertvolle Ladung, die uns die nötigen Devisen bringen soll. Zur Beruhigung sei gesagt: allzu wertvoll war die Ladung nun doch nicht. Sie bestand nur aus kleinen Gebrauchsgegenständen. Wir fühlten uns bestimmt nicht als berufsmäßige Schmuggler. Wir wollten nur ein paar Lire verdienen, damit wir uns abends auch einmal ein Glaserl Wein und ein Bett leisten könnten.

Wir schreiten neben dem Bach taleinwärts. Das Gurgeln des Wassers verschluckt fast jeden Laut. Plötzlich hören wir das verabredete Zeichen. Unser Vortrupp pfeift sich ein Liedchen. Blitzschnell verschwinden unsere Rucksäcke vom Rücken und kollern rechts den Abhang ins Bachbett hinab. Mit der unschuldigsten Miene gehen wir weiter. Da erkennen wir auch schon Schattenumrisse – einige Gestalten –, sehr freundlich grüßen sie uns und kreuzen unseren Weg. Südtiroler, die von drüben kommen. Also blinder Alarm. Bald haben wir die Rucksäcke wieder ausfindig gemacht. Sie liegen im Bach, vom Wasser umspült. Wir lassen sie vorerst abtropfen. Beim Aufnehmen ergießt sich noch ein Schwall Wasser über unsere Köpfe. Jetzt in dieser kalten Spätherbstnacht ist dieses unfreiwillige Bad nicht nach unserem Geschmack.

Auf der Grathöhe, beim Übergang unmittelbar an der Grenze, machen wir nochmals Bekanntschaft mit Schwarzgängern. Es sind harmlose Burschen aus Südtirol, die auf einen Besuch zu Verwandten nach Nordtirol wollen. Hier eine Tafel: Österreich, und jenseits Italien. Also da wären wir bereits auf Südtiroler Boden. Vorsichtig, jedes Geräusch vermeidend, schleichen wir jenseits hinab. Wir gehen neben der Straße her, durchqueren finstere Wälder und sind beim Morgengrauen im Talboden: Gossensaß.

Ein Heustadel gewährt uns für tagsüber einen sicheren Aufenthalt. Unsere Ware wird feilgeboten. Wir finden reiche Nachfrage. Erleichtert setzen wir am anderen Morgen den Weg fort. Nun können wir uns schon auf der Landstraße halten. Bald nimmt uns ein Auto mit. Der Fahrer, ein Südtiroler, kennt sich aus. Er wird schon wissen, wo er uns abzuladen hat. Sterzing – ein reizendes Städtchen. Hinter dem alten Torbogen bleibt der Wagen stehen. Wir springen ab, nehmen die Rucksäcke auf und steuern im Gänsemarsch dem Marktplatz zu. Heute ist gerade Markttag. In diesem Trubel können wir leicht untertauchen, ohne zu sehr aufzufallen. Ich bilde den Schluß unserer fünfköpfigen Schar.

Da klopft mir ein Mann in Uniform auf die Schulter und meint: »Signore, venite, qua!« (Oder so ähnlich).

Oh je, denke ich mir, jetzt hat man uns. Ich gehe aber noch lässig weiter und tue, als ob ich nichts verstanden hätte. Inzwischen ist der Polizist schon beim nächsten, bei Reinhold. Dem flüstert er scheinbar dasselbe ins Ohr, geht weiter. Bis der Uniformierte an der Spitze unseres Trupps angelangt ist, sind wir alle schon am Markt. Wie verabredet, springen wir plötzlich auseinander und werfen unsere Rucksäcke unter den nächsten Stand. Die Marktfrau dort schaut dumm drein, aber wir haben keine Zeit, ihr alles zu erklären. Wir mischen uns unter das Menschenknäuel und versuchen unauffällig irgendwohin zu entrinnen. Ich kann gerade noch beobachten, wie der Uniformierte sich in seiner Not an Herbert klammert und ihn nicht mehr losläßt. Der Arme konnte als erster ja nicht wissen, was hinter ihm vorging. Nun ist man auf uns aufmerksam!

Ein reiner Zufall, wir treffen uns alle, bis auf Herbert, in einem Gasthaus. Zunächst wollen wir uns hier einmal stärken. Reinhold hat schon einen Mann ausfindig gemacht, der unsere Rucksäcke in Sicherheit bringen soll. Die Ruhe dauert aber nicht lange. Ein zweiter Polizist betritt das Lokal, schaut herum, verschwindet aber wieder. Doch wenige Minuten später erscheint er wieder, geht direkt auf uns zu und verlangt unsere Personalausweise.

»Nun hat man uns.«

Wir sehen die Dolomiten in unerreichbare Fernen rücken und eine dunkle Zelle in Franzensfeste als unser nächstes Quartier. Man vermutet sichtlich in uns »ganz schwere Burschen«. Was war auch näherliegend angesichts dieser Ungetüme von Rucksäcken? Bewacht werden wir auf die Polizeistube geführt. Herbert ist schon da. Man hat ihn schon gemustert. Eine Leibesvisite folgt, man entleert unsere Rucksäcke. Ein Berg von Haken, Eisenzeug, Seilen, Kletterpatschen und Proviant liegt wild herum. Sichtlich enttäuscht befiehlt man uns, wieder einzupacken. Nur ein Messer, das die in Italien gesetzlich erlaubte Länge überschreitet, wird beschlagnahmt. Mit der Warnung, uns hier in Sterzing nicht wieder blicken zu lassen, werden wir auf freien Fuß gesetzt. Wir halten es kaum für möglich und möchten den Gendarmen am liebsten um den Hals fallen…

Nun lacht uns wieder die Sonne.

Wie wir uns erst anderntags fühlen! Zu Füßen der Drei Zinnen! In ihrer ganzen Wucht haben wir sie nun vor uns. Wir dünken uns als die glücklichsten Menschen der Erde. Und doch sind wir nur Zwerge, lächerliche Zwerge, winzig klein angesichts dieser Nordwände. Wir spüren die Größe, die Macht dieser Riesen.

Schon früh stehen wir am Einstieg unter der gewaltigen, fast erdrückenden Flucht der Nordwand der Großen Zinne. Aber als wir zu klettern beginnen, spüren wir festen, griffigen Dolomitenfels unter den Fingern. Die Tiefe wächst unter uns. Das Kar erscheint nun fast flach. Wenn man nicht wüßte, daß schon viele Bergsteiger diesen Weg vor uns gegangen sind, würde man vielleicht mutlos werden. Man würde es wahrscheinlich gar nicht für möglich halten, daß es ein Hinauf gibt. Schon allein vom psychischen Standpunkt aus ist die Erstersteigung dieser Wand eine gewaltige Leistung und wird auch immer als solche gewürdigt werden. Wir müssen uns erst an die Steilheit und Ausgesetztheit gewöhnen. So »jähzornig« schnellen bei uns in Nordtirol die Wände nicht zur Höhe. Aber die Zinnenwand zeigt uns trotzdem ein freundliches Gesicht. Erst im oberen Teil der Wand haben wir Mühe, müssen einen wilden »Seilsalat« entwirren. Aber daran sind wir ja schuld, nicht die Zinne. Das Seil läßt sich schon gar nicht mehr bedienen, und wir müssen uns losbinden, da wir die Knoten ja nicht auf »gordische« Art einfach mitten durchhauen können.

Abends stehen wir auf dem Gipfel und tragen unsere Namen in das dicke Buch ein, das schon Hunderte von Namenszügen beherbergt. Im

Abstieg überrascht uns die Dunkelheit. Ein Stein hat es ausgerechnet auf meinen Kopf abgesehen. Daher ist es schon etwas spät, als wir die Zinnenhütte betreten. Die Saison ist zu Ende, darum ist es sehr ruhig hier. Der Wirt bietet uns ein Zimmer mit Betten an Stelle des harten Matratzenlagers an. Er hat bemerkt, daß wir keine bloßen Jochbummler sind, und erbarmt sich unser. Bevor wir uns zur Ruhe begeben, stoßen wir noch auf unsere heutige Tour an. Hell klingen die Gläser.

Der nächste Tag sieht uns in den ockergelben Felsen der Comici-Kante an der Kleinen Zinne. Sie macht ihrem Namen »Gelbe Kante« alle Ehre. Ich weiß noch aus Fahrtenbeschreibungen, daß der Durchstieg wie mit einem Lineal gezogen verlaufen soll. Demgemäß steigen auch wir wie mit dem Lineal gezogen höher, überwinden Überhang um Überhang.

Eigenartig, denke ich, diese Kante soll doch leichter sein als die Große Zinne-Nordwand. Habe ich heute einen so schlechten Tag? Das Klettern fällt mir so schwer. Der Fels ist brüchig und nirgends ein Haken. Der Kopf brummt mir vom gestrigen Steinschlag. Ich darf weder hinunter- noch hinaufschauen. Alles erscheint mir leicht verschwommen. Das sind wohl Folgen der unliebsamen Bekanntschaft von gestern abend. Trotzdem kann ich den Schwierigkeitsgrad richtig beurteilen. Das hier ist »Äußerst«.

»Hermann, geh, schlag doch einmal einen Haken!« ruft mir Herbert herauf, der schon 40 Meter tiefer in einer Nische steht. »Schau einmal rechts um die Kante«, meint er.

»Ich weiß doch ganz genau, daß es immer direkt hinauf geht, scharf an der Kante«, gebe ich zurück und steige nach links in eine gelbe Wandflucht hinüber. Das Seil läuft frei durch die Luft zum Gefährten hinab. Für den zweiten gerade kein sehr beruhigendes Gefühl. Aber was hilft's?

»Es hat ja doch keinen Sinn, wenn ich hier zu nageln anfange. Wir würden viel zuviel Zeit verlieren!« Allerdings ist die Grenze dessen, was man noch ohne künstliche Hilfsmittel machen kann, so ziemlich erreicht.

Ich beobachte eine Seilschaft, die über den Normalweg die »Große« ersteigt. Wir sind schon sehr hoch droben. Die Überhänge wollen aber noch immer kein Ende nehmen.

Jetzt stehe ich auf einer fingerbreiten Leiste und suche den Fels über mir nach neuen Möglichkeiten ab. Plötzlich gibt der linke Fuß nach, ich verliere den Halt, kann mich aber noch mit den Fingern am Fels festklammern. Die Leiste ist abgebrochen, und nach endlosen Sekunden höre ich einige hundert Meter tiefer im Kar einen Stein aufschlagen. Das gibt den Anlaß, daß im nächsten Augenblick doch ein Haken in den Fels fährt.

Über mir kommt nun wieder ein Überhang. Einige alte Haken, die ersten, die wir seit dem Einstieg überhaupt zu Gesicht bekommen, grüßen herab. Also sind wir doch richtig. Aber erst heißt es, dorthin kommen. Eine äußerst schwierige Querung trennt mich noch davon. Sie verlangt mir das Letzte ab. In einen Riß gekeilt, versuche ich dann neuerdings einen Haken zu schlagen. Endlich sitzt der Stift fest, der mich nun aus dieser unerträglichen Lage befreit.

Vom Kar ruft jemand herauf: »Sechs Uhr, ich glaub', ihr müßt euch beeilen!«

Wir überlegen – bis hinauf zum Gipfel der Kleinen Zinne wird es tatsächlich zu spät. Es bleibt keine andere Wahl, als diesen schwererkämpften Weg wieder zurückzuklettern. Uns über die überhängende Kante abzuseilen.

Erst später erfahren wir, daß wir hier eine völlig neue Variante, den wirklich »direkten« Weg, gefunden haben. Wir hören auch, daß die Hauptschwierigkeiten bereits hinter uns lagen. Aber da wir nicht bis zum Gipfel geklettert sind, zählt das nach dem Bergreglement nicht als Erstbesteigung.

Goldkappel-Südwand – einmal und nie wieder!

Auch in Innsbruck, der schönen Stadt am grünen Inn, ist der Alltag grau und hart. Die vielen Fremden, die bewundernd von der Maria-Theresia-Straße zur Nordkette aufschauen, verspüren davon allerdings nichts, für sie ist goldene Ferienzeit. Mich aber drücken Berufssorgen.

»Dein Beruf ist dir eben Nebensache«, bekomme ich zu hören. Was heißt hier schon »mein Beruf«? Wenn es um den inneren Anruf, um die Berufung ginge, dann wüßte ich schon, was ich werden wollte – Bergführer, ja, das wäre der rechte Beruf für mich! Aber dazu gehört Zeit und Geld. Doch ich muß zunächst erst einmal leben. So nehme ich wieder eine Aushilfsstelle an, diesmal in der Werkstätte eines Sportgeschäftes. Skibindungen und Stahlkanten zu montieren ist für mich ja kein Problem, und wenn sich meine Kollegen von der Verkaufsabteilung auch ziemlich erhaben über mich dünken, dafür pfeife ich ihnen am Samstag eins. Dann bin ich bereits auf den Bergen, während sie unten in der Stadt noch hinter der Ladentheke stehen.

An einem dieser freien Samstage des Herbstes 1947 kam ich zu einem einsamen Berg, zu einer noch einsameren Wand: zur Südwand des Goldkappel in der Tribulaun-Gruppe. Hias Rebitsch, einer der größten Felsenmeister der neueren Zeit, hat sie als erster durchstiegen. Und Rebitsch bezeichnete sie als seine schwerste Fahrt. Kein Wunder, daß sie noch nicht wiederholt war. Die Goldkappelwand zählt zu jenen Touren, denen man die Schwierigkeit nicht gleich ansieht. Auch ich wollte nicht glauben, daß sie einem das Letzte abfordert. Mein Begleiter war Ferry Theyermann, ein Kamerad aus den alten Tagen der Jungmannschaft. Er war eben erst aus der Gefangenschaft gekommen und noch gar nicht in Form. Aber als zweiter am Seil – dafür wird es schon genügen, dachte ich etwas leichtsinnig.

Wir waren um sieben Uhr beim Einstieg. Wegen der Brüchigkeit des Gesteins kamen wir nur langsam weiter und langten erst mittags unter dem sperrenden Wandgürtel an, der die Hauptschwierigkeiten in sich birgt. Eine Rampe zieht von hier durch den überhängenden Fels, der wie die Kuppel einer Kirche hervorspringt. Sie vermittelt den Durchstieg. Von einem Stand – wie in die Luft gestellt – ließ ich dann Ferry nachkommen. Nach einer Weile ließ sich das Seil kaum mehr nachziehen. Erst durch einen heiseren Ruf – »Halt fest!« – wird mir klar, daß Ferry gestürzt ist.

Einige Meter von der überhängenden Wand entfernt schwebte er über dem Kar. Wie ein Kreisel drehte er sich über dem Abgrund, bald nach rechts, bald nach links. Ich konnte in dieser Lage gar nichts anderes machen als nur halten. Ich gab Ferry, den das Seil schon zusammenschnürte und fast erdrosselte, den Rat, mittels Prusikschlingen höher zu steigen. Die einzige Rettung aus dieser verteufelten Situation…

Ferry hatte aber keine Seilschlingen bei sich. Sie hingen zum Teil in der Wand, und den Rest hatte ich bei mir. Da mußte eben die Schlinge, an der der Hammer hing, aushelfen. Ich konnte Ferry nicht sehen und reagierte nur auf seine Rufe. Da sich das eine Seil festgeklemmt hatte, konnte ich immer nur das andere einziehen. Ein furchtbar umständliches Manöver, äußerst langwierig und anstrengend. Ferry zählte die Meter bis zum nächsten Haken – noch 10… 9…8…7…erst nach einer Stunde hatte er diese zehn Meter geschafft.

Das wurde mir zur Lehre. – Ein zweitesmal sollte mir so etwas nicht wieder passieren. Künftig überließ ich dem Freund stets einige Seilschlingen. Von dieser Stelle gab es auch kein Zurück mehr. Es blieb nur der Weiterweg – hinauf – gipfelwärts. Die folgende Seillänge war noch schwieriger und gefährlicher. Das Seil zerrte mich fast hinab. Hemmte meine Bewegungen. Die letzten Meter des Überhanges konnte ich gerade noch emporsteigen – dann gab es auch nicht einen Zentimeter mehr nach. Es lief um zu viele Kanten, durch zu viele Karabiner, obwohl ich ohnedies bei etlichen Haken ausgehängt hatte. Hier war kein Stand zum Sichern. Ich konnte selbst kaum stehen. Nirgends eine Ritze, die einen Haken aufnehmen würde. In dieser Situation konnte ich unmöglich Ferry nachkommen lassen. Wenn er stürzt, dann…

Was soll ich bloß machen? – Endlich gelingt es mir, einen Eisenstift in eine feine Ritze zu treiben – bis zur Hälfte zwar nur, aber immerhin…besser als nichts. Es ist die einzige Chance. Dann rief ich zu Ferry hinab: »Jetzt kannst kommen – aber stürzen darfst mir hier nicht!«

Langsam kam Ferry höher. Eine Hand tauchte bereits über dem Überhang auf. Er stand in einer Seilschlinge. Plötzlich löste sich der Haken, in dem er hing. Sein ganzes Gewicht lastete nun an dem fragwürdigen Stück Eisen, das ich kurz zuvor in die Ritze getrieben hatte. Ich versuchte den Haken durch eigene Kraft etwas zu entlasten. Das gelang mir aber nur für kurze Zeit.

Ich weiß nicht mehr, ob ich damals ein Stoßgebet zum Himmel

sandte: »Lieber Gott, laß den Haken, an dem zwei Menschenleben hängen, halten!« Schon höre ich den unterdrückten Schrei meines Freundes: »Laß mich hinunter, ich ersticke!«

Hinunter – das geht nicht! Da kommt er ewig nicht an den Fels. Nur in die freie Luft. Es geht nun um Sekunden – aber ich kann nichts dazu tun. Ich muß das Seil halten, damit er nicht weiter hinuntergleitet. »Häng dir eine Prusikschlinge ins Seil«, rufe ich hinunter. Mit allerletzter Kraft gelingt ihm das noch. Er steigt hinein, das Seil um die Brust lockert sich und der mörderische Druck läßt nach. Er kann wieder atmen, hängt aber noch unter dem Überhang frei in der Luft und dreht sich im Kreise. Aber seine ungeheure Willenskraft zwingt den durch die lange Gefangenschaft ausgemergelten Körper. Er kommt höher. Langsam, aber er kommt. Noch ein kräftiger Zug, dann steht er über dem Überhang. Und das größte Wunder – der Haken hat gehalten. Der Weg zum Gipfel war frei. In der Nacht stiegen wir über den Westgrat ab.

Die zweite Begehung der Goldkappel-Südwand war gelungen. Aber wiederholen möchte ich sie nicht. Nie mehr.

Noch oft führt mich mein Weg über den Brenner nach dem Süden in meine zweite Heimat. Fahrrad, Schlafsack und Kocher sind dabei meine ständigen Weggenossen.

Probeklettern

Schwerbepackt trete ich an einem schwülen Augustnachmittag des Jahres 1949 die kurvenreiche Brennerstraße aufwärts. Schweißtriefend erreiche ich die Paßhöhe. Die Grenzformalitäten sind bald erledigt. Allmählich mehren sich die Stempel in meinem Paß, den ich ja nun schon seit längerer Zeit besitze. In sausender Fahrt geht es das obere Eisacktal hinab. Gossensaß – Sterzing – Brixen – und bald nimmt mich die wellige Straße nach Bozen auf. Die Sehnsucht nach dem hellen, sonnigen Dolomitenfels läßt mich heute ein besonders zügiges Tempo herausholen.

In Bozen erwarten mich Erich Abram und Otto Eisenstecken mit ihrem Motorrad. Ich »steige um« – und zu dritt auf der Maschine erreichen wir spät abends den Karerpaß. In einem nahe gelegenen Heustadel wird Quartier bezogen.

Bei Sonnenaufgang stehen wir unter einer hohen, abweisenden Wand. »Das ist die Rotwand«, sagt Erich mit einer Art von Besitzerstolz.

Der Name paßt vorzüglich: die Wand ist rot. Und rot bedeutet meist brüchig. Wie bei allen schweren Wänden ist der »Weg« schon von Natur aus vorgezeichnet. Eine lange Reihe von überhängenden Rissen, Verschneidungen und Kaminen durchzieht etwas links der Gipfelfallinie den unteren Teil dieser stark überhängenden, 400 Meter hohen Wand. Ein riesiges Dach sperrt den mittleren Wandteil. Über graue, steile, scheinbar ungegliederte Platten zieht die Route oberhalb dieses Wulstes, leicht rechts ansteigend, zum Gipfel. Diese Wand wurde vor zwei Jahren erstmals von meinen beiden heutigen Begleitern durchstiegen. Lange Jahre war sie schon ein heiß umstrittenes Ziel italienischer Kletterer gewesen. Dann gelang doch den beiden Freunden zuerst der große Wurf. 18 Stunden reiner Kletterzeit benötigten sie für diese Felsfahrt, die zu den schwersten der Dolomiten zählen soll. Und da will man mich heute hinaufjagen! Sie überlassen mir die Führung. Soll ich etwa auf die Probe gestellt werden? – Ich bin bereit!

Ich binde mich an die Enden der zwei 50-Meter-Seile und steige die erste überhängende Verschneidung an. So weit draußen, als es meine Beine nur erlauben, spreize ich in ihr hoch. So überliste ich die wulstartigen Überhänge, die den Grund der Verschneidung sperren. Der Rotwandfels ist brüchig, nichts hat er mit dem schönen griffigen Dolomit gemein. Aber unablässig steige ich weiter und weiter, immer höher, nur das sichernde Seil, das zwischen den Füßen hindurchläuft, erinnert mich an die Kameraden am Einstieg. Dann ertönt der Ruf: »Seil aus!«

Dieser Ruf ertönt noch oft, bis wir unter dem großen Dach in der Wandmitte vereint beisammenstehen. Schon in diesen ersten 150 Metern hängt die Wand fast zehn Meter über den Einstieg hinaus. Aber nun setzt dieses Dach scheinbar seinen ganzen Ehrgeiz darein, seine tiefer liegenden Artgenossen um ein Vielfaches noch zu übertrumpfen. Ein feiner Riß durchzieht es. Hoch oben erblicke ich einen Haken darin. Es ist der erste, dem ich heute begegne. Wenn ich nur schon bei ihm wäre!

Langsam komme ich ihm nun doch näher. Jetzt ist er erreicht. Ein Karabiner schnappt ein, das Seil hängt drin.

»Leichten Zug!« rufe ich hinunter, dann spreize ich fast im Spagat unter dem Dach hinaus. Die Beine recken sich, um irgendwo Halt zu finden. Luft habe ich mehr als genug unter mir. Aber ich komme doch höher, ohne weitere Haken schlagen zu müssen. Ein Überhang löst den anderen ab. Ich komme mir schon wie eine Fliege an der Decke vor. Doch die Griffe erweisen sich meist als sehr gut, wenn auch der erste optische Eindruck furchterregend ist. Die Wirklichkeit ist stets halb so schlimm. Es gibt nichts Schöneres als dieses Klettern ohne Haken.

Ein schmales Felsband ist erreicht, der Biwakplatz der Erstersteiger. Heute ist es heller Vormittag! Zwei Ringhaken fahren unter meinen wuchtigen Schlägen in das Gestein. Dann können die Gefährten nachkommen. Bei mir angelangt, kann ich an ihren Gesichtern ablesen, daß sie mit der Lösung der mir gestellten Aufgabe zufrieden sind. Aber daß ich vollkommen frei über das Dach hinwegkletterte, wollte ihnen weniger gefallen. Es schien ihnen zu abenteuerlich. Ich fand es großartig und sicher.

Die Schwierigkeiten sind nun aber noch lange nicht zu Ende. Eine neue Verschneidung zieht nach oben, zur Abwechslung einmal bemoost. Ironisch meine ich: »Jetzt müssen auch bald die ersten Bäume daherkommen!«

Wo Moos ist, muß auch Wasser sein, und so gesellt sich wieder einmal alles Unangenehme zusammen. Es gibt mir ein hartes Stück Arbeit. Ein Moospolster nach dem anderen muß ich entfernen, um Halt zu finden, darunter ist es jedesmal glitschig. Nach 40 Metern wird der Fels endlich wieder angenehmer, fest und griffig, auch legt er sich wieder leicht zurück. Wie bei einem Alleingang stürme ich nun wieder hinauf. Nur hier und da erinnert ein Haken oder ein Holzkeil an die Schwierigkeit einzelner Stellen.

Um 15 Uhr stehen wir bereits auf dem Gipfel. Glücklich über die zweite Begehung – noch dazu in dieser kurzen Zeit –, lasse ich mich auf der Gipfelfläche nieder. Eine wohlige Müdigkeit, als Reaktion auf die angestrengte Nervenarbeit der letzten Stunden, hat von mir Besitz ergriffen. Wunschlos genieße ich die Freude über das Erreichte und die Schönheit dieser Welt. Wie schon so oft wandert das Auge über die Gipfel in der Runde. Immer Neues findet es, schließlich bleibt es an einer markanten Berggestalt haften: an der Marmolata. Sie zeigt uns ihre Südwand. Von ihrem Gipfel zieht der berüchtigte »Pfeiler«, Schatten und Sonne scharf trennend, senkrecht zur Tiefe. Haarsträubende Berichte habe ich darüber schon zu hören und zu lesen bekommen. Was wahr daran ist, müßte man selbst einmal erleben! Den Südpfeiler der Marmolata, ja den müßte man auch bald einmal angehen…

Vereister Fels, Sturzbäche, Steinschlag …

Eine Woche später. Diesmal ist Freund Manfred Bachmann mit mir.

Reichlich verspätet erreichen wir den Ombrettapaß, steigen an alten Kriegsbaracken und an verfallenen Kavernen vorbei. Erst um neun Uhr treten wir den schweren Klettergang über den himmelstürmenden Südpfeiler der Marmolata an. Die Schwierigkeiten steigern sich rasch, doch wir kommen zügig vorwärts. Nebenan in der Südwand tauchen Seilschaften auf. Wir halten mit ihnen trotz des enormen Unterschiedes in den Schwierigkeiten gut Schritt. Alles geht wie am Schnürchen. Die Abseilhaken und Seilschlingen, denen wir begegnen, lassen auf die vielen Rückzüge aus diesem Abschnitt des Marmolatapfeilers schließen.

Plötzlich ein Surren und Brausen. Wir blicken nach oben – nein, keine Steine. Aber ein tausendfaches Glitzern, ein Sprühregen von Eissplittern stürzt über die Wand, surrt an unseren Köpfen vorbei. Eisschlag! In einer Südwand – im August! Das kann ja gut werden! Aber um die Mittagszeit sind wir bereits auf der zweiten Terrasse, in halber Wandhöhe.

Rechts ist der Ausgang der Gipfelschlucht. Mit einem gewaltigen Überhang setzt sie an. Ein armdicker Wasserstrahl schießt darüber herab. Ich schau mir die Sache zunächst erst einmal aus der Nähe an. Es hilft mir aber nichts, ich muß das unfreiwillige Bad nehmen, will ich über den Überhang hinweg.

Ein äußerst glatter Riß folgt. Die Haken, die ich zur Sicherung schlagen muß, wollen einfach nicht in den widerspenstigen Fels hinein. Ein bis zwei Zentimeter tief – das ist alles. Erst nach zehn Metern bekomme ich für die linke Hand einen Griff, ausreichend gerade für die Spitzen der zwei Mittelfinger. Kurz darauf, an einem schlechten Stand, muß ich den Freund nachkommen lassen. Dann folgt eine Querung nach links in die Schlucht zurück. Stellenweise muß ich wieder im Wasser aufwärtssteigen. Nur hier und da kann ich den Schluchtgrund verlassen, um trockeneren Fels zu nützen.

Das verwegene Spiel nimmt kein Ende. Man hängt an fragwürdigen Haken, hält sich an Miniaturgriffen, daß sich die Fingernägel förmlich aufbiegen, und immer wieder steht man vor neuen Überraschungen.

Schon beginnen wir uns zu fragen, was eigentlich mit dem riesigen Klemmblock ist, der als gewaltiges Dach die ganze Schlucht absperren soll? Der müßte doch eigentlich schon erreicht sein? Vielleicht hat auch er schon das Zeitliche gesegnet und ist tief unten im Kar zur Ruhe gebettet? Das könnte uns nur die Tour erleichtern …

Schon zum soundsovielten Male steige ich wieder über einen neuen Überhang hinaus. Und da sehe ich ihn nun endlich – den Block, gute 100 Meter über mir!

Aber wie schaut der Zugang zu ihm aus! Ein silbernes Band zieht im Grunde der Schlucht herab. Die Risse und Verschneidungen sind ganz mit Eis ausgefüllt. Hartes, sprödes Wassereis ist es. Nach einer kurzen Verflachung bäumt sich der Fels neuerlich auf. Die Sonne hat die Schlucht schon längst verlassen. Es ist kalt wie in einem Eiskeller. Steine nehmen den Weg durch den Schluchtgrund.

Wohl oder übel muß ich nun wieder in das nasse Element. Ein morscher Überhang folgt, ein glatter Riß. So schnell wie möglich versuche ich dieses gefährliche Stück hinter mich zu bringen. Nun gesellt sich zum Wasser noch heimtückisches Eis. Wegschlagen kann ich es nicht, da Manfred ohne Deckung unter mir steht. So weit außen wie nur möglich, arbeite ich mich nun – wie schon so oft – an den wenigen Felsvorsprüngen höher. Ein äußerst gefährliches Unternehmen. Die letzten Meter bestehen aus lockeren Blöcken und lehmiger Erde. Ohne jegliche Sicherung läuft das Seil 40 Meter frei zu dem besorgten Kameraden hinunter. Ein kleiner Rutscher hätte unweigerlich unseren Absturz zur Folge. Einen solchen Gedanken darf man gar nicht aufkommen lassen. Hier gilt nur ein eisernes: Ich darf nicht stürzen!

Zähneklappernd lasse ich Manfred nachkommen. Zusammen betrachten wir das Ungetüm über unseren Häuptern. Es gibt nur zwei Möglichkeiten: die eine ist, daß wir versuchen, hinter dem riesigen absperrenden Block ein Loch freizubekommen, um hindurchschlüpfen zu können. Die andere, allerdings wesentlich schwierigere ist, den Block an seiner Außenseite zu überklettern. Unter dem Dach hängt ein ganz morsches, verwittertes Seilende herab. Wenn es könnte, würde es sicherlich ein Lied singen von erbitterten Kämpfen und vom Ringen ums nackte Menschenleben. Einige rostige Haken stekken unter dem Dach. Dazwischen spannt sich ein Seilgeländer, ebenfalls schon morsch und ausgelaugt. Ausgebrochene Haken baumeln daran.

Es gelingt mir schließlich, in die hinterste Ecke des Daches zu kommen. Die Hüften verkeilen sich zwischen hervorstehenden Zacken und Blöcken, die Füße baumeln indessen frei in der Luft. In dieser Stellung beginne ich nun mit beiden Händen ein faustgroßes Loch zu erweitern. Alles, was locker ist, verschwindet unter mir. Ein angenehmes Gefühl, den zweiten diesmal im Schutz des Daches in Sicherheit zu wissen. Bei aller Anstrengung bringe ich es aber nicht weit. Zum Durchschlüpfen reicht das Loch nicht aus. Nicht einmal für den Kopf ist Platz. So versuche ich wenigstens, ein Seil hindurchzuschleudern.

Zuvor aber hatte ich mich in dieser unbequemen Stellung erst von einem der Seile loszumachen. Das war ein Kunststück für sich. Endlich habe ich ein Seilende frei, binde daran einen Stein und werfe diesen durch die Öffnung. Immer wieder bleibt der Stein liegen, da der Block nach außen nicht gleich abfällt. Zwischendurch ergießt sich in gleichen Abständen ein eisiger Wasserstrahl über meinen Kopf, nimmt den Weg am Körper entlang und sprudelt bei den Füßen wieder hervor. Nach einer Stunde vergeblicher Plage bin ich von der Kälte des

Eiswassers derart erstarrt, daß mir meine Hände den Dienst versagen. Ich kann die klammen Finger nicht mehr abbiegen. Ich muß zurück zum Stand.

Will uns die Wand etwa jetzt, so nahe am Ziel, noch einen Streich spielen? Schlotternd am ganzen Körper, keinen trockenen Faden mehr am Leib, stehe ich bei meinem Freund. Nun will er es einmal versuchen. »Ich bin schmaler, vielleicht komme ich durch«, meint er.

»Wenn es aber nicht sofort gelingt, so steig lieber gleich zurück und versuch das Dach von außen«, gebe ich zu bedenken, denn wir dürfen uns hier nicht völlig verausgaben. Droben warten noch weitere Schwierigkeiten auf uns.

Manfred legt alles, was hinderlich ist, ab. Sogar eine Zündholzschachtel muß daran glauben. Bald ist er auch schon im Loch verschwunden. Ich sehe nur mehr seine beiden zappelnden Beine und höre seinen keuchenden Atem. Dann vernehme ich ein Gurgeln. Der Freund droht im Wasser, das von oben in seine Kleidung hinein- und unten am Bund seiner Hose wieder herausschießt, zu ersticken. Auch ihm will es nicht gelingen, durch das widerspenstige Loch hindurchzukommen. Aber das eine gelingt ihm doch, das Seilende durch das Loch an der Außenseite des Blockes herabzulassen! Fünf bis sechs Meter außerhalb des Schluchtgrundes baumelt es nun über der Tiefe.

Ein äußerst gewagter Seilquergang läßt Manfred das herabhängende Seil erreichen, mit dessen Hilfe er dann endlich den Block überqueren kann. Zufrieden sehe ich meinen Freund über mir verschwinden. Bald darauf bin ich an der Reihe. Der Fels ist derart glitschig, daß die Kletterschuhe keinen Halt mehr finden. Ausgerechnet jetzt hat sich das Seil, das zu Manfred hinaufläuft, festgeklemmt. Ich bekomme keinen sichernden Zug. In großem Bogen hängt das Seil durch, und nur mit äußerster Energie gelingt es mir, es freizubekommen. Noch einen Augenblick kann ich mich halten, während Manfred rasch das Seil einzieht – dann läßt meine Fingerkraft nach. Ich pendele unter das Dach hinaus, aber rasch greife ich wieder ins Seil, und mit Manfreds Unterstützung ziehe ich mich hoch zu ihm. Volle zwei Stunden hat uns dieses Dach gekostet. Wir dürfen jetzt mit der Zeit nicht mehr spielen.

Ein Blick nach oben läßt uns erschauern. Groß unsere Enttäuschung.

Noch immer nichts vom Gipfel zu sehen. Immer noch das gleiche Bild. Die graue, düstere Schlucht, von glatten Wänden begrenzt. Schwarze, wasserüberronnene Überhänge schauen von oben herab. Im Schluchtgrund der gleiche dicke Eispanzer. Die tiefen Schluchtwände lassen nur einem kleinen Streifen Himmel Platz. Schnee bedeckt den Klemmblock. Weiter oben geht er in steiles Eis über. Der Kletterhammer muß ersatzweise den Eispickel vertreten. Noch nie habe ich in einer Dolomitenwand so viel Eis angetroffen.

Am Rand des steilen Eisfeldes steigen wir höher und erreichen den Beginn eines überhängenden Aufschwunges. Werden wir durchhalten? Kälte und Nässe haben schon zu sehr an unseren Kräften gezehrt. Werden wir in diesem Zustand noch fähig sein, die bevorstehenden Schwierigkeiten zu meistern? Was wäre, wenn wir nicht mehr die Energie besäßen, aus dieser Wand zu entrinnen? Rückzug – ich kann es mir gar nicht vorstellen! Die Seillängen wieder hinunter, über Eis, durch Wasser mit steifen Seilen, vor Kälte starr – und das Dach! Kommen wir überhaupt noch von hier zurück?

Ja – es muß gehen! Nur hinauf! Bloß nicht aufgeben! Wer sich verloren gibt, ist bereits verloren. Ich rede mir selbst Mut ein: ihr müßt noch durch, bevor euch die Nacht überrascht.

Nach einer sehr glatten Verschneidung sperrt ein riesiger Eiszapfen den Weg. Abschlagen kann ich ihn nicht, weil Manfred unter mir steht. So benütze ich den Zapfen notgedrungen als Griff.

»Nur jetzt nicht leichtsinnig werden, nur jetzt nicht hudeln«, beschwöre ich mich selbst. Ein Sturz hier wäre unser Ende.

Das Seil ist aus. Es gelingt mir, einen Haken anzubringen. Auf spärlichem Stand stehend, lasse ich Manfred nachkommen. Als er bei mir angelangt ist, wird es schon dämmerig. Die nächste schwere Seillänge müssen wir noch schaffen, bevor uns die Nacht endgültig in ihre Fittiche nimmt. Darum gehe ich, kaum daß Manfred meinen Stand erreicht hat, weiter. Ein enger Riß drückt mich sehr nach außen. Dann folgt wieder solches verfluchtes Eis. Eine 20 Zentimeter dicke Schicht bedeckt den Fels. 10 Meter über mir wölbt sich schon wieder ein Überhang nach außen. Ein starker Wasserstrahl braust über ihn herab. Dann endlich dürfte sich wohl die Wand zurücklegen, so hoffen wir wenigstens.

»Es wird schon gehen«, beruhige ich Manfred, »ich bin doch schon öfters bei Nacht und Dunkelheit geklettert.«

»Noch zehn Meter Seil«, ruft Manfred stoisch zurück.

Nirgends ein Haken, nirgends Sicherheit – ein teuflisches Gefühl! Plötzlich ist es ganz dunkel. Ich habe es gar nicht beachtet. Nun ist es aus. Ich will einen Haken schlagen, es gelingt mir aber nicht mehr. In der Dunkelheit ist keine Ritze mehr zu finden. Es ist so weit. Was ich befürchtet habe, aber nicht auszusprechen wagte, steht uns nun bevor: Biwak! In dieser scheußlichen Schlucht!

Vorsichtig steige ich zu meinem Kameraden ab. Wir müssen also wieder die schwererkämpften Seillängen zurück, bis zum Klemmblock hinunter. Denn hier auf diesem kleinen Standplatz können wir unmöglich eine lange Nacht verbringen. Das Ende eines 40-Meter-Seiles wird in einen Haken gehängt. Das andere Seil dient zur Sicherung meines Freundes. Bald verschwindet er im nachtschwarzen Schlund unter mir. Ein unheimliches Knacken läßt ihn in seiner Fahrt zur Tiefe innehalten. »Was war das?«

»Der Karabiner hat nur ein bißchen seine Lage verändert, kannst beruhigt weiterfahren«, rufe ich hinunter.

»Bin unten, kannst nachkommen«, dringt es dann undeutlich herauf.

Wegen seiner großen Reibung an der nassen Kleidung lasse ich das steife Seil nur um einen Schenkel laufen. Kaum bin ich knapp unter dem Abseilhaken, höre ich wieder das Geräusch von vorhin. Dieses unheimliche Knacksen. Nun scheint es mir doch nicht mehr geheuer. Ich steige wieder hinauf und stelle fest – der Haken ist ganz nach unten gebogen und sitzt nur mehr mit der Spitze im Spalt. Trotz wuchtiger Hammerschläge will er nicht weiter hinein. So muß ich eben aus Sicherheitsgründen diese 40 Meter frei abklettern. Das Seil schlinge ich für den Notfall um den einen Arm. 10 Meter trennen mich noch von meinem Kameraden. Plötzlich rutsche ich aus, die Füße gehen mir durch, ich bin auf Eis gekommen – und schon sause ich in freiem Sturz zur Tiefe. Es gelingt mir gerade noch, das Seil zu umklammern, und im gleichen Moment stehe ich auch schon neben meinem Freund, der mich ganz verdutzt ansieht. Manchmal ist es wirklich erstaunlich, wie gut alles abgeht…

Ganz zum Block hinunter wollen wir nicht, da wir dort zu sehr dem Steinschlag ausgesetzt wären. Manfred hat bereits einen winzigen Platz präpariert. Zwei Meter vom Schluchtgrund entfernt, unter einem Überhang, an dem ständig Eiswasser herabtropft, müssen wir die Nacht verbringen. Der Platz ist so klein, daß zwei gerade mit Ach und Krach darauf stehen können.

»Was ist mit den Haken da, halten die was?« frage ich meinen Gefährten, indem ich an ihnen rüttele.

»Ich hoffe es, aber garantieren kann ich nicht dafür.«

Wir schlüpfen unter unseren Zdarskysack, stecken die Füße in den Rucksack und kauern uns auf das kleine Postament nieder. Wenn wir die Füße über die Wand hinabhängen lassen, rutschen wir langsam von unserem abschüssigen Platz. So müssen wir sie einziehen, um uns vom Fels abspreizen zu können. Nach einer halben Stunde erlahmen die Beine schon völlig. Doch wir dürfen unsere Lage nicht ändern. Der Fels drückt erbarmungslos in den Rücken, noch schlimmer ist der Druck einiger spitzer Steine in den Hosenboden. Äußerst unangenehm macht sich die nasse Kleidung bemerkbar. Es friert uns jämmerlich. Wir zünden den Rest einer Kerze an, aber vor Ungeschick blasen wir das wärmende Licht immer wieder aus. Am Ende gehen uns auch noch die Zündhölzer aus. Die Taschenlampe hat infolge der Feuchtigkeit schon vorher ihren Dienst versagt. Nun sitzen wir vollkommen im Dunkeln. Einige Stückchen Brot und ein kleiner Rest Speck bilden noch unseren einzigen Proviant, zusammen mit einigen Zuckerstückchen, die sich, vom Wasser aufgeweicht, noch im Rucksackboden finden. Schließlich übermannt uns die Müdigkeit.

Eisige Kälte rüttelt uns bald wieder wach. Die Nacht will kein Ende nehmen. Eintönig tropft das Wasser auf unseren Biwaksack herunter... tack... tack... tack...

Dabei dieses feuchtkalte Gefühl am Körper. Unser Zeltsack ist auf der Innenseite ebenfalls schon vom Kondenswasser angelaufen. Mittlerweile kommt noch ein Wind auf, der rasch an Stärke gewinnt. In kurzen Zeitabständen sausen Geschosse an uns vorbei. Am Ton können wir ermessen, ob sie für uns Gefahr bedeuten oder nicht. Die großen Brocken melden sich schon rechtzeitig mit einem Surren an.

Dann drücken wir uns eng an den Fels. Vernehmen wir hingegen nur ein feines Pfeifen, so handelt es sich um kleine Steinchen, derentwegen wir unsere Lage nicht verändern, auch nicht, wenn hier und da einer auf unsere Zelthülle klatscht. Bedenklich wird die Situation, als auch noch ein Gewitter aufzuziehen beginnt. Blitze durchzucken den Nachthimmel. Wir müssen unwillkürlich an das tragische Ende von Leo Maduschka in der Civettawand denken. Einem Sturzbach in dieser Schlucht könnten wir nicht entrinnen. Auch Maduschka, der junge Dichter-Bergsteiger, ist in so einem Sturzbach erstickt.

Mit einem Male hört der Steinschlag auf. Nur vereinzelte Ruhestörer kommen noch dahergeschwirrt. Der Wind ist abgeflaut, das Gewitter hat sich verzogen. Wir sind noch einmal verschont geblieben und können wieder erleichtert aufatmen.

An der zunehmenden Kälte kann man den Ablauf der Zeit erkennen. Unsere Lage wird fast unerträglich. Die Glieder schmerzen. Die Beine sind wie gelähmt. Schwer geht unser Atem. Die Luft unter der Batisthülle ist ganz verbraucht.

Endlich weicht das Schwarz der Nacht dem Grau der Dämmerung.

Ich will aufstehen, um einige Bewegungen zu machen. Doch die schneidende Kälte treibt mich gleich wieder zurück. Feuchter Nebel hängt jetzt in der Schlucht. Wir wissen nicht, was wir von der Witterung halten sollen.

Erst um zehn Uhr, als sich der Nebel etwas gelichtet hat und die Sonne den äußeren Rand der Schluchtwände bestrahlt, regt sich auch in uns wieder Leben. Wir steigen zum Block ab, lassen uns von der wärmenden Sonne bescheinen. Die nasse Kleidung wird ausgezogen, ausgewunden und zum Trocknen ausgebreitet. Nur langsam vermag die Sonne den Körper wieder aufzutauen. Die Seile sind bockstarr. Erst nach ihrer genauen Überprüfung vertrauen wir uns ihnen wieder an.

Um elf Uhr, als die Sonne auch die Felsen wieder etwas erwärmt hat, verbeißen wir uns neuerdings in die abdrängenden Fluchten. Wir haben jetzt die Stellen schon im Kopf. Den Eiszapfen wieder als Griff benützend, sind wir bald beim gefährlichen Abseilhaken.

Die überstandene Nacht macht sich bemerkbar. Zur Umkehrstelle hinauf, wo ich gestern noch ohne Haken hingelangte, bedarf es heute schon dreier Sicherungsstifte. Wir gehen auf Nummer sicher, nach dem Motto: »Lieber einen zu viel als einen zu wenig.«

Ein vereister Kamin bringt mich dann unter einen gewaltigen Überhang. Bis jetzt vermochte ich geschickt dem Wasser auszuweichen. Nun bleibt mir aber die Taufe nicht erspart. Wieder vernehme ich das vertraute Einklinken eines Karabiners, rufe »Zug« und befinde mich schon unter der Brause. Dieses Bad muß ich voll auskosten. Der nächste Karabiner schnappt ein: »Zug!« Ich versuche noch einen Haken zu schlagen. Das Wasser rinnt mir oben beim Ärmel herein und unten zur Hose hinaus. »Dreh doch endlich den Wasserhahn ab!« schreie ich in meiner Verzweiflung hinauf, als ob da oben einer wäre, der auf mich hörte! Endlich sitzt der Haken, nun Karabiner und Seil eingehängt, dann das befreiende Kommando: »Zug!« Plötzlich ein Klirren – der alte Haken, an dem ich noch kurz zuvor hing, rasselt am Seil zu Manfred hinunter. Mich schert er nicht mehr. Ich schiebe mich über den Überhang und gelange in eine sehr glatte Verschneidung. Wieder dieses ekelhafte Eis!

Das Seil ist aus und noch immer kein Standplatz. Die Haken sind eine Rarität, die Griffe gezählt. Es muß auch so gehen. Eng an den Fels geschmiegt, schieben wir uns aneinander vorbei. Will denn die Wand überhaupt kein Ende mehr nehmen? Heißhunger macht sich bemerkbar, ein gesundes Zeichen, daß wir leben, aber mir wird fast schwarz vor den Augen. Aus meiner Benommenheit werde ich durch den Anblick eines wilden Gewirrs von Stacheldraht gerissen. Überbleibsel aus den Kämpfen im Ersten Weltkrieg. Für uns jetzt ein frohes Zeichen der Gipfelnähe.

Um 14 Uhr stehen wir auf dem Gipfel der Marmolata, 3340 Meter hoch. Mein bisher härtester Kampf. Aber der direkteste Anstieg zur Königin der Dolomiten liegt hinter uns. Die Strapazen waren zu groß, die Nerven sind noch zu sehr angespannt, um die richtige Siegesfreude aufkommen zu lassen. In der kleinen Schutzhütte auf dem Gipfel wärmen wir uns. Die letzten zerdrückten und aufgeweichten Brotreste fallen unserem Heißhunger nun zum Opfer.

Kreuz und quer habe ich die Dolomiten durchwandert und ihre Gipfel erstiegen. Furchetta – Rosengarten – Marmolata – Civetta – Pala – Brenta sind die Meilensteine.

Cima della Madonna – Schleierkante, eine Himmelsleiter könnte man sie nennen, wie vom Herrgott für den Kletterer geschaffen. Eine neue Route durch die Westwand der Cima Canali, ein schnurgerader, von etlichen Überhängen und Dächern gesperrter Riß. Das Herz jauchzte im Taumel der Klettergenüsse.

TRAINING IM WINTER

Im Inferno des Schneesturms – Schüsselkarwand

Winterbergsteigen war schon immer meine besondere Leidenschaft. Im Laufe der Jahre wurden allerdings aus anfangs harmlosen Gipfelersteigungen schwierige Gratüberschreitungen und zuletzt die winterlichen Kalkwände meiner engeren Heimat. Das winterliche Hochgebirge erschloß mir eine neue Welt, eine Welt, in der der Ski nur Mittel zum Zweck war. Dort, wo die Spuren der Skifahrer zu Ende gingen, tat sich für mich ein anderes Reich auf. Ganz neue Möglichkeiten sah ich. Nach Brauch der ersten Bergsteiger, auf die eigenen Füße gestellt, durchpflügte ich den unberührten Schnee. Meine Spur machte vor keinem noch so steilen Aufschwung halt.

Ich betrieb das winterliche Bergsteigen als die beste Trainingsmöglichkeit für geplante spätere Westalpenfahrten. Ich wollte meinen älteren Kameraden nicht nachstehen, die zur Sommerzeit ihre Eisausrüstung packten und, während ich noch immer in den Kalkwänden mein Genügen fand, den Schweizer Eisriesen zu Leibe rückten. Auch wollte ich mir auf die Dauer nicht nachsagen lassen, daß ich nur ein reiner Felsgeher sei, der sich im Eis der Westalpen sehr rasch die Zähne ausbeiße.

Ein Gedanke nahm allmählich feste Formen an. Mich lockte es, einmal eine Winterbegehung zu machen, bei der man so richtig spürt, daß es Winter ist. Wo einem der Schweiß auf der Stirne friert und sich der Rauhreif in die Haare legt. Einmal richtig mit Schnee und Eis kämpfen und nicht bei Maienlüften in der Frühjahrssonne auf trockenem Fels höherturnen. Je mehr ich dieser Idee nachhing, um so brennender wurde der Wunsch nach ihrer baldigen Verwirklichung. Allerdings schien mir dieser Winter des Jahres 1948 wenig versprechend für ein solches Unternehmen. Die dauernde Föhnlage in den Bergen, verbunden mit plötzlichen Schneestürmen und starken Temperaturschwankungen, schuf allzu ungünstige Verhältnisse.

Die erste konstante Wetterperiode Anfang Januar mußte ich zu meinem Leidwesen ungenutzt verstreichen lassen, weil ich gerade an einer Kiefervereiterung litt. Aber als ich halb genesen mit meinen Skiern eines Abends bei Sonnenuntergang auf dem Gipfel des Birgitz-Köpfls über Innsbruck stehe und jenseits des Inntales die Wettersteinwände im Abendlicht leuchten sehe, da fasse ich den festen Entschluß, meinen Plan nun in die Tat umzusetzen. Das Wetter verspricht auch zu halten, außerdem herrscht Vollmond.

Ich frage bei meinem alten Freunde Luis Vigl an. Der ist aber leider beruflich verhindert. Als Ersatzmann schickt er mir seinen Bruder Hugo. Dieser hat zwar längere Zeit nichts mehr gemacht, da er durch sein Studium stark beansprucht war. Er fühlt sich aber der Sache gewachsen und zeigt große Begeisterung. »Daß es in der Familie bleibt«, meint Luis zum Abschied.

Am Abend des 26. Januar fahren wir nach Seefeld und in die Leutasch. Am nächsten Morgen schon um fünf Uhr früh ziehen wir unsere Spur durch noch nachtdunklen, tiefverschneiten Lärchenwald dem Scharnitzjoch zu. Das Wetter macht keinen sehr günstigen Eindruck. Der Mond vermag kaum durch den Schleier, der den Himmel überzieht, zu dringen. Trotzdem lassen wir uns nicht abhalten und mühen uns mit den schweren Rucksäcken höher. Zum Umkehren ist immer noch Zeit. Um acht Uhr am Morgen stehen wir nach anstrengendem Aufstieg im mehligen Schnee am Fuße der Wände unter der Wangscharte. Ein eisiger Wind teilt die Wolkenschleier. »Typische Föhnstimmung«, stellt Hugo fest. Aber ich weise auf die Erfahrungen der letzten Wochen hin, wo der Föhn stets einige Tage andauerte. Solange uns der Wind um die Ohren pfeift, solange brauchen wir also nichts zu befürchten. Jedenfalls keine neuen Niederschläge. Wir entschließen uns also, einzusteigen.

Die Skier bleiben hier zurück. Über eine fünf Meter hohe Wächte müssen wir absteigen. Der Wind bläst uns feinen Triebschnee unter die Kleidung, und schon am frühen Morgen werden wir tüchtig abgekühlt. Tief versinken wir im matschigen Schnee, bis wir endlich am

Fuß der Südwand der Schüsselkarspitze angelangt sind. Wir wollen die »Direkte« angehen, den schweren Anstieg, den Kuno Rainer und Paul Aschenbrenner als erste begingen. Im Sommer.

Fast völlig durchnäßt erreichen wir den Einstieg und steigen immer weiter über steilen Schnee zum Beginn der eigentlichen Schwierigkeiten empor. Die erste Seillänge liegt völlig unter der weißen Masse begraben. Nun macht uns die Wand einen beinahe sommerlichen Eindruck, doch ich weiß, daß es nur Täuschung ist. Über den Überhängen in den flacheren Stellen, die von hier nicht einzusehen sind, klebt der Schnee, für uns, aus der Froschperspektive, unsichtbar.

Noch nichts Böses ahnend, legen wir Hand an den Fels. Wir wählen den linken Pfeilerriß. Er ist wohl schwerer, aber auch kürzer als der Normalanstieg rechts des Pfeilers. Stark überhängend zieht der Riß nach oben und sorgt so für ein rasches »Warmlaufen«. Die Kälte und Nässe machen sich aber trotzdem unangenehm bemerkbar. In dauernder Folge kommen von oben kleine Lawinen und Steine herab. Sie bilden aber infolge der Steilheit der Wand keine Gefahr, sind uns nur begleitende Musik.

Erst in den Verflachungen macht sich der Winter bemerkbar. Riesige Schneebalkone hängen gerade über jene Stellen, an denen sich der Aufstieg bewegt. Wie Schwalbennester weit aus der Wand vorspringend, bauen sie sich um uns auf. Die Überwindung dieser Hindernisse ist äußerst gefährlich. Man weiß nie, welche Belastung so ein Erker verträgt. Zum Turm unter der »Acht-Meter-Wand« zieht eine überhängende Schneerinne. Zweifellos ein absurder Fall. Aber hier hat der Wind den Schnee derart an die Wand gepeitscht, daß er nun in dicker Schicht am Fels klebt. Der Pickel leistet uns sehr gute Dienste. Es folgt noch eine vereiste und verschneite Steilrinne. Hier plätschert wiederum Wasser herab. Nun habe ich noch den Rucksack des Kameraden aufzuseilen, der ihn beim Klettern im überhängenden Gelände zu sehr behindert.

Ein unheimliches Sausen läßt mich aufhorchen. Ein Schatten wischt über die Wand. Ein mehrere Zentner schwerer Schneebalkon hat sich über mir gelöst und surrt haarscharf an uns vorbei.

»Da haben wir wieder mal Glück gehabt!« meint Hugo, und ich denke mir: Wenn uns der erwischt hätte...

Nachmittags ist die schwerste Seillänge, der »Schiefe Riß«, erreicht. Auch hier sprudelt Wasser herab, wir können nicht mehr nasser werden. Die halbe Wandhöhe, dazu noch der bösere Teil, liegt noch vor uns. Bei Tag kommen wir nun nicht mehr durch, das ist uns klar.

Die Sonne senkt sich schon allmählich hinter die Mieminger Berge. Wir sind in der Nische unter den gewaltigen Dächern der »Direkten« angelangt. Der Himmel überzieht sich mit einem grauen Schleier, der sich rasch verdichtet. Ein heftiger Südwind trägt dazu bei, uns das Klettern soweit wie möglich zu erschweren. Der wasserüberronnene Fels hat sich inzwischen mit einer Eisglasur überzogen. In unsere Körper schleicht sich ein immer unangenehmer werdendes Kältegefühl ein. Die Kleidung, vom Schmelzwasser durchnäßt, erstarrt zu einem Eispanzer. Die Gefahr einer Unterkühlung im Falle eines Biwaks ist groß.

Die folgenden 30 Meter nach der Nische sind ein nach oben hin immer steiler werdendes Schneefeld. Auch der Schnee ist wieder eisig hart zusammengefroren und läßt sich mit den steifgefrorenen Kletterschuhen nur mit äußerster Vorsicht begehen.

Schnee wird vom Eis abgelöst, das direkt bis unter die Dächer hinaufreicht. Nur langsam kommen wir weiter. Der Übergang vom Eis zum Fels wie auch umgekehrt ist immer sehr unangenehm. Jeder Schritt will überlegt sein. Auch hier unter den riesigen Überhängen, wo man glauben möchte, daß sich kein Schnee ansetzen kann, hängen diese wächtenartigen Gebilde. Hier hat der Wind ganze Arbeit geleistet.

Ich bin 20 Meter von meinem Kameraden entfernt, stehe auf dürftigem Stand und versuche einen Haken zu schlagen. Der Weiterweg erscheint mir ohne jede Sicherung zu riskant. Alle Bemühungen sind vergeblich. Aber ohne feste Bindung zum Fels kann ich Hugo nicht nachkommen lassen. In der Hitze des Gefechtes beachte ich gar nicht, wie die Nacht sich allmählich über uns herabsenkt. Mit einemmal sehe ich uns von der Dunkelheit überrascht. Endlich sitzt der Haken in der Ritze.

Hugo kann nachkommen.

An dieser Stelle die Nacht zu verbringen wäre Wahnsinn. Ohne ein Wort zu verlieren, steige ich in den überhängenden vereisten Riß über mir ein. Gut, daß nächtliche Kletterei meine Spezialität ist. Schwarze Überhänge schauen von oben herab. In der Dunkelheit wirken sie noch viel unheimlicher. Darüber breitet sich ein sternenloser, stürmischer Nachthimmel. Der Wind nimmt immer mehr an Gewalt zu. Er droht uns aus der Wand zu schleudern. Böenartig prallt er an das glasige Gestein. Die Seile peitschen im weiten Bogen von der Wand. In dem steifgefrorenen Zustand sind sie kaum mehr zu bedienen. Die kurzen Sturmpausen muß ich nützen, um der Wand rasch einige Meter abzuringen. Das Tosen des Windes macht eine Verständigung ganz unmöglich. Infolge dieser außerordentlich erschwerenden Umstände wagen wir nicht mehr als 15 bis 20 Meter des Seiles auszunutzen.

Eisglasuren springen unter den Hammerschlägen vom glatten Fels, dann erst kann ich mit dem Fingernagel nach einer Ritze suchen. Es dauert jedesmal eine Ewigkeit, bis dann ein Haken eingetrieben ist. Aber was nützt schon ein Haken, wenn er nicht sitzt? Es ist uns klar, daß hier ein Sturz ins Seil – so oder so – unser Ende bedeuten würde. Aber kein Wort des Verzagens kommt über unsere Lippen. Hier beweist sich wieder einmal echte Bergkameradschaft. Nur einen Augenblick zweifeln, ein einziges verzagtes Wort könnte schon zur Katastrophe führen. Einer muß den andern im Glauben lassen, daß man der Situation gewachsen sei, auch wenn es längst nicht mehr so ist.

Die Finger sind gefühllos, die Zehen wie abgestorben. Vor jeder Seillänge müssen die Glieder erst wieder zu neuem Leben erweckt werden. Die Handschuhe bleiben im Hosensack. Wir können sie hier nicht gebrauchen. Nur gut, daß die Hände so abgehärtet sind. Nicht umsonst war ich den ganzen Winter ohne Handschuhe unterwegs. Zur Abhärtung trug ich bei meinen Gängen im Freien stets noch einen Schneeballen in der Faust, auch wenn die Finger bereits grün und blau vor Kälte geworden waren. Jetzt lohnt sich solche Übung.

Die Wand will noch immer kein Ende nehmen. Unter uns schwarze, gähnende Leere. »Nur gut, daß ich den Anstieg noch so genau in Erinnerung habe«, schreie ich Hugo ins Ohr.

Der Mond, auf den wir so sehr gehofft haben, läßt uns im Stich. Meter um Meter kämpfen wir uns höher. Zwei winzige Punkte in einer riesigen schwarzen und unabsehbaren Platte. Der Fels legt sich noch immer nicht zurück. Nach oben hin ist die Wand immer mehr mit Schnee und Eis gepanzert. Schneefelder stellen sich in den Weg. Keine Schneefelder, wo man mit den Skiern fahren könnte, sondern fast senkrecht gestellte Schneehänge, von vereistem Fels umrahmt.

Es folgen nun die gefährlichsten Seillängen. Jede Faser des Körpers, unser ganzes Sein ist auf das äußerste gespannt. Dann endlich ist das große Schneeband unterhalb des Gipfels da. Erleichtert atmen wir auf. Aber ein Zurück gibt es nicht mehr!

Ein außerordentlich steiler Schneehang zieht von hier zum Grat empor. Er ist nur mit größter Vorsicht zu betreten. Eine zwei bis drei Meter dicke, lockere Pulverschneedecke liegt auf einer 60 Grad geneigten Platte. Von ihr ist jetzt nichts zu sehen, aber sie ist mir vom Sommer her bekannt.

Die Wand unter uns verschwindet ins Bodenlose, Schwarze. Mit sehr gemischten Gefühlen betreten wir das Schneefeld. Aber es geht besser, als wir dachten. Allmählich kehrt auch das Vertrauen zurück. Endlich kann ich die steifgefrorenen Kletterpatschen mit den Bergschuhen vertauschen. Damit kommt auch wieder Gefühl in die abgestorbenen Füße.

Um zehn Uhr nachts am 27. Januar 1948 reichen wir uns auf dem sturmumtosten Gipfel der Schüsselkarspitze wortlos die starren Hände. 13 Stunden sind seit dem Einstieg vergangen. 13 Stunden harter Kampf, nicht nur mit der Wand, mehr noch mit den Naturgewalten. Der Gedanke an den Abstieg allerdings läßt keine rechte Gipfelfreude aufkommen. Bei diesen Verhältnissen ist die übliche Route über den Westgrat eine Tour für sich. An einem windgeschützten Plätzchen stillen wir vorerst unseren Hunger. Hartgefrorene Butter und hartgefrorenes Brot sind das erste, was wir seit dem Aufbruch in der Leutasch wieder zu uns nehmen. Eine eigenartige Gipfelstunde – nachts auf einsamer Felsklippe in der Brandung eines Föhnsturmes.

Der heftige Wind treibt uns wieder weiter. Wir hoffen um Mitternacht wieder am Fuß der Wand zu sein. Aber der Grat zeigt bald seine Tücken. Nach Norden fällt er in unheimlichen Schneefeldern ins Oberraintal ab. Südseitig hängen meterhohe Wächten gefährlich über einem unabsehbaren Abgrund. Man muß sehr achtgeben, daß man nicht auf die Wächte hinaustritt. Andererseits gestattet die Nordflanke kein Auskneifen. Stellen, wo man im Sommer kaum die Hände braucht, sind jetzt unüberwindbare Hindernisse. Die wenigen Haken, die wir noch besitzen, müssen wir opfern, um überhaupt noch voranzukommen.

Beim Spindlerturm angelangt, sind wir in einem Dilemma. Hugo ist fürs Abseilen über die Nordflanke, ich dagegen will vom Grat nicht abweichen und bin für eine Überkletterung des Turmes. Ich habe meine guten Gründe, auch wenn wir dort dem Sturm ausgesetzt sind.

Aber wie schaut der Riß zum Spindlerturm aus? – Vollkommen vereist und zugeschneit, der Fels glasiert. Bei diesem Sturm ... Hugo hat recht, es ist ein aussichtsloses Beginnen! Also wieder in die Nordflanke!

Anfangs ziehen einige Schneerinnen in die Tiefe. Sie werden immer steiler und brechen schließlich im senkrechten Fels ab. Unmöglich, hier weiter hinabzusteigen. Es wäre reiner Selbstmord!

»Nein, Hugo! Da gehe ich nicht mehr weiter!« rufe ich hinauf und steige vorsichtig wieder zurück. »Wir müssen doch über den Spindlerturm!« Droben orgelt der Sturm in voller Lautstärke. Er packt mich mit solcher Gewalt, daß jeder Versuch, den vereisten Turm zu erklettern, hoffnungslos scheitert. Wir sind der Verzweiflung nahe. Wohin sollen wir uns wenden? Sitzen wir in einer Falle?

Ich versuche jetzt ohne jede Sicherung die Platten der Nordwand zu queren, um hinter dem Spindlerturm wieder auf den Grat zu gelangen. Die abschüssigen Felsen sind hier von einer zentimeterdicken Eisschicht überzogen. Ich muß mich richtig auf Eistechnik umstellen. In der einen Hand den Pickel, in der anderen den Eishammer, so arbeite ich mich Zentimeter um Zentimeter weiter. Funken sprühen am Fels, der Pickel kratzt in die dünne Eisschicht. Die nagelbeschlagenen Schuhe scharren auf harter Unterlage. Ich weiß nicht, ist es Fels oder Eis? Es ist zu dunkel, um etwas zu erkennen. Gut, daß uns der Abgrund verborgen bleibt, der hier, wie wir vom Sommer her wissen, einige hundert Meter ins Kar abbricht. Aber wir wissen auch so, in welcher Gefahr wir schweben.

Hugo hat es in den Kletterschuhen noch schwerer als ich. Auf Knien und Ellenbogen, von meinem Seilzug unterstützt, müht er sich unendlich langsam herüber zu mir, hängt dann eine Zeitlang völlig hilflos im Seil und pendelt zu guter Letzt wie ein Perpendikel am Seil zu mir herüber.

Aber die Grathöhe ist erreicht! Endlich. Gott sei Dank!

Doch, was ist das, was wir hier vermissen?

Der Wind hat ausgesetzt! Wie seltsam ... Ich schaue auf die Uhr – vier Uhr früh! Herrgott, wie die Zeit schnell vergangen ist!

Über das Inntal senkt sich eine unheimliche schwarze Wolkenwand immer tiefer herab. Schon spielen Nebel geisterhaft um die Grate des Wettersteins. Wir sind uns klar: ein sicherer Wettersturz steht uns bevor! Doch wir haben ja nicht mehr weit ins Kar hinunter ...

Eine halbe Stunde später rieseln schon die ersten Flocken vom rabenschwarzen Himmel. Aus dem Flockenwirbel wird ein dichtes Schneetreiben, das bald die Gewalt eines wüsten Schneesturmes annimmt. Zunächst machten wir uns noch gar keine Gedanken darüber. Wir empfanden es im Gegenteil recht angenehm, dieses gleichmäßige, stille Rieseln nach dem schneidenden, kalten Föhnsturm. Aber der stille Traum währte nicht lange. Jetzt heißt es nur weiter und heraus aus dieser Hölle, wollen wir nicht ein Opfer des Wettersturzes werden. Taumelnd vor Müdigkeit kämpfen wir uns im Toben der Elemente fort. Bald hat sich schon ein halber Meter Neuschnee auf den Felsen angesetzt und läßt diese kaum mehr erkennen. Ganze Ladungen von Triebschnee schleudert uns der Sturm unbarmherzig ins Gesicht. Vergeblich suchen wir den vom Sommer her bekannten Abseilhaken. Alles ist unter Schnee begraben. Schließlich legen wir das Seil um einen Felskopf und mühen uns im Abseilsitz zur Tiefe. So lustig eine Abseilfahrt bei gutem Wetter und mit trockenen Seilen ist, so qualvoll empfinden wir sie jetzt mit den steifgefrorenen Tauen und der bockstarren Kleidung. Der dichte Flockenwirbel raubt uns jede Sicht. Nach langen Pendelmanövern finde ich endlich einen Stand. Für zwei reicht er gerade aus. Aber bis Hugo bei mir angelangt ist, sind die Seile oben am Abseilblock so festgefroren, daß sie sich nicht mehr abziehen lassen.

Hinauf können wir nicht mehr. Schweren Herzens entschließen wir uns, diese zwei 30-Meter-Seile zu opfern. Nun steht uns nur noch das Sicherungsseil zur Verfügung. Dessen Knoten sind so fest gefroren, daß wir sie durchschneiden müssen. Es bleiben uns nun nur mehr ganze 25 Meter Seil zum Gebrauch übrig.

Wieder bin ich 10 Meter tiefer und suche vergeblich nach neuem Stand. Das Seil erweist sich als zu kurz. In der Dunkelheit kann ich etwas tiefer einen Vorsprung erkennen – ein Felsköpfel – meine letzte Rettung! Ich wage das Äußerste und lasse mich am Seil so weit hinunter, bis ich nur mehr das Ende in den Händen halte. Jetzt pendele ich zum Felsköpfel hinüber, fasse Fuß darauf. Es reicht gerade aus, um mir allein Platz zu bieten. Der letzte Haken fährt hinter einen Block, doch dieser bricht aus und verschwindet polternd in der Tiefe. Klirrend verfolgt von meinem Haken – dem letzten...

Noch bevor ich meinen Kameraden warnen kann, ist er schon am Seil unterwegs zu mir. Beide hängen wir nun ungesichert am Seilende und wissen nicht, wie wir das letzte Stück Wand hinunterkommen sollen. Wenn wenigstens etwas zu sehen wäre! Vielleicht würde man von hier aus einen Sprung in den Schnee wagen dürfen. Doch wer weiß, ob es nur 10 oder noch 50 Meter da hinab sind? In dieser Lage können wir unmöglich das Seil abziehen. Es ist unser einziger Halt. Wir klammern uns an ihn wie als Buben an Mutters Rockzipfel.

Seit dem Gipfel habe ich kein Gefühl mehr in den Füßen. Sie fühlen sich bis zu den Knien herauf an wie leblose Holzklumpen. Meinem Kameraden geht es ebenso. Hugo ist überhaupt schlechter daran als ich, nur mit seinen Kletterpatschen, von denen dazu noch die Sohle herunterhängt. Wir hegen ernste Befürchtungen. Die vollkommen durchnäßten und gefühllosen Beine erkalten in dieser unbeweglichen Lage immer mehr.

Jeden Zentimeter der Wand streift mein verzweifelter Blick. Es muß sich doch noch irgendwo eine weitere Abseilmöglichkeit finden lassen! Doch wohin das Auge auch gleitet, nichts als haltlos vereiste und verschneite Flanken. Weit und breit eine einzige glatte, weiße Fläche. Der Schnee klebt vom Sturm hingepreßt an den Wänden, verdeckt jeden Vorsprung.

Ist das das Ende? – Fragend wende ich mich meinem Kameraden zu und sehe zu meinem Entsetzen, wie er einen Meter weit von mir an glatter Wand hängt und verzweifelt nach einem Halt sucht. Die Hände klammern sich mit letzter Kraft an das vereiste Seil. Er ist vom

Stand geglitten. Jetzt kann es nur noch um wenige Sekunden gehen. Ich darf ihn nicht verlieren, meinen Freund, der jede Phase dieses Kampfes mit mir geteilt hat! Ich kralle mich, so gut es geht, an dem vereisten Felskopf fest, beuge mich weit hinaus – ein rascher Griff nach dem Rucksack – er gelingt – ich halte Hugo und ziehe ihn sachte wieder zu mir heran. Kaum verspürt der Freund wieder festen Boden unter den Füßen, lösen sich auch schon seine vereisten Handschuhe vom Seil. Es war allerhöchste Zeit! Ich schaue in das blasse, mit Eis verkrustete Gesicht meines Freundes. Es ist keine Zeit zum Dank sagen. Aber solche Augenblicke vergißt man sein Leben lang nicht mehr.

Wir müssen jetzt sofort weg von hier. Darüber sind wir uns im klaren. In solchen Situationen versucht man das Unmögliche. Hugo steht auf dem Felsköpfel, ich halte mich mit den Händen daran fest, hänge unterhalb an glatter Wand. Er zieht indessen das Seil ab, legt es um den Felskopf. Nun bin ich aus der kritischen Lage wieder befreit und lasse mich am Seil weiter hinunter. Es reicht gerade bis zur Wangscharte.

Von hier fällt nochmals eine steile Wand ab. Noch viermal müssen wir uns am Seil in die Tiefe lassen, müssen manches gewagte Manöver auf uns nehmen und an spiegelglatten Felsen hin und her pendeln, bis wir wieder Stand finden. Hugo rutscht mit seinen inzwischen völlig aufgelösten Kletterpatschen noch einmal gefährlich aus, saust an mir vorüber, in letzter Sekunde kann ich ihn gerade noch vor einem Abbruch festhalten. Inzwischen ist es Tag geworden.

Die Uhr zeigt die achte Morgenstunde. Da läßt uns die Wand frei. Völlig erschöpft schleppen wir uns zu Tal. Als sich das Wolkengebrodel vorübergehend lichtet, werfen wir nochmals einen Blick zurück zu den abweisenden, neuschneebezuckerten Plattenfluchten der Schüsselkarsüdwand. Über 30 Stunden hat sie uns gefangengehalten. Was wäre aus uns geworden, wenn wir uns auch noch auf ein Biwak eingelassen hätten? Wir wissen die Antwort, auch ohne sie auszusprechen.

25 Gipfel in 33 Stunden

Der innere Drang, Bergführer zu werden, nimmt konkrete Formen an. Ich bin fest entschlossen, den mir zugedachten Berufsweg als kaufmännischer Angestellter nicht wieder aufzunehmen. Aushilfsarbeiter kann und will ich natürlich auf die Dauer auch nicht bleiben. Die Voraussetzung für die Zulassung zur Bergführerprüfung ist aber der Nachweis über eine zweijährige Trägerzeit. So verpflichte ich mich in diesem Winter auf die Glungezerhütte oberhalb Innsbrucks. Es ist gewiß eine harte Arbeit, die es als Träger zu leisten gilt, aber sie hat auch viele Sonnenseiten. Allein den ganzen Tag in der Natur zu sein, entschädigt mich für das schwere Schleppen. Es gehört auch einiger Idealismus dazu, mit dem im Verhältnis zur Leistung geringen Lohn zufrieden zu sein. Bei jeder Witterung, wie der Schnee auch beschaffen ist, immer heißt es, mit 20 bis 30 Kilogramm beladen, oft sogar zweimal am Tag den beschwerlichen Weg zurückzulegen. Die Spur anzulegen ist natürlich auch mein Geschäft.

Die Gäste wissen ja, daß der Träger von der Glungezerhütte kommen wird, und so warten sie gern, bis ich die Trasse gelegt habe – schön tief mit meinem großen Gewicht auf dem Buckel…

Ich gehe meinen Weg bei glühender Hitze, bei sibirischer Kälte und bei orkanartigen Föhnstürmen. Bei Nacht und Nebel, in Regen und Schneetreiben. Ich weiß nicht mehr, wie oft ich diesen Weg gegangen bin, bestimmt aber über hundertmal.

Ich habe mir dabei ein unerhörtes Training und eine außerordentliche Härte geholt. Bis zum heutigen Tage habe ich einen Gewinn davon. Das ist auch der Hauptbeweggrund, weshalb ich mir diese harte Pflicht auflud.

Wieder lebt eine langgehegte, aber beinahe schon wieder vergessene Idee auf, ein alter Wunsch. Vor etlichen Jahren war ich schon einmal draußen am Katzenkopf bei Scharnitz gestanden, am Beginn der Gleirschkette, die über 25 Gipfel zählt. Es war gut, daß damals aus dieser Gewalttour nichts wurde, denn wir wären ihr noch nicht gewachsen gewesen. Jetzt, fühle ich, ist es soweit! Ich brauche nur einen passenden Gefährten.

Beim Knoll Josl braucht es keiner besonderen Einladung, besonders dann nicht, wenn es sich um ein winterliches Problem handelt. Er ist zu jeder Schandtat bereit, ein Telefonanruf genügt. Es ist Mitte Februar, die Berge prangen in der schönsten winterlichen Aufmachung. Sie strotzen von Schnee.

Untertags muß ich nochmals den Weg vom Patscherkofel zum Glungezer gehen, natürlich mit einer besonders gewichtigen Ladung, denn es heißt, den morgigen Arbeitsausfall einzuarbeiten. Erst spät am Nachmittag kehre ich nach Innsbruck zurück. Josl ist bereits reisefertig. Wir besteigen die Hungerburgbahn, wechseln zur Nordkettenbahn über, und bereits eine Stunde später stehen wir auf der Seegrube. Zur Weiterfahrt aufs Hafelekar ist's schon zu spät. Da heißt es also zu Fuß gehen.

»Vor zwei Stunden war ich noch da drüben«, sage ich zu Josl gewendet und zeige mit der Hand übers Inntal hinüber.

Wir machen uns beim Aufstieg die vereisten, glattgebügelten Pisten der Skifahrerherden zunutze. Sie gewähren uns ein angenehmes Hohersteigen, ohne einzubrechen. Daß wir ohne Skier unterwegs sind, versteht sich für unser Vorhaben. Um sieben Uhr abends erreichen wir das Hafelekar, den eigentlichen Ausgangspunkt für unsere »Wanderung«. Wir blicken hinüber über das Gleirschtal bis zum Endpunkt des großen Grates. 25 Gipfel bilden seinen Rücken, jeder davon eine Tour für sich, mit starken Höhenunterschieden. Im Sommer bedeutet dieser Grat schon ein pfundiges Tagesprogramm, aber auch vom Sommer her kenne ich ihn noch nicht.

Der Vollmond steht uns heute wieder einmal freundlich zur Seite, so können wir den sich neigenden Tag unbeschränkt verlängern. Südseitig ist der Schnee wunderbar hart, durch den Nachtfrost gefroren. In der Nordseite hingegen ist er pulverig, trügerisch. Wir kommen rasch vorwärts. Es ist ein herrlicher Gang. Über dem lichterfunkelnden Innsbruck ziehen wir den Grat entlang, gemütlich auf- und absteigend, ein reines Vergnügen. »Landwirtschaftlich einfach großartig«, meint Josl, der andächtige Gefühle gern hinter Witzen verbirgt.

Der Abstieg von der Manndlspitze erfordert einige Vorsicht. Ein scharfer Felsgrat führt uns zur Arzlerscharte hinab, und jenseits eilen wir den Grat zur Rumerspitze hinauf. Es ist zehn Uhr nachts, als wir diesen Gipfel betreten. Von hier aus bewegt sich der Grat in ständigem Wechsel von Auf und Ab in einer Höhe zwischen 2000 und 2700 Metern.

Thaurerjoch-Plattenspitze. Hier wird der Weg etwas beschwerlicher. Wir lassen die vielen kleinen Felstürme rechts liegen und steigen einen steilen Schneehang hinunter. In mühsamer Hangquerung erreichen wir dann das Stempeljoch. Es war ein nicht umgehbarer Nordhang. Bis zur Brust versanken wir in seinem grundlosen Pulver.

Mitternacht – Geisterstunde. Es geistert aber keineswegs. Ruhig verschlafen liegt das Tal unter uns. Vor uns der wunderbare Stempeljochhang. Wie oft haben wir da schon als Skifahrer den Abfahrtsfreuden gehuldigt. Wir überqueren die Skipiste und dringen wieder in unberührtes Gelände ein. Wunderbare Wächtengrate ziehen wie Girlanden von Gipfel zu Gipfel. Pilzartig türmt sich in den Ostflanken der Schnee. Einige kurze Kletterstellen bringen die erwünschte Abwechslung und geben dem Ganzen die nötige Würze. Ein weiter Spreizschritt über eine Scharte. Rechts und links fallen steile Wände ab. Türme werden rechts oder links, wo es gerade am günstigsten ist, umgangen. Immer weiter ziehen wir unsere Spur, klettern oder durchpflügen den unberührten Schnee. Wir sind selbst erstaunt, wie rasch wir vorwärtskommen.

»Ich glaube, wir müssen uns Zeit lassen, wir kommen sonst zu früh nach Scharnitz!« sage ich scherzhaft zu Josl. Noch haben wir gut lachen, noch wissen wir nicht, was uns noch blüht!

Die volle Scheibe des Mondes zieht immer weiter nach Westen ab. Drüben, über den Tuxer Voralpen, wird es schon langsam hell. Wieder, wie schon so oft, erleben wir von hoher Warte die Geburt eines neuen Tages. Bei Sonnenaufgang sitzen wir auf dem Gipfel der Kaskarspitze. Mit Wohlbehagen genießen wir die ersten wärmenden Strahlen.

Immer weiter zieht sich die Zickzacklinie unserer Fußspuren den Grat entlang. Immer tiefer gräbt sie sich in den nun weicher werdenden Schnee. Bald verwandelt die Sonne den nachtstarren Harsch zu einer breiigen Masse. Wo wir zuvor noch angenehm schreiten konnten, müssen wir jetzt, immer tiefer versinkend, uns mühsam fortwühlen.

Leben kommt in die Natur. Es donnert in allen Ecken – Lawinen!

Steile Rinnen steigen wir ab, queren an ausgesetzten Bändern über senkrechte Abbrüche. Die sich ständig verschlechternde Beschaffenheit des Schnees läßt es geraten sein, uns scharf am Grat zu halten. Aber hier sperren uns oft Wächten den Weg – gefährliche Doppelwächten, die nach beiden Seiten weithin ausladen. Dann wieder müssen senkrechte Schneewände erstiegen werden. Oft ist es ein maulwurfartiges Emporwühlen. Der Pickel bietet dabei den einzigen Halt. Nur langsam geht's jetzt voran. Furchtbarer Durst beginnt uns zu quälen.

Es ist Mittagszeit, unbarmherzig brennt die Sonne hernieder. Die Luft flimmert in diesen weiten Karwendelkaren wie in Hohlspiegeln. Seit dem Morgen haben wir unsere Gipfelsammlung nur um einen einzigen bereichern können. Ein schier endloser Weg liegt noch vor uns. Weit, unendlich weit draußen liegt die weiße Kuppe des Katzenkopfs, des Endpunktes unserer Gratwanderung. Dazwischen drängen sich noch allerlei markante Erhebungen zusammen. Darüber müssen wir noch hinweg. Es gäbe natürlich manche Möglichkeit, schon früher abzusteigen. Aber eine solche »Flucht« ist weder gewollt noch ratsam. Die Zugänge zu den Tälern unten sind von riesigen Schluchtabbrüchen gesperrt. Außerdem ist es jetzt höchst lawinengefährlich. Wir müßten warten, bis die Sonne weg ist.

Wir setzen den Weg weiter fort. Das Lachen ist uns bei dem ständigen Auf und Nieder schon längst vergangen. Immer wieder schiebt sich ein neuer Turm dazwischen, baut sich ein neuer Aufschwung vor uns auf. Und dann stehen wir wieder unvermittelt vor einer tiefen Einschartung. »Der Grat könnte langsam zu Ende gehen«, gestehen wir uns ein. Die Jägerkartürme in ihrer wilden Zerrissenheit halten uns ziemlich lange auf. Hier treffen wir auf sehr gemischtes Gelände: Fels vereint mit Schnee und Eis. Man weiß nie, was sich unter dieser weichen, grundlosen Masse alles verborgen hält. Wächten brechen ab, ein Donnern erfüllt den Kessel. Erst tief unten sieht man dann die braune Masse einer Lawine verebben.

Wir überschreiten die Jägerkarspitze. Es geht schon dem Abend zu. Josl, der Unverwüstliche, ist nun etwas zurückgeblieben. In einem Abstand von ungefähr 100 Metern folgt er mir. Ich behalte absichtlich diesen Abstand bei, um so meinen Freund zum Weitergehen anzuspornen. Ein langer und nicht ungefährlicher Weg liegt noch vor uns.

Ein ausgedehnter, waagrechter Grat, von etlichen Türmen besetzt, zieht nun endlos dahin. Einer überdimensionalen Burgmauer gleich, von Zinne zu Zinne, von Scharte zu Scharte. Wir sind schon ganz abgestumpft. Den Blick nur noch auf die nächsten paar Meter gerichtet, setzen wir Fuß vor Fuß. Für Schönheiten der Natur vermögen wir jetzt keine Begeisterung mehr aufzubringen. Josl schmerzt sein Bein, das er sich kürzlich bei einer Skitour verletzt hat. Aber was hilft's? Wir müssen weiter.

Als der Sonnenball hinter dem Horizont versinkt, ist endlich der Katzenkopf erreicht. Um noch beim letzten Tageslicht in den Talboden hinabzukommen, steigen und rutschen wir die Steilhänge schnurgerade hinab, immer den kürzesten Weg. In verschneiten Latschenhängen brechen wir beinahe bis zum Hals ein. Die Füße verfangen sich im verborgenen Gehölz, nur mühsam kommen wir voran, raufen uns buchstäblich nach unten durch. Plötzlich stehen wir vor einem Wandabbruch. Es ist eine jener üblichen Schluchten, die hier entlang der ganzen Kette den Zugang in den Talboden versperren.

Inzwischen ist es finster geworden. Wir wollen den Mond abwarten. Im Latschengestrüpp sitzend, hat uns bald der Schlaf übermannt. Kein Wunder – wir sind zu übermüdet. Die Kälte rüttelt uns aber bald wieder wach. Vom Mond ist noch immer nichts zu sehen. Als schwache, kaum erkennbare Scheibe entdecken wir ihn schließlich am verschleierten Himmel.

»Merkwürdig«, sage ich zu Josl, »immer wenn ich bei Vollmond unterwegs bin, verschlechtert sich das Wetter. Als ob es so sein müßte!«

Auf den Mond zu warten hat nun keinen Zweck mehr, vielmehr heißt es jetzt: so rasch wie möglich hinunter. Nur vom Gefühl und vom Instinkt geleitet, tasten wir uns jetzt abwärts. Keiner von uns beiden kennt den Abstieg. Man weiß nie, ob man nicht plötzlich ins Leere tritt. Da in den Latschenfeldern kein Durchkommen zu finden ist, versuchen wir an ihrem unteren Rand, entlang einer Felswand, abzusteigen. Um überhaupt etwas in den Händen zu haben, hangeln wir uns von einem Krummholzast zum anderen. Nirgends aber eine Möglichkeit für einen Abstieg. Wir haben zwar ein Seil bei uns, aber weder Haken noch Hammer.

Durch eine Rinne hoffe ich zum Ziel zu kommen. Ich lege zur Sicherung das Seil um einen Block, stoße aber bald auf einen zu Eis gefrorenen Wasserfall. Ich muß wieder zurück. An anderer Stelle wiederhole ich den Versuch – vergeblich.

Mit Hilfe von Pickel und Steigeisen könnte man schon abwärts kommen, wir wissen aber nicht, wieweit sich der Abbruch fortsetzt. Ob es auch wieder ein Zurück gibt, wenn das Seil erst einmal abgezogen ist? Wir dürfen uns keinesfalls auf ein Risiko einlassen! Die Schluchten sind ungeheuer gefährlich.

»Josl, es hat keinen Sinn, wir müssen wieder umkehren, da hinauf, wo wir hergekommen sind – auf den Grat – und dann über den nächsten Rücken hinunter!«

Dem Freund leuchtet das ein, und er erbietet sich, zunächst einmal Ausschau zu halten, während ich meine müden Knochen im Latschengestrüpp ausruhe. Ich kann meine Augen nicht mehr aufhalten. Der unwiderstehliche Schlaf drückt mir die Lider zu.

»Hermann, komm, ich glaub', wir haben's jetzt!«

»Hab' ich jetzt geschlafen?« Ich bin ganz benommen, am liebsten würde ich liegenbleiben.

Wir müssen wieder das ganze Stück, das wir heruntergekommen sind, hinauf. Müssen noch einige Kletterstellen in völliger Dunkelheit überwinden, ehe wir den Parallelkamm überschritten haben. Dann endlich liegt der Abstieg frei vor uns. Inzwischen ist es Mitternacht geworden.

Im Gleirschtal ist zum Glück schon eine Spur getreten. Vermutlich stammt sie von Jägern oder Holzfällern. Sie ist aber nur ganz schmal, man kann darin gerade gehen, wenn man genau Bein vor Bein setzt. Viel zu schmal für unseren Dämmerzustand. Abwechselnd tappen wir daneben und versinken dann gleich im tiefen Schnee. Wie im Traum wandle ich dahin, von einer unsichtbaren Hand geführt.

Gegen drei Uhr morgens erreichen wir Scharnitz, todmüde, ausgefroren und hungrig. Eisiger Wind pfeift durch die nächtlichen Gassen. Wir suchen nach einem beleuchteten Fenster. Nirgends Licht, alles dunkel, niemand ist wach. Da machen wir uns auf die Suche nach der Gendarmeriewachstube, klopfen an.

»Herein!«

»Bitt'schön, hätten Sie vielleicht ein Quartier für uns, Herr Oberwachtmeister? Es könnt auch a freie Zellen sein – nur bis morgen früh!«

»Das kann ich doch nicht machen, ich kann euch doch nicht so einfach einsperren!« meint der gestrenge Hüter des Gesetzes und weist uns zur Tür. Da stehen wir nun wieder auf der dunklen Straße wie Josef und Maria und wissen nicht, wohin wir unsere müden Leiber betten sollen.

Am Bahnhof endlich machen wir eine fertige Zuggarnitur ausfindig. Prüfend durchstreifen wir die Waggons. Es sieht in jedem gleich unfreundlich aus. An Stelle der Fenster Pappenverkleidung – wir schreiben ja erst 1949 –, eisig kalt zieht es überall durch. Wir müssen aber damit vorliebnehmen. In der Ecke eines Abteils lassen wir uns nieder. Die Gamaschen wollen gar nicht von den Schuhen, so festgeeist sind sie. Mit dem Messer werden sie kurzerhand aufgeschnitten. Alles an uns ist durchnäßt, gefroren und erstarrt. Die Strümpfe und Socken können wir auswinden. Eine braune Brühe rinnt auf den Boden. Das einzig Trockene, was wir noch besitzen, ist ein Paar Fäustlinge. Statt der Socken werden sie über die bloßen, ausgelaugten Füße gezogen. Wir wollen noch etwas essen, schlafen aber beide über dieser Tätigkeit ein …

Menschliches Reden und Rumoren reißt uns aus dem Schlaf. Wo sind wir eigentlich? Stimmt, im Waggon! Er ist schon gesteckt voll. Gottlob befinden wir uns sogar im richtigen Zug – Richtung Innsbruck! – Was sich wohl die Leute bei unserem Anblick gedacht haben mögen? Die Füße mit den Handschuhen überstülpt, auf den Bänken verstreut unsere ganze nasse Kleidung – ein tolles Durcheinander! Schnell sind wir angezogen. Alles, was so herumliegt, wird wahllos in den nassen Rucksack gestopft. Eine halbe Stunde später rollt der Zug an, heimwärts.

Vormittags bin ich schon wieder mit einem Faß Himbeersaft unterwegs auf dem altbekannten Weg vom Patscherkofl zum Glungezer. Meine Blicke schweifen über das Inntal hinweg, bleiben an jener großartigen Karwendelkette haften, die wir innerhalb 33 Stunden erstmals im Winter überschritten haben. Es war eine gewaltige Kraftprobe. Daß wir sie bestanden haben, erfüllt mich mit Genugtuung. Wie leicht ein Faß voll Himbeersaft doch sein kann, wenn man mit sich selbst zufrieden ist!

IM EIS DER WESTALPEN

Die Wand aus Eis und Sand

Westalpen – wie oft habe ich schon von ihnen gehört. Von ihren 1000-Meter-Wänden und ihren gewaltigen Eisflanken, aus denen es kein Zurück mehr gibt und kein Entrinnen. Von Hängegletschern, die wie überreife Trauben nur darauf lauern, daß so ein lächerlicher Menschenzwerg seinen Kopf drunterhält. Schauerliche Eisschlaggeschichten hatte man mir erzählt, von furchtbar langen Hüttenanstiegen, von Biwaks und nicht endenwollenden Überschreitungen mit Riesenrucksäcken berichtet. Von unvorstellbaren Gletscherbrüchen, von Schneestürmen, Nebel und Erschöpfung. Und von Höhenkrankheit! In meiner lebhaften Phantasie hatte ich mir das alles sicher noch viel übertriebener vorgestellt, als es in Wirklichkeit ist. Der Wirklichkeit aber endlich einmal auf den Grund zu kommen ist ein langes, heißes Begehren von mir. Wann wird mein Traum einmal seine Erfüllung finden? Am Können soll's bei mir nicht scheitern – aber, wie immer bei mir: es ist eine Geldfrage…

In einem speziellen Eiskursus habe ich gelernt, wie man sachgemäß mit Steigeisen umgeht, wie man den Pickel führt und die langen Eishaken sicher in das spröde Element treibt. Ich lernte, wie man Griffe aus dem Eis meißeln und wie man Trassen schlagen muß, damit sie den Erfordernissen in den Westalpen genügen. Ich lernte auch, warum das einemal bei morschem Eis oder Sonnenbestrahlung der eingetriebene Eishaken ohne weiteres mit der Hand herausgezogen werden kann, während ein andermal bei großer Kälte und im Schatten der 20 bis 30 Zentimeter lange Eisenstift bereits nach wenigen Minuten derart festfriert, daß man ihm bis zur äußersten Spitze mit dem Pickel zu Leibe gehen muß, will man ihn wieder aus dem Eis befreien.

Kurz und gut, ich durfte mich schon als erfahrenen Eisgeher betrachten. Ich hatte erkannt, daß man dieselbe Technik wie am Fels anzuwenden hatte. Auch im Eis gibt es Risse, Kamine, Seilzug und Quergänge. Man muß nur beachten, daß selbst bei wärmstem Wetter starke Handschuhe ratsam sind und die Bekleidung grundsätzlich wie für eine Wintertour gewählt wird. Mit dem Eis ist nicht zu spaßen!

Meine Probe im Eis hatte ich schon in der Hochfeiler-Nordwand und der Möseler-Nordwestwand bestanden. Es war im heißen, trokkenen Sommer 1947. Das Eis war damals spiegelblank und glashart, so daß die Zacken der Steigeisen kaum mehr griffen. Wir gingen trotzdem alles ohne Stufen. Von den objektiven Gefahren bekam ich damals auch schon einen ganz netten Vorgeschmack. Steinschlag überraschte uns. Ganze Steinlawinen gingen nieder. Überall schlugen die Geschosse in dem harten Eis auf, daß es rings um uns aufspritzte. Wir kamen trotzdem durch die Steilwände der Zillertaler, und auch das steile Eis des Kaunergrates war mir vertrautes Gelände geworden. Wann werden wir Jungen einmal Gelegenheit bekommen, uns in den Westalpen bewähren zu können?

Und dann – im Sommer 1948 ... Wir konnten es kaum glauben: Eines Tages lag eine Einladung für Chamonix auf dem Tisch. Es war wie eine Weihnachtsbescherung, ja noch viel mehr!

Auf Grund der Einladung von der École Nationale, der französischen Bergsteigerschule in Chamonix, bekamen wir Reisepässe und Sichtvermerk für Frankreich. Zur Zahlung des Aufenthaltes leistete uns der Österreichische Alpenverein einen Zuschuß. Als alles schon gesichert schien, trat zu guter Letzt noch eine Schwierigkeit auf – das Wetter! Bis unter die 3000-Meter-Grenze herunter hatte es geschneit, selbst die Wetterstein- und Kaisertouren nahmen – mitten im Sommer – den Charakter reiner Winterfahrten an. Man fragte sich, ob es überhaupt einen Sinn haben könnte, unter diesen Umständen zum Mont Blanc zu fahren. Für mich und Luis Vigl existierte eine solche Frage natürlich nicht. Aber unsere beiden älteren erfahrenen Begleiter, Erwin Schneider, der Siebentausender-König, und Hias Rebitsch, der große Meister, hatten berechtigte Bedenken. Sie kannten die Westalpen und kannten auch ihre Tücken. Bei dieser Witterung, so argumentierten sie, sitzen wir nur im Tal herum. Was haben wir davon?

Mitte Juli ist's dann aber doch soweit. Wir fahren! Welch feierlicher Moment – die Abfahrt vom Innsbrucker Hauptbahnhof! Wir glauben, ganz Innsbruck müßte davon wissen. Tatsächlich sind auch einige Klubbrüder zum Abschied erschienen.

Wir fahren! In die Westalpen! Unsere Freude ist unbeschreiblich.

Mont Blanc! Ein faszinierender Name! Ich stelle mir darunter das Hochgebirge in höchster Vollendung vor. Bergformen, wie sie anderswo nirgends in den Alpen zu finden sind. Ich hatte schon die ganze Literatur durchstöbert, Karten studiert und kannte mich theoretisch in jeder Route dieses Bergmassivs aus! Und in diese Gebirgsgruppe, die großartigste der Alpen, sollen wir Neulinge nun hineingeführt werden!

Saint Germain – wir biegen ab in das Tal der Arve. Eigentlich müßte es hier schon nach Schneeluft riechen! Wir strecken die Nase zum Fenster hinaus, doch naß schlägt es uns entgegen. Es regnet! Ein enttäuschender Empfang.

Durch Regenpfützen mühen wir uns mit den schweren Koffern nach Les Praz. Hier wird uns ein herzliches Willkommen zuteil. Erwin kennt sich schon aus: »Monsieur Vigl!« – »Monsieur Buhl!« stellt er Luis und mich vor. Rebitsch braucht nicht vorgestellt zu werden. Den kennt man schon. Mit einem »Bonjour, Monsieur Franco!« begrüßt er unseren Gastgeber.

Herr Franco ist überaus freundlich und lädt uns sogleich zu einem kleinen Plauderstündchen ein. Wir zwei Neuen, der Luis und ich, haben wenig davon, denn unser Französisch beschränkt sich auf »oui« und »non«! Dafür unterhalten sich die beiden anderen um so angeregter. Mich interessieren vor allem die gewaltigen Bilder an den Wänden: Grandes Jorasses, Aig. de Triolet, Les Droites und andere Berge. Wir hören, daß die Verhältnisse denkbar schlecht sind, daß bis zu 3000 Meter herab tiefer Neuschnee liegt und daß an große Fahrten gar nicht zu denken ist. An der Aiguille Verte ist eine Partie verunglückt. Infolge der winterlichen Verhältnisse. Enttäuschung befällt mich, wenn ich an den Jorassespfeiler denke. Ihn hatten wir doch als unser geheimes, großes Ziel auserkoren.

Am anderen Morgen lacht uns jedoch die Sonne bereits ins Zimmer herein. Es ist ein strahlender Tag.

Mittags bereits verlassen wir Chamonix. Die Zahnradbahn bringt uns nach Montenvers, in 1900 Meter Meereshöhe. Erstmals ist uns auch ein Blick auf die Grandes Jorasses gegönnt. Wie Königinnen prangen sie in ihrem Winterkleid. Zu ihren Füßen wälzt sich der Eisstrom der Mer de Glace talaus. Ein kurzer Besuch dieses Gletscherstromes führt mir die ganze überwältigende Größe dieser Landschaft vor Augen und vermittelt mir auch einen ersten Überblick über die Stätte unseres künftigen Wirkens.

Wir verspüren schon am anderen Morgen, wie kurz Westalpennächte sind. Im Kerzenschein rumoren wir herum, obwohl es erst zwei Uhr nachts ist. Im Scheine der Taschenlampe treten wir kurz darauf ins Freie. Mäuschenstill ist es jetzt in Montenvers, wo untertags ganze Völkerscharen in Bewegung sind.

Über Platten, Geröll und grobes Blockwerk queren wir an der Seitenmoräne der Mer de Glace entlang, erklimmen noch im Dämmerlicht steile Hänge und gelangen über einen kleinen Gletscher zum Fuß der Nordwand der Grands Charmoz – das Ziel des heutigen Tages. Hin und wieder gellt Steinschlag durch die Wände, eine mahnende Stimme – die Sprache der Berge! Über uns die grauen Umrisse einer riesigen Wandfläche, von weißen Adern durchzogen. Je mehr wir uns ihr nähern, um so mehr neigt sie sich zurück.

Wie anders zeigte sie sich uns doch gestern von Montenvers aus – erschreckend steil und unnahbar. Wir wunderten uns nicht, daß der Weg durch diese Riesenwand erst einmal wiederholt wurde. Sie wird von den Bergsteigern gemieden. Ein Eisgürtel in der Wandmitte macht sie zu einer kombinierten Fahrt von ernstem Charakter und zu einer der gefährlichsten Alpentouren überhaupt. Welzenbach und Merkl haben sie 1931 in abenteuerlicher Fahrt als erste bezwungen. Anderl Heckmair hat ihr später den direkten Ausstieg abgerungen.

Erwin geht heute nicht mit uns. Aber schon die Anwesenheit dieses bescheidenen Mannes, der zu den erfolgreichsten Bergsteigern aller Zeiten zählt, ist für uns von unschätzbarem Wert. Kennt er doch das Mont-Blanc-Gebiet wie seine Hosentasche. Wenn er uns zu einer Tour rät, brauchen wir keine Bedenken zu haben.

Ohne Übergang setzt die Wand an. Da der untere Teil mäßig steil emporzieht, lassen wir das Seil noch im Rucksack und steigen jeder für sich, wo es gerade am besten geht. Ein Wasserfall, im Abfluß des Schneefeldes, mündet ausgerechnet an der Stelle, wo wir ihn queren müssen.

Der Fels wird jetzt unangenehmer. Das Gestein ist abwärts geschichtet und von Wasser und Steinschlag glattpoliert. Auf allen Vorsprüngen liegt feiner Sand. Wir beiden Jungen, Luis und ich, finden es scheußlich und sind arg enttäuscht von dieser Kletterei.

Mittags liegt nahezu die halbe Wand unter uns. Der untere Rand des Eisgürtels ist erreicht. Vereinzelt schießen Steine vorbei. Sie können uns aber nicht gefährlich werden. Sie nehmen den Weg durch das Bett einer tiefen Sekundärrinne. Bis zu den Knien im aufgeweichten Schnee des nicht allzu steilen Hanges, stapfen wir zur Höhe. Doch die Neigung nimmt allmählich zu. Die Schneedecke wird dünner, und dann treten wir nur noch auf blankes Eis.

Wir queren nach rechts hinüber. Der Hang wird immer steiler. Unter uns eine weiße, fast eben erscheinende Fläche, das Schneefeld; über uns schwarze, fast senkrechte Eissäulen, die zur Gipfelrinne führen.

Wir stehen auf blankem, schwarzem Wassereis. Ein ungemütliches Gefühl, auf diesem spröden Material nur mit den vorderen Zacken der Steigeisen verankert zu sein. Man kann nicht wissen, ob diese Unterlage, die zudem noch von einer hauchdünnen, gepreßten Sandschicht überzogen ist, nicht plötzlich ausbricht. Immer fester schlägt man die Steigeisen ins Eis, als gelte es, die Decke durchzuhauen. Manchmal rutscht man einige Zentimeter ab, dann fährt einem der Schrecken in die Kehle. Und die Wadenmuskeln schmerzen von der übermäßigen Belastung und Anspannung.

Der Pickel ritzt nur mit der äußersten Spitze das Eis. Er dient nur zur Balance und hilft nur das Gleichgewicht halten. Man hat gar nicht das Gefühl, mit dem Hang noch in fester Verbindung zu stehen. Auch merke ich nichts davon, daß ich vorankomme; mir scheint, als ob ich dauernd auf der Stelle trete. Nur daran, daß alle 30 Meter der Kamerad unter mir »Seil aus!« ruft, erkenne ich, daß es weitergeht. Wenn man nur endlich etwas Festes unter den Händen spürte!

Ich steuere dem Fels an der rechten Begrenzung der Eisrinne zu. Ich zähle die Meter bis dorthin. Sichtlich erleichtert sehe ich den Fels immer näher rücken.

Luis hingegen scheint sich hier schon ziemlich zu Hause zu fühlen. Etwas neidisch betrachte ich seine starken Beine – sein besonderer Stolz – und denke mir, wie das Eisgehen mit solchen Ständern ein Vergnügen sein muß!

Damit keiner zu kurz kommt, wechseln wir uns in der Führung ab. Ich mogle auch ganz gern ein bißchen, indem ich bereits nachkommen lasse, bevor noch das Seil zwischen uns gespannt ist. Rasch wird eine Standstufe geschlagen, der Pickel zittert und prallt vom harten Eis fast ab. Eissplitter spritzen ins Gesicht. Ein Eishaken wird angesetzt, ein paar wuchtige Schläge mit dem Hammer, und erleichtert vernehme ich das Einklinken des Karabiners für die Selbstsicherung.

Wir stecken gerade in der Querung unterhalb der Gipfelrinne. Hias Rebitsch und ich an ihren Rändern, Luis in der Mitte. Auf einmal erfüllt unheimliches Surren die Luft. Steinschlag! Aber es hört sich noch viel unheimlicher als sonst an. Und da sehen wir schon – eine riesige Scheibe! Wie ein Mühlenrad kommt sie in rasendem Tempo herab, rollt und springt, auf die Kante gestellt, direkt auf uns zu. Knapp über dem Eis fegt sie dahin. Immer unheimlicher wird ihr Surren. Wir stehen ohne Deckung, auf glatter Eisfläche schutzlos der Gefahr ausgeliefert. Jetzt muß etwas passieren! Wir spüren es bis ins Mark. Das Seil lassen wir locker durchhängen, damit, wenn der Stein es streifen sollte, noch Spielraum bleibt und wir nicht aus dem Stand gerissen werden. Jeder von uns lauert in Abwehrstellung, um im letzten Augenblick vielleicht noch zur Seite springen zu können. Aber wohin?

Luis ist anscheinend als Opfer ausersehen – die Scheibe treibt direkt auf ihn zu – streift das Eis, springt knapp über ihm ab – Luis duckt sich blitzschnell an die glatte Fläche – ein Schatten huscht vorbei, ein unheimliches Dröhnen – das Seil bleibt locker – der zentnerschwere Block verschwindet unter uns. Dann ist wieder Ruhe.

Schleunigst verlassen wir den Fallschacht dieser todbringenden Geschosse und drängen gegen den rechten Rand des Eises. Noch härter und steiler ist es hier, und nur in ganz dünner Schicht überdeckt es den Fels. Gerne lasse ich mich von Luis ablösen.

Drohende Gewitterwolken hängen am Himmel. Wir haben sie vorher gar nicht bemerkt. Ein Wind kommt auf. Langsam müssen wir einsehen, daß sich die Voraussage von Hias doch noch bewahrheitet. Drunten am Schneefeld glaubten Luis und ich, schon in wenigen Stunden auf dem Gipfel zu sein. Hias jedoch, der diese Wände kennt, meinte nur lächelnd: »Wir werden froh sein, wenn wir überhaupt bis zum Abend aus der Wand herauskommen.«

Unwahrscheinlich, diese Steilheit! Wir stoßen schon mit der Brust am Eis an. Die Knie stehen hindernd im Wege. Und immer noch steiler zieht das Eis nach oben.

Mit verblüffender Sicherheit bewegt sich Luis aufwärts. Wir hätten jetzt die Möglichkeit, nach links auf der Route von Willo Welzenbach zum Nordostgrat auszuweichen. Die vereisten Platten dort verlocken uns aber gar nicht, und wenn schon überall die gleiche Beschaffenheit ist, so steigen wir doch gleich direkt den Weg Heckmairs zum Gipfel an. Hier irgendwo müssen Welzenbach und Willy Merkl vor 17 Jahren bei ihrer Erstbegehung vier Tage im Sturm zugebracht haben.

»Danke, nichts für mich«, meint Luis, als ich ihm beim nächsten Wechsel davon berichte. Am Fels überläßt er wieder mir den Vortritt. Kombiniertes Gelände liegt mir gut, und ich übernehme gerne die Führung.

Schmale Eisstreifen und steile Felsrücken wechseln miteinander ab. Ich versuche dem Eis auszuweichen, habe auch schon die Steigeisen abgenommen und spreize von einem Felsvorsprung zum anderen empor. Eis klebt am senkrechten Gestein, hängt in den Rinnen und hält den brüchigen Fels zusammen. Selbst Hias flößt diese Neigung Achtung ein.

Wenn beim Suchen nach einem Tritt die Blicke meine Schuhe streifen, bekomme ich fast Mitleid mit ihnen. Hungrig reißen sie die Mäuler auf. Die Sohlen hängen herunter, und aus den Löchern schauen die völlig durchnäßten und zerfetzten Socken heraus. Aber sie müssen noch durchhalten. »Vorbildliche Ausrüstung für die Westalpen«, gibt Hias brummend zu verstehen.

Um rascher voranzukommen, gehen wir stellenweise wieder gleichzeitig. Die Zeit drängt sehr, und wir können hier nicht biwakieren. Wir müssen unter allen Umständen hinaus!

Furchtbar brüchig wird nun der Fels. Nur noch der Frost dieser Nordwand kittet das lockere Gestein zusammen – diesen senkrechten Geröllhaufen! Kompakte Felssäulen kleben am Eis, und umgekehrt hängen mächtige Eiswulste an lockeren, zerbröselten Felsen. Vorsichtig ziehen wir das Seil nach, um nur ja keine dieser wankenden Gestalten aus dem Gleichgewicht zu bringen. Bevor sich's Hias noch versieht, hat er schon einen tischgroßen Block gelockert. Mit der Hand hält er ihn in der Schwebe, aber wie lange noch? Luis steht direkt unter ihm, genau in der Fallinie des Blockes. Hias kann nicht weiter. Er kann den Platz nicht verlassen, ohne den verderbenbringenden Block loszulassen. Zum Glück hat Hias eine Seilschlinge bei sich und – ein ebenso toller wie genialer Einfall – damit bindet er nun den Block an den Fels und steigt vorsichtig wieder weiter. Ein Krachen verrät uns, daß Luis jetzt über den Block hinweg ist und die Seilschlinge gelöst hat. Lange schauen wir dem springenden Gestein im Kessel unter uns nach.

Jetzt stoßen wir wieder auf Schnee, ein Zeichen, daß wir bald am Ausstieg sein müssen. Der Schnee wird immer tiefer. 1100 Meter fällt die Wand zu unseren Füßen in den Abgrund. Bei bereits einsetzender Dämmerung führt Hias die letzten Seillängen auf den Grat. Im letzten Licht des scheidenden Tages stehen wir auf der Scharte unterhalb des Gipfels der Aiguille Charmoz. Wir finden keine Worte, wir sind nur froh, daß uns diese Wand wieder freigegeben hat.

An ein Absteigen zu dieser späten Stunde ist natürlich nicht zu denken. Wir suchen uns ein geschütztes Plätzchen, und da Blitzgefahr besteht, hängen wir das ganze Eisenzeug weit weg in eine Rinne. Drohend schwarz ist der Himmel. Schon fällt Nebel ein, und vor dem drohenden Wolkenbruch flüchten wir uns rasch unter Erwins erprobten Biwaksack. Unsere Kleidung ist von Eis, Schnee und Wasser durchnäßt, trotzdem fühlen wir uns geborgen und sind glücklich, nicht mehr in der Wand, diesem Gefängnis, zu stecken. Kräftig trommelt der Regen auf unser Dach.

»So ein Sack ist doch etwas wert«, meint Hias befriedigt. Aber Luis klagt über Nässe. Wir lachen ihn aus: »Du spinnst wohl?« – Doch bald läuft es auch Hias und mir feucht über den Rücken. Rasch ist des Rätsels Lösung gefunden: Der Biwaksack ist über und über porös, überall dringt Wasser ein, die Imprägnierung hält nirgends mehr dicht. »Erwin hat uns da ein nettes Sieb mitgegeben«, stellen wir verärgert fest. »Das wird er büßen müssen«, ist unsere geschlossene Meinung.

Nach Mitternacht geht der Regen in Schnee über. Das Wasser nimmt seinen ständigen Lauf über unsere Körper und staut sich in den Schuhen. Wir sehnen uns nach Erwin. Wenn er doch jetzt bei uns säße! In seinem guten alten Zdarskysack …

Gegen Morgen läßt der Schneefall nach, dafür wird es empfindlich kalt. Hias sitzt da wie eine Statue, den Hut tief in die Stirn gezogen. Er verzieht keine Miene. Luis und ich staunen über soviel gelassene Ruhe und Selbstbeherrschung. Wir selbst können kaum mehr ruhig sitzen, andauernd rutschen wir auf unserer harten Unterlage hin und her. Die Lage wird allmählich unerträglich. Immer wieder gleiten wir auf der schrägen Plattform ab, bis wir schließlich in den Seilen hängen.

Bei Morgengrauen geht über den Jorasses ein heftiges Unwetter nieder. Die Nebel verschleiern die ganze Nordwand, um nach einer Stunde ein vollkommen verändertes Bild zu enthüllen – eine Winterlandschaft. Dort ist heuer nichts mehr zu ernten!

Endlich ist es Tag. Steif erheben wir uns von den Sitzen. Wir müssen uns anhalten, können zunächst gar nicht stehen. Wir sind wie betrunken, schwindlig. Eine Folge der Kälte und Nässe. Alle Muskeln verkrampfen sich, und erst nach langem Massieren und vielen Gelenkigkeitsübungen sind wir wieder fit. Die Ausrüstung ist bockstarr, die Seile wie aus Draht wollen gar nicht mehr in den Rucksack hinein. In jedem Kleidungsstück, sogar im Essen, überall der feine Sand aus der Wand. In den Fingern Sand. In den Zähnen Sand. Beim Essen knirscht es. Durch eine unvorsichtige Bewegung kollert mir der Rucksack davon, er kippt über die Kante – auf Nimmerwiedersehen! Doch, tief drunten in der Ostwand kommt er nochmal zum Vorschein, dann verlieren wir ihn endgültig aus den Augen. Steif und ungeschickt steigen wir zum nahen Gipfel an, und erst beim Abstieg beginnen sich unsere Gelenke aus der Erstarrung zu lösen.

Montenvers sieht uns noch öfters in den nächsten Tagen, aber immer nur bei Regen oder Nebel. Wir haben uns schon langsam an dieses Sauwetter gewöhnt und empfinden es nicht als normal, wenn wir einmal zufällig trocken von einer Tour nach Hause kommen.

Leider geht dieser Urlaub durch das Schlechtwetter allzu früh zu Ende. Anderntags ist wieder alles verhängt. Die Schneegrenze reicht nun schon weit bis ins Tal herab. Als wir talauswärts fahren, säumt der Schnee bereits den Schienenstrang. Man hat den Eindruck, schon im Winter zu leben. Dabei ist es erst Anfang August.

Nur acht Stunden – aber inhaltsreich

Herbst im Wilden Kaiser. Ausklang und Abschied von einem Bergsommer. Man hat viel gesehen und erlebt, höhere und noch steilere Wände als die der Steinernen Rinne. An die Dolomiten und die Westalpen können sie zwar nicht heran – aber am Ende der jährlichen Kletterzeit müssen die Nordtiroler Heimatberge stehen, ebenso wie sie am Anfang standen.

Ein wunderbarer Tag. Nur der Fels ist noch etwas glatt und angereift von der Kälte. Mit Rudl klettere ich die »Fiechtl-Weinberger«-Route an der Predigtstuhl-Westwand empor. Der Weinberger-Überhang zeigt sich in der Kälte noch ein wenig widerspenstig, aber allmählich wird es doch wärmer und das Klettern genußreicher. Mittags stehen wir auf dem Nordgipfel. Drüben an der Fleischbank-Südostwand sehe ich gerade eine Seilschaft am ersten Quergang. Der sonnige Fels da drüben ist verlockend: »Wie wäre es mit einem Alleingang durch die ›Südost‹? Das hat noch niemand gewagt, aber eigentlich müßte es gehen!« Ich weiß, daß Hias Rebitsch den oberen Teil der Wand vom Band aus im Alleingang schon durchstiegen hat, aber die ganze Wand? Da fällt mir ein, daß doch der Versuch einer Alleinbegehung gemacht wurde, aber er endete mit einem tödlichen Absturz.

Als ich zu Rudl sage: »Du, ich hätte Lust auf einen Alleingang durch die Südost«, meint er nur: »Du spinnst wohl?« – Sichtlich ist er von meinem Vorhaben nicht ganz erbaut, sagt aber dann: »Ja, das mußt du selbst wissen!«

»Wenigstens probieren will ichs einmal, umkehren kann ich noch immer!« gebe ich zurück. »Auf Wiedersehen auf dem Gipfel der Fleischbank!« rufe ich noch meinem Freunde zu und stürme bereits die »Angermannrinne«, den leichtesten Abstieg vom Predigtstuhl, hinunter, überquere unten das Kar der Steinernen Rinne, und bereits eine halbe Stunde später bin ich am Einstieg zur Fleischbank-Südostwand.

Über mir höre ich Stimmen. Es sind die beiden, die wir vom Predigtstuhl aus beobachtet haben. Sie stecken immer noch in der Querung. Zwei Seilschlingen, zwei Karabiner und 30 Meter Reepschnur nehme ich mit. Heute macht es mir unbändig Freude, so allein höherzuturnen, ohne hemmendes Seil und ohne schweren Ballast. Das ist wirkliches Klettern! Ich will mich selbst auf die Probe stellen, möchte meine eigene Grenze kennenlernen. Dafür scheint mir so ein Alleingang gerade das Geeignete zu sein. Nur wenige verstehen das. »Du wirst sehen, einmal liegst du halt drunten«, ist immer die sorgende Mahnung der anderen. Aber was ist da zu machen? Ein unwiderstehlicher Drang beflügelt mich, der mir befiehlt, immer Höheres und Schwereres zu wagen, das Letzte aus mir herauszuholen.

Bei der Querung hole ich den Schlußmann meiner Vorgänger ein. Ich frage ihn, ob ich vorsteigen dürfe. »Selbstverständlich!« lautet seine Antwort. Da bin ich auch schon am Quergangseil der anderen und hangle daran hinüber.

Ich bin beim »Rossiüberhang« angelangt. Sehr arm an Haken ist die Südost heute. Hier im »Rossi« stecken nur zwei, herzlich wenig.

Es muß aber auch so gehen. Erstmals benütze ich das Seil zur Selbsthilfe. An zwei Stellen muß ich mir selbst kurzen Zug geben, dann habe ich's geschafft und erreiche wieder leichteren Fels. Die Karabiner verschwinden wieder im Hosensack. Die Wand wird immer luftiger. Man merkt dies besonders, wenn man so allein geht. Aber das ist es ja gerade, was ich gesucht habe: viel Luft um mich und unter mir, und ganz auf mich allein gestellt...

Die Höhle mit dem Wandbuch ist erreicht. Aber ich raste nicht und steige gleich weiter über den Höhlenüberhang. Da spüre ich ein eigenartiges Gefühl in den Fingern. Ich kenne es, wenn die Finger zu streiken beginnen. Das darf mir allerdings bei einem Alleingang nicht passieren. Ich will nichts aufs Spiel setzen, so seltsam das klingen mag bei einem, der allein in die »Südost« geht. Ich steige den Überhang kurz entschlossen wieder zurück, setze mich in die Höhle und will zunächst einige Minuten rasten. Kein Wunder, daß ich etwas ermüdet bin. Normalerweise bleibt man alle 30 Meter beim Klettern stehen und hat so Gelegenheit, sich wieder für die nächste Seillänge zu erholen, bis der andere da ist. Aber ich habe heute auf niemanden zu warten.

Erst jetzt bei der Rast sehe ich, wie wunderbar eigentlich dies Plätzchen ist. Das ist mir bisher noch gar nicht bewußt geworden. Nach allen Seiten fallen steile Wände ab. So richtig frei komme ich mir hier vor, frei und glücklich wie ein Vogel.

Es ist gut, manchmal ganz allein zu sein. Nur auf sich gestellt. Viel Schönes und Großes erlebt man. Auch sich selbst erlebt und erkennt man besser, als es je mit Gefährten möglich ist. Ich habe die Grenze meiner selbst, meiner Leistungsfähigkeit und meines Willens in den Bergen noch nicht kennengelernt. Aber ich will das! Wenn auch andere mich manchmal krankhaften Ehrgeizes bezichtigen. Wie oberflächlich und billig oft Menschen in ihrem Urteil sind!

Das kurze Ausspannen hat mich sehr erfrischt. Froh und innerlich gesammelt, nehme ich neuerlich den Überhang in Angriff. Ich spreize rechts hinaus, weiter, höher hinauf – und dann bin ich am Ausstieg.

Rudl sitzt bereits auf der Gipfelfläche und begrüßt mich mit einem frohen Grinsen im Gesicht.

»So, jetzt ist mir leichter, jetzt bin ich zufrieden«, sage ich zu Rudl, »diese Wand allein – das kann mir keiner mehr nehmen!«

Man soll mit Zeiten nicht prahlen und soll beim Klettern auch keine Stoppuhr mit sich führen. Ich weiß das. Aber kann ich es hindern, daß mich der Erfolg heute doch freut? Vor gut einer Stunde noch war ich drüben auf dem Predigtstuhl, jetzt sitze ich schon auf der Fleischbank und dazwischen lag die berüchtigte Südostwand im Alleingang…

Auf dem Fleischbankgipfel mache ich noch die Bekanntschaft mit einem äußerst sympathischen Bergsteiger, der seine Sturm- und Drangzeit schon hinter sich hat: Walter Frauenberger. Gehört habe ich schon viel von ihm, war er doch schon früher mit Schwarzgruber im Himalaya und auch im Kaukasus. Ich kann nicht wissen, daß wir Jahre später dort drüben, in der Eiswildnis des Nanga Parbat, Kameraden werden sollten. Und was für Kameraden!

Rudl und ich bummeln noch zum Südostgrat des Totenkirchls hinüber. Herrlich ist diese einladende Kletterei, sie scheint wie köstliches Spiel nach dem, was hinter mir liegt. Wohlig lassen wir uns dann auf der Gipfelfläche des Totenkirchls zur wunschlos glücklichen Rast nieder. Am frühen Nachmittag sitzen wir wieder an weißgedeckten Tischen und laben uns an einer erfrischenden Limonade. Nur acht Stunden waren wir aus. Aber was für welche!

Weihnachtsferien in Steilwänden

Weihnacht auf der Gaudeamushütte!

Es gibt nichts Schöneres als das Christfest auf irgendeiner Berghütte. So inmitten der Natur, mit ihr in dieser Heiligen Nacht Zwiesprache zu halten, wenn am Lichterbaum die letzten Kerzen erlöschen. Droben im Gebirge, abseits der Menschenmassen ... Meine Phantasie, meine Sehnsucht ging sogar so weit, daß ich es auch in einer Wand wunderbar gefunden hätte, wenn man dann von unten um Mitternacht zart die Kirchenglocken heraufklingen hört. Ein Biwak in der Heiligen Nacht! – das wäre so ganz nach meinem Wunsch.

Noch ist es nicht soweit. Schwerbepackt steige ich am Heiligen Abend zur Gaudeamushütte auf. Schon lange sehe ich das Licht ihrer Fenster. Die da droben haben keine Ahnung, daß sie heute noch Besuch bekommen werden. Es ist bitter kalt. Der Schnee knirscht unter den Füßen – der einzige Laut, der die Stille der Nacht durchbricht.

Auf der Hütte sind nur die Wirtsleute, Peter Hofer und seine Steffi. Ich bin ihnen in ihrer Einsamkeit ein willkommener Gast. Peter drückt mir gleich die Gitarre in die eine Hand und einen Grog in die andere. Es wird ein richtiger gemütlicher Hüttenabend.

Der Morgen.

Klirrende Kälte springt uns entgegen. Die Bäume sind ganz weiß, rauhreifüberzogen. Es ist noch dunkel, wir tasten uns mit den Skiern über hartgefrorenen Schnee bergan. Beim »Baumgarteneck« wird es Tag. Nun steht sie vor uns, in ihrer ganzen Größe, die Wand, der unser heutiges Werben gilt: die Maukwestwand.

Wir richten uns kletterfertig her. Immer wieder starre ich auf die Wand. Erinnerungen steigen auf, an damals – vor fünf Jahren – mit Weiss Wastl und dem anderen Freund. Damals gelang uns der große Wurf. – Viele Versuche, unseren Weg, den Originalweg, zu wiederholen, mißlangen, bis auf einen. Meinen beiden Klubkameraden Karl Gombotz und Hugo Vigl war es vergönnt, diese Wand zu durchsteigen. Sie hatten damit zugleich das dumme Gerede widerlegt, das behaupten wollte, wir, die Erstbegeher, hätten mit Absicht die entscheidende Felsschuppe an der Schlüsselstelle abgeschlagen, um jede Wiederholung zu verhindern. Wie lächerlich, so eine Behauptung!

Und jetzt stehen wir hier, der Peter und ich, mitten im Winter, zu Weihnachten. Die Entwicklung bleibt nicht stehen, auch die eigene nicht. Aber noch ist nichts gewonnen.

Die Kaminreihen sind noch genau so glatt wie damals, die Überhänge noch genau so abdrängend, nur mit dem Unterschied, daß an gewissen Stellen – meist da, wo man es am wenigsten wünscht – noch Eis hinzugetreten ist. Der Rucksack ist schwer und muß nach jeder Seillänge aufgehißt werden. Nur widerspenstig läßt sich der runde Ballen durch die Risse ziehen. Es ist ein hartes Stück Arbeit, trotzdem wird uns nicht warm. Wir schlottern am ganzen Körper vor Kälte. Warum mußten wir uns auch ausgerechnet eine Westwand auswählen, wo die Sonne erst mittags hinkommt? Aber was hilft's? Wir steigen weiter, klettern höher, immer höher …

Wieder stehe ich unter dem riesigen Wulst, der mir die Sicht nach oben nimmt. Heute schaut der Quergang aber schon weit freundlicher aus. Diesmal steckt ja auch schon ein Haken im glatten Fels. Ohne viel Umstände gelange ich zu der kleinen, handtellergroßen Plattform, wo noch unser Haken von der Erstbesteigung her steckt. Wieder dasselbe Gleichgewichtsspiel, den Haken als Griff und Tritt zugleich benutzend.

Bald darauf stehen wir eng aneinandergepreßt am Beginn der langen Querung. Wir befinden uns hier also direkt unter dem Wulst, den wir bei der Erstbegehung gemieden hatten. Gombotz und Vigl hingegen hatten sich bei ihrer Zweitbegehung daran entlang»genagelt«, wie wir in der Fachsprache zu sagen pflegen. Eine Fülle von Haken! Und oben, direkt im Wulst, steckt sogar ein mächtiger Ringhaken. Wer den geschlagen hat – alle Hochachtung!

Diese Variante meiner Klubfreunde scheint mir wesentlich sympathischer als der Weg, den ich vor fünf Jahren hier ging. Noch trennt mich eine 10 Meter hohe glatte Platte von dem Wulst. Der Fels ist splittrig, und nur ungern gehen die Stahlstifte in eine Ritze. Da es völlig an Tritten mangelt, bewege ich mich mittels Seilschlingen nach oben. Ich kann diesem wackeligen Zeug sonst kein Gefallen abgewinnen, aber hier bin ich darauf angewiesen.

»Paß auf, der Haken geht heraus!« ruft mir Peter warnend von unten zu.

»Laß ihn sausen! Ich muß schauen, daß ich weiterkomme.« Dabei versuche ich den betreffenden Haken zu entlasten. Ich kralle mich an einem kleinen Vorsprung an. Der Halt bricht aus, der Haken geht auch »stiften« – und ehe ich mich's versehe, hänge ich 5 Meter tiefer.

Nichts ist geschehen. Aber mein Kampfgeist hat eine mächtige Stärkung erfahren. Gleich bin ich wieder am Fels und gehe ihm aufs neue zu Leibe. Diesmal aber »ganz piano«. Wie ein Dieb schleiche ich mich unter den Wulst, finde Stand. Endlich ist auch der gute Ringhaken erreicht, den ich mir schon lange herbeigewünscht habe. Jetzt erst getraue ich mich auch wieder einmal ein kräftiges »Zug!« zu Peter hinabzurufen. Dankbar empfinde ich jetzt die Entlastung. Wenn ich mir vorstelle, ich hätte diese Sicherung hier erst selbst anbringen müssen. – Bravo euch beiden, Gombotz und Vigl!

Das Seil hat ein enormes Gewicht. Es zieht einen fast aus der Wand. Wieder ertönt der altbekannte Dialog durch die Felsen:

»Laß nach, du ziehst mich ja förmlich hinaus!«

»Was du nur hast! Ich lasse ja nach. Da schau doch, ganz locker! Zieh halt du ein!«

»Wenn es aber nicht geht! Ich muß zurück, ich komme nicht mehr weiter!« Man zerrt am Seil, als ob ein Felsklotz dran hänge. Man schimpft und wettert.

»Achtung, ich flieg!« Aber mit letzter Kraft hält man sich doch, reckt sich, stemmt sich gegen den Seilzug und erwischt in letzter Sekunde doch noch einen Griff. Dann steht man droben am Stand, hängt schnell einen Karabiner ein, glaubt nun, daß man es keinen Augenblick mehr länger ausgehalten hätte. Man hält aber soviel aus, so erstaunlich viel!

In der Zwischenzeit hat sich die Sonne schon wieder verabschiedet, es wird allmählich dämmerig. Ich habe das vorher gar nicht bemerkt und treibe nun Peter zur Eile. Der drückt auf die Tube, was er nur kann. Wir müssen aus diesem Gelände hinaus, hier können wir die Nacht nicht verbringen.

Nun ist's wieder einmal soweit! Die Dunkelheit ist hereingebrochen, und wir haben noch kein geeignetes Plätzchen gefunden. Immer, wenn ich glaube, eine Sitzmöglichkeit entdeckt zu haben, entpuppt sie sich als Enttäuschung, und es heißt weitersteigen. Erst nach Stunden, nachdem sich die Wand schon zurückzulegen beginnt, finden wir eine brauchbare Fläche. Haken werden geschlagen, und in der Dunkelheit haut man auch manchmal daneben, auf den Daumen statt auf den Haken. Alles wird für das nächtliche Biwak festgebunden. Sämtliche verfügbaren Kleider werden angezogen. Dann schlüpfen wir unter die Hülle unseres Zeltsackes. Speck und Tee sind unser Abendbrot.

Unten im Tale blitzen und sprühen die elektrischen Funken an der Oberleitung des Schienenstranges. In ihrem bleichen Licht kann man ganz deutlich jeden Zug erkennen. Es zeugt von großer Kälte auch im Tiefland.

Auf unserem geneigten Platz rutschen wir allmählich immer weiter abwärts, bis wir schließlich am Seil hängen. Wenn es uns zu sehr abschnürt, richten wir uns auf und rücken wieder nach oben. Aber bald spannt sich das Seil zum Haken von neuem. Die Sitzschlingen schnüren die Oberschenkel ab. Anfangs bringt man sich immer wieder in die ursprüngliche Lage zurück. Dann aber wird man apathisch und ergibt sich in sein Schicksal. Gerade, daß man noch mit den Händen schlägt und sich die Füße reibt, um keine Erfrierung davonzutragen.

Die Nacht will kein Ende nehmen. Wir erzählen uns unwesentliche Dinge, nur um die Zeit zu vertreiben. Das, was untertags zu wenig gesprochen wurde, wird jetzt nachgeholt. Wir singen auch, laut und vernehmlich, weniger schön. Zwischendurch döst man wieder ein, macht ein kleines Nickerchen, aus dem einen aber Kälte und Unbequemlichkeit bald wieder aufschrecken. Während der andere schläft, zählt man selbst von Eins bis Tausend oder beginnt, die Sternbilder zu ergründen. Aber auch das gibt man bald auf, und dann ist für eine Zeitlang nichts anderes da als Zähneklappern und Kälteschauer.

Ein neuer Gedanke: Im Rucksack haben wir eine Fackel. Die wird jetzt angezündet. Ein bißchen Wärme spendet sie doch, außerdem trägt sie zum Zeitvertreib bei. Gespenstisch leuchtet unsere nächste Umgebung im lohenden Licht. Erst jetzt sehen wir, auf welch kühnem Platz wir unser Nachtquartier bezogen haben.

»Hoffentlich rückt die Feuerwehr nicht aus, wenn man unser Licht sieht«, sage ich zu Peter. Dann ersticken wieder neue Kälteanfälle jeden Sinn für Späße. Jeder Glockenschlag aus dem Tal wird gezählt. Wehe, wenn man sich dabei einmal verzählt und eine Stunde später enttäuscht feststellen muß, daß es erst jetzt die alte Zeit schlägt.

Allmählich fängt es zu grauen an. Aber nun kommt erst die eigentliche Geduldsprobe. Voreilig schlüpft man aus dem Sack, ißt ein wenig und ordnet alles fürs Weiterklettern. Schnell noch die Glieder massiert, und wenn man damit glücklich fertig ist, merkt man erst, daß es noch viel zu früh ist. Es ist noch viel zu kalt. Die Sonne ist weit. So schlüpft man verdrossen nochmals unter die Hülle. Langsam nur vergeht auch diese letzte Wartezeit.

Wir haben nicht mehr weit zum Gipfel. Aber wir sind abgekämpft und müde. Die letzten schneeigen Steilhänge werden zur Plage. Wir atmen auf, als wir um zehn Uhr vormittags der Wand entsteigen.

Die erste Winterbegehung der Maukwestwand liegt hinter uns.

Der Jorassespfeiler mag uns nicht

Im Wetterstein hatte ich kürzlich einen blutjungen Kletterer getroffen, der aber in Bergsteigerkreisen bereits einen guten Ruf genoß. Manche behaupteten sogar, daß er der beste Kletterer sei, den Deutschland heute aufzuweisen habe. Martin Schließler heißt der sympathische

Junge aus Heidelberg. Ich mache ihm, nachdem mein alter Spezl Luis Vigl aus beruflichen Gründen leider absagen mußte, den Vorschlag, mit mir zu kommen. Martin ist sofort Feuer und Flamme.

Martin und ich bereiten uns auf den Jorassespfeiler vor. Schwer bepackt durchqueren wir die engen Gassen von Entrèves, lassen uns aus Zeitersparnis mit der Seilbahn 2000 Meter zum Col du Géant emportragen. Ein zweitesmal allerdings würde uns die Kasse diesen Spaß nicht erlauben. Im Laufschritt flitzen wir dann den langen, zerklüfteten Géantgletscher hinab, biegen rechts ein und steigen zur Leschauxhütte an. Wir können es kaum erwarten, die Nordwand der Grandes Jorasses zu erblicken. Mit gespannter Erwartung nähern wir uns. Welche Verhältnisse werden heute dort herrschen? Wird sie uns wieder die kalte Schulter zeigen oder diesmal mit freundlicher Miene Erfüllung schenken? Hinter den abenteuerlichen Zacken der Periades taucht dann allmählich der sechsgipfelige Granitkoloß der Grandes Jorasses auf, beherrscht von der 4205 Meter hohen Pointe Walker. Von dieser zieht in feiner Linie, wie mit dem Messer geschnitten, eine Kante herunter, die in haltlosen Plattenschüssen 1200 Meter ins Eis des oberen Leschauxgletschers abbricht.

»Das ist er, der Pfeiler!« bedeute ich meinem sprachlosen Kameraden.

Martin, der dieses Bild zum erstenmal sieht, ist überwältigt vom Anblick des Berges, der Wand. Er findet selbst seine kühnsten Vorstellungen übertroffen. Zu unserer Besorgnis verschlechtert sich das Wetter zusehends. Anfangs waren es nur feine, regenbogenartige Wolkenschleier über den Jorasses, die sich bald wieder auflösten. Aber jetzt spielen bereits feine Zirruswolken, die sich rasch verdichten, um ihre Gipfel.

Wir wollen heute noch den Einstieg zur Wand erkunden, um bei Nacht nicht durch langes Suchen zu viel Zeit zu verlieren. Je näher wir der Wand kommen, um so unnahbarer erscheint sie uns. Ich muß gestehen: noch nie in meinem Leben hat mir eine Wand einen derartig ehrfürchtigen Schauer abgenötigt wie diese. Fast zu schwach komme ich mir vor, um in ihr meine Kräfte, mein Können erproben zu wollen.

Wir glauben schon, den Abend allein auf der Leschauxhütte zu sein, als sehr spät noch zwei Bergsteiger den Raum betreten. Es sind Franzosen.

Sie kommen vom Leschauxgletscher. An ihrer Ausrüstung erkennen wir, daß sie etwas Besonderes, einen Grand Cours, vorhaben. Sollten sie das gleiche Ziel haben wie wir?

Als ich anderntags erwache, ist es bereits hell. Erschreckt fahre ich hoch. Ist mein Wecker nicht gegangen? Wir hatten ihn doch auf drei Uhr gestellt! Ein Blick durchs Fenster. Der Himmel ist von schweren Wolken verhangen, kein Wetter zum Einsteigen. Beruhigt lege ich mich wieder hin.

Gegen Mittag hat sich die Witterung wesentlich gebessert. Die beiden Franzosen machen sich startfertig. Sie wollen auf den Pfeiler, erklären sie uns kurzerhand. Jetzt gestehen auch wir das gleiche Vorhaben.

Wir schließen uns zusammen und steigen zu viert zu den Felsen empor.

100 Meter haben wir nun schon ganz gut im nicht allzu schweren Fels hinter uns gebracht. Sehr glatte Platten führen nun nach links, und dann folgt eine noch glattere Verschneidung. Nach etlichen Seillängen erreichen wir ein steiles Eisfeld, das uns zum Anlegen der Zwölfzacker zwingt. Den Rucksack spüre ich nicht mehr. Die Wand nimmt meine ganze Aufmerksamkeit in Anspruch. Am oberen Rand des Eisfeldes, durch Felshaken gesichert, erreichen wir nach einer Querung von zwei Seillängen den Beginn der berüchtigten »Dreißig-Meter-Verschneidung«, der ersten »Sechserstelle« des Pfeilers. Hier wird es ernst. Die Wand über uns erscheint nun infolge der Steilheit stark verkürzt. Eine senkrechte, 200 Meter hohe glatte Plattenzone verwehrt den Blick nach oben. Oberhalb dieses Steilgürtels muß der erste Biwakplatz Cassins sein, unser heutiges Ziel. Ich will gerade die Verschneidung in Angriff nehmen, als uns die Franzosen, es sind die zwei Teilnehmer der späteren Annapurna-Expedition, Marcel Schatz und Jean Couzy, zurufen, daß sie ihr Eisbeil verloren hätten und deshalb umkehren müßten. Wir bieten ihnen von uns einen entbehrlichen Hammer an. Aber sie wollen den Aufstieg nicht fortsetzen. Sie weisen auf die rasche Wetterverschlechterung hin und auf die vorgerückte Stunde. Wir hatten darauf bisher gar nicht geachtet. Doch jetzt

kommen auch uns beträchtliche Bedenken. Die Gipfel um uns haben bereits schwere Wolkenhauben aufgesetzt. Die ganze Lage deutet auf einen Wettersturz hin. Wir wollen das Schicksal nicht herausfordern. Wir wissen, was es heißt, in dieser Wand zum Rückzug gezwungen zu sein. So entscheiden wir uns freiwillig, wenn auch schweren Herzens, zur Umkehr. Daß wir uns damit für heuer der letzten Chance begeben, wissen wir. Doch Vernunft gilt hier mehr als blindes Draufgängertum.

Bald sitzen wir wieder in der Leschauxhütte beim vertrauten Surren des Benzinkochers. In der folgenden Nacht bricht ein fürchterliches Unwetter los. Der Sturm tobt und heult, er rüttelt an den Holzwänden der Hütte, schlägt die Fensterläden auf und zu. Wir sind heilfroh, rechtzeitig umgekehrt und geborgen zu sein.

Die Eiger-Nordwand: Buhls alter Wunsch geht 1952 in Erfüllung.

Eiger-Nordwand, drittes Eisfeld: Gaston Rébuffat bei der gefährlichen Querung

Die Watzmann-Ostwand im Winter: Vorbereitung auf ein großes Ziel

Die Nordwand der Westlichen Zinne: 1950 eine der schwersten Dolomitentouren

ERFÜLLTE TRÄUME

Hochgewitter auf der Aiguille Noire

Die Wolken haben sich verflüchtigt, der Wind hat sich nach Osten gedreht. Sichere Anzeichen einer beginnenden Schönwetterperiode. Hoch fliegen unsere Pläne. Da schlägt in die frohe Stimmung wie eine Bombe die erschütternde Nachricht vom Tode des Kameraden Karl Zinner ein. Am Peutereygrat, in der Rinne zur Biwakschachtel an der Brèche Nord des Dames Anglaises, hat ihn eine Steinlawine in die Tiefe gerissen. Die Bergungsmannschaften sind bereits unterwegs. Wir können nichts mehr helfen, müssen warten, bis sie mit dem Verunglückten eintreffen. Ich kann es nicht fassen, daß er, mit dem ich so manche schöne Stunde verlebte, nicht mehr unter uns weilen soll. Wieder ist es mir ein Beweis der Unerbittlichkeit des Hochgebirges. So schön die Berge sich auch zeigen, so gefährlich sind sie doch. Auch für den Besten. Ein Polizeiauto überführt Zinner in die Heimat.

Trotz dieses tragischen Unglücksfalls wollen wir unsere Unternehmung nicht abbrechen. Es bleibt der Befehl des Berges. Die zwingende Sehnsucht: Empor! An einem Mittag steigen Martin und ich bei brütender Hitze zur Noirehütte auf. Diesmal wollen wir dem »Monarchen« selbst auf den Pelz rücken. Über seinen längsten und berühmtesten Grat, den klassischen Peutereygrat. Es soll aber nicht der übliche verkürzte Weg von der Biwakschachtel aus sein, sondern der Gesamtgrat mit der Aiguille Noire als Einlage. Und zwar als besondere Fleißaufgabe dazu noch über deren Südgrat; eine Kombination, die bisher noch nicht durchgeführt wurde.

Vom Val Veni zieht ein steiler Schrofengürtel, von einem Wasserfall überspült, zur Höhe, den Zugang in den Fauteuil des Allemands sperrend.

»Ein schöner Hüttenanstieg«, sage ich ironisch zu Martin.

»Bei uns in den Ostalpen wäre das schon eine leichtere Klettertour!«

Bald weisen nur mehr Markierungen den Weg. Von einem roten Farbtupfen zum anderen turnen wir über steile Platten etwa 400 Meter an, bis sich der Blick wieder weitet und ein Hochkar sich vor uns öffnet. Ganz rechts an den Felsen geklebt, entdecken wir ein kleines Hüttlein: die Noirehütte.

Die Nacht bringt keine Kühle. In der Schwüle wälze ich mich auf dem Lager von einer Seite zur anderen. Erst gegen Mitternacht versinke ich ins Traumland. Zwei Stunden später schrillt bereits der Wekker. Kurz darauf treten wir vor die Hütte. Lau streicht der Wind durch das Hochkar, kein gutes Zeichen. Bei Mondschein stolpern wir zum Südgrat hinüber. Noch im Zwielicht legen wir Hand an den Fels, kommen rasch vorwärts und stehen bald in der Scharte hinter dem ersten Turm, dem Pic Gamba. Als glühender Feuerball steigt jetzt die Sonne über dem Val d'Aosta auf. Der Himmel ist leicht überzogen, und das sichere Wetter der letzten Tage scheint wieder ein Ende zu nehmen. In fünf Türmen schwingt sich der Südgrat nun steil zum Vorgipfel auf, der durch eine Scharte vom Hauptgipfel (3773 Meter hoch) getrennt ist. Mit einer relativen Höhe von 1100 Metern und einer Gesamtlänge von 2000 Metern besitzt dieser Grat in den nördlichen Kalkalpen kein Gegenstück. Der zweite Turm setzt mit einem sehr steilen Aufschwung an. Knapp unterhalb der beiden »Gendarmen«, zweier Felszacken, die zusammen den Gipfel des Turmes bilden, wird unserem stürmischen Vorwärtsdrängen Einhalt geboten. Eine überhängende, 20 Meter hohe Wandstufe zwingt uns, das Seil aus dem Rucksack zu nehmen und unter Sicherung weiterzugehen. Erst der dritte Turm, Pointe Welzenbach genannt, gestattet uns, wieder gleichzeitig zu gehen. Da es erst neun Uhr früh ist, können wir uns leicht eine Rast gönnen und das zweite Frühstück einnehmen.

»Unser Tempo ist nicht schlecht. Wenn wir so weitermachen, kommen wir leicht noch bis zum Abend zur Biwakschachtel an der Brèche Nord«, sage ich zu Martin. Noch bin ich optimistisch.

Wenn ab und zu die Sonne durch Gewölk dringt, brennt sie unerbittlich auf uns nieder. Es ist ungewöhnlich schwül. Nach zwei Abseilstellen in eine Scharte bäumt sich der Grat wesentlich steiler auf. Die Kletterei wird extremer und verlangt eine exakte Seilbedienung. Der Granit ist aber wunderbar fest. Jeder Griff hält. Einfach großartig dieses Höherklimmen. Über Blöcke, die sich wie aufeinandergestapelt emportürmen, steigen wir wie auf einer gewaltigen Treppe höher. Alles ist zuverlässig. Hier und da begegnen wir einzelnen Haken; uns scheinen sie überflüssig zu sein. Nur die schweren Rucksäcke sind lästige Peiniger. Schließlich führen wir ja noch eine komplette einwandfreie Eisausrüstung mit uns. Wir werden sie noch brauchen.

Um die Mittagszeit ballen sich überall schwere Gewitterwolken zusammen. Aus der Tiefe steigen Nebelfetzen herauf, huschen über den Grat und hüllen uns bald in eintöniges Grau. Drüben über den Jorasses tobt bereits das Unwetter. Was sollen wir nun tun? Wir überlegen – abwarten oder weitersteigen?

Ich bin dafür, möglichst rasch zum Gipfel vorzustoßen. Wir gehen also weiter. Bald fallen schwere Tropfen, mit Hagel vermischt. Aber es dauert nicht lange, bald lichten sich schon wieder die Nebel. Der Himmel aber ist noch drohender und schwärzer als zuvor. Will uns das Wetter narren? Wir hoffen doch noch, vor Ausbruch des Gewitters den Gipfel zu erreichen. Wir hoffen vergeblich.

Noch vor dem Vorgipfel bricht nun mit aller Gewalt das Unwetter über uns herein. Der Himmel öffnet seine Schleusen und überschüttet uns mit Hagel und Regenschauern. Schneeflocken mischen sich dazwischen. Ein heftiger Sturm kommt auf, der uns fast den Atem nimmt. Wir überschreiten den Vorgipfel, seilen uns in eine Scharte ab und hasten den Grat gegen den Hauptgipfel empor. Wir sind nun inmitten des schönsten Schneesturmes. Ganze Wände feinster Schnee- und Eiskristalle jagt der Sturm waagrecht über den Grat her, peitscht sie uns ins Gesicht. Der Orkan orgelt in den Felsen, heult in den Flanken. Im dichten Gestöber können wir kaum weiter als 10 bis 15 Meter sehen. Endlos lang erscheint uns der letzte Gipfelaufschwung. Da taucht rechts drüben die Silhouette eines Grates auf, der Ostgrat. Wir können nicht mehr weit vom Gipfel der Noire entfernt sein! Turmartig verläuft das letzte Stück zur Spitze, wo sich Ost- und Südgrat treffen.

Da – was ist das? Mein Freund schaut mich verwundert an. Ein feines Surren erfüllt die Luft. Unheimlich hört es sich an. Ich kenne dieses heimtückische Geräusch bereits. Es ist die mit Elektrizität geladene Atmosphäre. Es sind die Vorboten des Blitzes. Höchste Spannung ist um uns. Da gibt es kein Verweilen mehr. Weg vom Grat, nur hinunter, heißt die Parole! Wir müssen auf den Weiterweg verzichten. Im selben Moment blendet uns bereits ein greller Schein. Ein Schlag trifft uns. Er hebt uns beinahe aus dem Stand. Ein heißer Lufthauch springt uns an. Halb blind und benommen stehen wir da und taub vom Getöse des nachfolgenden Donnerschlages. Schon fährt wieder der nächste Blitz hernieder. Schlag folgt auf Schlag. Ein ohrenbetäubender Lärm, wie in einem Hexenkessel, bricht über uns herein. Der Sturm heult dazu, der Hagel und die niederstürzenden Wassermassen rauschen wie eine Flutwelle. Blitz auf Blitz und Donnerschlag auf Donnerschlag. Wir stecken in der Hölle eines Hochgewitters. Wir jagen wie ein gehetztes Wild über das oberste Stück des Grates hinunter, um so wenigstens der unmittelbaren Gefahrenzone zu entrinnen. Ganze Wogen von spitzen Eiskristallen schleudert uns der Gewittersturm ins Gesicht. Wir können die Augen kaum mehr aufhalten, so schmerzt die Haut. Der Fels ist im Nu mit einer gefährlichen Eisschicht überzogen. Immer wieder zwingen uns steile Abbrüche aus der etwas geschützteren Südflanke hinaus auf den Grat. Hier aber ist dieses unheimliche Surren unser ständiger Begleiter.

Allmählich zieht das Gewitter ab. Aber der Sturm bleibt. Wenn sich zuweilen die Nebel lichten, wird uns erst bewußt, was noch vor uns liegt. Der Weg will kein Ende nehmen, und die Zeit verrinnt wie im Flug. Langsam beginnt es schon zu dämmern, es wird ein Wettlauf mit der Nacht. In diesem durchnäßten Zustand können wir unmöglich biwakieren. Immer, wenn wir glauben, nun in leichteres Gelände zu kommen, tut sich nach einer kurzen Verflachung neuerlich ein Steilabbruch auf. An Täuschungen muß man sich in den Westalpen gewöhnen.

Am Rauschen der Wasserfälle merken wir, daß uns noch immer eine Steilstufe vom Kar trennt. Wir laufen jetzt, jeder seinen eigenen Weg suchend, hinab, bis uns unübersichtliche Schluchten Halt gebieten. Bloß nicht durch so einen Schlund ins Ungewisse abseilen! Für solche Experimente habe ich schon genügend Lehrgeld bezahlt! Eine Rinne nach der anderen suchen wir nach einem Ausweg ab, stets ohne Erfolg. Sollte ein Biwak doch unvermeidlich sein? Mir graut bei dem Gedanken.

Noch immer irren wir im Dunkel herum. Wie durch ein Wunder gelange ich zu einer Abseilschlinge. Hier muß der richtige Abstieg sein. Mehrmaliges Abseilen, teils durch Wasserfälle. Uns ist das gleichgültig. Durchnäßt sind wir sowieso bis auf die Haut. Dann endlich erreichen wir das Kar.

17 Stunden nach dem Verlassen der Noirehütte betreten wir wieder das schützende Asyl. Wir sind allein. Und während draußen der Sturm weitertobt, versinken wir in den verdienten tiefen Schlaf.

Im Sturm auf den Monarchen

Ruhetag – es klingt nach schlafen, faulenzen. Aber man hat doch den ganzen Tag über zu tun. Die Ausrüstung muß wieder instandgesetzt werden. Was naß ist, wird getrocknet, und die Schuhe bedürfen einer besonders gründlichen Pflege. An meinen Schuhen allerdings kann selbst die beste Pflege nichts mehr retten – wie hungrige Mäuler wirken die Löcher in den Sohlen. Da pflegt man lieber sich selbst, nimmt in einem stillen Wässerlein ein erfrischendes Bad und rasiert sich seit langem wieder einmal. Auch das Studium von Routenbeschreibungen und Anstiegsblättern gehört in das Programm eines Ruhetages. Aber am meisten beschäftigt man sich mit dem Schmieden neuer Pläne und, was das Wichtigste ist, mit Kochen, Essen und Trinken. Wenn dann noch etwas Zeit bleibt, kommt auch ein Schläfchen zu seinem Recht.

In jeder Hinsicht erholt, steigen wir wiederum an.

Teils auf Moränen, teils über den Gletscher und zuletzt über einen endlos langen Felsrücken erreichen wir nach Stunden die Biwakschachtel am Brenvagletscher, unser heutiges Nachtquartier. Beinahe wären wir dran vorbeigelaufen. Dieses Wellblechgehäuse sticht kaum vom Grau des Gerölls ab.

Unsere ohnedies kurze Nachtruhe wird noch dadurch gestört, daß andauernd einer von uns beiden auf die Uhr blickt, in der Sorge, wir könnten die Zeit verschlafen. Um ein Uhr nachts schaue ich durchs Fenster. Draußen wogt Nebel. Doch ganz schlecht kann es nicht sein, denn hie und da blinkt ein Stern verstohlen durch ein Nebelloch. Der Himmel ist also wolkenlos. Und was den Nebel betrifft: vielleicht ist es nur ein Hochnebel, der rasch wieder vergeht?

Eine Stunde später verlassen wir unseren Unterschlupf und steigen zum Brenvagletscher ab. Da es ohnehin keinen besonderen Weg darüber hinweg gibt, tauchen wir an erster bester Stelle in das tolle Spaltengewirr. Riesige Eisschluchten tun sich auf. Dort wieder ein besonders verwegener Geselle von Eisturm! Wie eine betrunkene Gesellschaft stehen die Eistürme herum, jeden Moment im Begriff, umzukippen. Sie scheinen das Gesetz der Schwerkraft nicht zu kennen. Eistrümmer von der Größe eines Wohnzimmers versperren den Weg. Vor noch nicht zu langer Zeit waren es vielleicht noch stolze, haushohe Gebilde. Überall kracht es verdächtig. Es rumpelt und knackst im Grunde des Gletschers. Wasser tropft ständig von den Seracs. Man spürt: das ist keine tote Materie, hier ist Leben, gefährliches Leben!

Bald sind wir am Grunde der Eisschluchten, wo man kaum mehr etwas vom Himmel sieht. Dann bewegen wir uns wieder auf schwindelerregenden, schmalen Eisgraten, zu beiden Seiten gähnende schwarze Schlünde. Wie ein Seiltänzer balanciert man über höchst zerbrechliche Gebilde. Rein gefühlsmäßig geht man seinen Weg.

Nach vielen Irrwegen – erst nach vier Stunden – erreichen wir das jenseitige Ufer des Brenvagletschers.

Inzwischen ist es heller Tag geworden, und nun sehen wir auch über uns die Eiswand, den Hängegletscher, über den wir zur Spitze der Aiguille Blanche vordringen wollen. Wir haben uns heute einen großen Weg gewählt. Die Nordwand der Aiguille Blanche, die erst einmal durchstiegen wurde, soll uns auf den Peutereygrat bringen, über diesen wollen wir dann zum Gipfel des Mont Blanc gelangen.

Es sind uns nun zunächst zwei Möglichkeiten geboten: entweder links über die Flanke an dem Eiswulst vorbei, der die Wand in halber Höhe durchzieht, oder direkt unter dem Eiswulst einen Hängegletscher hinauf. Der zweite Anstieg hat den Vorteil, daß wir bei Eis- oder Steinschlag gut gedeckt sind, während es in der gleichförmigen Eisflanke keinen Schutz gegen die objektiven Gefahren gibt. Außerdem dürfte der Anstieg über den Hängegletscher auch abwechslungsreicher und weniger anstrengend sein. Wir entschließen uns also dafür.

Martin hat noch nicht das rechte Vertrauen zum Eis gefunden. Aber er folgt mir tapfer nach. Bald auf Schnee, bald auf Blankeis, wie es sich gerade ergibt, steigen wir steil nach oben. Wie ein Damoklesschwert hängt der Eisbalkon über unseren Köpfen. Aber der entzieht sich bald unseren Blicken, hüllt sich in Nebel ein. Rechts von uns in sicherer Entfernung fegen in ununterbrochener Folge Steinlawinen vom Col de Peuterey herab. Erst nach 800 Metern Fall kommen sie im Eis des Brenvagletschers zur Ruhe. Eine schwarze Sekundärrinne zeichnet ihren gefährlichen Weg.

Nach ungefähr 300 Metern stoßen wir auf Fels. Es ist der Sporn, der vom Eiswulst herabzieht. Wir halten uns jetzt nach links und steigen über die äußerst steile, zum Teil senkrechte Eiswand der Oberlippe eines Bergschrundes an. Feuchter Neuschnee liegt hier auf blankem Eis und erfordert größte Vorsicht. Der Schnee ballt sich dauernd unter unseren Steigeisen zusammen. Jede Seillänge muß hier mit Eishaken gesichert werden.

Aus der Flanke tritt bald ein immer schärfer werdender Eisgrat hervor, der gegen den Wulst hinaufzieht. Dieses Prachtstück von einem Eiswulst erweist sich, aus der Nähe betrachtet, an seiner rechten Seite ungefähr 100 Meter hoch und durchwegs überhängend. Hier brauchen wir gar nicht erst zu probieren. Links dagegen sieht die Sache schon etwas einladender aus, aber ein reines Vergnügen wird es auch nicht gerade sein. Eine kleine Einbuchtung, von einer 20 Meter hohen senkrechten Eiswand gesperrt, bietet die einzige Möglichkeit für ein Durchkommen.

An steiler Rampe quere ich zu dieser Einbuchtung hinüber. Ein feiner Spalt nimmt mich auf.

»Auf den habe ich gerade gewartet«, grinse ich zu Martin und verschwinde im Eise wie eine Maus in ihrem Loch.

Unangenehm rinnt das Schmelzwasser herab und nimmt seinen

Lauf direkt über mich hinweg. Aber als Sicherungsplatz ist dieser Spalt ideal. Den nimmt nun Martin ein, während ich mein Glück in der senkrechten Eiswand über mir versuche.

Das Eis ist sehr morsch. Unsere etwas zu kurzen Eishaken rutschen hinein wie in Butter, aber ebenso leicht auch wieder heraus. So versuche ich es auf andere Art. In der einen Hand den Dorn des Pickels, in der anderen einen Eishaken, sorgfältig auf das Gleichgewicht achtend, schwindle ich mich Stück um Stück höher. Das geht eine Weile ganz gut, aber dann geben meine beiden Haltepunkte plötzlich nach – der Körper löst sich von der Wand, und ich lande einige Meter unter dem Kameraden im Seil.

Aufgeben? – Nein! Wegen dieses Schrecks wollen wir uns nicht ins Bockshorn jagen lassen.

Ich versuche es von neuem, diesmal noch vorsichtiger. Zentimeterweise schiebe ich mich höher. Ich wage kaum zu atmen. Ich spüre schon, wie der Körper der Schwerkraft folgen will. Um die beiden Haltepunkte nicht allzusehr zu belasten, darf ich sie nur in Brusthöhe verwenden. Mit den Steigeisen trippele ich vorsichtig nach. Ich wage kaum mehr einen Schritt zu tun. Die nächste Bewegung kann mich schon wieder aus dem Gleichgewicht werfen. Angst will aufkommen, doch ich reiße mich zusammen, überwinde dieses beklemmende Gefühl.

Nach 20 Metern nimmt die Steilheit etwas ab. Ich kann mich wieder getrost auf die Beine verlassen. Die Beschaffenheit des Eises ist auch besser geworden, und der Haken beißt sich darin fest, daß es eine Freude ist.

Ein 50 Meter hoher, nochmals sehr steiler und mit tiefem Naßschnee bedeckter Eishang führt in flacheres Gelände. Beim Zurückblicken überkommt mich unwillkürlich der Gedanke, was passiert wäre, wenn der ganze Hang als Lawine abgerutscht wäre. Wo würden wir da jetzt liegen? Es läuft mir kalt über den Rücken.

Der Eiswulst erscheint von oben wie eine riesige Skisprungschanze, die ins Bodenlose führt. Die Wand darunter, über die wir uns heraufgekämpft haben, ist den Blicken entzogen.

Der Weg zum Gipfel ist nun frei. Eine 55 bis 60 Grad geneigte Eisflanke trennt uns noch vom Grat. Aber das Eis ist gut, so daß wir mit den Zwölfzackern rasch vorankommen, ohne Stufen schlagen zu müssen. Wir sind dem Gipfel schon merklich näher gerückt, mein Freund schätzt die Entfernung auf drei bis vier Seillängen. Doch ich kenne diese Art Schätzungen und multipliziere mit vier, um der richtigen Lösung nahe zu kommen. Und ich habe recht! Um die Mittagszeit, es ist genau 12.30 Uhr, betreten wir den höchsten Punkt der Aiguille Blanche. Unser erster Viertausender! Eine 1100 Meter hohe, schwere Eiswand liegt hinter uns. Aber die richtige Freude kann noch nicht aufkommen, denn das Ziel ist noch fern.

Großartig, unser Aussichtspunkt.

Nach kurzer Rast überschreiten wir die beiden anderen Gipfel der Aiguille Blanche und steigen eine sehr brüchige Flanke zum 200 Meter tiefer gelegenen Col de Peuterey ab. Wir überqueren den Col, stürmen im Laufschritt das steile Schneefeld zum Beginn der Felsen hinan, wo wir im Schutze einer steilen Wand etwas verschnaufen können. Es gelingt uns, der Steinschlagzone auszuweichen. Über steile Felsen steigen wir zum »Eckpfeiler« (4243 Meter) an, von wo sich der Grat anfangs in mehreren Steilstufen als feingeschwungene Linie, später sich in eine steilere Firnwand verlierend, noch 500 Meter zum Gipfel des Mont Blanc de Courmayeur (4770 Meter) aufschwingt.

Der Nebel steigt höher, quillt aus den Tälern herauf und nimmt uns bald jede weitere Sicht. Obwohl man spürt, daß die Luft hier oben bereits merklich dünner ist, können wir unser bisheriges Tempo doch beibehalten. Wir freuen uns über unsere gute Verfassung, wir können sie auch gut gebrauchen. Endlos erscheint der folgende lange Eisgrat. Immer wieder taucht ein neuer Aufschwung aus dem Nebel auf. Mechanisch beschreiten wir den Weg, der aus dem eintönigen Grau kommt und sich im eintönigen Grau verliert. Bei schönem Wetter mag hier ein wunderbares Höhersteigen sein, ein Gehen wie auf der Himmelsleiter. Aber wir können die Tiefe zu beiden Seiten nur ahnen. Von Zeit zu Zeit werfe ich einen Blick auf den Höhenmesser. Enttäuscht stecke ich ihn stets wieder ein. Er zeigt nie das an, was man sich erhofft.

Der Grat geht allmählich in eine geschlossene Wandflucht über, die nun rasch an Steilheit zunimmt. Wir gehen alles noch seilfrei. Das Gelände erlaubt es, und wir kommen so rascher vorwärts. Harter Firn wird durch blankes Eis abgelöst. Die Waden schmerzen uns schon von dem ständigen Höhersteigen auf den vorderen Zacken der Steigeisen. Seit dem Betreten des Brenvagletschers haben wir die Steigeisen nicht mehr abgenommen. Immer häufiger müssen wir jetzt kurze Rastpausen einlegen. Wir schätzen die Neigung auf 50 Grad, wie die Pallavicinirinne am Großglockner also. Der Nebel gewährt uns kaum mehr als 20 Meter Sicht. Es wird verdächtig düster. Will es vielleicht schon wieder Nacht werden? Wo bloß die Zeit bleibt! Aber ein Blick auf die Uhr zeigt erst die vierte Nachmittagsstunde an. Da kann irgend etwas nicht stimmen. Ist die Uhr etwa höhenkrank? Oder braut sich etwas hinter dem Nebel zusammen?

Wir erfahren es bald.

Schlagartig bricht ein Unwetter über uns herein. Hagelschauer überschütten uns. Unsere Umgebung wird lebendig. Es ist, als ob der Boden unter unseren Füßen wegliefe. Eine rauschende Masse bewegt sich um uns, rinnt nach unten. Kleine Lawinen von Hagel und Schnee verschwinden im Nebel. Nur gut, daß wir schon so hoch oben sind! Da haben die herabstürzenden Massen noch nicht die Kraft, uns aus dem Stand zu reißen. Unbeirrbar setzen wir durch den Aufruhr unseren Weg fort.

»Hauptsache, daß es nicht ärger kommt! Weit können wir es nicht mehr zum Grat hinauf haben!« sage ich tröstend zu Martin.

Kurz darauf taucht plötzlich über uns im Nebel ein Schatten auf, gespenstisch, ins Riesenhafte verzerrt vom Nebel. Sollte es die Gipfelwächte sein? Wir können es kaum glauben, zweifeln. Der Schatten kommt rasch näher. Eine riesige Schneewand baut sich vor uns auf. Das letzte Bollwerk. Wir finden seine schwache Stelle, können es überwinden. Der Wind heult in den Lüften. Ich hebe den Kopf über die Wächte. Fauchend springt mir eisiger Sturm entgegen. Die nassen Kleider gefrieren sofort zu starren Eispanzern. Nur gut, daß ich mich schon vorher über den Weg zum Hauptgipfel hinüber genauestens erkundigt habe. Ohne diese Kenntnis wäre er in solchem Nebel wohl kaum zu finden.

Völlig unvermittelt stehen wir vor etwas Dünnem, Langem. Wir können es noch nicht erkennen, schätzen seine Entfernung auf 20

Meter. Aber schon beim ersten Schritt darauf zu stoßen wir fast mit der Nase daran. Es ist eine Stange, das Gipfelzeichen. Der höchste Punkt der Alpen ist erreicht.

Fest drücken wir uns die Hände. Aber es bleibt keine Zeit, uns dem Überschwang der Gefühle hinzugeben. Wir müssen weiter, unter ein schützendes Dach. Schnell die Karte und den Kompaß heraus. Der Höhenmesser wird nachgestellt: 4810 Meter. Der Sturm reißt uns die Karte fast aus den Händen. Sobald die neue Richtung festgestellt ist, steigen wir ab, über einen Schneerücken hinunter in Richtung Vallothütte. So schnell es die Sicht erlaubt, laufen und springen wir den harmlosen Grat abwärts, dabei kommt endlich wieder etwas Wärme in unsere erstarrten Glieder. Plötzlich bleiben wir wie gebannt stehen. Ein wunderbares Bild hat sich vor uns aufgetan. Der Nebel hat sich gelichtet, frei fällt der Blick auf eine tief unter uns liegende liebliche Hügellandschaft. Weit draußen die Talfurche des Aostatales, in leichten Dunst gehüllt. Darüber segeln in wunderbarem Farbenspiel die Wolkenfetzen eines abziehenden Gewitters. Ein großartiges Naturschauspiel – nur für wenige Minuten. Dann schließt sich der Vorhang wieder, und nur mehr Sturm und Nebel sind um uns.

Wir stoßen direkt auf die Hütte. Sie war nicht zu verfehlen, denn sie steht unmittelbar auf dem Kamm des Bossonsgrates. Es ist halb sieben Uhr abends. So wie wir sind, angeseilt, mit den Steigeisen an den Füßen, flüchten wir uns vor dem Sturm ins Innere dieser aus Leichtmetall gebauten Behausung. Sie ist bereits gesteckt voll von Menschen. Wir haben uns auf eine warme Unterkunft gefreut, doch von Gemütlichkeit ist keine Rede. Nicht ein Stück Holz ist vorhanden. Überall zieht es herein. Der Boden ist kalt und naß, und man kann sich nicht einmal die Schuhe ausziehen. Wir setzen unseren Kocher in Betrieb, schmelzen Schnee und tauen die vereiste Kleidung auf. Während der Zeit, die uns bis zur Nachtruhe bleibt, beschäftigen wir uns ausschließlich mit unseren Füßen. Sie sind seit Stunden bereits gefühllos. Nun reiben und massieren wir sie, um wieder Leben hineinzubringen. Auf engstem Raum hocken wir mit den vielen Leidensgenossen zusammengedrängt. Vom Schlafengehen erhoffen wir uns keine Erleichterung. Die harten Eisenstäbe der Bettgestelle drükken auf die Knochen, und zum Zudecken bleibt uns nur die dünne

Batisthaut des Zdarskysackes. Diese Nacht unterscheidet sich kaum von einem Biwak im Freien.

Endlich dämmert der neue Tag. Die Temperatur in der Hütte ist unter den Nullpunkt gesunken. In den Kochgeschirren ist das Wasser gefroren. Umständlich und unter Aufbietung der ganzen Willenskraft gelingt es uns schließlich, die nassen, kalten Kleider wieder an den Körper zu bekommen. Nur meine hartgefrorenen Schuhe verweigern den Dienst. Ich muß sie erst einige Zeit mit dem Kletterhammer weichklopfen.

Ein wunderbarer Tag ist angebrochen. Wie die Brandung einer aufgepeitschten See streichen die Ränder eines Wolkenmeeres um die Flanken des »Weißen Berges«. Beißende Kälte herrscht draußen. Minus 20 Grad! Ganze Wolken feinen Schneestaubes jagt der Wind über die Gipfelflächen. Heute können wir alles nachholen, was uns das Wetter gestern schuldig geblieben ist. Schauen, staunen, bewundern…

Marmolata-Südwestwand – im Winter

Ich konnte den himmelstürmenden Pfeiler der Grandes Jorasses nicht vergessen. Unauslöschlich hatte sich sein Anblick in Herz und Hirn geprägt. Ich dachte daran, träumte davon, meine Phantasie entzündete sich. Aber es lag mir nicht, von einer Sache, nach der ich mich sehnte, nur zu schwärmen. Am Ende mußte die Tat stehen. Und zwischen Wunsch und Tat – die Vorbereitung.

Ich habe Vorbereitungen immer ernst genommen. Vielleicht hatte ich das Glück, mir alle Gefahren und Schwierigkeiten so vorstellen zu können, daß ich Berge und Bergfahrten ziemlich richtig einschätzte. Jedenfalls wollte ich nicht zu den Bergsteigern gehören, die einen Berg unterschätzten und dann im entscheidenden Augenblick versagten. Dieses Versagen liegt nur an der mangelnden Vorbereitung. Zuerst müssen wir uns selbst genau kennen, müssen wissen, zumindest ahnen, wo unsere Grenzen liegen. Dann müssen wir schauen, ob sich unsere Leistungsfähigkeit mit Schwierigkeit und Gefahr der geplanten Bergfahrt in Einklang bringen läßt. Man muß den Berg immer ernst nehmen.

Und ich nahm auch den Plan, den Nordpfeiler zur Pointe Walker der Grandes Jorasses zu besteigen, sehr ernst. Noch waren Monate bis dahin, die zum Training, zur Vorbereitung genützt werden mußten.

Noch ist Winter. Wir schreiben Anfang 1950. In Kuno Rainer fand ich den idealen Gefährten. Der große Schweiger und besonnene Mann vereinigte in sich alle Tugenden, die den erstklassigen Bergsteiger auszeichnen: Mut, absolute Verläßlichkeit und vollendete Meisterschaft in Fels und Eis. Kuno gehörte nicht zu jenen, die entsetzt ablehnen, wenn man mit einem Vorschlag an sie herantritt, der den Mittelmäßigen als Wahnwitz erscheint.

Ich machte Kuno den Vorschlag: Marmolata-Südwest.

Kuno, der Bedächtige, der die Sturm- und Drangjahre schon hinter sich hatte, der niemals Leichtsinnige – schüttelte nicht den Kopf. Er überlegte kurz, dann schlug er ein. Das war schon der halbe Sieg.

19. März. Drei Uhr früh. Der Wecker rasselt. Ein Blick aus dem Fenster. Alles überzogen. Doch wir richten uns trotzdem her. Diesmal haben wir die Ausrüstung stark reduziert, um rascher vorwärtszukommen. Nur ein Wandrucksack wird mitgenommen, weniger Schlosserei, nur ein Biwaksack, keine Reservekleidung und nur für zwei Tage Proviant. Also wirklich nur das Notwendigste. Wird es für einen Fall der Not genügen? Wir müssen in zwei Tagen durchkommen, andernfalls gibt es nichts anderes als schleunigst zurück.

Um sechs Uhr stehen wir am Einstieg. Der Himmel ist drohend schwarz, im Tale brodelt ein Wolkenmeer. Civetta und Pala sind ganz verschleiert. Blutrot geht die Sonne auf. Schwer lastet die Witterung auf unseren Gemütern, eine richtige Föhnstimmung. Eisig haucht uns der Westwind an. Es ist der bisher kälteste Tag. Alle verfügbaren Kleidungsstücke, zwei Hemden, zwei Pullover und der Anorak, werden angezogen. Wir können uns vor Dicke kaum richtig bewegen, trotzdem schüttelt uns die Kälte noch immer. Und dabei die Handschuhe ausziehen und den kalten Fels anpacken! Doch es muß gehen!

Es ist erst sieben Uhr. Aber wir müssen so früh schon mit der Kletterei beginnen, wenn wir an einem Tag bis zum Beginn der Schlucht, dem einzigen Biwakplatz oberhalb der zweiten Terrasse, gelangen wollen.

Um die Mittagszeit schon ist die Terrasse erreicht. Das Wetter hat sich zwar nicht gebessert, doch von einem Rückzug will keiner mehr etwas wissen. Wir trotzen dem Wetter.

Ich nehme wieder die Verschneidung in Angriff, die erste Seillänge liegt bald hinter mir. Wieder schrumpft die Welt auf wenige Meter, auf Tritte und Griffe zusammen. Nichts interessiert uns sonst. Alles in uns ist auf die Kletterei konzentriert. Wir stehen auf kleinstem Raum und schauen nach oben, wo gelbe Dächer und gewaltige Überhänge die Welt abzuschließen scheinen. Wenn die Wand auf den Kopf gestellt wäre, könnte man wahrscheinlich ohne Hilfe der Hände hinaufspazieren wie über eine gewaltige Treppe.

Ein enger, glatter, überhängender Kamin führt 20 Meter nach oben und wird von einem weit ausladenden Dach abgeschlossen. Ich werde immer weiter nach außen gedrängt, um schließlich an der äußersten Kante des Kamins höherzuspreizen. Im Dach steckt ein Haken. Ein zweiter wird dazugeschlagen. Sicher ist sicher.

»Zug!« Vorsichtig schiebe ich mich unter den Überhang hinaus, ein Spiel mit dem Gleichgewicht. Ich strecke mich, taste darüber, während der Körper fast waagrecht nach rückwärts hängt, spüre einen Griff. Die zweite Hand langt nach. Wunderbar ist die Kletterei. Ich empfinde kein Grauen, nur maßlose Freude. Ich bin in glänzender Form. So überwinde ich diese Stellen, die als unersteigbar ohne künstliche Hilfsmittel erklärt wurden, ohne Zuhilfenahme von Steigbügeln in freier Kletterei. Die Wand unter mir ist nun vollends meinen Blicken entschwunden. Wer hier stürzt, würde nicht einmal den Fels streifen, sondern im freien Fall, viele Meter von der Wand entfernt, ins Kar fallen. Hunderte Meter tief. Wenn etwas wirklich als überhängend und ausgesetzt bezeichnet werden kann – die Marmolata-Südwestwand ist es ohne Frage. Das Seil taucht gleich nach den ersten Metern in den Dächern der Verschneidung unter.

Inzwischen hat es zu schneien begonnen, doch im Schutze der Riesendächer dieser Wand trifft uns der Flockenwirbel nicht. Nebel steigt vom Ombrettapaß herauf und hüllt uns in eintöniges Grau.

Die folgenden Seillängen sind einander ziemlich ähnlich. Überhängend, glatt, großartig. So erreichen wir den Beginn der Querung. Die Platte rechts von uns ist etwas geneigt und vollkommen ungegliedert. Den Ausgang der Gipfelschlucht können wir bereits sehen. Schräg rechts ansteigend, meistens nur mit Reibung der Profilgummisohle, die sich hier glänzend bewährt, erreiche ich eine kleine Plattform. Ein schmaler Riß schwingt sich auf. Der Arm hat gerade Platz darin. Ohne Hakensicherung muß ich noch weitere 20 Meter unter einen wulstartigen Überhang hinauf.

Das Wetter macht uns Sorge. Es ist schlecht, wird immer schlechter. In zwei Tagen beginnt laut Kalender der Frühling. Für die Menschen im Tal. Hier herrscht noch ungebrochen der Winter in grimmiger Majestät. Wir sind mitten in der Wand, die schon im Sommer, bei schönem Wetter, als schwerste der Dolomiten gilt. Wir müssen eilen. Hier eilen? Hier gibt es kein Hasten.

Inzwischen hat sich der Schnee schon am Fels angelegt und bedeckt Griffe und Tritte. Eine kurze waagerechte Querung führt mich zu einem Abseilhaken. 15 Meter tiefer erreiche ich wieder kletterbares Gelände. Eine Rampe zieht hier von links nach rechts oben. Eine überhängende glatte Verschneidung bildet das letzte Bollwerk vor dem Biwakplatz. Die Zeit drängt. So schnell ich kann, steige ich an dem schwierigen Fels höher und erreiche einen geräumigen Platz. Doch der eigentliche Biwakplatz unter der geschützten Nische befindet sich noch zwei Seillängen weiter rechts.

Um sechs Uhr abends stehen wir unmittelbar unter der Gipfelschlucht.

Aus ihr ergießen sich ständig kleine Neuschneerutscher über unsere Köpfe. Die Wetterlage ist sehr ernst. Wollen wir nicht zu Gefangenen dieser Wand werden, so müssen wir heute noch die Seillänge bis zum Ansatz der Schlucht, die schwerste der ganzen Wand, präparieren. Der Fels ist vereist. Überall liegt Schnee, die Finger sind starr, und so komme ich nur mit Hilfe einiger Haken äußerst angestrengt höher. 20 Meter überwinde ich so, ungefähr die Hälfte der Seillänge, dann zwingt mich die Dunkelheit zurück. Die Seile lasse ich hängen, bin bald wieder bei Kuno drunten, und im Scheine unserer Taschenlampe halten wir nach einem geeigneten Plätzchen Ausschau. Die übliche Biwaknische erweist sich leider als unbrauchbar. Sie ist ganz mit

Schnee und Eis ausgefüllt. Weiter unten entdecken wir eine Leiste. Aber sie ist kaum mehr als handbreit. Immerhin eine Sitzmöglichkeit, und das ist besser, als stehend die Nacht zu verbringen! Einige Haken werden geschlagen, Sitz und Steigbügel daran eingehängt. Dann stülpen wir den Biwaksack über. Bequem ist der Platz gerade nicht zu nennen. Mehr hängend als sitzend dösen wir dahin. Der Zeltsack reicht uns nur bis zu den Knien. Der aus der Schlucht herabrieselnde Pulverschnee ergießt sich in unsere Kletterschuhe. Kochen können wir in dieser Lage auch nicht, so müssen wir uns mit Kaltverpflegung begnügen. An einer Kerze wärmen wir uns ein wenig die Hände. Es schneit unaufhörlich. Unsere Lage ist mehr als trostlos. Wenn es so weitergeht, werden wir am Morgen einen halben Meter Neuschnee haben. Gibt es dann noch ein Durchkommen? An Rückzug ist gar nicht zu denken, der ist uns abgeschnitten! Die Füße sind schon längst gefühllos, die Beine eingeschlafen. Unendlich langsam verrinnt die Zeit. Endlich läßt dieses monotone Rieseln auf unseren Biwaksack nach. Um Mitternacht schauen wir durch das kleine Guckloch hinaus. Es hat aufgeklart! Wenn es nun auch empfindlich kälter wird, so ist uns das doch lieber als der Schnee. Wir sind nun wieder voller Zuversicht.

Um fünf Uhr morgens geben wir das verabredete Lichtsignal zu Karl und Hugo, die unten darauf warten. Man hat uns verstanden. Die Freunde werden mit der notwendigen Ausrüstung zum Gipfel steigen. Eine Stunde später schlüpfen wir aus dem vereisten Sack heraus. Schneidende Kälte schlägt uns entgegen. Wir brauen uns einen heißen Kakao. Langsam tauen wir wieder auf. Man spürt direkt, wie das heiße Getränk bis in die Zehen hinunter eine wohltuende Wirkung ausübt. Nun erst sehen wir, wie ausgesetzt unser Biwakplatz ist. Unmittelbar und ohne Halt bricht die Wand ab. Nur die jenseitigen Hänge des Ombrettapasses sind zu sehen.

Um sieben Uhr nehmen wir die Kletterei wieder auf. Gut, daß wir tags zuvor etwas vorgearbeitet hatten. Bei der jetzt herrschenden Kälte wäre es unmöglich, schon um diese frühe Stunde die unpräparierte Wand anzugehen. Über Nacht sind 15 Zentimeter Neuschnee gefallen. Mit den Fäustlingen an den Händen arbeite ich mich die 20 Meter am Seil hinauf. Das macht warm, ich kann nun die Kletterei von neuem fortsetzen. Klettern ist gut – was ich hier vollbringe, ist vielmehr ein verzweifeltes Raufen um Zentimeter. Der Neuschnee verwehrt jeden Halt. Aber die Zentimeter summieren sich zu Metern, zu Seillängen. Endlich bin ich am Anfang der Schlucht. Die legt sich wohl etwas zurück, ist aber furchtbar glatt. Nach 30 Metern kommt ein überhängender, stark vereister Aufschwung. Ich werde an die linke Begrenzungswand hinausgedrängt. Das Gestein ist hier äußerst glatt, nach abwärts geschichtet. Schon im Sommer eine hundertprozentige Reibungsangelegenheit. Jetzt ist alles mit einer hauchdünnen Eisglasur überzogen und von feinem Schnee bedeckt. Wo soll da auch noch das bißchen Reibung herkommen? Dieses Stück stellt die größten Anforderungen an uns.

Oft glaube ich noch zu stehen, da rutsche ich auch schon ab und lande im nächsten Haken. Hier eine größere Strecke ohne Sicherungshaken gehen zu wollen, wäre undenkbar, das wäre glatter Selbstmord – und Mord am nachsteigenden Gefährten. Aber gerade das Schlagen der Haken ist oft schwerer als die Kletterei selbst. Das Eisenzeug klebt an den Fingern, so kalt ist es.

Das Wetter hält nicht, was es am Morgen versprach. Es hat sich wieder verschlechtert. Ein wilder Flockenwirbel jagt jetzt die Schlucht herab. Aber wir geben nicht auf. Wir wollen leben. Noch eine schwere Seillänge, dann legt sich der Fels etwas zurück. Endgültig. Wir können schon auf den Grat hinaussehen, und um drei Uhr nachmittags steigen wir auf den Gipfel der Punta Penia (3342 Meter) aus. Wir wollen es kaum glauben, daß uns diese Wand entlassen hat. Ein kräftiger Händedruck. Dank der gegenseitigen Kameradschaft, die uns während des Kampfes zu einem Wesen verschmolzen hat.

Der Pfeiler der Grandes Jorasses

Ein schwüler Hochsommertag lastet über dem Tal von Chamonix. Die Sonne hat gerade ihren Kulminationspunkt erreicht, wir schreiten die Mer de Glace einwärts, Richtung Leschauxhütte. Wind streicht von den Gletschern, angenehm kühlt er unsere schweißtriefenden

Körper. Im blendenden Weiß erstrahlen die Eisriesen des Mont Blanc. Nur ganz hinten, als Abschluß des Leschauxgletschers, sticht eine schwarze, düstere Wand in den azurblauen Himmel. Ihr unterer Teil ist von den Ausläufern der Aiguille du Tacul verdeckt.

Vor zwei Tagen haben wir diese Wand vom Gipfel der Drus in ihrer ganzen Erhabenheit bewundert. Kleinmut hat uns bei ihrem Anblick beschlichen, da wir uns doch mit dem Gedanken befaßten, ihr unseren Willen aufzuzwingen. Ein Bollwerk aus Fels und Eis, wie es vielleicht in den Alpen einzig dasteht, die Nordwand der Grandes Jorasses mit ihrem himmelwärts strebenden Pfeiler. Wir waren diesmal etwas mehr vom Glück beschenkt als in den letzten beiden Jahren. Diesmal ist wieder Kuno Rainer mit mir. Auf den ersten Anhieb gelang uns die Nordwand der Drus mit der vierten Begehung des äußerst schwierigen »Allainrisses«.

Am späten Nachmittag erreichen wir die Leschauxhütte. Vor dem Schlafengehen werfen wir noch einen Blick aufs Wetter – wir sind sehr zufrieden. Dann studieren wir zum hundertsten Male die Beschreibung unseres morgigen Weges. Es ist uns jeder Schritt und Tritt geläufig.

28. Juli 1950. Um zwei Uhr nachts verschließen wir von außen die Türe der Leschauxhütte. Noch schlaftrunken stolpern wir über Geröll zur Moräne hinab, überspringen vorsichtig das grobe Blockwerk und stehen bald darauf am hier noch flachen Gletscherstrom.

Wir richten uns für den schweren Gang her. Wir sind diesmal besonders gut ausgerüstet, vor allem führen wir leichteres Wandgepäck mit als früher. Wir haben aus unseren Erfahrungen gelernt! Unter dem haushohen Bergschrund am Fuße des großen Couloirs, das zwischen Pfeiler und Petersroute herabzieht, queren wir zum Einstieg hinüber. Die Randkluft bereitet uns diesmal keine Schwierigkeiten. Nach Überwindung eines steilen Eisfeldes stehen wir am Felssporn, der vom Pfeiler herunterzieht. Auf geht's! Die Umkehrstelle vom vergangenen Jahr ist bald erreicht. Im Zickzack steigen wir über steile, sehr glatte Platten zum Fuße der 30-Meter-Verschneidung an, der ersten äußerst schwierigen Stelle der Wand.

Ich steige in den linken der beiden emporziehenden Risse, den »Rébuffat-Riß« ein. Die Sache wird wirklich ganz extrem, das merkt man schon an den ersten Metern der Verschneidung. Ein »Sechser« am Jorassespfeiler ist eben auch nicht leichter als im Kaiser oder in den Dolomiten, nur noch anstrengender. Bald verliert sich der schmale Spalt in glatten Platten. Durch eine kurze Querung an einer nach unten abgerundeten Hangelleiste erreiche ich den Parallelriß, den »Allainriß«. Schon sein Einstieg hängt stark über und ist furchtbar kraftraubend. Aber er kann uns nicht abweisen.

Wir biegen um eine Kante, haben nun etwas weniger steiles, dafür aber stark von Wassereis und Schnee überkleidetes Gelände vor uns. Zaghaft blinzelt die Sonne hinter dem Hirondellesgrat hervor und beschert uns etwas Wärme. Der Berg läßt sich nicht lumpen, aber seine Geschenke sind weniger angenehm: kleine Steinchen und Eissplitter. – Etliche Seillängen steigen wir so in kombiniertem Gelände rechts zur Pfeilerkante an. Das Wassereis, zwar schön anzusehen, besonders wenn es im Lichte erglänzt, zwingt uns zu ständigen Wegänderungen. Aber schon am frühen Vormittag erreichen wir den Biwakplatz Cassins am Fuße der 90-Meter-Verschneidung, der nächsten markanten Stelle der Wand.

Der Granit bäumt sich von neuem auf. Leicht überhängend, mit glatten Außenwänden, zieht eine ungemein wuchtige, scheinbar endlose Verschneidung über uns empor. Sie verliert sich, von einigen Überhängen gekrönt, im Blau des Äthers. Das Kletterfieber hat uns gepackt. Ich kann es kaum erwarten, bis Kuno bei mir ist. Trügerisches, kaum sichtbares Eis überdeckt den grobkörnigen Fels. Ein feiner Riß zieht im Grunde der Verschneidung hoch und ermöglicht ein Weiterkommen. Wieder auf die gewohnte Art, die Hände im Riß verkeilt, die Füße weit gespreizt, plage ich mich langsam höher. Zentimeter um Zentimeter ringe ich dieser 1000-Meter-Wand ab. Der Rucksack mit dem Eispickel behindert mich sehr in meiner Bewegungsfreiheit.

Der griff- und trittarme Granit erlaubt kein so elegantes Klettern wie der Kalkfels. Über viele Stellen hilft nur eine kräftige Ruckstemme hinweg, wobei ich mich – von der Natur mit einem bescheidenen Bizeps ausgestattet – nicht gerade leicht tue. Keuchend geht der Atem, des öfteren scharren die Gummisohlen meiner Leichtbergschuhe am flechtenüberzogenen Gestein, während die Finger jede

Unebenheit abtasten. Die Kletterei streift zuweilen die Grenze des Menschenmöglichen. Wenn ich nur erst über dem Überhang dort oben wäre!

Ein Kamin leitet zur Höhe, eine Überdachung versperrt den Weg nach oben. Wohin unser Blick auch fällt, überall haltlose Plattenwülste. Fragwürdig, grauenhaft, unmöglich schaut der Weiterweg aus. Fragend schauen wir uns an. Wir müssen die Antwort selber finden. Ich quere nach rechts. Eine steile Rampe zieht dort durch die Überhänge, aber bald versperrt wieder ein mächtiges Dach den Aufstieg. Zwei Abseilhaken weisen uns den Weg zur Tiefe. Die Reepschnur wird eingehängt. 15 Meter tiefer unter einem Überhang ist eine schmale Leiste, doch der Fels drängt den Körper zu sehr weg, als daß man sich daran halten könnte. Wieder das alte Akrobatenstück. Der Trapezakt.

Mittels Pendelschwung erreiche ich etwas rechts einen kleinen Standplatz. Unter einem schwarzen vereisten Überhang angelangt, spanne ich nun die Reepschnur in Seilgeländerart zwischen Kuno und mir. Über den glatten Fels rutscht der Freund waagerecht daran zu mir herüber. Noch einen prüfenden Blick werfen wir nach oben, doch dort ist noch kein Ende zu sehen. Nur ein Trost: das Wetter scheint zu halten. Unter uns bricht der Fels beinahe senkrecht in das Eis des großen Couloirs ab. Mit dem Abziehen der Reepschnur haben wir uns die Brücke nach unten abgerissen. Ein Rückzug ist kaum mehr möglich.

Schwach links ansteigend gelangen wir unter den zweiten Steilaufschwung des Pfeilers, die »Schwarzen Platten« – die Hauptschwierigkeiten der Wand. Einen obligaten »Weg« gibt es hier nicht. Die überall verstreuten Haken bezeugen, daß fast jede Seilschaft ihren eigenen Weg ging, doch liegen die einzelnen Routen ziemlich dicht beieinander. An diesen überhängenden Kletterstellen zieht der Rucksack mächtig nach außen. Aber wir beachten es kaum, wir haben die Welt und alle ihre Mühsal vergessen und sind einzig und allein von der Kletterei gefangen. Überhängende Risse, überdachte Hangelleisten und Miniaturstandplätze – so geht es weiter. Hunderte Meter hoch. Keinen Augenblick Entspannung gestattet uns diese Wand. Wie segensreich wirkt sich jetzt unser hartes, unbarmherziges Training aus!

Die Überwindung eines Überhanges stellt uns vor die neue Aufgabe, den nächsten zu meistern. Immer wieder. Ungezählte Male.

Nur noch wenige Meter trennen mich von einem bereits erspähten Standplatz. Da läßt sich plötzlich das Seil nicht mehr nachziehen. Ich muß ein langes, schwer erkämpftes Stück wieder zurück, löse das Seil aus dem Riß, in dem es sich verklemmt hatte, und steige aufs neue empor. Aber schon wieder stockt das Seil. Ich verliere beinahe die Geduld, aber was hilft's, ich muß abermals zurück. Nahezu am Ende meiner Kräfte erreiche ich endlich den begehrten Rastplatz. Den ersten seit 150 Metern. Ich muß erst einige Zeit verschnaufen, mich von den Anstrengungen erholen, bevor ich Kuno nachkommen lassen kann. Ein Blick zur Tiefe, vorbei an meinem Begleiter, der eng an den Fels geschmiegt wartet und allmählich auch schon die Geduld verloren hat, landet direkt in den offenen Spalten des nun fast flach erscheinenden Malletgletschers. Die Ausgesetztheit ist derart, daß ich mich unwillkürlich frage, ob ich nun auf einer Westalpentour oder in einer Dolomitenwand bin. Kuno kommt nach, mit den ihm eigenen sicheren Bewegungen. Auch er genießt für Augenblicke die Erhabenheit des Rastplatzes. Aber wir müssen weiter.

Über eine Eisrampe erreichen wir eine geräumige, schneebedeckte Terrasse, einen erkerartigen Vorsprung in glatter Wand, den zweiten Biwakplatz der Erstersteiger. Es ist erst Mittag vorbei. Die »Schwarzen Platten« liegen hinter uns. Wir können nun beruhigt sein, denn was noch folgt, ist alles im Bereich des Menschenmöglichen. Wir rechnen damit, daß wir noch vor Abend den Gipfel betreten. Zuweilen prasseln größere Steinsalven rechts von uns durch das große Couloir hinab. Wir lassen uns zu kurzer Rast nieder. Aber bald treibt uns eine innere Unruhe weiter, gipfelwärts. Der Fels setzt wiederum senkrecht an. Der Pfeiler, der bisher eher einer Wand glich, geht nun in eine messerscharfe Kante über. Wir bekommen hier Einblick in die Nordostseite, wo enorme, steile Eisflanken abbrechen. Weiter unten gehen sie in Fels über und entschwinden dann unseren Blicken. Je weiter wir hinaufkommen, um so griffiger wird das Gestein. Die Kletterei ist geradezu ideal. Doch dann ist es mit einemmal nicht mehr schön. Ein Gewitter braut sich dort drüben zusammen. Rabenschwarze Wolken schieben sich drohend über die Berghäupter.

Ein Blick nach oben gemahnt uns zur Eile. Der Himmel hat eine bleierne Färbung angenommen. Donnerrollen erfüllt die Luft. Vom Gipfel fällt Nebel ein. Im nächsten Augenblick befinden wir uns bereits inmitten eines sich über uns entladenden Hochgewitters.

Blitz folgt auf Blitz. Der Donner widerhallt hundertfach in den Wänden. Das Brüllen reißt nie ab. Der Himmel öffnet seine Schleusen und überschüttet uns mit einer Flut von Regen und Hagel. Unsere ganze Umgebung ist in Bewegung, schwimmt und ergießt sich zur Tiefe. Wir haben das ja schon mehrfach erlebt. Es ist wie ein reißender Strom, der über die Wand hinwegbraust. Als vertraute Melodie vernehmen wir dazwischen das Rauschen der niedergehenden Lawinen. Gischtende Wasserfälle zischen durch jede Falte der Wand. Wir verstehen unser eigenes Wort nicht mehr. Aber auch ohne Worte verstehen wir uns: wir müssen aus dieser Wand! Hinaus aus diesem Inferno!

Für Sekunden läßt das Toben der Elemente nach, setzt aber dann mit noch größerer Gewalt ein. Ein Gewitter jagt das andere. Heftiger Nordweststurm prallt an die Wand und peitscht die Seile. Fieberhaft suchen wir nach einem geschützten Platz. Im Nebel taucht eine winzige Scharte auf, die einzige Möglichkeit, das Unwetter abzuwarten. »Lange kann's ja nicht dauern!«

Wir stülpen den Biwaksack über und fühlen uns vorerst geborgen. Es ist drei Uhr nachmittags. 250 Meter trennen uns noch vom Gipfel. Nur 250 Meter! Mein Höhenmesser zeigt 3950 Meter an.

Wir warten und warten ... Das Toben des Sturmes will nicht nachlassen. Wir essen etwas. Jetzt macht sich langsam auch Müdigkeit bemerkbar. Besonders in den Füßen spüren wir eine bleierne Schwere von der langen, schweren Kletterei.

Als Kuno wieder einen Blick auf die Uhr wirft, stellt er entsetzt fest, daß es bereits halb acht Uhr abends ist. Wir müssen uns gleich hier zum Biwak entschließen. Alle verfügbaren Kleidungsstücke, deren wir nicht viele besitzen, werden angezogen. Meine neue Daunenjacke soll sich nun bewähren. Einige Haken müssen noch für die nötige Sicherheit geschlagen werden, dann bauen wir uns mit dem Seil eine Rückenlehne. Die Füße baumeln frei über einem 1000 Meter hohen Abgrund. Zum Schluß wird wieder der Biwaksack übergestülpt, wobei besonders darauf geachtet wird, daß dem Wind keine Angriffsmöglichkeit bleibt. So harren wir unter der knatternden Hülle der kommenden Nacht.

Lange dösen wir dahin und lauschen fast apathisch dem Orgeln des Sturmes. Schließlich übermannt mich der Schlaf. Die Müdigkeit entreißt mich für Stunden dieser entfesselten Welt.

Kälte rüttelt mich wieder wach.

Die Felsen in nächster Umgebung sind von Eis und Rauhreif weiß überzogen. Der Sturm tobt noch ungebrochen wie tags zuvor. Nur der regendurchsetzte Hagel ist in Schneefall übergegangen. Wir wissen nicht, was wir vom Wetter halten sollen; vorerst wollen wir noch abwarten. Kuno hat eine sehr schlechte Nacht hinter sich; Kälteschauer ließen ihn nicht zur Ruhe kommen. Da lobe ich mir meine Daunenjacke, sie hat die Feuerprobe bestanden!

Um neun Uhr, als noch keine Änderung eingetreten ist, entschließen wir uns weiterzugehen. Wir wollen nicht zu Gefangenen der Wand werden. Es kostet uns viel Überwindung, den warmen Sack zu verlassen und draußen in Sturm und Kälte wieder den Kampf mit dem Berg aufzunehmen. Der Körper ist ganz starr. Die Muskeln sind verkrampft, aber unser Lebenswille ist stärker. So schnell geben wir uns nicht geschlagen. Der Randbeschlag wird an die Schuhsohlen geschnallt. Das Perlonseil, von einem dicken Rauhreifpelz überzogen, zurechtgerückt. Die Haken, die zum Teil inzwischen ganz im Eis versteckt sind, werden herausgeschlagen. Wir werden sie noch gut gebrauchen können.

Ich quere wieder zurück in die steile Eisrinne, aus der wir gestern vor den Hagelfluten flüchteten. Im Zickzack hacke ich mich eine gut an die 60 Grad geneigte Rinne hinauf. Ich stehe noch sehr unsicher auf den Beinen. Eine weiße Fläche taucht im Nebel auf, ein Schneefeld. Wir stapfen höher. Aber bald wuchten wieder schwarze, drohende Überhänge über uns hinaus. Die Handschuhe müssen trotz der großen Kälte ausgezogen werden. Der kleingriffige Fels verlangt die bloßen Hände. Nach einer äußerst schwierigen Rechtsquerung erreiche ich den Beginn einer Steilrinne. Es ist, als ob die Wand noch einmal ihre ganze Stärke gegen die beiden winzigen Angreifer aufbieten wolle. Der Fels ist scheußlich abwärts geschichtet, zudem auch noch sehr brüchig. Jeder Griff und Tritt muß erst von Eis befreit werden. Der Randbeschlag leistet uns dabei vorzügliche Dienste.

Die Steilrinne geht in Eis über, steilstes Eis! Nun zeigt Kuno sein überragendes Können. Jetzt geht er voraus. Stufe um Stufe meißelt er aus der spröden Masse, die in dünner, gefährlicher Schicht den Fels überdeckt. Eisbrocken prasseln herab, treffen mich. Doch wer hätte hier Zeit, wehleidig zu sein? Es gilt nur die Frage: Wie kommen wir nur aus dieser Rinne heraus?

Ich kann keine Möglichkeit sehen. Über uns nichts als schwarze, von riesigen Eiskaskaden behangene Überhänge. Ein Weiterkommen scheint aussichtslos zu sein. Links bricht der Fels haltlos in die Nordostflanke ab. Auch rechts verwehren Überhänge den Ausblick nach oben. Kuno verschwindet hinter einer Felsecke. Das Seil, als stummer Vermittler, geht ruckweise auf und ab, läßt die enormen Schwierigkeiten ahnen. Bange Minuten ... Dann ein Schrei! Ich höre etwas aufschlagen, durch die Luft sausen, ich umkrampfe das Seil, so fest ich kann, auf alles gefaßt. Doch, Gott sei Dank, es ist nur der Pickel, den der Abgrund verschluckt. Doch, was nun? Wir haben keinen Ersatz für ihn, wie sollen wir nun noch da hinaufkommen? Der Verlust der Eisaxt kann böse Folgen haben!

Aber wie immer in größter Not: Auch uns wird hier Gottes Hilfe zuteil, wir entdecken ein Hintertürchen aus dieser gefährlichen Lage. Über glatte Platten führt nach rechts, unter gewaltigen Überhängen hindurch, ein Quergang wieder zum Fels. Wenn sich zuweilen der Nebel lichtet, können wir schon ganz nahe den Gipfelgrat der Jorasses erkennen. Noch ein letzter Überhang. Dann nehmen uns steile, vereiste Felsrinnen auf. Wir können dem Eis aber mit Vorsicht ausweichen. Die Kletterei wird merklich leichter, obwohl die Brüchigkeit zunimmt. Ein sicheres Zeichen der Gipfelnähe. Wir wollen unser Tempo beschleunigen, doch es gelingt uns nicht. Spüren wir die große Höhe, oder ist das nur Folge der Überanstrengung? Noch immer bäumt sich grauer Fels über uns auf. Will denn die Wand überhaupt kein Ende nehmen? Da taucht aus dem trostlosen Grau etwas Helles auf, nimmt Formen an: Die Gipfelwächte der Pointe Walker, der höchste Punkt der Grandes Jorasses. 4205 Meter.

Um halb fünf Uhr am Abend entsteigen wir diesem grandiosschaurigen Abgrund, machen den letzten Schritt aus dieser gewaltigen Wand. Der Traum vieler Jahre ist Wirklichkeit geworden. Ein langersehntes Ziel ist erreicht!

Der Pfeiler liegt hinter uns, doch die Tour ist noch lange nicht zu Ende. Wir wollen nicht wie andere Pfeilerbegeher den kürzesten Weg nach Courmayeur absteigen, wir wollen gleich die Überschreitung des Grandes-Jorasses-Stockes mit anschließen, um vom Col des Jorasses direkt nach Chamonix absteigen zu können. Dadurch würden wir uns den langen Umweg über den Col du Géant ersparen. Obwohl die Jorasseüberschreitung eine Tagestour für sich ist, machen wir uns noch zu dieser späten Nachmittagsstunde auf den Weg zum Col des Jorasses.

Aber nachdem wir noch die Pointe Young, den letzten der sechs Jorassesgipfel, überschritten haben, bleiben wir hoffnungslos in der Dunkelheit stecken. Wohl oder übel müssen wir uns zu einem weiteren Freibiwak entschließen. Wir dürften uns noch etwa 100 Meter über dem Col des Jorasses befinden. Ein windstilles, geräumiges Plätzchen, deren es hier gottlob mehrere gibt, nimmt uns auf.

Kuno glaubt, diese Nacht besser verbringen zu können, doch die zunehmende Kälte läßt uns lange nicht einschlafen. Bitter das Warten auf den Morgen.

Beim ersten Licht des neuen Tages sind wir schon auf den Beinen. Zum Col können wir nicht absteigen, da sich hier ein sehr steiles Eisfeld in den Weg stellt, das wir mangels Pickel und Steigeisen nicht begehen können. Es bleibt uns nur ein endlos langer Felsgrat, der als steile Rippe in die Nordwand hinabzieht. Die letzten Felsen und die im Eis eingefrorenen Blöcke benützen wir zum Abseilen. So erreichen wir, etwas umständlich zwar, aber sicher, den oberen Boden des Malletgletschers. Noch einen Sprung über den Bergschrund, und befreit atmen wir auf. Wir verspüren wieder sicheren Boden unter den Füßen. Die Sonne meint es auch wieder gut mit uns, sie spendet uns wärmende Strahlen.

Im Abstieg über den sehr zerrissenen Malletgletscher richten sich unsere Blicke immer wieder nach oben, wo in geradezu überirdischen Höhen gewaltige Felsbastionen in den Himmel ragen, abweisend und doch verlockend – der Walkerpfeiler der Jorasses. Fast wehmütig ist mir beim Gedanken, daß er jetzt nicht mehr als lockendes Ziel vor mir liegt. Wird noch etwas zu finden sein, das schöner und erstrebenswerter ist?

Nun scheinen sich wirklich alle unsere Pläne auf einmal zu verwirklichen. Es ist ja immer so, bei diesen Aristokraten unter den Bergen. Man muß ihnen ständig den Hof machen, dann erst lassen sie sich herab und gewähren gnädig Eintritt in ihr Reich! Unsere Touren sind diesmal besonders ausgedehnt, dafür aber die Rasttage um so kürzer. Wir sind in glänzender Form, mit jeder Fahrt steigern sich Können, Ausdauer und Auftrieb.

Die Verhältnisse sind winterlich, aber das schert uns nicht. Alles ist nur Training auf Größeres und Höheres hin. Vielleicht würde man sich unser einmal bei künftigen Expeditionen in den Himalaya erinnern. Dann wäre es gut, wenn man eine harte Schule hinter sich hat.

Unser Aufenthalt neigt sich dem Ende zu. Als würdigen Abschluß haben wir uns etwas ganz Großes ausgedacht. Wie oft folgten unsere Blicke schon dieser grandiosen Zackenreihe, die sich von der Grands Charmoz bis zur Aiguille du Midi erstreckt. Wie oft hafteten, schon mit geheimen Wünschen verbunden, meine Augen an jenen abenteuerlichen Felsgestalten zwischen der Mer de Glace, dem Géantgletscher und dem Tal von Chamonix. Diese imposanten Felsennadeln bilden einen besonderen Anziehungspunkt für jeden echten Bergsteiger, insbesondere für den Felskletterer, der auch das Extreme nicht scheut. Die durchschnittliche Gipfelhöhe dieser verwegenen Felsgestalten liegt zwischen 3000 und 4000 Meter. Nach Norden fallen sie beinahe 3000 Meter zu Tal. Ihre Südabstürze gegen den Géantgletscher sind 1000 Meter hohe Plattenwände. Großartig die Tiefblicke zu beiden Seiten des Grates. Der Granit ist eisenfest, wie man ihn schöner sich nicht denken könnte. Ein Dorado für Kletterer.

Schon zwei Jahre zuvor, als ich diesen kühnen Bergen meine erste Aufwartung machen durfte, verliebte ich mich in sie. Hier haben sich die Kühnheit der Dolomiten mit dem Ernst der Westalpen zu einer idealen Kombination vermählt, wie man es nirgends sonst in den Alpen findet. Einzeln wurden diese Nadeln schon oft überschritten. Die Schwierigkeit des Zurechtfindens stempelt sie zu großartigen Touren. Jedoch die vollständige Überschreitung, die alle Gipfel in dieser Kette in einem Zug verbindet, wurde noch nie gemacht. Ist sie möglich? Hier wäre noch ein Problem zu lösen. Man soll nicht von einem »letzten« Problem sprechen. Dieser Ausdruck ist schon zu sehr abgedroschen. Jede Bergsteigergeneration hatte ihre letzten Probleme. Was mich hier lockt, ist die Abenteuerlust, etwas Neues und Großartiges zu erleben. Außerdem habe ich für Überschreitungen eine besondere Schwäche.

Kuno, der ideale Gefährte, ist sofort bereit.

Es würde ins Endlose führen, wollte ich alle Kletterstellen im einzelnen aufzählen. Auch uns schienen sie ohne Ende. Schließlich stehen wir auf dem letzten der 15 Gipfel, die die Kette der Nadeln von Chamonix bilden. Die erste vollständige Überschreitung ist geglückt. Aber wir sind fast zu müde, um uns jetzt schon darüber freuen zu können. Das Tal ist noch weit.

Ich schlage vor, noch zur 1000 Meter tiefer gelegenen Requinhütte abzusteigen. Wir würden sie vielleicht gerade noch vor Einbruch der Nacht erreichen. Aber Kuno hat keine Lust mehr. »Nicht einen Schritt gehe ich mehr!« brummt er. Ich weiß, er kann es nicht leiden, im Dunkeln herumzutappen. Ich füge mich, wenn auch etwas verärgert. Ich hatte mich schon so auf das Schlafen in einer Hütte gefreut! Nun heißt es also noch einmal im Freien biwakieren. Auf einer geräumigen Platte, auf luftigem Grat, richten wir uns für die Nacht ein.

Bleierne Schwere umfängt die Knochen. Der Körper ist müde und will ruhen, aber der Geist arbeitet noch. Ich brauche lange, bis ich Kuno in den Schlaf nachfolgen kann.

Im Oktober dieses schönen, erfolgreichen Bergjahres 1950 stehe ich nochmals auf Südtiroler Boden. Kuno und ich haben uns einer Gesellschaftsfahrt von Klubfreunden angeschlossen. Das Jahr, dem die Marmolata-Südwestwand gewissermaßen die Eröffnungsfanfare blies, sollte durch eine andere, kaum leichtere Dolomitenfahrt seinen Abschlußakkord bekommen: die Nordwand der Westlichen Zinne. Sie galt als die schwerste Dolomitentour, bis Solda und Gefährten die Südwestwand der Marmolata bezwangen. Man kann bei solchen Gängen an der Grenze des Menschenmöglichen nie sagen: diese oder jene Fahrt ist schwerer, ist die schwerste. Es kommt stark auf die jeweilige persönliche Verfassung an, auf die subjektive Einstellung. Obwohl wir doch die »wirklich schwerste« Dolomitenwand sogar im Winter durchstiegen hatten, bereiteten wir uns innerlich auf einen erbitterten Kampf im Fels vor, und wir taten gut daran.

Bergsteiger auf Freiersfüßen

In Hintertal am Hochkönig bin ich als Skilehrer tätig. Das ist eine gesunde Beschäftigung. Den ganzen Tag über bin ich im Freien und versuche meinen Zöglingen etwas vom weißen Rausch einzutrichtern. Meistens kommt's aber über einen leichten Schwips nicht hinaus. Wenn es mir dann mit viel Geduld gelingt, den Anfängern beizubringen, wie man mit Skiern die Richtung ändert, so fühlen sie sich schon als Könige, während ich für meine Person skiläuferisch allmählich degeneriere. Dem muß abgeholfen werden. Darum trainiere ich: Langlauf. Einen gefährlichen Langlauf! Er führt mich öfters über die Grenze nach Deutschland. Die bayerische Ramsau ist dabei immer mein Ziel, der romantische Bergwinkel in der Nähe von Berchtesgaden. Dort jenseits einer Brücke steht ein nettes Landhaus, eine Pension. Ich nahe ihm zwar nicht als Pensionsgast, ja mein Besuch ist nicht einmal angemeldet. Er ist auch nicht immer erlaubt, aber die Tochter des Hauses und ich fragen nicht nach Erlaubnis.

Allmählich fallen auch meinen Kameraden in Hintertal diese Sonntagsausflüge auf. Sie schütteln den Kopf: Der Hermann will heiraten! Ja, was ist denn in den hineingefahren?

Es ist ein wunderbarer Frühlingstag. Ich sage das nicht, weil ein Frühlingstag, wenn man in einem Buch darüber schreibt, immer wunderbar sein muß. Aber der heutige ist es wirklich! Ich fühle mich zwar absolut nicht wohl im dunklen Anzug. Meine Braut aber strahlt in ihrem weißen Hochzeitskleid, sie ist einfach bezaubernd. Ich vergesse in diesem Augenblick alle Sorgen und Nöte und – verzeiht es mir! – auch euch, ihr Berge …

Zu dem feierlichen Anlaß ist auch eine ganze Abordnung meines Klubs, der »Karwendler«, aus Innsbruck erschienen. Mit einer Träne im Auge beglückwünscht man mich zum Ehestand. Es nimmt sich aus wie ein Abschiednehmen. Als ob ich für immer für meine geliebten Berge und meine Freunde verloren sei.

Ich konnte wohl die Berge für kurze Zeit vergessen, gewissermaßen Gedankenurlaub von ihnen nehmen, in Wirklichkeit aber blieben sie doch meine Herren. Ihr Gesetz galt nach wie vor.

Das Leben geht weiter, nur daß es mir nun mehr Glück, gleichzeitig aber auch mehr Sorge bringt.

Um meiner Frau die Schönheiten unseres Tiroler Landes vor Augen zu führen, reise ich mit ihr in die Dolomiten, gemeinsam befahren wir die Marmolata. Zu Pfingsten geht es in die Schweiz, in die Bernina, sie besteigt ihren ersten Viertausender, den Piz Bernina, anderntags auch noch den Piz Palü. Sie freut sich darüber wie ein Kind, und ich sonne mich im Stolz über meine Frau.

Anschließend übernehme ich Führungstouren. Ich habe ja nun für eine Familie zu sorgen! Gesetzte Herrschaften führe ich am Seil auf die Berge der Ötztaler Alpen. Immer denselben, leichtesten Anstieg. Sehnsüchtig schweifen dabei meine Blicke hinüber zu den dunklen Zacken der Dolomiten. Hatten jene, die sagten: »Nun ist es aus mit dem Hermann!«, recht behalten? Ein ganzes Jahr vergeht so, die großen Bergfahrten bleiben nur noch Wunschträume.

Das war 1951.

Das nächste Frühjahr. Die Bretter werden in die Ecke gestellt. Die Felsen rufen. Auch den jungen Ehemann. In diesem Jahr 1952 sollen sie, die ein ganzes Jahr vernachlässigt wurden, wieder zu ihrem Recht kommen. In den heimatlichen Bergen werden die ersten Kletterversuche gemacht. Dann geht's wieder hinein in die Dolomiten.

Badile-Nordostwand

Es ist Anfang Juli. Meine Frau ist gerade wieder einmal bei ihren Eltern in der Ramsau – diese Zeit muß genützt werden. Wenn wir Bergsteiger auch unseren eigenen Kopf haben, so legt man doch großen Wert auf den Familienfrieden. Was man dabei an Quantität der Bergfahrten einbüßt, muß an Qualität herausgeholt werden.

Die Badile-Nordostwand war für mich schon lange ein Begriff. Der Wunsch, die Sehnsucht nach ihr zu stillen, wurde immer brennender. Doch der Berg blieb für mich stets in unerreichbarer Ferne. Immer wieder kam etwas dazwischen, wenn ich zum Versuch ansetzte, mich ihm zu nähern. »Jetzt oder nie!« lautet daher meine Devise. Die »angespannte« finanzielle Lage soll mit dem Fahrrad überlistet werden.

Die Sciorahütte. Nur zwei Personen sind anwesend. Außer dem Hüttenwirt noch ein Gast, ein Mailänder. Wohlweislich verschweige ich meinen Plan und gebe auf neugierige Fragen zur Antwort, daß ich die Badilekante vorhätte. Aber schon dies erscheint den beiden ungeheuer. Sie bemerken dazu: »La prima solo!« – Der erste Alleingang! Wenn die erst wüßten!

Punkt sechs Uhr lege ich Hand an den Fels. Der Übergang vom Schnee war leicht. Über gut griffiges, gestuftes Gelände komme ich rasch nach rechts. Ein steil erscheinender Aufschwung wird durch einen Kamin erklettert – auch dies ist noch leicht. So bringe ich die ersten 200 Meter der Wand gut hinter mich. Wenn es so weiterginge, wäre es ja schön! Aber es kommt wohl noch!

Bald stehe ich am Beginn einer 30 Meter hohen Verschneidung. Beinahe hätte ich sie übersehen. Ich bin schon einige Meter darüber hinweg, als mir erst bewußt wird, daß es bereits Ernst geworden ist. Da wäre es doch ganz gut, einige Karabiner bei der Hand zu haben. So steige ich die erklommenen Meter wieder zurück zum ersten besten Standplatz. Alles Notwendige wird aus dem Rucksack genommen. Das Seil umgebunden, Seilschlingen, Schlosserei und Fotoapparat umgehängt, und dann: »Auf geht's!«

Ich erinnere mich genau an die Bilder in *Alpinisme*, der großartigen französischen Bergsteigerzeitschrift. Sie zeigten im besonderen diese Verschneidung. Doch wo sind jetzt all die Haken geblieben? Rechts ist eine glatte Platte mit nur winzigen Rauhigkeiten für die Füße, während von links die überhängende Wand hereindrängt. Im Grunde der Verschneidung zieht ein feiner Riß empor. Die Fingerspitzen verkrallen sich in ihm, die Füße suchen rechts nach Reibung. Hier macht sich bereits der Bergsturz vom vorigen Jahr unangenehm bemerkbar. Auf den Platten liegt millimeterdick feiner Staub, der jede Ritze ausfüllt und die Reibung der Kletterpatschen fast zunichte macht. Trotzdem gelingt es mir bald, den Abschlußüberhang zu erreichen. Hier steckt ein altehrwürdiger Stift. Eine kurze Probe, er hält. Erleichtert lasse ich meinen Karabiner in die rostige Öse schnappen, verschnaufe ein wenig, benutze noch für kurze Zeit den Haken als Griff und gehe dann weiter. Der Überhang ist bald überklettert, er bietet gute Griffe. Neue Platten folgen, von Rissen durchzogen, sie öffnen den Weg nach links. Wenn die Risse nicht voller Sand wären, würde es sicher ein leichteres Klettern sein. Aber so ist nach wie vor äußerste Vorsicht geboten. Langsam schiebe ich mich weiter.

Ich nähere mich einem Eisfeld, das hier auf den Platten aufliegt und den Weiterweg versperrt. Es ist noch ein Überbleibsel des Winterschnees. Schon von unten hat es mir Kopfzerbrechen gemacht. Auf 20 Meter Breite verdeckt es den Weg. Eine halbmeterdicke Eisschicht liegt hohl auf glatter Unterlage. An ihrem oberen Rand muß ich queren. Vorsichtig schlage ich den oberen scharfen Grat des Eises weg. Bei jedem Hammerschlag dröhnt es verdächtig. Erleichtert verlasse ich den trügerischen Boden und steige wieder auf sicheren Fels über, in die Fortsetzung der Rißreihe. Die Kletterei wird nun immer schöner. Ich komme auch aus der Sturzbahn des Steinschlages heraus. Hinter einer Kante bäumt sich die Wand neuerdings steil auf. Ich bin am Beginn der zweiten Verschneidung, die als einwandfreier »Sechser« bezeichnet ist und eine der Hauptschwierigkeiten der Wand sein soll. Diese Stelle ist für mich entscheidend.

Wenn sie mir leichtfällt, kann ich ruhigen Gewissens den Aufstieg fortsetzen, denn schwieriger wird es dann auch nicht mehr kommen. Andernfalls stünde mir hier der Rückzug noch offen, der dann allerdings unbedingt vorzuziehen wäre.

Ein Überhang nimmt mich auf. Er führt schräg links hinauf. Gute Griffe geben mir die nötige Sicherheit. Wo diese aufhören, beginnt eine kurze Hakengalerie. Die Stifte machen einen sehr vertrauenswürdigen Eindruck. Wahrscheinlich stammen sie noch von den Erstersteigern, die Edelpatina läßt darauf schließen. Dann schießt eine 30 Meter hohe glatte Verschneidung ziemlich senkrecht in die Höhe. Der Fels ist aber außerordentlich rauh, so daß ich alles »auf Reibung« klettern kann. Ich lobe mir im stillen die Vorteile der profilierten

Gummisohle meiner Kletterschuhe, die mir hier die besten Dienste erweisen.

Ich winde, schiebe und spreize mich immer weiter empor, Meter um Meter, wobei das freie Seilende mir wie ein treuer Begleiter stets hinterdrein folgt. Es gibt kaum etwas Schöneres, als so frei von jedem Kletterwerkzeug, unbeschwert und leichten Fußes höherzuturnen. So wie früher ein Paul Preuß und ein Hans Dülfer, nur auf sich gestellt, wachen Auges und mit »viel Gefühl« in den Finger- und Zehenspitzen. Nichts als natürliches, stilreines Gehen und technisches Können hilft hier weiter. Jauchzen könnte ich vor Freude. Aber ich will die feierliche Ruhe nicht stören. Kein Laut durchbricht die Stille. Das Tal liegt noch im Dunst eines taufrischen kühlen Morgens.

Doch weiter! Noch ein schönes Stück Weg liegt vor mir! Die Verschneidung wird von gewaltig vorspringenden Dächern abgeschlossen, unter denen es nach links an glatter Plattenwand hinausgeht. Kleine, aber feste Griffe stehen hier ausreichend zur Verfügung. Dann ist eine Stelle erreicht, von der aus ich mir über den Weiterweg nicht mehr recht im klaren bin. Die Beschreibung ist hier etwas ungenau. Überall dachziegelartig abfallender Fels, von feinen Rissen durchzogen. Jeden dieser Risse suche ich nach alten Haken ab. In einiger Entfernung entdecke ich einen solchen verwitterten Stift. Ich erreiche ihn nach einigem Hin und Her, wobei die Stellen vorher böser aussehen, als sie dann in Wirklichkeit sind. Es folgt eine Reihe wunderbarer Kletterstellen. Um acht Uhr steige ich zum Schneefeld in der Mitte der Wand aus. Hier lasse ich mich auf einem warmen Felsblock nieder, verschnaufe für kurze Zeit und sammle wieder frische Kräfte für die kommenden schweren Stellen.

Links des Schneefeldes setzt nun die »Große Verschneidung« an. Die Neugierde und das Kletterfieber lassen mich nicht lange ruhig verweilen. Ich bin schon sehr auf die Verschneidung gespannt. Verdammt glatt schaut sie aus. Aber mit viel Spreizen und guter Reibungstechnik wird sie sich schon frei erklettern lassen. Die paar Haken, die hier stecken, dürften mir nur für einen Moment als Griff helfen.

Wie gedacht, so kommt es. Ich bin ungefähr 40 Meter hoch, da stellt sich ein brüchiger Überhang in den Weg. Ein Haken und ein Karabi-

Dolomiten: Hermann Buhl klettert an den Cinque Torri.

Cinque Torri: in der Südwand des Torre Grande

Nanga Parbat-Ostgrat: eine Schaumrolle und der Mohrenkopf

Nanga Parbat: der Silbersattel

Nanga Parbat: Wegen schwerer Erfrierungen wird Buhl ins Tal getragen.

ner finden sich hier, beide französischer Herkunft, Marke »Allain«. Ich will den Überhang gleich nehmen, so wie er ist, hänge aber bald wie die Fliege an der Wand am widerspenstigen Fels. Eigentlich bin ich schon fast darüber, doch oberhalb fehlen jegliche Griffe. Ich gehe zurück, raste mich ein wenig aus, dann versuche ich es ein zweitesmal. Unter großer Anstrengung gelingt es mir jetzt, am oberen Rand des Überhanges einen Haken zu schlagen. Eine Trittschlinge wird hineingehängt, die einzige, die ich auf der ganzen Tour verwendete. Noch zehn Meter trennen mich vom abschließenden Dach. Da ich den kostbaren Haken nicht missen möchte, schlage ich weiter oben noch einen zweiten und lasse mich am Seil wieder zum Überhang hinab. Ein paar heftige Hammerschläge, und der Ringhaken gehört wieder mir. Mit Hilfe des Seiles steige ich von neuem den Überhang hinan. Im französischen Karabiner entdecke ich jetzt zwei eingravierte Buchstaben: L. T. Das kann nur Lyonel Terray heißen. Hocherfreut über diese Entdeckung steige ich weiter. Unter dem Dach findet sich jedoch keine Spur von einem Quergangshaken. Man muß doch von hier nach rechts hinüber, zur Parallelverschneidung hinab. Und siehe da: 20 Meter tiefer verbindet eine Rampe beide Verschneidungen. Nun geht mir ein Licht auf. Eine Variante habe ich gemacht, eine richtige »Fleißaufgabe«. Nun weiß ich auch, was der französische Karabiner zu bedeuten hatte. Auch Terray war zu hoch gekommen und hatte sich zurückgeseilt. Ich will jedoch nicht mehr zurück und versuche von hier einen abfallenden Quergang in die Parallelverschneidung.

Wieder fährt ein Haken in den Fels. Vorsichtig schaue ich um die Ecke. Rechts zieht eine glatte Plattenflucht empor. Zwei Meter tiefer bietet eine schmale, fingerbreite und etwa zehn Meter lange Leiste die einzige Möglichkeit, hinüberzukommen. Behutsam schiebe ich mich im Dülfersitz zentimeterweise nach rechts. Für die Hände habe ich gar nichts. Die Neigung der Platte ist so, daß ich gerade noch mit Hilfe des Seiles das Gleichgewicht halten kann. Nach kitzligen Minuten spüre ich wieder Griffe unter den Fingern: Ich bin in der Verschneidung. Das Seil läßt sich leicht abziehen.

Entschieden angenehmer geht es von hier wieder zur Höhe. Doch dieses »Honiglecken« dauert nicht allzulange. Wieder wölben sich kleinere Überhänge vor, aber sie bieten, was man zum Greifen nötig hat. Senkrechte Rippen und Schuppen, hinter denen sich vorzügliche Griffe verbergen, sind hochwillkommen. Die Füße haben es da allerdings wieder schlechter, für sie sind keine Tritte bestellt. Ein Dach stellt sich in den Weg und zwingt zu einer ziemlich ausgesetzten Querung, einen waagrechten Riß nach links entlang, bis an den Rand des »Großen Trichters«. Die ersten zehn Meter sind ein wahrer Nervenkitzel, aber es gibt ausreichende, wenn auch winzige Griffe. »Klein, aber mein ...«, denke ich mir.

Ich bin im Trichter! Vereinzelt surren Steine an mir vorbei. Das kann mich aber nicht aus der Ruhe bringen. Im Grunde des Trichters nimmt ein lustig sprudelndes Bächlein seinen Weg zur Tiefe. Mir bietet es köstliche Labung, denn die seit Stunden niederbrennende Sonne hat mich ziemlich ausgedörrt.

Links an Cassins zweitem Biwakplatz vorbei verfolge ich eine lange Reihe von Rissen, die sich schließlich zu einem Kamin erweitern. In derartigen Kaminen, die absolut nicht gefährlich sind, da man sich wie ein Keil darin verklammern kann, hört aber jede »Technik« auf. Es ist nichts anderes als eine wüste Schinderei. Mit schlangenartigen Bewegungen geht es aufwärts. Die Kamine erweitern sich später und bilden eine Art kleine Schlucht. Mit Spreizen ist da nichts mehr zu machen. Ich benutze zwei feine Risse, die sich im Grund der Schlucht befinden. Bald im rechten, bald im linken, geht es gut aufwärts. Einige Überhänge sorgen für die nötige Abwechslung.

Eine kühle Brise weht von oben herab, es kann also nicht mehr weit zum Gipfel sein. Über einem Überhang traversiere ich an die linke Begrenzungswand hinaus – da wird er auch schon sichtbar, der Gipfel. Im Trichter, der zum Grat hinaufführt, liegt noch reichlich Schnee. An ausgesetzter, kleingriffiger Wand quere ich eine Seillänge nach links. Wieder streift mein Blick nach oben – da ist ja eine ganze Gesellschaft auf dem Gipfel versammelt. Nur die Köpfe kann ich sehen, die hinter der Wächte hervorschauen.

Sie haben mich entdeckt. Neugierig verfolgen sie jede meiner Bewegungen. Es ist doch eine Seltenheit, eine »Seilschaft« in dieser Wand beim Klettern zu beobachten. Mein Seil schlängelt sich sanft hinter mir her. Über zwei Abseilstellen gelange ich wieder in den Grund des großen Trichters. Dann turne ich eine Art Kante über lockeres Gestein empor, immer bemüht, dem Schnee und Eis auszuweichen. Es dauert noch eine gute Weile, bis die Klettersohlen sich die letzten Meter der Wand hinauftasten.

Der Gipfel ist erreicht! Mit einem »Bergheil!« begrüße ich die Schar junger Italiener. »Saluti« und »Bravo« ist ihre Antwort. Es ist halb elf Uhr. Der Tag liegt noch vor mir. Zufrieden lasse ich mich auf einem der Steinquader, die den Gipfel bedecken, zu wohlverdienter Rast nieder. Aus den Gesichtern der Italiener kann ich Begeisterung und Erstaunen lesen. Sie treten heran und stellen sich vor, einer nach dem anderen: Mauri, Ratti...

Da horche ich auf. Diese Namen sind mir geläufig, zählen sie doch zur Elite der italienischen Bergsteigerschaft. Meinen ganzen armseligen Wortschatz muß ich hervorkramen, um die vielen Fragen beantworten zu können. Mit südländischem Temperament geben die italienischen Kameraden ihrer Anerkennung Ausdruck. Immer wieder kommen die Worte »grande impresa« über ihre Lippen. Unsere Unterhaltung ist von sehr freundschaftlicher, ja herzlicher Art, und es zeigt sich auch hier wieder, daß es für Bergsteiger keine nationalen Grenzen gibt. In den Bergen zählen nur der Mensch und die Tat...

In einem Traumzustand bewege ich monoton die Pedale. Des öfteren übermannt mich schon die Müdigkeit, und nur mit Aufwand aller Energie kann ich mich wachhalten. Einige Male komme ich den Randsteinen und den Chausseebäumen beängstigend nahe, nur im letzten Augenblick gelingt es mir noch, die Herrschaft über das Rad zu behalten und diesen Hindernissen auszuweichen.

Im Osten wird es allmählich hell. Ein klarer, frischer Morgen bricht an. Noch 15 Kilometer bis Landeck! Schnurgerade, etwas abfallend, zieht die Straße am Inn entlang zur Pontlatzerbrücke. Leicht und leise flitzen die Räder über den Asphalt. Da – plötzlich ein Krachen, gewaltsam wird mein Tempo gestoppt. Ehe ich mich versehe, fliege ich auch schon in hohem Bogen wie ein Hecht durch die Luft, lande mit dem Kopf auf etwas Hartem, überschlage mich und spüre es feucht und kalt um mich. Noch schlaftrunken reiße ich die Augen auf. Eine weite Wasserfläche breitet sich vor mir aus. Bin ich in einen See gefallen?

Doch bald spüre ich die Kälte des Wassers, den Wellengang, sehe das jenseitige Ufer. Nun weiß ich, wo ich gelandet bin – im Inn. Bis zum Hals stehe ich im Wasser, im Hochwasser! Die peinliche Frische meines ungewöhnlichen Aufenthaltsortes läßt mich schnell munter werden. Da ist auch schon mein treues Fahrrad mitsamt dem Rucksack. Es will gerade Reißaus nehmen, doch da habe ich es schon beim Schlafittchen. Es kostet mich noch einige Mühe, bis ich selbst mitsamt meinem Leidensgenossen wieder auf der Straße stehe. Aber auch das gelingt. Pudelnaß stehe ich da. Die Kälte beutelt mich. Alles klebt am Körper und tropft. Bald hat sich ein kleiner See unter meinen Füßen gebildet. Aus dem Rucksack läuft ein kleines Rinnsal. Es ist halb fünf Uhr morgens – keine Zeit für ein Bad in einem reißenden kalten Gebirgsfluß.

Aber wie schaut mein Fahrrad aus? Der Rahmen ist stark gestaucht, die Gabel nach hinten gebogen. Das läßt sich nicht so ohne weiteres reparieren. Mit dem Weiterfahren ist es jetzt aus. Weit und breit keine Menschenseele, kein Haus zu sehen. Der Kopf schmerzt mich auch, er hat eine mächtige Beule davongetragen. Das Rad geschultert, mache ich mich nun zu Fuß auf den Weg. Die Pontlatzerbrücke, dieser historische Ort, wo Anno 1703 meine Vorfahren einer Schar durchziehender Bayern arg zugesetzt haben, wird mir jetzt besser in Erinnerung bleiben als einst in der Schule. Nach einigen Kilometern erst erreiche ich das erste Haus, die Gaststätte »Zum alten Zoll«. Nach stundenlangem Warten, währenddessen meine Kleider wieder langsam zu trocknen beginnen, nimmt mich ein Postauto nach Landeck mit. Die Zivilisation, die Welt des Tales hat mich wieder in die Arme genommen.

Doch was bedeuten schon Mühen und Entbehrungen, was ein ungewolltes Bad und ein anschließender Schnupfen? Alles nur Kleinigkeiten im Vergleich zum großen Erleben, das mir die große Fahrt geschenkt hat. Die körperliche Pein, das Unangenehme vergißt man schnell. Das Schöne aber bleibt unauslöschlich in der Erinnerung haften.

VORBEREITUNG AUF EIN GROSSES ZIEL

Die Wand der Bewährung – Eiger-Nordwand

Eiger-Nordwand …

Schon in frühester Jugendzeit war sie mir ein Begriff. Ich hörte, damals des Kletterns noch unkundig, vom Werben um diese Riesenmauer, von erbitterten Kämpfen kühner Männer, von erschütternden Tragödien und vom Sterben junger Bergsteiger. Immer wieder kamen welche, siegessicher und voller Hoffnungen – nicht alle kehrten zurück. Eine schlichte Nachrede, einige Freundesworte waren der einzige Lohn für ihren Einsatz.

Im Sommer 1952 sollte mein alter Wunsch, die eigene Kraft an der großen Wand erproben zu dürfen, in Erfüllung gehen. Ein wohlvorbereiteter, kühn-großartiger Gang zum Berg sollte es werden. Ein erbitterter Kampf ums Leben wurde es. Davon ahnten wir allerdings nichts, als wir am 26. Juli in Grindelwald eintrafen: Hans Jöchler, Eugenie, meine junge Frau, Sepp Jöchler, mein zünftiger Seilkamerad, und schließlich ich.

Die Jungfraubahn bringt uns hinauf zur Kleinen Scheidegg. Je näher wir der Wand kommen, um so höher wächst sie vor uns auf. Die Verhältnisse scheinen aber gut zu sein. Sie macht den Eindruck einer reinen Felswand. Wir fühlen uns schon siegessicher. Noch wissen wir nicht, daß gerade die Ausaperung der Felsen die Schwierigkeiten an den Rand des Menschenmöglichen gesteigert hat, daß einst vom Eis festgehaltene Steine nun den Weg zur Tiefe nehmen, den Weg, den Menschen emporsteigen müssen. Und Eis war trotzdem da, in feiner glasiger Schicht, jeden Halt raubend und doch die sichere Eisarbeit mit Stufen und Eishaken abwehrend …

Vorbereitung zum Aufbruch.

Wirr liegt unsere Ausrüstung auf einem Haufen. Seil, Schlosserei, Malzextrakt, Konserven, Socken, Reservekleidung, Eisbeil und Pikkel, Schokolade, Proviantsäcke, Biwakausrüstung, Kocher, Schuhe und noch mehr Kleinigkeiten, alles durcheinander – ein Stilleben. Dies alles verschwindet jetzt in unseren Kletterrucksäcken. Sie sind uns immer noch zu schwer, und ein Stück nach dem anderen nehmen wir wieder heraus. Schließlich haben sie das richtige Gewicht, gerade noch erträglich für schwere Kletterstellen. Die dicke Unterwäsche bleibt herunten, da wir ja heute noch zurückkommen wollen. Wir planen vorerst, unsere Rucksäcke so hoch wie möglich die Wand hinaufzubringen, dann wieder abzusteigen und nachts endgültig den Aufstieg zu beginnen. Unsere beiden Begleiter schlafen geradezu beneidenswert, wir wecken sie nicht, sie wissen ja Bescheid: abends sind wir wieder hier.

Weglos queren wir die ausgedehnten, sich unter der Wand entlangziehenden Matten, hinauf – hinunter. Schier ohne Ende. Immer wieder täuschen wir uns, unterschätzen die Wegstrecke. Daran kann man erst die gewaltigen Ausmaße des Felsmassivs erkennen. Es ist ganz eigenartig, daß man über Wiesen und Schutthalden zum Einstieg einer der gefürchtetsten Westalpenwände geht. Fast so wie in den Dolomiten. Nur ist hier alles ins Gigantische gesteigert. Riesige Lawinenkegel erstrecken sich am Fuße der Steilmauer. Die untersten Felsstufen werden teilweise mit Schnee überbrückt. Endlich stehen wir unmittelbar am Fuß des größten Absturzes der Alpen. Einzelheiten und Namen von Teilen der Wand erkläre ich nicht näher. Über die Eigerwand ist so viel geschrieben worden, daß man vieles als bekannt voraussetzen darf.

Auf jähen beinharten Schneefeldern queren wir zum »Massigen Pfeiler« hinüber.

»Da – schau, Sepp!« Ein schwarzer Schatten huscht durch das Kar. »Ein Hase!«

Hellauf beginnen wir zu lachen. Was sucht denn der hier? »Vielleicht wollte er auch in die Wand einsteigen und wartet nur auf den Partner«, meint Sepp. Unsere Lustigkeit ist vielleicht zu gewaltsam. Vielleicht wollen wir uns nicht eingestehen, welchen Eindruck die Wand auf uns macht …

Eine tiefe Randkluft nehmen wir im Spreizschritt. Dann legen wir Hand an den Fels. Er ist hier nicht der alte, vertraute Freund. Abwärts geschichteter, griffloser Stein, naß, glitschig, und auf allen Vorsprüngen liegt feiner Sand. Jeder geht seinen eigenen Weg, aber oft hängen wir wie festgenagelt in einem Steilaufschwung. In Zick-Zack-Linie bewältigen wir den unteren, leichteren Teil der Wand, den eigentlichen Vorbau, und halten uns in Richtung des »Zerschrundenen Pfeilers«.

Über uns sind überraschend zwei Gestalten aufgetaucht. Sie sind im Abstieg begriffen, eine Begegnung ist unvermeidlich. Es sind zwei Allgäuer, ein Brüderpaar, noch sehr jung. Sie steigen weiter hinunter, ins Kar.

Etwas steiler und brüchiger wird nun der Fels. In einer halben Stunde sind wir bei der Biwakhöhle unterhalb des »Hinterstoisser Querganges«. Die beiden Jungen haben soeben die Wand verlassen, den sicheren Boden erreicht. Bei uns wird es unsicher. Bald setzt heftiger Steinschlag ein.

Nach einer Stunde Wartens, als der Steinschlag noch immer mit unverminderter Gewalt herniederprasselt, entschließen wir uns, hierzubleiben. Die Armen dort unten, die Frau und der Freund, die werden jetzt bange warten – und wir haben uns nicht einmal von ihnen verabschiedet. 600 Meter tiefer sehen wir zwei Pünktchen. Sie bewegen sich gegen den Einstieg. Eugenie und Hans. Sie wollen wenigstens in Rufweite kommen ...

Sepp bringt den Trockenspiritus in Brand, während ich mich um Wasser bemühe. Das ist nicht so einfach. Meine Kriegserfahrungen kommen mir zugute. Sprungweise arbeite ich mich vor, von Band zu Band. Wenn es pfeift, schmiege ich mich eng an den Fels – wie bei Artilleriebeschuß. Jeder Meter der Wand kündet hier von verzweifeltem Kampf ums Leben. Alte Seilreste, verrostete Abseilhaken zeugen von einer Zeit, da hier noch geheimnisvolles Neuland war. Abenteuerlich ist die Suche nach Wasser. Aber dann kann Sepp doch den heißen Trunk bereiten.

Lange Schatten ziehen durch die Täler. Etwas wehmütig klingt eine schwache Frauenstimme an unser Ohr:

»Hermann ...«

Wir geben Antwort – verabschieden uns. Die beiden andern lenken ihre Schritte wieder zurück, hinab ins Tal. Es fällt ihnen nicht leicht, man merkt es ihnen an. Immer wieder bleiben sie stehen und rufen herauf:

»Sepp – Hermann –!!«

Gellender Steinschlag unterbricht die Stimmen der Freundschaft.

Kalter Wind streicht die Wand herab. Der Nebel senkt sich langsam, läßt uns aber frei. Wir hüllen uns in die Anoraks.

Gegen Mitternacht schlüpfen wir in die schützende Hülle des Zeltsacks und versuchen zu schlafen. Gegen drei Uhr früh sehen wir zwei Lichtlein sich zur Wand hinbewegen, die beiden von gestern, die Brüder aus dem Allgäu. Wir warten die Tageshelle ab.

Morgentoilette ist bald gemacht, und während ich mich zum Gehen anschicke, sind auch die beiden Allgäuer schon hinter uns. Noch etwas schwerfällig sind meine Bewegungen. Ein harter Riß sorgt bald für die nötige Ermunterung. Ich schinde mich richtig ab, während der erste der beiden Nachfolger an einem vergilbten Seil, das noch von früheren Rettungsversuchen hier hängt, an mir vorbei hinaufturnt. Der zweite folgt ebenso.

»Die haben's aber eilig«, meint Sepp, »wollen die einen Wettlauf machen?«

»Die geben's schon noch billiger«, gebe ich zur Antwort. Mir ist jedenfalls der Fels lieber als das alte, verwitterte Seil.

Am Hinterstoisser Quergang treffen wir wieder zusammen. Hier hatten die anderen ihre Rucksäcke hinterlegt.

»Steinschlag!«

Die Wand schickt uns einen Morgengruß. Mein alter Berghut, den ich schon beinahe stiefmütterlich behandelte, darf sich heute wieder einmal bewähren. Zur Polsterung kommt noch die Mütze darunter. Sepp meint, ich hätte mehr Ähnlichkeit mit einem Herrenpilz als mit einem Bergsteiger. Aber an etwas Spott ist noch keiner gestorben, wohl aber an Steinschlag. Auf einem Schuttkegel am Beginn des Querganges richten wir uns kletterfertig her. Einige alte, aber solide Seilreste erleichtern uns die ersten paar Meter. Sehr glatt ist der Fels. Im Seilsitz schiebe ich mich nach links.

Diese 40 Meter lange Unterbrechungsstelle wurde schon manchem zum Verhängnis. Wenn infolge Wettersturzes, nach mißglücktem Durchstiegsversuch, nur mehr ein rasches Zurück der einzige Ausweg aus der Wand war und der Weg nach unten bereits offen schien, war es dieser Quergang, der infolge Vereisung erschöpften und seelisch zermürbten Menschen den Rückzug verwehrte. Hinterstoisser und seine Gefährten bestimmten im Jahre 1936, durch Abziehen des Quergangseiles im Aufstieg, selbst ihr tragisches Schicksal.

Hinter einer Ecke finde ich Stand, um Sepp nachkommen zu lassen. Ein Seilgeländer erleichtert es ihm. Für die nachkommende Seilschaft lassen wir es noch hängen. Nach weiteren 40 Metern erreichen wir eine Nische. Überall finden sich Spuren vom Ringen um diese Wand. Auch hier sind alte Seilreste und Konservenbüchsen. Hinter der nächsten Ecke müßte das »Erste Eisfeld« sein. Doch der Berg hat sein Gesicht verändert. Von Eis ist keine Spur mehr vorhanden. Glattgeschliffener, vollkommen haltloser Fels tritt an seine Stelle. Eine zentimeterdünne Wassereisschicht überzieht die Platten. Vorsichtig quere ich nach links in eine Art Rinne. Ab und zu zischen Steinchen an uns vorbei. Dieses Pfeifen und Surren wird mit zunehmender Tageswärme immer häufiger.

Der Zugang zum »Zweiten Eisfeld« wird durch eine unüberwindliche Wassereisbarriere versperrt. Wir werden nach links abgedrängt. Immer steiler bäumt sich der Fels auf. Und immer noch dieselbe Beschaffenheit, abwärtsgeschichtet, von Lawinen und Steinschlägen glattgescheuert, weder Griffe noch Tritte, nicht einmal eine Ritze für einen Haken findet sich. Auf den Gesimsen und Vorsprüngen liegt feiner Sand. Wie auf Eiern schleicht man höher, wagt kaum zu atmen. Ein furchtbares Gefühl. Was ist, wenn die Reibung der Gummisohlen ausläßt? Ich will gar nicht daran denken.

Die folgende Seillänge führt Sepp. Ich neide sie ihm nicht; nun wird es sogar überhängend. In verzweifelter Lage hängt er am Fels. Ich weiß gar nicht, wo er sich hält, und jeden Moment droht er abzugleiten. Verständnisvoll schaue ich zur Seite, damit er ungeniert von den Knien Gebrauch machen kann. Langsam läuft das Seil durch meine Hände. Eissplitter springen herab. Eisen klirrt auf Eisen. Offenbar schlägt Sepp einen Haken. Dann kann ich nachkommen. »Ein Meisterstück – bravo Sepp!«

Die Allgäuer sind uns hart auf den Fersen. 20 Meter über uns ist der untere Rand des »Zweiten Eisfeldes«. Bis dorthin geht Sepp noch. Er kann kaum stehen, ich unter ihm nicht besser. In peinlichster Lage schnallen wir unsere Zwölfzacker an. Das Eisfeld wird eine Arbeit für mich. Ganz dünn nur ist die Eisschicht, schwarzes, hartes Eis. Beim ersten Pickelhieb dröhnt dumpf die ganze Fläche. Sie hält den Schlägen nicht stand. Also nun eben ohne Stufen! Vorsichtig trippele ich nach rechts. Zwischen den Füßen hindurch sehe ich unsere beiden Nachfolger auf kargem Platz und ein Stück tiefer – ich traue meinen Augen kaum – weitere fünf Mann. Wenn ich da ausglitte, würde ich sämtliche Nachkommenden aus der Wand wischen. Ich darf nicht gleiten!

Nach 10 Metern wage ich einen Haken in die glasige Fläche zu schlagen. Zur Hälfte nur geht er hinein, dann steht er am Fels an. Allmählich wird die Beschaffenheit besser, und das spröde Eis geht in harten Firn über. Die fünf Nachzügler entpuppen sich als zwei Seilschaften, und bald erkenne ich in ihnen alte, gute Bekannte aus Chamonix. Voraus Rébuffat – in Rufweite begrüßen wir uns. Magnone, dem ich schon vor zwei Jahren in der Drus-Nordwand begegnete, ist auch unter den Nachkommenden. Vor kurzem hat er erst ein Meisterstück geliefert, die Erstbegehung der Westwand der Drus, einer der letzten großen unerstiegenen Wände des Mont Blanc. Ich rufe ihm meinen herzlichen Glückwunsch zu. Da trifft sich was – denke ich mir. Sehr klein und beinahe überflüssig komme ich mir in dieser Gesellschaft internationaler Berühmtheiten vor.

So steigen wir neun Mann das zweite Eisfeld an. Wir gewöhnen uns an den Steinschlag. Er erscheint uns wie notwendige Begleitmusik. Wir denken uns fatalistisch: »Jeder Stein trifft nicht!«

Den oberen Rand des Eises queren wir nach links. Das klingt einfach. Aber ich zähle zehn Seillängen. Wie gewaltig ist doch die Wand, wenn allein dieses kleine Stückchen Eis schon zehn Seillängen mißt! Wir können nur ahnen, wieviel Fels sich über uns noch aufbaut. Kostbare Zeit vergeht, und wir gewinnen nicht einen Meter an Höhe. So ist es in dieser Wand, ein Drittel des Anstieges besteht nur aus zeitraubenden Querungen.

Ein überhängender Riß nimmt mich auf. Wo dieser endet – Wassereis, Wassereis und nochmals Wassereis. Dazwischen splittriger, abschüssiger Fels. »Wann hört denn endlich dieses ekelhafte, gefährliche Gelände auf?« Es muß doch schönen griffigen Fels in dieser Wand geben! Dies sind die Folgen der Ausaperung. Hier war früher einmal Eis. Nur noch Reste davon, schwarz, von Geröll völlig verdeckt, hängen in den Runsen und bieten einen grausig abschreckenden Anblick.

Weiter.

Eine brüchige Felsrippe steigen wir höher. Wasser plätschert herab. Wir sind am Todesbiwak von Sedlmayer und Mehringer. Mein Höhenmesser zeigt 3200 Meter. 1000 Meter Wand liegen also bereits unter uns. Es ist aber erst die Hälfte des Anstieges und dazu noch der leichtere Teil.

Unsere Mägen fordern ihr Recht – Mittag! Wie Spielzeug liegt die Landschaft unter uns, die Häuser von Grindelwald, Kleinscheidegg und die Schlangenlinie der Jungfraubahn. Über uns wölbt sich ein Überhang vor. Sechs bis sieben Meter höher steckt ein alter Haken. Bis hierher mag einmal das Eisfeld gegangen sein. Vielleicht ist es der Haken, an dem Sedlmayer und Mehringer ihre letzte Nacht verbrachten?

In unheimlicher Steilheit schießt das »Dritte Eisfeld« zur Tiefe. Ohne Abstufung geht es in den noch steiler werdenden Fels über, der bald darauf unseren Blicken entschwindet. Schwarze Sekundärrinnen mahnen an den überaus starken Steinschlag. Sepp wartet eine Steinschlagpause ab, ehe er den schützenden Überhang verläßt. Doch von neuem prasselt es in der Flanke. In außerordentlich dichter Folge kommen die Geschosse herab, und ohne Deckung steht der Freund in gut 55 Grad geneigtem Eis. An seinen Kraftausdrücken kann ich erkennen, wie ihm zumute ist. Er hat ja heute besonderes Pech. Scheinbar haben es diese Kobolde nur auf ihn abgesehen, denn schon dreimal wurde er – Gott sei Dank, nur von Splittern etwas unsanft berührt.

»Da braucht man wirklich gute Nerven«, meint er lakonisch.

Auch diese böse Stelle bringen wir hinter uns. Dann steigen wir leichter zum Beginn einer Rampe, welche einen überhängenden Wandgürtel schräg durchreißt, hinüber. Wir glauben uns unter dem Schutz der Felsen sicher, werden aber bald eines anderen belehrt. Es gibt in dieser Wand offenbar keine toten Winkel. Nun kommen die »Egons«

die Rampe herab. Gleichzeitig steigen wir weiter. Der Fels ist schöner und unser Tempo zügig. Wenn es so weitergeht, erreichen wir heute noch den Gipfel. Wir freuen uns darauf. Wir freuen uns zu früh …

Vor einem vollkommen vereisten Kamin müssen wir Halt machen. Eiszapfen hängen von den Wänden, und glasiges Eis überzieht den glatten Fels. Immer von neuem versuche ich es, und immer wieder gleitet die Hand am spiegelglatten Gestein ab. Ich lasse mich nicht zur Untätigkeit zwingen und will rechts vom Kamin in den stark überhängenden Wänden mein Glück versuchen. Nach zwei Stunden liegen nur 30 Meter hinter mir. Und 2 Meter trennen mich noch vom Standplatz oberhalb des Kamins.

Der Riß schließt sich. Inzwischen sind die anderen nachgekommen und haben sich unter dem Kamin versammelt. Die Sonne spendet uns hier noch einen Gruß. Es sind die ersten Strahlen, die die Wand treffen. Langsam kommt Leben in den Kamin. Eiszapfen brechen klirrend wie Glas entzwei.

Ich komme nicht durch! Nach einer freien Abseilstelle zieht mich Sepp wieder zur Wand herein. Das Eis hat sich in Wasser verwandelt, ganze Sturzbäche schießen durch den Kamin. Die beiden Allgäuer ringen schon mit den Wellen. Sie schnappen nach Luft.

Nun ist die Reihe wieder an mir. Bis ich den Kamin hinter mir habe, ist kein Faden am Leib mehr trocken. Es ist ein schwacher Trost, daß es den anderen auch nicht besser geht. Wir übernehmen wieder die Spitze. Es kommen noch mehr solche unliebsame Duschen. Zum Abschluß noch ein Überhang, eisüberkleidet, auch hier rieselt Wasser herab, und oberhalb dachziegelartig geschichteter Fels. Es ist, als ob man auf ein steiles Schindeldach hinaussteigen würde.

Wieder pfeift es die Wand herab. Ich ziehe den Kopf ein, eine kurze Salve, dann ist es wieder ruhig. Ein steiles Eisfeld zieht nach oben, der Ursprung der Geschosse. Der Fels wird wieder sehr morsch. Durch Seilverbindung erleichtern wir den Nachkommenden dieses gefährliche Stück. Dort oben ist der Quergang zur »Spinne«, dort rechts hinaus! Das Zwischenstück dorthin ist furchtbar schlecht und besteht aus lose aufeinandergeschichteten Steinen, ebenfalls durch den starken Rückgang des Eises hervorgerufen. Gleich nach den ersten paar Schritten sehen wir ein, daß es verantwortungslos wäre, weiterzusteigen, da wir die Nachfolgenden durch die sich lösenden Steine in größte Gefahr bringen würden. Kostbare Zeit verstreicht. Untätig stehen wir und warten, warten...

Bis alles heroben ist, ist es bereits 17 Uhr. Wer weiß, wie es später mit einem Biwakplatz aussieht. So richten wir uns hier zur Beiwacht ein. Die Franzosen finden etwas tiefer einen Felskopf, wir müssen uns erst etwas Passendes suchen. In erster Linie muß der Platz steinschlagsicher sein.

»Hier geht's!« ruft mir Sepp zu und verschwindet hinter einem Vorsprung. Kaum hat er den Ausruf getan, höre ich auch schon ein Stöhnen.

»Was ist denn?«

Ich eile ihm entgegen. Ganz benommen lehnt er am Fels. Ein nußgroßer Stein hat sich gerade seinen Kopf zur Zielscheibe gewählt. Aber sein Schädel hält was aus!

Alles, was locker ist, wandert in den Abgrund, so lange, bis wir ein Plätzchen haben, auf dem wir zur Not sitzen können. Etwas rechts von uns läßt sich das junge Brüderpaar nieder. In dieser feuchtkalten Stimmung kann uns nur noch ein heißer Tee erwärmen. »Esbit« und Sturmhölzer werden aus dem Rucksack hervorgeholt, doch alles ist naß. Vergeblich mühe ich mich mit den Schwefelhölzern ab, bis die Schachtel leer ist. Mit einem klassischen Zitat verabschiede ich auch diese. Nun aber schnell in den Biwaksack. Brennender Durst quält uns. Das Essen bleibt uns im Mund stecken. Selbst Schokolade schmeckt wie Sägemehl.

Wieder wird es dunkel. In der Nähe des Kleinen Scheidegg gibt jemand Blinkzeichen. »Ich glaub', das gilt uns«, sage ich zu Sepp. Wir können leider nicht antworten.

»Wie wäre es eigentlich mit einem Song?« Da fällt mir gerade etwas ein, das eigentlich ganz hierher paßt! Mit der Parodie »Fahren Sie nicht zum Eiger, fahrn Sie da nicht hin...« bringe ich dem Gefährten ein Ständchen. Fahren Sie nicht zum Eiger...

Unendlich langsam vergeht die Nacht. Die Minuten werden zu Stunden. Das Wetter macht uns Sorge. Der Himmel ist überzogen, und das fahle Mondlicht verblaßt immer mehr, um sich schließlich ganz hinter einer Wolkendecke zu verbergen. Dunkler wird das Gewölk. Drohend und schwarz hängt es über der Niederung. Was ist, wenn das Wetter umschlägt, werden wir dann zum Gipfel durchkommen? Das gefährlichste Stück, die »Spinne«, liegt ja noch vor uns! Und wenn durch diese die Lawinen herunterfegen? Doch an ein Zurück wollen wir erst recht nicht denken. Die Querungen der Eisfelder würden uns wahrscheinlich zum Verhängnis werden, denn dort prallen die Neuschneelawinen mit erhöhter Wucht auf. Zwei Drittel der Wand sind wir schon hoch.

Das untätige Zuwarten wird zum Martyrium. Die Zuversicht auf Besserung des Wetters schwindet von Minute zu Minute. Immer öfter richten sich unsere Blicke durch das Guckloch im Biwaksack. Nebelfetzen umflattern gespenstisch die Wand. Das Dunkel der Nacht weicht langsam einem milchigen Grau. Die Atmosphäre lastet bedrückend auf unseren Gemütern.

Endlich wird es hell. Rasch sind wir auf den Beinen. Der Einbruch des Wettersturzes ist nur mehr eine Frage der Zeit, und da ist jeder Meter, den wir noch bei normalen Verhältnissen hinter uns bringen, geschenkt. Die Allgäuer hatten eine unangenehme Nacht hinter sich, da sie ungeschützt, ohne Biwaksack der Kälte preisgegeben waren. Das Blau der französischen Daunensäcke wirkt im Gegensatz zur düsteren Umgebung heiter in unseren Augen.

Brüchige Leisten führen nach rechts zu einem Steilaufschwung. Einzelne Flocken wirbeln durch die Luft. Senkrecht schießt der Fels zur Höhe, jedoch ist die Wandstelle sehr griffig.

Wie aus dem Hinterhalt überfällt uns plötzlich ein heftiges Schneegestöber. Griffe und Leisten sind bald von Schnee überdeckt. Unter den warmen Fingern schmilzt der Schnee sofort und bildet eine dünne, trügerische Eisschicht. Mit jeder Minute werden die Verhältnisse kritischer, doch dieser Zustand des Kämpfens, des Hinnehmens ist um vieles leichter als das bange Warten in der Gewißheit des Kommenden.

Auf allseitigen Wunsch hängen wir uns jetzt zu einer geschlossenen Seilschaft zusammen. Der »Götterquergang« liegt nun vor uns. Bei schönem Wetter mag er ja göttlich sein, denn direkt unter den Füßen bricht der Fels senkrecht zum »Dritten Eisfeld« ab. 1400 Meter tiefer die Matten von Alpiglen. Doch unter diesen Verhältnissen kann er höchstens dazu beitragen, den Göttern plötzlich näherzukommen. Jeder Tritt und jeder Griff muß erst sorgfältig von Schnee befreit werden. Die Sicherungsmöglichkeiten sind äußerst spärlich. Der Sturm heult um die Flanken. Um ein Vielfaches verstärkt sich nun der Schneefall. Wolkenbruchartig überschüttet uns der Himmel mit dicken Flokken. Ein Rauschen setzt ein, der Schnee rieselt von den Wänden. Jeder steht völlig für sich allein in diesem Hexentanz. Nur das Seil sagt noch: »Du bist nicht allein, es sind noch Kameraden da, die für dich einstehen.«

Fünf Seillängen sind es bis zur »Spinne«. An exponierter Stelle schnallen wir die Steigeisen an. Hier haben wir Gelegenheit, das Spiel der Lawinen zu beobachten, und versuchen ihren Rhythmus, ihren »Fahrplan« herauszubekommen. Alle fünf bis zehn Minuten schießt ein weißer Strom gischtend den linken Teil des Eisfeldes herab. In größeren Abständen, so jede halbe Stunde, kommt dann der Hauptstrom, der ganz enorme Ausmaße annimmt und über die ganze Fläche des Eises hinwegfegt. Ich warte eine solche große Lawine ab und quere dann unmittelbar nachher in die Mitte des Eisfeldes, welches zu den Ausstiegsrissen hinaufführt. »Spinne« deshalb, weil es wie die Füße einer Spinne nach allen Seiten mit Eisrändern in den Fels übergreift.

Steil ziehen die Ausstiegsrisse nach oben. Eben füllt wieder eine weiße Wolke die Schlucht, wälzt sich die Ausstiegsrisse entlang herab und teilt sich an einem Felssporn. Ein guter Teil greift nach rechts über und bahnt sich den Weg zu mir herab. Schnell noch die Pickelspitze in das Eis, den Körper fest angeschmiegt, dann erwarte ich mit Bangen den Druck des Schnees.

Unheimlich schnell rast der weiße Strom zur Tiefe.

Die ganze Umgebung bewegt sich. Oder rase ich hinauf? Was ist denn los mit mir? Stehe ich überhaupt noch, oder bin ich schon im Sturz? Das Gleichgewichtsgefühl will mir einen Streich spielen.

Endlich läßt der Druck nach. Über dem Kopf hat sich ein Schneekeil gebildet, der nach oben spitz in die Wand verläuft. Ihm habe ich es zu verdanken, daß mich der stürzende Schnee nicht in die Tiefe mitriß. Langsam verebbt das Rieseln, es wird wieder ruhig. Die Ausläufer gehen noch über die Nachkommenden hinweg, und wie ein

Sturzbach ergießt sich der lockere Schnee über ihre Körper und zerrt an den Seilen. Bald sind auch meine Gefährten außer Gefahr.

Sieben Stunden benötigen wir für das Eisfeld. Ich bewundere meine Kameraden, daß sie soviel Geduld aufbringen, denn immer, wenn sie 30 Meter gegangen sind, müssen sie dann eine Stunde an ein und derselben Stelle warten. Mir treibt es dabei den Schweiß aus den Poren. Unsere Kette ist so in die Länge gezogen, daß ich nur hie und da einen Blick zu den Franzosen zurück tun kann. Wir empfinden es als besondere Kameradschaft, daß sie, die berühmtesten von uns, sich nicht vordrängen. Es wäre auch unmöglich, hier die Reihenfolge zu wechseln.

Der Schnee ist mittlerweile sehr feucht geworden. Ebenso feucht ist auch unsere Kleidung. Steil zieht das Eisfeld in den Fels hinauf, der tief unter einer trügerischen Neuschneedecke begraben liegt. Die folgende Kletterei, es dürfte sich unter normalen Umständen um keine allzugroße Schwierigkeit handeln, ist wohl das Riskanteste, was mir bisher unterkam. Es ist kein Klettern mehr, es ist nur mehr ein Höherkämpfen, wobei man sich immer gegen das Gefühl des Abgleitens wehrt. Erlaubt ist alles, wenn es nur weiterhilft. Es wird nicht nach Stil gefragt. Als praktische Fortbewegungsmittel erweisen sich hier Ellenbogen und Knie. Wenn es dann wieder einmal gelingt, einen Haken anzubringen, schnaufe ich erleichtert auf in dem Gefühl, der Wand ein Schnippchen geschlagen zu haben. Jeder gewonnene Meter ist ein Sieg. Im Schneckentempo kommen wir höher. Aber die Zeit eilt. Minuten? Stunden? Wir achten nicht darauf. Aber wir kommen zu der Erkenntnis, daß wir heute nicht mehr den Gipfel erreichen werden. Ein drittes Biwak! In dieser Wand, bei diesen Verhältnissen! Aber es ist unvermeidlich. Jetzt geht es nicht mehr um den Gipfelsieg. Jetzt geht es um das nackte Leben …

Nur 250 Höhenmeter sind der Erfolg des heutigen Tages …

Und über uns die Wand, nebelverhüllt, sturmgepeitscht, drohend. Vor uns eine endlose, grausame Nacht. Werden wir sie heil überstehen? Alle? Wir gehören zusammen …

Wir sind lange nicht mehr so widerstandsfähig wie tags zuvor. Die Allgäuer können, Gott sei Dank, bei den Franzosen Unterschlupf finden. Wir gehören alle zusammen …

Der nasse Biwaksack, unser kostbarstes Gut, muß nun wieder in Aktion treten. Er war mir schon oft Schutz vor Wetterunbill. Biomalz in dickflüssiger Form ist das einzige Eßbare, was für unsere ausgetrockneten Gaumen noch einigermaßen erträglich ist. Patschnaß und gefühllos sind die Füße. Kein trockenes Paar Handschuhe haben wir mehr. Was gäben wir jetzt für die langen Unterhosen, doch diese liegen wohlverwahrt im Rucksack auf Klein-Scheidegg. Die alte Kletterhose hält auch nicht mehr viel. Rein traditionshalber muß sie diese Tour noch mitmachen, dann wird sie endgültig ausrangiert werden. Für Durchlüftung ist jedenfalls reichlich gesorgt. In Lunge und Nieren empfinde ich stechenden Schmerz. Schwer geht der Atem. Sepp klagt über ähnliche Beschwerden.

Überraschend schnell bricht die Nacht herein.

»Ja, fahren Sie nicht zum Eiger …« Wieder fällt mir dieser blödsinnige Schlager ein. Was war es eigentlich, das uns hierher gelockt hat? Das uns mit einer Selbstverständlichkeit diese Strapazen auf uns nehmen ließ? Wir wußten wohl von den Gefahren dieser Wand und wußten auch, daß die Kletterei allein nicht befriedigen kann – und doch sind wir gekommen! Ja, das ist eben das große Rätsel des Bergsteigens. Aber wir können und wollen dieses Rätsel nicht heute lösen, in dieser furchtbaren Nacht. Es ist nur der Glaube und der Wille, der uns den Mut erhält. Der Glaube und der Wille zum Leben …

Von den Wänden tropft es auf unseren Biwaksack. Neuschnee rieselt über uns hinweg. Wir sind völlig durchnäßt, sitzen in Nässe. Die Kälte dringt durch die Kleider bis auf die Knochen und schüttelt uns so, daß wir öfters mit den Köpfen zusammenprallen. Muskelkrämpfe durchzucken uns, besonders Sepp kann nicht ruhig sitzen. Mit der vom Willen befohlenen Gelassenheit warten wir schließlich dem Morgen entgegen. Aber wir singen nicht mehr. Die klappernden Zähne sind das einzige Geräusch.

Wieder belästige ich Sepp und bitte ihn, auf die Uhr zu schauen. »Elf Uhr.«

Vermeintlich nach Stunden wiederum:

»Geh, Sepp, schau noch einmal!«

»11.30 Uhr«, gibt er lakonisch zurück.

Das Genick schmerzt von der zusammengekauerten Stellung. Der

Biwaksack drückt auf den Kopf, denn die Füße wollen auch noch darunter sein. – Die Gedanken wandern für Augenblicke in die andere, sichere Welt. Was werden Frau und Freund, die auf Scheidegg zurückgeblieben sind, für Sorgen um uns haben? Die anderen in der anderen Welt... Der brennende Durst in der Kehle steigert sich zur Unerträglichkeit, zwingt die Gedanken zurück in die gnadenlose Gegenwart. Ich lange aus dem Zeltsack hinaus, kratze etwas Schnee zusammen und stille meinen Durst. Sand ist auch dazwischen, es knirscht zwischen den Zähnen, doch es hilft – aber nur für kurze Zeit. Ich taste herum, suche nach dem Glas Biomalz. Der letzte Rest wird noch mit verschmierten Fingern herausgeholt, alles klebt! Für einige Zeit ist der Magen besänftigt.

Die Gedanken sind wieder in der Wand über uns. Noch 300 Meter zum Gipfel. Wären wir allein in dieser großen Wand – wir würden uns klein und verlassen vorkommen. Doch wir sind ja neun. Jeder ist für jeden verantwortlich. Das gibt starken moralischen Halt. Wird es uns gelingen oder werden uns die Lawinen zurückwerfen?

Es muß gehen! Wenn der eine ausläßt, steht schon der nächste an seiner Stelle. Neun Mann gehen doch nicht so schnell zum Teufel. Ich rede mir selbst Zuversicht ein. Wie klein erscheinen mir nun die Sorgen des Alltags, die Bagatellen, um die man sich im Tale herumstreitet. Kaum mehr zu ertragen ist die Kälte. Das Kondenswasser, das anfänglich an der Innenseite unseres Zeltsackes herunterlief, ist zur Eisschicht geworden. Die Kleidung bocksteif vor Frost.

Langsam graut wieder ein Morgen.

Umständlich schäle ich mich aus der Hülle, schneidende Kälte empfängt mich. Ich schätze die Temperatur auf mindestens zehn Grad minus. Reingefegt ist der Himmel. Unter uns brodelt ein Wolkenmeer und schlägt an die winterliche Wand. Wie ich meine Umgebung betrachte, fällt mich das Grauen an. Alles sieht so abweisend aus. Kalt starrt mir der Fels entgegen, eisiger Hauch weht von ihm auf uns.

»Ich glaub', ich hab' Gleichgewichtsstörungen, Sepp, ich kann mich ohne festhalten nicht aufrichten!« Ein unheimliches Gefühl.

Die Kälte treibt mich bald wieder unter den Sack. Bei dieser Temperatur zu klettern wäre ein Wahnsinn.

Eine Stunde später wollen wir es doch versuchen. Wir müssen die

Zeit nützen, es wird alles darangesetzt werden müssen, um heute noch den Gipfel zu erreichen. Bei näherer Betrachtung des Weiterweges blicken wir uns fragend an. Ich erschrecke, als ich das blaßgrüne Gesicht meines Freundes sehe. Trotzdem ist es ein entschlossenes, tapferes Gesicht.

Ein überhängender Riß zieht nach oben. Eiszapfen hängen herab. Schnee und Rauhreif verdecken den Fels. Wie ein Häuflein Verlorener kauern die anderen noch auf dem Felskopf. Das Perlonseil ist wie Draht, der Rucksack gleicht einem Blechkanister, und die Kapuze meines Anoraks läßt sich nicht einmal mehr zurückschieben, sie ist an der Kopfbedeckung festgefroren. Die Hosenröhren gleichen einer verbeulten Dachrinne und stoßen wie Blech an die nackten Beine. Die Handschuhe sind ebenfalls steifgefroren. Aber ich schüttle Grauen und Hoffnungslosigkeit ab.

Mit ungelenken Fingern schnalle ich die Bindung meiner Steigeisen fest. Über einen Schneekeil stapfe ich aufwärts. Die Hände suchen nach einem Griff, sie gleiten ab, alles ist verglast. Der Hammer sondiert das Gestein. Ein Ringhaken fährt in eine Ritze. Der Karabiner schnappt. Die Füße spreizen weit draußen, Steigeisen scharren am Fels.

»Etwas Zug!« Der Freund steht gut auf seinem Posten, gibt den erforderlichen Seilzug. Ein zweiter Eishaken wird aus dem Gürtel geholt, angesetzt, doch ich kann kaum den Hammer mehr halten. Nach jedem zweiten, dritten Schlag sinkt der Arm müde herunter. Mit den dicken Handschuhen lassen sich die Karabiner schwer bedienen. Dann gleiten mir wieder die Füße ab, der Körper hängt wie ein Sack im Seil, und es braucht unendlich viel Kraft, um wieder Stand zu fassen. Aufreibend ist dieses Spiel.

Die Schlosserei, die Haken und Karabiner, sind verbraucht. Von unten kommt Nachschub. Die Achselhöhlen schmerzen sehr vom dauernden Hängen im Seil. Ein Überhang wölbt sich weit vor. Unter anderen Voraussetzungen hätte ich es vielleicht aufgegeben, aber was hilft es hier? Wir müssen durchkommen! Mit letzter Kraft und äußerster Energie wird Haken um Haken geschlagen. Jeder Hammerschlag bedeutet größte Anstrengung. Es ist ein letztes Aufbäumen des Willens! Des Willens zum Leben …

Nach vier Stunden habe ich ganze 20 Meter hinter mich gebracht. Ich stehe auf einem kleinen Podest.

»Sepp, ich kann nicht mehr!« rufe ich hinab. »Dieser Riß hat mich fertiggemacht!«

Sepp ist bald bei mir heroben und übernimmt, ohne ein Wort zu verlieren, die Führung.

Die Seilschaft bewegt sich wieder geschlossen vorwärts. Die Kletterei nimmt allmählich an Schwierigkeiten ab.

Ein Gratrücken zieht noch weit in das Gipfeleisfeld der Nordwand hinauf. Öfters müssen wir kurze Rastpausen einschalten. Herz und Lunge wollen nicht mehr recht mitmachen. Endlich sind die letzten Felsen erreicht. Sonne umkost uns, die ersten wärmenden Strahlen seit zwei Tagen. Langsam tauen wir wieder auf. Wir warten aufeinander; noch 100 Meter trennen uns vom Grat. Durch Nebellöcher sehen wir hinab zu den winzig kleinen Häusern von Grindelwald. Die Franzosen seilen sich von uns ab, sie wollen etwas später nachkommen. Im Anblick des nahen Gipfels steigert sich wieder unsere Lebenslust. Trotz des Neuschnees glänzt blankes Eis. Ein letztesmal werden die Knöchel beansprucht, die widerwilligen, steifen Muskeln zu harter Arbeit gezwungen. Dann stehen wir auf der scharfen Schneide des Mittellegigrates.

Endlich die letzten Schritte zum Gipfel … Zwei Kameraden erwarten uns, Landsleute. Sie sind heraufgeeilt, um zu sehen, wie es um uns bestellt ist und wie man uns helfen könnte. Bergkameradschaft! – Stumm drücken wir uns die Hände. In uns ist nicht jenes beglückende Gefühl, das man sich nach so einer Fahrt erhofft. Das Erlebte der letzten drei Tage lastet noch zu sehr auf unseren Gemütern, der Geist kann sich nicht so schnell umstellen. Der Abstieg gestaltet sich leicht. Wir wählen die Westflanke zur Station »Eigergletscher«. Vielleicht sind Generl und Hans in der Nähe, warten … Da tauchen auch schon zwei Schatten aus dem einförmigen Grau … Wir fallen uns in die Arme. Vergessen sind die Seelenqualen der letzten Tage, wir haben uns wieder. Die traurige Stimmung meiner Frau wandelt sich schlagartig in unbeschreibliche Freude – das Leben hat wieder einen Sinn.

Zwischenspiel des Alltags

Die Umwelt sorgt dafür, daß die Hochstimmung der Berge nicht das Alltagsleben verschöne. Zu Hause erwartet mich eine nette Überraschung. Eine Zwangsräumung der Wohnung steht mir bevor. Die Wohnungsnot nimmt immer unerträglichere Formen an, und da wir nur Untermieter sind und unserem Hauptmieter infolge einer Erkrankung und dauernden Spitalaufenthaltes gekündigt wurde, müssen auch wir unser Zimmer in der Wohnung verlassen. Wir sollen ins Obdachlosenheim eingewiesen werden. Ich selbst würde ja nach Nomadenart lieber im Zelt wohnen, aber das läßt man in einer modernen, zivilisierten Stadt wie Innsbruck nicht zu. Außerdem habe ich Rücksicht auf meine Frau und unser erst vor wenigen Monaten geborenes Töchterehen zu nehmen. In letzter Minute noch kann ich Aufschub der Räumung für ein halbes Jahr erwirken. Mir ist wieder leichter!

Die Folgen der Eiger-Nordwand machen sich erst jetzt bemerkbar. Sepp und ich haben beide Erfrierungen an den Füßen davongetragen. Sepp schwererer Art, bei ihm sind die Zehen schon aufgebrochen. Bei mir ist nur eine dunkle Färbung der Zehen bemerkbar, und täglich kann ich einen Nagel abnehmen. Mir reicht das aber vollkommen. Nächtelang liege ich nun wach im Bett und wälze mich von einer Seite zur anderen. Wenn das Blut zu zirkulieren beginnt, fühlt es sich an, als ob die Zehen voll von Ameisen wären. Das einzige, was ich dagegen tun kann, sind Wechselbäder. So viel Wasser wie in diesen Tagen und Nächten haben meine Füße noch nie gesehen.

Ich sitze gerade in Kitzbühel und unterhalte mich mit Heini Harrer, der noch an seinem Buch *Sieben Jahre in Tibet* schreibt, über zukünftige Probleme. Beiläufig zeigt er mir eine Illustrierte und deutet auf den Namen Herrligkoffer. Dr. med. Karl Herrligkoffer! Er will im kommenden Sommer eine Expedition zum Nanga Parbat führen. Mir ist sein Name völlig unbekannt, auch Harrer hat nie von ihm gehört. Er scheint aber ganz konkrete Pläne zu haben und ein Meister der Propaganda zu sein, wenn schon illustrierte Blätter über ihn schreiben. Kein Bergsteiger kennt einen Dr. Herrligkoffer.

Die Zeit schreitet fort. Immer mehr hört man von der Herrligkofferschen Expedition. Sind es nur leere Reden, oder hat dieser Mann wirklich so viel Organisationstalent, eine solche Expedition auf die Beine zu stellen? Er soll der Stiefbruder von Willy Merkl sein, hört man jetzt, dem Willy Merkl, der zweimal am Nanga Parbat gewesen war und vom zweiten Versuch nicht mehr nach Hause zurückkehrte. Peter Aschenbrenner, ebenfalls ein früherer Nanga-Parbat-Mann, soll bereits für das neue Unternehmen verpflichtet sein. Desgleichen Kuno Rainer. Aber es werden auch Namen genannt von anderen Teilnehmern, denen ich als Bergsteiger noch nicht begegnet bin.

Inzwischen rückt der Tag meiner Zwangsdelogierung immer näher. Dazu steht der Winter vor der Tür. Ein günstiges Angebot, als Verkäufer im Münchner »Sporthaus Schuster« tätig zu sein, nehme ich gern an. Am 1. Dezember 1952 trete ich meine neue Stellung an. Meine Frau übersiedelt zunächst mit dem Kind in die Ramsau zu ihren Eltern, während ich bei Verwandten in München zur Not unterkommen kann. Wehen Herzens verlasse ich meine alte Wohnung und somit auch Innsbruck. Die Stadt, in der ich geboren wurde und 28 Jahre meines Lebens, meine ganze Jugend, verbrachte!

Ein Telegramm überrascht mich. Was ich nicht mehr zu erwarten hoffte, war eingetreten: Man forderte mich auf, an der Expedition teilzunehmen. Voller Begeisterung sage ich zu und stürze mich vom ersten Tag an in die Vorbereitungsarbeiten. Fast jeden Abend bin ich im Expeditionsbüro, da wird gepackt, geordnet und geschrieben. Ich frage mich nicht mehr, wer dieser Dr. Herrligkoffer ist und welches seine Qualitäten sind. Für mich ist er einfach der Mann, der mir endlich Gelegenheit gibt, in den Himalaya zu kommen, und die Chance, mich dort vielleicht zu bewähren. Zudem hat er uns versprochen, die Leitung der Expedition nur bis zum Basislager zu übernehmen. Am Berg selbst wird Peter Aschenbrenner zu bestimmen haben, da ist ja alles in guten Händen.

Auf Grund der Unterlagen seines Stiefbruders, die ihm jetzt zugute kommen, stellt Dr. Herrligkoffer den Expeditionsplan auf. Manchmal befürchten wir, es könnte eine Mammutexpedition werden, und wir versuchen zu bremsen. Aber Herrligkoffer läßt sich in nichts hineinreden und arbeitet eisern an seinem Plan weiter. Wir unterschreiben dann einen Expeditionsvertrag, der uns zwar nicht ganz geheuer vorkommt in seinen vielen juristischen Verklausulierungen, aber unser

Expeditionsleiter beruhigt uns, daß dies nur eine reine Formsache sei. Das ganze Unternehmen beruhe ja doch auf Kameradschaft, und es handle sich ausschließlich darum, ein heiliges Vermächtnis zu erfüllen. Eine »Gesellschaft zur Förderung deutscher Forschung im Ausland« wird gegründet, zu der sich jeder durch seine Unterschrift als Mitglied zu verpflichten hat. Die Gesellschaft – so heißt es – diene der Auswertung der Expedition nach ihrer Beendigung, wobei eventuelle Überschüsse je nach Leistung verteilt werden sollen. Außerdem sei die Gesellschaft aus Steuergründen notwendig.

Stutzig macht uns der plötzliche Austritt des bekannten Bergführers Anderl Heckmair, des Erstersteigers der Eiger-Nordwand, aus dem Team. Gaben die Verträge und vielen Unterschriftsleistungen den Anlaß? Auch daß Rebitsch, Harrer und der »Siebentausendersammler« Erwin Schneider Dr. Herrligkoffers Einladung ablehnten, stimmt mich nachdenklich. Hellhörig werde ich erst, als mir eines Tages ein anderer Teilnehmer, Dr. Walter Frauenberger, der Landgerichtsrat aus St. Johann im Pongau, zu verstehen gibt: »Wenn ihr zwei, Kuno und du, nicht bei der Mannschaft wärt, würde ich zurücktreten!«

Immer wieder gehen unsere Namen durch die Presse, und mir ist nicht wohl dabei, denn als Bergsteiger finde ich es ungewöhnlich, alles sofort an die große Glocke zu hängen und dauernd Vorschußlorbeeren zu ernten. Die Folge kann auch nicht ausbleiben. Es werden spitze Reden geführt, und wir müssen uns viele Zweifel anhören.

»Ihr kommt ja doch nicht hinauf, schade um das Geld!«

»Ihr kommt auch nicht weiter als die anderen!«

»Euch fehlt es an der nötigen Erfahrung, ihr wart ja noch nicht im Himalaya!«

»Und die Zusammenstellung der Mannschaft! Da sind Leute dabei, von denen noch niemand gehört hat.«

Solche Redensarten und mehr müssen wir über uns ergehen lassen. Die umstrittenste Person aber ist unser Expeditionsleiter. Der Grund ist wohl der, daß er ein bergsteigerisch vollkommen unbeschriebenes Blatt ist. Und so wenden sich die alpinen Spitzenverbände in Deutschland von ihm ab. Eine Ausnahme bildet die Sektion München des Alpenvereins, die sich infolge der Teilnahme zweier ihrer Mitglieder an der geplanten Expedition begreiflicherweise loyal verhält. Auch der Österreichische Alpenverein unterstützt den Plan Dr. Herrligkoffers, wohl mit Rücksicht auf uns österreichische Teilnehmer.

Um den ständigen Anfeindungen ein Ende zu setzen und die Tüchtigkeit der Expedition unter Beweis zu stellen, muß etwas geschehen. Meine letzte Bergfahrt liegt schon ein halbes Jahr zurück. Ich will wieder mein früheres Selbstvertrauen gewinnen und mich vor der Abreise nochmals auf Herz und Nieren prüfen.

Allein in der Winternacht – Watzmann-Ostwand

Es ist gerade Mittagszeit eines Februartages des Jahres 1953. Wie bei einem Torlauf schlängle ich mich, bepackt mit Rucksack, Ski und Eispickel, durch das Gewühl von Menschen dem Münchner Hauptbahnhof zu. Der D-Zug bringt mich rasch in die Berge. »Berchtesgaden – alles aussteigen!«

Hier herrscht noch tiefer Winter. Noch schnell einige Einkäufe, die Ski bleiben auf der Gepäckaufbewahrung, dann weiter zum Königssee.

Eine Stunde später ist St. Bartholomä erreicht.

Ein verstohlener Blick hinauf zur Wand, der höchsten in den Ostalpen, der Watzmann-Ostwand. Der »Salzburgerweg« wäre eigentlich am geeignetsten. Der ist so steil, daß weniger Schnee darin liegen wird. Ein kurzer Vergleich draußen mit der Natur, es ist gerade noch hell genug. Die markantesten Stellen präge ich mir ein.

Um sieben Uhr abends verlasse ich Bartholomä. Schon nach kurzer Zeit endet der bequeme Holzziehweg und somit auch jegliche Spur menschlichen Daseins. Oft versinke ich bis zu den Knien im Schnee. Hinter dem Göllmassiv tritt der Mond hervor, es ist Vollmond, und er überflutet die Umgebung mit silbernem Glanz.

Über frische und zu Eis gepreßte Lawinenkegel steige ich steil den hintersten Winkel der »Eiskapelle« hinan. Der erste Steilaufschwung liegt unter tiefem Schnee begraben. Meterhohe Eiswände, hart wie Beton, haben die niederstürzenden Schneemassen, die mit der Gewalt ganzer Lastzüge die Wand herunterpoltern, in den Untergrund gefräst. Ich habe gut getan, die Nachtzeit für den unteren Teil des Anstieges zu wählen, da der Frost den Schnee jetzt zusammenhält. Ein kleiner Rechenfehler ist mir allerdings unterlaufen. Die verhärtete Oberfläche des Schnees hält das Körpergewicht nicht aus. Der Sonne reichten die wenigen Stunden am Tage nicht aus, um den Schnee in den Flanken der Wand zu Firn werden zu lassen; nur Bruchharsch hatte sie zuwege gebracht, elenden Bruchharsch… Endlich ermöglichen mir harte Lawinenbahnen ein rascheres Ansteigen. Hier ist der Schnee aber so beinhart, daß ich die Steigeisen zu Hilfe nehmen muß.

Eine unschwierige Querung, dann stehe ich im Schöllhornkar. Auch hier erlauben mir die tiefen Lawinenfurchen ein rasches Vorwärtskommen. Eine dunkle Felswand steilt sich nun vor mir auf. Ich weiß, das Mondlicht trügt, es verzerrt, das Kommende wird kein Kinderspiel werden.

Es geht gegen zehn Uhr nachts. Mein Höhenmesser zeigt 1400 Meter. 500 Meter Wand liegen also hinter mir. Eine sehr glatte Platte hätte mich beinahe zu einem größeren Umweg gezwungen, doch es gelingt mir, sie zu überwinden, damit stehe ich am Beginn des Salzburgerweges, des schwersten Ostwandanstieges.

Ein schmaler Standplatz ist erreicht – eine luftige Warte! Über mir setzt jetzt ein großer Überhang an, zwei Ringhaken schauen herab, sie werden vorsichtig auf ihre Haltbarkeit geprüft. Der Fels drückt sehr nach außen, die Rucksackriemen schneiden in die Schultern. Ich muß zurück, stehe wieder auf der kleinen Plattform unterm Überhang. Mittels einer Seilschlinge wird der nicht leichte Rucksack in den unteren Haken gehängt. Ohne diese Belastung geht es wesentlich besser. Eine kleine Ruckstemme, und der Überhang, die Schlüsselstelle, liegt unter mir. Der Rucksack wird heraufgeholt, und im Scheine der Taschenlampe tue ich einen Blick in den »Zellerführer«. Über den weiteren Verlauf des Anstieges weiß ich jetzt Bescheid. Das Mondlicht nimmt zumal bei größeren Entfernungen jedes Beurteilungsvermögen und gibt dem Gelände keine Plastik. Ich ziehe jede Rückzugsmöglichkeit in Erwägung. Die Schlosserei und das 40-Meter-Seil würden ja genügen. Der Ausstiegskamin mag noch mit allerlei Überraschungen aufwarten. – Eiskaskaden – Schneebalkone! Wie wird der Übergang zum ersten Band aussehen?

Eine große weiße Fläche zieht jetzt steil nach links oben, noch eine kurze Unterbrechung, dann bin ich am »Riesenband«.

Kurz darauf stehe ich am Quergang zur Gipfelschlucht.

Mein Tempo verlangsamt sich nun etwas. Öfters muß ich kurze Rastpausen einschalten. Das Spuren im Schnee strengt furchtbar an. Ich erreiche dann einen kleinen Gratvorsprung. Rechts fällt die Wand steil zu den großen Bändern ab. Hier muß der »Kederbacherweg« heraufkommen, der Anstieg, den die Erstbegeher vor 55 Jahren machten. Seither wurde die Wand immer wieder auf neuen »Wegen« erstiegen, wovon der Salzburgerweg, auf dem ich mich heute befinde, der schwerste ist. Überall unwirkliche Schneegebilde, Schneepilze – balkonartige Vorsprünge – ganze Wagenladungen gepreßten Schnees hängen absturzbereit auf schmalen Gesimsen. Alles ist unter der weißen Masse begraben. Ausgleichend ziehen steile Schneefelder zum Grat empor, verdecken die Wandstufen und verleihen den Flanken den Eindruck absoluter Ausgesetztheit. Eine einzige jähe Flucht, ohne Unterbrechung.

Ich quere nach rechts hinüber. Doch schon nach den ersten Metern schwimme ich im grundlosen »Pulver«. Schlagartig haben sich die Verhältnisse geändert. Die Wand ist hier etwas nach Norden gerichtet und der Sonne abgewendet. Zierliche Schneegrate nehmen meine Spur auf. Sie bilden die Brücke von einem Vorsprung zum anderen. Fast tut es mir leid, diese wunderbaren Naturgebilde zu zerstören. Aber jetzt ist nicht Zeit für ästhetische Bedenken. Ich muß weiter…

Steil baut sich noch die Gipfelwand auf. Sie liegt im Schatten und läßt keine Einzelheiten erkennen. Ein Kamin, ganz mit Schnee ausgefüllt, zieht durch eine Steilstufe. An weit ausladenden Schneegebilden vorbei schleiche ich höher. Die Neigung nimmt stark zu. Fast greifbar zeichnet sich über mir die Silhouette des Gipfelgrates als weißer Streifen vom dunklen Nachthimmel ab. Doch die Wand beugt sich nicht so schnell. Jeder Meter will erkämpft sein. Eine kurze Wandstufe… Eine steile Rinne, die zum Grat emporzieht. Ist der Weg frei? Ich kann es kaum erwarten, stapfe, eile, haste empor.

Plötzlich stehe ich wieder im hellen Licht des Mondes. Kalter Wind empfängt mich. Die letzten Meter zum Gipfel ... Kein Händedruck, kein Freund weit und breit. Niemand, dem man seine Gefühle sagen könnte. Und trotzdem ein großartiger Augenblick. So groß, daß schweigen mehr sagt als reden.

Ich sitze unter der feuchten Hülle meines Zeltsackes. Die Uhr zeigt die vierte Morgenstunde an. Die Kälte dringt mir bis ins Mark. Doch ich will den Tag abwarten.

In der Vorfreude auf die kommende Expedition vergeht mir die Nacht verhältnismäßig schnell, und bald begrüßen mich die ersten Sonnenstrahlen. Der Grat zum Hocheck bietet noch wunderbare Rückblicke in die großartige Wand, und immer aufs neue folgt mein Blick den Flanken, durch die ich letzte Nacht meine Spur gezogen. In vollen Zügen genieße ich die Wärme des heraufkommenden Tages.

Je näher der Abreisetermin rückt, um so mehr drängt sich die Arbeit. Die letzten drei Wochen vor dem Start bin ich ununterbrochen im Expeditionsbüro. Meistens schlafe und esse ich dort gleich. Meine Frau bekommt mich nur noch zu Gesicht, wenn sie mich im Büro besucht, aber dann passiert ihr, daß sie selbst noch in die Arbeit eingespannt wird. Bis zwei und drei Uhr früh sitze ich an der Schreibmaschine, und nach kurzem Schlaf nehme ich morgens um sechs Uhr schon wieder meine Tätigkeit auf. Die ganze Ausrüstung muß in englischer Sprache und in Dollarwerten registriert werden.

Auch unsere Expedition hat Geldsorgen. Die Mannschaft muß reduziert werden. Zunächst soll Kempter ausgebootet werden, aber die Sektion München des Deutschen Alpenvereins, deren Mitglied Kempter ist, legt ein energisches Veto ein. Kempter kann bleiben. Dafür muß aber Eschner, der wesentliche Vorarbeiten in Pakistan geleistet hat, zurückstehen. Hermann Köllensperger, ebenfalls Mitglied der Sektion München, bleibt auch auf der Teilnehmerliste.

Als letzter stößt noch Hans Ertl, der »Bergvagabund«, zu uns. Dr. Herrligkoffer hat den großen Bergsteiger und Kameramann eigens aus Bolivien in die Heimat kommen lassen. Wir freuen uns mächtig darüber, daß Hans dem Ruf Folge leistete, und rechnen ihm hoch an, daß er darüber seine eigenen Aufgaben in den Anden zurückstellte. Ertl ist ein allen Lagen gewachsener Weltmann und gleichzeitig ein

Bergkamerad von echtem Schrot und Korn. Ein Mann also, der für Expeditionen unschätzbaren Wert hat. Dem Vertrauen, das man Hans Ertl entgegenbringt, verdankt unsere Expedition auch die beachtliche Summe von 80000 DM Vorschuß, den eine Filmgesellschaft für einen zu drehenden Nanga-Parbat-Film gewährt. Dieser Geldbetrag erst ist es, der uns allen die letzte Sicherheit für das tatsächliche Zustandekommen unserer Expedition gibt.

16. April 1953. Die Stadt München bereitet uns einen Abschied. Ein letzter Vortrag von Ertl vor einem begeisterten Publikum. Der größte Saal Münchens ist bis auf den letzten Platz ausverkauft. Der Reingewinn fließt der Expeditionskasse zu. In uns sieht es aber noch gar nicht nach Abschied aus. Wir haben nämlich noch keine Einreiseerlaubnis nach Pakistan. Die Pässe liegen noch immer in Bonn, und morgen mittag soll bereits unser Zug nach Genua gehen, wo bereits die gesamte Expeditionsausrüstung, etwa 10000 Kilogramm, im Rumpf der »Victoria« verstaut ist.

Es müßte ein Wunder geschehen ... Das Wunder geschieht! In letzter Minute bekommen wir noch das Visum für Pakistan! ...

NANGA PARBAT

Drunter ...

Nanga Parbat! Begriff für alle Bergsteiger. Darüber hinaus für Millionen Menschen. Man hat ihm viele Namen gegeben. Berg des Schrekkens. Schicksalsberg. Ein in die Wolken ragender Gigant, der bereits 31 Menschen verschlungen hat. Der nur Opfer nimmt und nichts dafür gibt. Gnadenloses Königtum, das die Menschen in seinen Bann zieht und sie nicht mehr losläßt.

Waren wir stark genug, das Große zu wagen? Durften wir in die Fußspuren der anderen treten, die vor uns da waren, kämpften, angriffen, sich verteidigten, um zuletzt doch geschlagen zu werden? Durften wir vollenden, woran die anderen scheiterten? Bange Fragen, über denen aber doch die brennende Freude steht. Die Freude am großen, erhabenen Abenteuer, die Freude an der eigenen Bewährung. Wir bauten den Berg, und was wir auf ihm erleben würden, in unserer Phantasie auf. Wir erwarteten viel. Wir erlebten mehr...

Der erste Anblick. Es war vom Flugzeug aus. Die zweimotorige Dakotamaschine trug uns aus der Niederung der Menschen in die Welt der flimmernden, gleißenden Gipfel dieser Erde. Und dann stand er vor uns. Der Anblick war überwältigend. Für Minuten sagte keiner ein Wort. Vermessen der Gedanke, die eigenen Schritte zu seinem Gipfel zu lenken. Wenn ich mich an diesen ersten Eindruck erinnere, scheint es mir fast wie ein Märchen, ein Traum, ein großartiger, wilder, unwirklicher Traum, daß ich Wochen später dort oben stehen durfte.

Das Erlebnis des Berges war so groß und stark, daß es mir schwerfällt, der Reihe nach zu erzählen. Immer wieder schieben sich Bilder zwischen die Ordnung des chronologischen Ablaufs der Ereignisse.

Bilder, die das menschliche Geschehen überdecken, die leuchten und locken, die das Herz brennen und Not, Sorge und Enttäuschung vergessen machen.

Ich sehe das Basislager vor mir. Es liegt schon hoch – nach alpinen Begriffen. Fast 4000 Meter über dem Meer. Für den Himalaya ist das noch Niederung. Das Lager liegt auch in einem Moränental am Rand eines riesigen Gletscherstroms. Die Heimat und ihre Berge sind 10000 Kilometer entfernt.

Ein gewaltiger Moränenhügel. Er scheint von der vorsehenden Natur dem Lager als Schutz vor den drohenden Lawinen hingestellt, die aus der Nordwand des königlichen Berges herunterdonnern. Das Bersten des Eises, das Brüllen, Krachen, Dröhnen klingt nur gedämpft, wie von fern, zum Hauptlager. Dort ist noch Sitz der Menschen. Die Götter haben über sie noch keine Macht.

Über der Moräne aber erhebt sich der nahezu 4000 Meter hohe Steilabbruch vom Hochfirn: die Nordwand des Nanga Parbat! Eis schillert in den Flanken, tiefer Schnee überdeckt die Felsen. Hoch oben – die keilförmige Abrißfläche eines Hängegletschers. Nach rechts zieht ein fein ziselierter Schneegrat herab. Von seiner wächtengekrönten Schneide stürzen senkrecht scheinende Schneerippen und Eisrinnen, wunderbar geformt, einige 1000 Meter tief zum Ganaloggletscher ab. Ein Naturwunder, von Sonne und Sturm geformt. Jeder dieser Schneegrate ist ein Kunstwerk für sich.

Gegenüber, im Nordosten, die rund geformten Kuppen des Mittleren und Südlichen Chongra Peak. Ganz links draußen die Spitze des Nördlichen Chongra Peak, der in einem steilen Nordgrat zum wesentlich niedrigeren Buldar Peak abfällt. Talaus schimmern in der Ferne die Eisburgen des Karakorum herüber. Verschwommen im Dunst und doch zwingend, lockend, verheißend, Herz und Hirn verzaubernd. Es ist eine Landschaft, so groß und erhaben, daß jedes pathetische Wort abschwächen würde. Hier muß man ergriffen schweigen.

1400 Meter über dem Basislager.

Eine Verflachung in dem Chaos von wild durcheinandergerüttelten Eismassen des Rakhiotgletschers. Unter unvorstellbarem Druck wird das Eis durch einen Engpaß geschoben und gezerrt. Eine kleine Erhebung darin, ein Felsenriff – der Lagersporn. 5367 Meter über dem Meer. Wie ein Eisbrecher teilt er die spröde Masse des mehrere hundert Meter tiefen Gletscherstroms. Gegenüber – ein Vorsprung aus der Nordwand, ein gewaltiger Sporn von den Ausmaßen des Matterhorns. Und doch verschwindet er fast in dem Übermaß, das hier überall herrscht. Wie schwerer Seegang – in wildester Bewegung erstarrt – drängen sich die Eisschollen an einen Steilabbruch heran. Wellentäler und Wellenberge, Eistürme wie gischtende Wassersäulen. Dort hinten, Wolkenkratzern gleich, einige gläserne Klötze, 100 Meter übersteigend, von unbeschreiblicher Formenschönheit und Kühnheit. Wir geben ihnen einen vertrauten Namen aus den Heimatbergen, nennen sie »Vajolettürme« ...

Durch diese eiserstarrte Zauberwelt führt eine Spur. Sie endet in einer Mulde, inmitten der Verflachung des Gletschers. Im Schutze haushoher Eiskulissen stehen einige Zelte – Lager II.

Die Errichtung der Lager war ein Abenteuer für sich. Ein Abenteuer, das sich über Wochen erstreckte, erfüllt von Gefahr und unbeschreiblicher Anstrengung. Der Berg wehrte sich mit allen Mitteln gegen uns Eindringlinge. Er sandte Schnee, Sturm. Dann glühende Hitze, die mit erbarmungsloser Kälte abwechselte. Er sandte die Lawinen. Ich hatte geglaubt, schon einige Erfahrung mit Lawinen gehabt zu haben. Aber alle Erlebnisse der Vergangenheit waren bedeutungslos gegen die Lawinen, die wir in den Flanken des Nanga Parbat kennenlernten.

Anfang Juni. Lager II. Das Wetter war endlich beständiger geworden. Aber Peter Aschenbrenner nahm sich Zeit. Mit lächelnder Miene sah er zu, wie wir oben immer ungeduldiger wurden. Er mußte es ja wissen. Nun erreichte uns die Nachricht, daß die bestellten Sherpas wieder nach Darjeeling zurückgekehrt seien. Obwohl sie bereits auf pakistanischem Boden angelangt waren, wurden sie leider nicht abgeholt. Ein folgenschwerer Fehler! Unsere Träger waren zu wenig. Was sind schon 15 Hunzas für 10 Sahibs! Davon wurden drei im Basislager als Orderly benötigt, es waren nicht die schlechtesten. Vom Rest war die Hälfte immer krank. Keine »Tschapatis«, die Trägerverpflegung, kamen herauf. Ertl wetterte fürchterlich, als sich zu den vereinbarten Sprechfunkzeiten niemand meldete. Er sprang nun entscheidend ein und stieg selbst ab, um alles Nötige zu veranlassen. Träger sollten aus Gilgit nachgeholt werden, ebenso Trägerverpflegung. Hans wurde überhaupt für uns mehr und mehr zuständig ... Vom Hauptlager kam ja selten eine entscheidende Order herauf. Walter war noch immer mit der undankbaren Aufgabe beschäftigt, die restliche Ausrüstung zusammenzustellen. Im Lager I stand er nächtelang schon um 2 Uhr früh auf, um das Frühstück für die ansteigende Gruppe zu bereiten. Dort lagen noch ungefähr 80 Lasten für die Hochlager. Man konnte sich leicht errechnen, wann bei der lächerlichen Trägerzahl dieser Stapel dort oben sein würde. Ich mußte schon an eine Nachmonsunexpedition denken. Wollten wir noch im Juli an unser Ziel gelangen, so müßte entweder die Ausrüstung stark vermindert werden, was zur Folge hätte, daß kein Mann zuviel am Berg sein dürfte, oder wir bräuchten mehr Träger.

Auf diese Feststellung hin kam vom Hauptlager nun die Weisung: »Die Sahibs sollten eben auch Lasten tragen!« Glorreiche Idee! Wir trugen ja schon seit Wochen!

Die Trägermisere konnte einen fast zur Verzweiflung bringen. Da steht man um drei Uhr früh auf, kocht das Frühstück für die Träger und sich selbst – die Braven können mit Kochern nicht umgehen. Wenn wir ihnen die Kocher überließen, müßten wir ihnen jeden Tag einen neuen Brenner zur Verfügung stellen. Auf das Wecken sind einige immer gleich auf, aber ... andere drehen sich noch ein paarmal um, man kennt sie schon – sie sind dann plötzlich krank. Man rechnet um drei Uhr früh noch mit zwölf Mann, richtet schon die Lasten her ... Eine Stunde später muß man dann mit dem Abstreichen beginnen. Um fünf Uhr zieht man dann mit nur fünf Mann los. Diese allerdings sind dann zuverlässig und haben schon allerhand gelernt. Sie sind sehr selbstbewußt, wollen alles allein und ohne unsere Hilfe tun. Es erfordert viel Takt und Energie, sie doch unserem Willen unterzuordnen. Alleingelassen – würden sie Bergunfälle am laufenden Band verursachen ...

10. Juni. Nach einer schlecht durchschlafenen Nacht brechen Köllensperger und ich um vier Uhr früh auf und spuren gegen das Plateau unterhalb des Rakhiot Peak empor ... Wir wollen heute Lager III und IV errichten. Kuno Rainer, der bis jetzt hier heroben war, ist mit

Otto Kempter ins Basislager abgestiegen, um sich ein bißchen zu erholen. Sie haben die Rast ehrlich verdient.

Es ist grimmig kalt. Die Bearbeitung eines Eisriffs, das einen Steilgürtel durchzieht, macht endlich warm. Hermann Köllensperger kommt nach. Der Höhenmesser zeigt 5800 Meter an. Hier wäre eigentlich der Platz für Lager III. Aber es ist noch so früh. So schlage ich den Trägern ein Schnippchen. Wer weiß denn schon, daß hier Lager III stehen sollte? Wir gehen gleich weiter zu dem Platz, der Lager IV zugedacht war. Damit werden wir in Hinkunft wertvolle Tage ersparen. Die Träger gehen ahnungslos weiter. Was ich nicht weiß, macht mich nicht heiß ... Wenn sie wüßten! Aber sie wissen ja nicht, und so bewegt sich unser Trupp langsam, aber mit munterer Stetigkeit weiter, aufwärts. Walter Frauenberger kommt etwas später mit dieser kleineren Gruppe von Trägern nach.

Langsam steige ich hinan. Bei ungefähr 6200 Meter hinterlege ich meinen Rucksack. Es ist zu kalt, um auf die anderen zu warten. So nütze ich die Gelegenheit, um meinen ersten Sechstausender zu besuchen. Aber endlos lang erstreckt sich das Plateau nach Norden. Trotz meines schnellen Steigens vergeht eine Stunde, bis ich am Fuße der Steilaufschwünge bin, die zum südlichen Chongra Peak emporziehen.

Durch hartgepreßten Schnee steige ich zum höchsten Punkt, zum Gipfel auf 6450 Meter an. Der Anstieg hat mich fast gar nicht angestrengt, ich bin wunderbar akklimatisiert. In meiner Freude lasse ich einen Jodler erschallen, den aber die Weite verschluckt. Nun sehe ich sogar zum Gipfelaufbau des Nanga Parbat zurück, und fromme Wünsche ziehen dorthin. Nach einem furchtbar mühsamen Gang über die aufgeweichte ebene Schneefläche kehre ich um die Mittagszeit zu meinem Rucksack zurück. Die Träger haben bereits eine kleinere Fläche ausgehoben, und bald stehen zwei Zelte, und jeder sucht darin Schutz vor der Gluthitze. Hermann Köllensperger steigt mit den Trägern ab, während Walter und ich es uns hier gemütlich machen. Nun sind wir wieder beisammen, der alte Himalayakämpe und ich, der junge Springer. Das Wetter ist prächtig, und wir bereuen nur, daß keine Träger zur Verfügung stehen. Wie flott könnten wir jetzt die Lager weiter hinauftreiben, doch wir müssen uns fügen. Die Träger werden anscheinend unten benötigt.

Anderentags folgt Walter meinen Spuren und ersteigt ebenfalls den Südlichen Chongra Peak und bereichert damit seine Sechstausendersammlung früherer Zeiten. Wie er mir später mitteilt, war man im Hauptlager über diesen Sonderausflug gar nicht erfreut! Vielleicht hatte man Angst, wir würden uns zu sehr verausgaben. Aber das spricht ja nur für unsere Form! Ich muß dabei unwillkürlich an die Erzählungen Aschenbrenners im Hauptlager denken, wo er uns mit seinen extravaganten Ausflügen gelegentlich der Expedition von 1934 den Mund wässerte.

Hermann kommt heute nochmals in Begleitung von drei Hunzas von Lager II herauf und versorgt uns mit Benzin und Proviant. Bald sehe ich aber nur mehr seine Schuhsohlen zum Zelteingang herausragen. Er schläft nach getaner Arbeit den Schlaf des Gerechten. Wenn guter Schlaf ein Zeichen von Gesundheit ist, war Hermann wohl einer unserer Gesündesten. Ich plage mich einstweilen mit den Kochern ab, um den Trägern Tee zu servieren. Schon zwei Stunden versuche ich dies vergeblich. Manchmal brennen die Biester beim ersten Handgriff, und dann wollen sie wieder überhaupt nicht. Wenn dann endlich eine blaue Flamme züngelt und ich den Topf mit Schnee daraufstellen will, beginnt der Brenner plötzlich zu spucken, und im Nu schlägt eine Stichflamme wieder hoch empor. Verärgert werfe ich das Zeug in den Schnee, worauf mein Träger mit staunenswerter Geduld und orientalischem Gleichmut den verrußten Kocher schon zum fünftenmal holt. Von neuem beginne ich das Experiment. Die kleinen Dinge des Alltags brauchen überall am meisten Nerven.

Wieder schrillt mein Taschenwecker. Es ist noch dunkle Nacht. Ein Griff in die Seitentasche der Zeltwand, und bald flackert das Kerzenlicht. Umständlich schäle ich mich aus dem Schlafsack, ziehe mich an und will im Nebenzelt das Frühstück bereiten. Wieder narrt mich der Kocher. Plötzlich steht die ganze Verpflegungskiste in Flammen, und ich kann sie noch rechtzeitig, ehe das Zelt Feuer fängt, ins Freie befördern.

Um fünf Uhr früh verlassen wir das Lager. Frei schweift der Blick zum Silbersattel hinauf, und es tut wohl, keine drohenden Séracs mehr über dem Kopf zu wissen. In langen Schräganstiegen gilt es nun die vielen Steilhänge zum Rakhiot Peak zu überwinden. Schon der erste Aufschwung erscheint mir nicht sehr einladend. Zur Vorsicht soll Walter herunten warten, und ich steige allein an. Doch überraschenderweise ist der Schnee sicher. Wieder muß ich feststellen, daß man hier, in diesen Höhen, sich weit mehr erlauben kann als in tieferen Lagen.

Mittags stehen wir unter der steilen Eiswand des Rakhiot Peak und suchen einen geeigneten Lagerplatz. Wir müssen aber diesen Punkt 6700 Meter sofort wieder verlassen, da sich schlagartig das Wetter zum schlechten wendet. Bald hüllt uns dichter Nebel ein. In den alten Spuren finden wir jedoch gut zu unseren Zelten.

Über Nacht fällt Schnee. Am Morgen liegt er über einen Meter tief, und es schneit noch immer. Das Kochzelt ist eingeschneit, die Zeltstangen knicken trotz der Verstärkung. Sie werden mit unseren Skistöcken und den Wickelgamaschen zusätzlich gestützt, und immer wieder räumen wir das Lager von den erdrückenden Schneemassen. Heute kam keiner der Träger. Doch für uns zwei reicht die Verpflegung für die nächsten Tage.

Nachts trommelt der Schnee auf unser Dach. Es schneit unheimlich, und die Zeltwände drücken schwer auf die Schlafsäcke. Walter steht auf und befreit unser Zelt von der ungeheuren Last. Aber bald ist es wieder soweit, und die Schneeauflage droht unser Asyl einzudrücken. Noch etliche Tage halten diese schweren Stürme an. Der Raum in dem einen Zelt wird uns schon zu klein, und ich übersiedle in das Küchenzelt. Nachts müssen wir immer wieder aufstehen, um die Zelte freizuschaufeln. Welche Überwindung – aus dem warmen Schlafsack hinaus in den Sturm! Aber tut man es nicht, dann drückt bald das feuchte Zeltdach auf die Nase, man schreckt auf, weiß im ersten Moment gar nicht, was los ist, und bekommt Angstzustände. Man will sich aufrichten, da drückt einen das Zelt aber wieder nieder, und man würde am liebsten, wenn man ein Messer zur Hand hätte, die Zeltwände aufschneiden. Schließen wir nachts den Eingang, bekommen wir Atembeschwerden oder haben am Morgen starke Kopfschmerzen, lassen wir ihn aber offen, liegt anderentags Schnee auf den Schlafsäcken. Wir lassen ihn doch offen! Ähnlich verhält es sich mit dem Schlafsack. Kriecht man ganz hinein, hat man es schön warm, aber bald sucht man verzweifelt nach einer Öffnung, und wehe, wenn man diese nicht gleich findet. Wahre Alpträume löst dies aus. Man schnappt nach Luft, kriecht hervor, die Folge davon ist aber, daß man bald wieder in Kälte erstarrt. Man findet auch hier schließlich die beste Methode und versucht nur die Nasenspitze bei der Schlafsacköffnung hinauszustrecken. Seit einigen Tagen habe ich starken Höhenhusten. Die Ursache mag wohl die trockene Luft in diesen Lagen sein. Vor dem Einschlafen bekomme ich regelmäßig Anfälle, die längere Zeit anhalten, und am Morgen habe ich Kopfschmerzen. Der Schlaf könnte auch besser sein, doch ich will keine Tabletten nehmen. Walter geht es hingegen gut. Langsam wird uns die Zeit zu lang, und wir unterhalten uns schon zum x-tenmale über die Dinge, die uns am meisten am Herzen liegen.

»Es ist doch ewig schade, daß wir die Sherpas nicht haben, die gehen uns doch überall ab«, sage ich zu Walter, und er gibt bekräftigend zurück: »Wir könnten schon viel weiter sein!« Wenn wir deshalb nur nicht scheitern! Walter erzählt von seinen Garhwal-Erlebnissen, von diesen kühnen Bergformen im Zentralhimalaya, und vom Kaukasus. Zwischendurch lösen wir uns im Schneeschaufeln ab. Dies ist sehr anstrengend, und anfangs habe ich immer zu schnell gearbeitet, was momentane Kopfschmerzen zur Folge hatte.

Abends klart es wie üblich auf. Aber dann beginnt es wieder heftig zu schneien, und unser Werk scheint zunichte zu werden. Hoffentlich war unsere heutige Arbeit nicht umsonst, denn wir haben uns alle Mühe gegeben, haben schon wahre Sonnenterrassen mit allem Komfort angelegt. Der dichte Schneefall geht in Sturm über. Es stürmt unheimlich. Der Wind pfeift über die Hochfläche, und binnen kürzester Zeit ist unser Lager wieder der Schneefläche gleich. Nur die Zeltgiebel schauen noch wenige Zentimeter hervor. Und wieder schaufeln und nochmals schaufeln. Wir wechseln uns ab. Bald der eine, dann wieder der andere, und so geht die Nacht dahin.

Morgens, es ist der 16. Juni, tobt der Sturm noch weiter. Schon der fünfte Sturmtag. Da höre ich Stimmen! Ist es Täuschung, oder kommt uns wirklich jemand entgegen? Will man uns aus dieser abgeschnittenen Lage befreien? Ich kann es kaum für möglich halten. Bei diesem Wetter jagt man doch keinen Hund vor die Hütte. Nun höre ich die Stimmen schon deutlicher – Rufe! Und bald tauchen im undurchsichtigen Grau einige Punkte auf. Hans Ertl, Kuno Rainer, Peter Aschenbrenner, Otto Kempter, Hermann Köllensperger sind es mit einigen Trägern. Sie wollen das Lager III beziehen, sie haben des Wartens genug! Mit ihrem Erscheinen hatten wir nicht im entferntesten gerechnet, da doch Aschenbrenner in den letzten Tagen noch die Ruhe weg hatte und man uns zweien nicht einmal Träger zur Verfügung stellte. Vielleicht wird es nun doch ernst? Man bringt uns eine überraschende Nachricht mit: »Der Mount Everest ist bezwungen!« Ich bin von dieser Meldung ergriffen, hatte ich doch nie an die Möglichkeit gedacht, daß dieser Riese schon in den nächsten Jahren bezwungen würde. Für uns ist dies ein gewaltiger Ansporn! Eifrig ist man mit dem Aufstellen der nötigen Zelte beschäftigt, während ich mich über den Kocher hermache. Kalt kann man überhaupt nicht mehr essen, jede Konserve muß abgekocht werden.

Immer wieder muß ich über meinen Optimismus lächeln. Nach meiner Zeitrechnung müßten wir ja schon längst am Silbersattel sein. Man rechnet: Heute spuren wir nach Lager IV, morgen wird dieses Lager errichtet und übermorgen das Lager V. Das sagt sich so leicht, und statt dessen sitzt man tagelang in den Zelten eingeschneit, von der Umwelt abgeschnitten, und wenn es dann aufklart und man endlich wieder eine Spur nach oben angelegt hat, streiken die Träger oder sie melden sich krank. So schrieb ich im letzten Brief noch an meine Frau: »... übermorgen wollen wir mit drei Trägern und Zelten das Lager IV aufschlagen. Dann geht es weiter nach Lager V, es ist das letzte Lager unter dem Silbersattel und Ausgangslager für den Gipfelangriff. Dort sollen noch drei Zelte hinauf, vier Sahibs und drei Träger, wovon dann zwei zum Gipfel gehen und die anderen diese unterstützen. In knapp zwei Wochen ist Vollmond – da wäre der Zeitpunkt. Hoffentlich hält das Wetter bis dahin, drück die Daumen! Wenn ich hinaufschaue, ist das alles so selbstverständlich, ich meine, es muß doch gehen! Das Ganze liegt nur an der Höhenanpassung ...«

Am Morgen ist mein Zelt wieder total verweht, bis oben im Schnee vergraben, und Kuno muß mir erst den Eingang freimachen, damit ich wieder hinaustreten kann. Anderentags hat sich der Sturm gelegt. Es ist wunderbar warm. Aschenbrenner gibt Anweisung, das Lager 100 Meter tiefer zu verlegen. Er begründet dies damit, daß wir in einer Windgasse wären. Wir sind nicht sehr erfreut über diesen Befehl, aber wir befolgen ihn.

Der Morgen des 18. Juni zieht prächtig herauf. 21 Grad minus zeigt unser Thermometer. Die Hänge sind blendend weiß, tief verschneit. Von der Spur nach oben ist nichts mehr zu sehen. Frauenberger, Rainer, Kempter und ich spuren heute gegen den Rakhiot Peak an. Der Schnee ist noch tiefer als eine Woche vorher. Es ist lockerer, mehliger, grundloser Schnee, wie er über 6000 Meter oft anzutreffen ist. Hier gibt es keine Veränderung mehr. Am Fuße der steilen Felswand, die zum Rakhiot Peak emporzieht, graben wir eine Höhle in den Schneehang. Bald stoßen wir auf eine Spalte, doch Kuno meint, das macht nichts, und da wir schon so weit sind, graben wir weiter, bis ein geräumiger Hohlraum für zwei Leute geschaffen ist. Die Spalte erspart uns wenigstens das Wegräumen des Schnees, denn unheimlich viel hat darin Platz. Zum Schluß wird sie noch mit Quadern verstopft, und erleichtert, weil wir diese schwere Arbeit hinter uns haben, steigen wir wieder ab. Einen Tag später stehe ich mit Kempter und Köllensperger sowie einigen Trägern wieder auf der Grathöhe unterhalb der Rakhioteiswand. Während die anderen wieder absteigen und Otto sich über den »Primus« hermacht, schaufle ich noch einen Stollen in den Steilhang und stelle darin ein Zelt auf.

Draußen orgelt schon wieder der Sturm, pfeift über den Grat. In kurzer Zeit sieht man von den alten Spuren nichts mehr. Es ist das übliche Wetter in Lager IV. Wir fühlen uns aber geborgen, hören gar nicht mehr das lästige Knattern der Zelte.

Ich erwache aus einem schweren Schlaf, schaue auf die Uhr, es ist bereits acht Uhr, doch in unserer Höhle ist's noch dunkel. Reif glitzert auf den Schlafsäcken, alles ist gefroren, eisig kalt zieht es aus einer Ecke herauf. Es ist die Spalte, die sich schon wieder geöffnet hat! Der Eingang ist zugeweht, und so habe ich schon eine nette Morgenbeschäftigung. Einen Meter liegt der Schnee auf der Zeltplane, die wir fest vor die Öffnung gespannt haben. Draußen empfängt mich eisiger Wind. Wenig später brechen wir auf, schleppen 250 Meter Reepschnur zur Randkluft, und ich steige, das Seil hinter mir nachziehend, nun die Steilwand an. Das Gewicht des Hanfes zieht mich fast aus dem Stand. Ohne Steigeisen wäre hier kein Weiterkommen.

Das Seil reicht nur knapp bis zur Hälfte. Ich verankere es an einem Felszacken und steige froh, diese Schinderei hinter mir zu haben, wieder ab. Heute kommen keine Träger herauf. Wahrscheinlich ist ihnen das Wetter zu miserabel.

In der Nacht stürmt es wieder, unheimlich. Schon wieder ist der Eingang zugeweht. Zum Glück haben wir eine Schaufel in unserer Behausung. Die Spalte hat sich schon wieder geöffnet! Vielleicht ein Glück, sonst hätten sich wahrscheinlich starke Atembeschwerden eingestellt, doch diese »Ventilation« wird uns bald zuviel. Alles ist mit dickem Rauhreif bezogen. Wir schätzen die Temperatur auf mindestens 20 Grad unter Null. Ohne Handschuhe kann man nichts anfangen, nicht einmal kochen. Das Zelt nebenan ist vollständig verweht. Der Triebschnee, der den Hang herabfließt, strömt pausenlos in den Spalt zwischen Zelt und Hang.

Halb neun Uhr brechen wir auf, steigen die Rakhiotwand hinan, abermals mit 100 Meter Seil, das nun beinahe bis zur Schulter oberhalb der Flanke reicht. Einige Felszacken, ein ausgedienter Pickel und eine alte, von früheren Expeditionen herrührende Zeltstange dienen als Verankerungspunkte.

Die Querung zum Mohrenkopf. Hier tritt blankes, blaues Eis zutage. Wie froh bin ich nun um meine Steigeisen, auch wenn manche sie für überflüssig hielten. Stufe um Stufe schlage ich in die spröde Masse, ganze »Badwandl«, um auch den Trägern diesen Weg zu ermöglichen – keine leichte Tätigkeit. Das Wetter ist heute schön, aber es windet stark.

Frei liegt nun das Gipfelmassiv vor uns: der Vorgipfel, die Bazhinscharte und der gezackte Grat zur Schulter. Von unbeschreiblicher Wucht die Südwand! Durch tiefen Bruchharsch spure ich gegen den Gipfel des Rakhiot Peak an, lasse diesen aber dann links liegen und steuere der Rakhiotnadel, einem kühnen Felszacken, zu. Die Kletterlust packt mich. Um meinen ersten Siebentausender nach Hause zu bringen, will ich noch diese Felsnadel ersteigen. Sie ist zwar nur 20 Meter hoch, aber gar nicht so leicht, und beinahe hätte ich im Eifer der Kletterei auf die Höhe vergessen. Selbstverständlich muß ich nun die Handschuhe ausziehen, warte eine Sturmpause ab, um wieder einen Meter des senkrechten Aufschwunges zu gewinnen. Was ist das für ein

Gefühl, wieder Fels unter den Fingern zu spüren! Der Gipfel ist winzig klein, gerade daß ich stehen kann, in der Karte ist er mit 7070 Meter angegeben. Jenseits steige ich ab, natürlich ohne Seil, denn das blieb in der Querung zurück. Ich muß sehr gut achtgeben, denn direkt mir zu Füßen hängt eine Wächte absturzbereit in die ungeheure Südwand hinaus.

Otto hat inzwischen auf mich gewartet. Gemeinsam steigen wir nun zum Mohrenkopf, dem schwarzen Felszacken, ab, wo Willy Merkl im Eis begraben liegt. Eine Schneeschaufel lassen wir zurück, aber zum Graben eines Schneeloches ist es bereits zu spät. Aus der Südwand schlagen die Nebel herauf, huschen über den Grat und hüllen uns in eintöniges Grau. Dann sehen wir wieder durch eine Öffnung in der Nebelwand hinunter ins Rupaltal, wo tief unten, unwirklich fern, ein blauer See herauffunkelt. Doch hoch über uns leuchtet die Schneepyramide des Gipfels in den letzten Sonnenstrahlen.

Im Abstieg schlage ich noch eine gediegene Stufengalerie durch die Steilflanke, denn morgen wollen wir mit den Trägern hier ansteigen. Auf der kleinen Fläche bei Lager IV sehe ich bereits fünf Punkte und freue mich schon riesig auf den nächsten Tag.

»Hurra, morgen geht's nach oben zum Mohrenkopf und dann weiter.«

Die Enttäuschung bleibt aber nicht aus. Anderentags sind die Träger krank. Es sind unsere Besten, und die Hoffnung auf einen raschen Vorstoß sinkt immer mehr. In ihren Zelten sieht es aus wie in einem Siechenhaus, wir hören immer nur das Wort: »Pimar!« – Krank! Sie essen nichts, trinken nichts, und wir sind der Überzeugung, daß sie diesmal wirklich krank sind. Sie wollen auch nicht absteigen. Es schneit. Wir stecken wie in einer Waschküche. Ich sehe ein, daß wir uns auf die Träger nicht mehr verlassen können. Sollen wir nun unverrichteterdinge abziehen? Nein! Wir müssen uns eben selbst helfen. So mache ich den Vorschlag, daß jeder der Sahibs eine kleine Last aufnimmt und damit zum Mohrenkopf ansteigt. Ich ernte aber nur ein mitleidiges Lächeln. Ich nehme einen Sack Konserven, eine Gummimatratze und steige allein damit auf. Es ist kein Vergnügungsausflug. Die Last wiegt mindestens zehn Kilogramm. Die Spuren von gestern sind verweht – nun bleibt mir auch diese Arbeit nicht erspart.

In der ungefähr 45 Grad geneigten Steilflanke hat man nirgends eine Möglichkeit, die Last abzustellen oder zu rasten. So komme ich erst Stunden später ziemlich erschöpft an der Schulter an, wo ich die Last hinterlege. Ein Fixseil hänge ich noch in die Querung zum Mohrenkopf und fahre dann im »Lift« wieder die Wand hinab.

Hier und da öffnet sich der Sturmvorhang, und ich sehe bei Lager IV wieder die kleinen Punkte, die Zurückgebliebenen – oder sind es die von den Toten auferstandenen Träger? Ausgehungert erreiche ich die Schneehöhle, denn nur mit einem Schluck Milo bin ich am Morgen aufgebrochen. Aber warmes Essen gibt es erst wieder am Abend. Die Nacht vergeht denkbar schlecht. Ich muß öfters an den Ausspruch von Erwin Schneider denken, der uns doch vorher gesagt hat: »Lieber jede Woche ein Biwak als wochenlanger Aufenthalt in den Hochlagern.«

Der starke Höhenhusten, den ich einfach nicht loswerde, läßt mich lange Zeit nicht einschlafen, da hilft auch kein erwärmtes Bier. Wenn ich mich von dem keuchhustenähnlichen Anfall etwas erholt habe, bin ich wieder vollkommen wach, und dann sinniere ich – stundenlang! Ich versuche gewaltsam meine Gedanken abzulenken, es gelingt mir höchstens für einige Minuten, dann bin ich im Geiste schon wieder oben am Gipfelgrat und studiere und studiere, was man machen könnte, um doch noch weiterzukommen. Ich verwünsche schon manchmal diesen Berg. Aber wenn ich mich auch sehr nach Wärme und Vegetation sehne – ich kann nicht absteigen. Ich will das Letzte versuchen, um mir später den Vorwurf zu ersparen, ich hätte nicht alles drangesetzt! Nach Mitternacht komme ich dann endlich zur Ruhe. Und so geht es Nacht für Nacht.

Kuno, der gestern mit den Trägern heraufkam, ist elend beisammen. Er ist einer der Besten. Jetzt muß er ernstlich krank sein. Er steigt mit Köllensperger und dessen Trägern wieder nach Lager III ab. Nun sind wir zwei wieder allein, Otto Kempter und ich. Das Benzin ist ausgegangen, wir müssen mit Esbit kochen. Das geht aber nicht vorwärts. Bis man etwas lauwarm hat, vergehen Stunden. Dabei qualmt es, daß man sich trotz Sturm lieber im Freien aufhält. Alles in allem – höchst ungemütlich. Oft gehen dabei meine Gedanken hinunter in das Tiefland. Ich kann mir diesen Glutofen gar nicht mehr vorstellen.

Diese Hungerkur gewissermaßen bei vollen Schüsseln wird mir doch zu dumm. Noch am Vormittag steige ich nach Lager III ab, um Benzin zu holen. Otto bleibt im Schlafsack. Mittags bin ich 700 Meter tiefer. Hier ist es wunderbar. Sonne und Wärme, unvergleichlich angenehmer. Kein Sturm, man kann sich im Freien aufhalten, die Kocher funktionieren tadellos, und man hat prächtigen Appetit. Was doch die paar hundert Höhenmeter ausmachen. Am selben Tag will ich nicht mehr nach Lager IV. Ich genieße statt dessen die Bequemlichkeiten dieses vorgeschobenen Hauptlagers.

Anderentags, um neun Uhr früh, breche ich wiederum mit vier Trägern nach oben auf. Einer kehrt gleich um. Tief versinke ich in Neuschnee. Von der gestrigen Spur ist kaum mehr etwas zu sehen. Ich habe keinen guten Tag und bin froh, endlich beim Lager zu sein. Otto hat das Leben in der Schneehöhle auch satt und steigt mit einem der Träger ab.

Nun bin ich mit den beiden anderen Hunzas, meinem persönlichen Orderly Hadschi Beg und noch einem solchen »Beg« allein. Vielleicht gehen sie mit mir am anderen Tag doch weiter? Mein Orderly hat es mir im Lager III, natürlich nur gegen alle möglichen Versprechungen, noch zugesagt. Von dem Zugloch habe ich genug, fünf Tage habe ich in der Rheumahöhle zugebracht, nun gefällt es mir im Zelt wieder besser. Es stürmt furchtbar. Verzweifelter Kampf mit dem Kocher. Die Sturmhölzer glimmen nur, jedes zehnte brennt vielleicht. Dabei entwickeln sie Qualm und Gestank. Die Folge davon ist, daß ich wieder meine Hustenanfälle bekomme. Verzweifelt reißt man das Zelt auf – gleich haut es wieder soviel Schnee herein, daß das Vordach im Nu voll ist und – falls der Kocher bereits brennen sollte – auch dieser vom Sturm ausgeblasen wird. Oder er fängt zu spucken und zu flakkern an, und man muß ihn schleunigst vor das Zelt stellen, damit dieses nicht Feuer fängt.

Nach einer Stunde habe ich endlich Tee fertig. Da kommt einer der Träger herüber: »Tscha –!« ruft er. Also, der Herr will Tee. Natürlich gebe ich ihm meinen Tee, denn er kommt zuerst, da er sonst morgen wieder »pimar«, also krank ist. Noch einmal fange ich an Schnee zu schmelzen. Inzwischen wird es dunkel, die Kerze will nicht brennen, der Kocher geht aus, dann geht beides aus, dunkel das Zelt, ich finde kein Zündholz, inzwischen wird mir das Wasser wieder kalt, dann brennt endlich der Kocher, aber nun ist das Benzin aus – und das Wasser nur lauwarm. Währenddessen ist es 21 Uhr geworden. Ich gebe einen Fruchtsaft in das Wasser und mißmutig, hungrig gehe ich »zu Bett«!

Ja, der Alltag im Himalaya ist nicht immer heroisch...

Am nächsten Morgen bin ich um sieben Uhr früh auf, bringe den Kocher wieder in Tätigkeit, schmelze Wasser, da höre ich vor meinem Zelt Schritte, mein Orderly ist beim Schneeschaufeln. Beinahe hätte ich ihm nun ein Loblied gesungen. Ich reiche ihm die Kanne, die halb voll mit heißem Wasser ist (ungefähr eine Stunde habe ich daran gekocht), hinaus und sage ihm, er möchte Schnee hineingeben. Er bringt mir dann die leere Kanne zurück – hat er doch das Wasser ausgeschüttet. Nun ist aber meine Geduld zu Ende. Ich springe aus dem Zelt, renne dabei noch einen fertigen Wurstsalat, das Frühstück, über den Haufen... Alles schwimmt auf der Gummimatratze. Ich weiß nicht, was ich mit dem Unglücksraben anfangen soll. Ich mache ihm dann plausibel, daß er mit so einem Ding den ganzen Tag kein Wasser zustande bringen würde, worauf er dann, ohne ein Wort zu verlieren, abzieht. Am Tonfall mag er mich wohl verstanden haben, und überdies haben die schon ganz gut tirolerisch und bajuwarisch gelernt. Was bleibt mir übrig, als von vorne anzufangen?

Als der Tee endlich fertig ist, rührt sich keiner von den beiden Nachbarn. Fünfmal rufe ich hinüber. Keine Antwort. Ich trage ihnen den Tee nach – aber da sind sie schon wieder krank. Der eine zeigt auf die Brust, worauf ich ihm sage, er soll gleich absteigen. Keinen Rührer! Ich kann mich nun nicht mehr halten, ziehe ihm den Schlafsack weg, er deckt sich aber damit schon wieder zu und zeigt auf seinen eingebundenen Fuß. Mittlerweile hat wieder ein orkanartiger Sturm eingesetzt. Man kann sich kaum im Freien halten. In dieser trostlosen Lage beschließe ich, abzusteigen. Die beiden lassen natürlich ihr Zelt offen stehen. Recht haben sie! Ihr Sahib wird es schon verschließen!

Auf das hinauf habe ich zwei Rasttage notwendig. Im Lager III ist mein seelisches Gleichgewicht jedoch bald wiederhergestellt. Voller Auftrieb geht es nun abermals hinauf nach IV. Inzwischen kam vom

Hauptlager Weisung: »Wenn nächste Woche nicht der Gipfel fällt, dann ...!« Dann? Was dann?

Aschenbrenner und Ertl versuchen auch, die Träger noch über die Rakhiotflanke zu bringen, doch das ist ein aussichtsloses Beginnen. Sie gehen nicht über Lager IV hinaus. Und ohne ein Lager V ist ein weiterer Vorstoß nach oben zwecklos. In den Tälern ziehen bereits schwere Wolkenbänke dahin. Ist es der Monsun? Wie ein letztes Aufbäumen gegen all diese Widerstände scheint unser Versuch. Frauenberger, Kempter, Köllensperger und ich sind nun wieder in den Zelten von Lager IV. Dichter Nebel verhängt die Flanken. Bedrückend ist die Atmosphäre. Man bekommt schon in der Rast kaum genügend Luft. Beim Gehen hat man das Gefühl, ersticken zu müssen. Apathisch sitzen die Träger vor den Zelten im Schnee und lassen sich den Sturm um die Ohren pfeifen. Unsere Stimmung ist unter dem Gefrierpunkt. Hans erklärt die Lage trotzdem noch nicht für aussichtslos. Albert Bitterling, unser Wettermann, aber steht für nichts mehr ein.

Nachts klart es auf. Vollmond – der Gipfel ist frei. Meine Gedanken sind wieder dort oben. Ich würde am liebsten jetzt noch aufbrechen. Doch endlich erlöst mich der Schlaf von diesen Gedanken. Otto und Hermann haben keine Lust mehr, doch ich will noch nicht aufgeben.

Ich erinnere mich der Worte unseres bergsteigerischen Leiters Peter Aschenbrenner: Wer am besten in Form sei, solle zum Gipfel gehen. Irgendwelche persönliche Rücksichten, soweit sie über das Maß der selbstverständlichen Beistandspflicht hinausgingen, hätten um des Zieles willen in der Endphase des Ringens um den Berg auszuscheiden. Über 8000 Meter habe ohnehin jeder genug mit sich ganz alleine zu tun. Ich mache Walter den Vorschlag, zu viert anzusteigen, nur mit meinen persönlichen Sachen, am Mohrenkopf eine Schneehöhle zu graben. Von da würde ich versuchen, weiterzugehen, während die anderen absteigen könnten. Walter will mir diesen Wunsch nicht abschlagen, und so wird er von den anderen auch akzeptiert. Am Morgen ist es noch klar. Ich spure voraus, und langsam kommen die anderen drei mit meinen persönlichen Dingen nach. Man merkt schon, daß die Höhe jeden mitgenommen hat.

Durch die Flanken kommen andauernd kleine Neuschneerutsche

herab, die aber nicht gefährlich werden können. Es ist nur eine kalte Dusche. Um 16 Uhr sind wir an der Schulter und queren unterhalb des Rakhiotgipfels durch. Nochmals verbessere ich die Seilverankerungen, damit es die anderen nicht zu schwer haben. Ich bin heute in glänzender Verfassung. Beim Queren eines steilen Eishanges hängt sich Hermann Köllensperger zu sehr in die Seile, reißt den Pickel heraus und überschlägt sich im Nu. Zum Glück läuft der Hang etwas flacher aus, ich kann das untere Ende des Fixseiles gerade noch halten, und kurz vor einem größeren Steilabbruch kommt er zum Stehen. Ein Sturz in 7000 Meter Höhe ist nicht jedermanns Sache!

Dichter Nebel hüllt uns wieder ein, der Sturm nimmt zu. Aber wir kennen die Witterung schon, nachts klart es bestimmt wieder auf. Wir haben noch ungefähr eine halbe Stunde zum Mohrenkopf. Es ist wohl schon spätabends, aber es wird noch gehen, und dann können ja die anderen unbelastet absteigen. Da bleibt plötzlich Kempter stehen und sagt: »Ich schlage vor, wir kehren um. Es hat keinen Sinn mehr!«

Das löst augenblicklich Bedenken aus. Bald herrscht Rückzugsstimmung. Ich will natürlich niemand beeinflussen, aber insgeheim ärgere ich mich furchtbar. So steigen wir wieder den ganzen Weg mit den schweren Rucksäcken zurück. Alles umsonst! Knapp vor Einbruch der Dunkelheit sind wir wieder bei den Zelten. Nachts klart es wieder auf, der Gipfel leuchtet vom Mondlicht überflutet verlockend herab. Aber nun habe ich genug! Nun mag auch ich nicht mehr!

Untertags stürmt es. Doch ist anzunehmen, daß die Wolkendecke nur bis knapp über 7000 Meter reicht. Hermanns Zustand ist beängstigend.

So beschließen wir abzusteigen. Vielleicht für immer? Schwer aufgeladen – denn wir glauben nicht mehr hierherzukommen – treten wir ins Freie. Es ist der bisher stürmischste Tag. Der Nebel liegt so dicht, daß man kaum noch den Schnee wahrnehmen kann. Nur einige Meter weit reicht die Sicht. Wir versinken förmlich in einer weißen, grauen, gleichförmigen Masse. Nirgends ein Anhaltspunkt. Ich spure voraus. Bald fühle ich Luft unter den Füßen … Eine Spalte –?

Nein, nun sehe ich in einen schaurigen Abgrund. Ich bin auf die Wächte, die über der Südwand hängt, hinausgetreten.

Also etwas weiter links. Das Gelände wird steiler. Es rauscht – ich erschrecke, was ist das? Der Schnee bewegt sich, und riesige Lawinen gehen unter meinen Füßen ab. Anfangs nur kleine Schneerutsche, die sich schnell keilförmig entfalten. In den Lawinenbahnen können wir sicher absteigen. Ein wüstes Knollenfeld. Bis zur Brust versinke ich in dieser losen Masse. Das ist kein Gehen mehr, nur mehr ein Fortschleppen. Man wirft den Oberkörper vor und zieht die Füße nach. Den Rucksack merke ich schon gar nicht mehr. Die Orientierung nimmt meine ganze Aufmerksamkeit in Anspruch.

Ich steige neuerlich einen Steilhang ab. Immer abschüssiger wird es, das gefällt mir gar nicht. Ich gehe wieder zurück, quere nach links. In diesem Augenblick lichten sich die Nebel, für Sekunden nur. Ich sehe dort drüben eine Randkluft und nun auch wenige Meter unter meiner Spur, die ich zuvor in den Steilhang gezogen hatte, einen 50 Meter hohen, überhängenden Eisabbruch. Das beweist wiederum, daß man oftmals in gefährlichen Situationen einen sechsten Sinn hat.

Nochmals wird das Gelände steiler. Wir erkennen es nur daran, daß die Schneeknollen nun wieder abwärtsrollen. Eine dunkle Silhouette taucht auf. Sind wir richtig? Aber ich kann mich genau an diese Eiswand erinnern und halte mich daran – abwärts. Ein bis zwei Meter Neuschnee mögen in den Flanken liegen. Endlich ist die große Ebene bei Lager III erreicht. Aus der Lawinengefahr wären wir nun heraus. Aber – wo ist das Lager?

Wir haben Glück. Ich bin anscheinend in der alten Spur, denn unter den Schuhen spüre ich ganz deutlich etwas Hartes, und wenn ich nebenhin trete, versinke ich etwas tiefer. Dies ist nun mein Anhaltspunkt. Der Nebel täuscht unheimlich. Ein Schatten bewegt sich hinter mir in der milchigen Fläche. Erst als ich die Umrisse erkennen kann, stoßen wir fast mit der Nase zusammen. Es ist Walter.

Endlich etwas Rotes – ein Schusterfähnchen! Ein Juchzer – und nach 100 Metern stehen wir vor dem Küchenzelt von Lager III, wo der unermüdliche Hans Ertl ein »Schmankerl« zubereitet. Er glaubt wohl, Gespenster zu sehen, als wir unvermittelt aus dem Nebel auftauchen und vor ihm stehen. Sagt dann anerkennend, er hätte uns bei diesem Wetter nicht erwartet. Das ist bei Hans schon viel …

Er ist allein hier. Die anderen sind alle schon abgezogen, sind im

Hauptlager und wollen sich erholen, sie sind bergmüde! Wir geben nun auch keinen Pfifferling mehr auf den Gipfel. Hans merkt, daß wir etwas deprimiert über die vielen Fehlschläge sind, ermuntert uns und meint, man könne hier auch während des Monsuns noch etwas unternehmen. Er kenne dies vom Karakorum, wo er in früheren Jahren mit Professor Dyhrenfurth einmal war. Verpflegung hätten wir ja genügend, und so gebe es auch keinen Grund, dem Berg schon den Rücken zu kehren. Dann berichtet er uns, daß er, als er vor zwei Tagen mit drei Trägern von Lager IV herabkam, vor den leeren Zelten stand. Plötzlich kam einer der Träger aus einem Zelt hervorgekrochen und erzählte ihm in gebrochenem Englisch, daß Aschenbrenner alle Hunzas mit hinuntergenommen hätte. Nur er allein sei zurückgeblieben. Er wollte nicht absteigen und hatte sich versteckt. Er war unser Bester.

Wir haben einen Bärenhunger, und Hans kann uns kaum satt kriegen. Besonders angetan hat es uns das gekochte Ziegenfleisch, das eigentlich für die Träger bestimmt war. Dafür dürfen sie aber von unserer Kost mitessen. Dann gibt es noch Pflaumenkompott, und für abends hat Hans einige seiner unzähligen Suppen bereit, die seinen Küchenzettel beherrschen. Sie vereinen Vor-, Haupt- und Nachspeise in einem Gericht und schmecken ausgezeichnet! Abends klart es wieder auf.

Nach prächtig durchschlafener Nacht scheint die Sonne bereits durchs Zelt herein, und wir sehen alles schon wieder mit anderen Augen. Das Wetter ist großartig, der Himmel reingewaschen, und leuchtend steht wieder der Silbersattel, das Tor zum Gipfel, über uns. Drunten im Tale die letzten Reste des abziehenden Unwetters, dicke Wolkenbäusche sind in der Auflösung begriffen. War die Monsunmeldung voreilig gebracht? Nach Radio Rawalpindi müßten nun doch die Monsunstürme über uns hereinbrechen.

Das Teleportgerät klingelt! Mehrmaliger Anruf vom Hauptlager: Aschenbrenner will morgen heimfahren! Wir müßten absteigen, unverzüglich ins Basislager hinunter! »Wir wollen dem Peter einen Abschied bereiten!« heißt es.

»Absteigen – wieso?« fragen wir. »Jetzt, wo uns die letzte Chance für den Gipfel gegeben ist?«

Uns will das nicht eingehen. Wieder klingelt das Teleport: »Alles absteigen!« Wir seien erholungsbedürftig! Und vor wenigen Tagen hat noch Aschenbrenner gesagt: »Jetzt heißt es hart sein, durchhalten!« Da stimmt doch etwas nicht! –

Im Hauptlager liegt ein neuer Angriffsplan bereit.

»Könnten wir diesen nicht telefonisch erfahren?« fragt Ertl.

»Nein!« schallt es im Hörer. »Absteigen!«

Nun kann Ertl sich nicht mehr halten und macht denen da unten klar, daß keiner von uns, außer Köllensperger, der starke Zahnschmerzen hat, zum Absteigen gewillt sei. Wir seien sehr gut akklimatisiert, sähen keinen Grund, zur Erholung ins Basislager abzusteigen. Wir wollten die Witterung ausnützen. Für uns sei Lager III das reinste Erholungsheim.

»Bei uns heroben ist das Wetter großartig«, erklärt Hans den unten noch in den Wolken Befindlichen. »Es verspricht zu halten, es ist die letzte Chance, und die wollen wir doch nützen!«

Aber unentwegt ertönt der Rückzugsbefehl aus der Muschel. Das Barometer sei noch immer im Sinken begriffen, stellt man 2000 Meter tiefer fest.

Hans stellt es jedem frei, zu tun, was er für richtig hält. Otto sagt, er steige nicht ab, denn er weiß genau, daß er dann nicht mehr heraufkommt. Es ginge auch zu viel Zeit verloren.

Wir sitzen in diesen entscheidenden Stunden im Küchenzelt beisammen. Eine eigene Atmosphäre lastet auf uns. Warum pfeift man uns zurück? Es ist doch wirklich kein triftiger Grund vorhanden! Hans äußert verschiedene Wünsche, sie werden uns abgeschlagen. Man verweigert uns kategorisch jede weitere Unterstützung. Das alles bringt uns in Opposition, und diese Opposition stärkt unsere Verbundenheit. Ich schreibe noch schnell einen Brief nach Hause, es ist der 30. Juni. »... schon Wochen sind wir nun hier heroben. Sollte das alles umsonst sein? Morgen wollen wir nach Lager IV, dann Lager V errichten, knapp unterm Silbersattel, und von da wollen wir dann starten. Hoffentlich klappt es, an mir soll es nicht liegen! Und eines sage ich Dir, wenn wir den Gipfel erreichen, dann ist es nur unser eigenes ›Verschulden‹ ...«

Dieser Abend im Küchenzelt war historisch!

Nanga Parbat: Buhls Gipfelfoto mit dem Tiroler Wimpel

Nanga Parbat: Südflanke und Gipfel von der Rakhiotquerung aus gesehen

Nanga Parbat, Silbersattel: »Noch ein letzter Blick hinauf…«

Nanga Parbat: ein Schluck Tee als Stärkung nach der Rückkehr vom Gipfel

Nanga Parbat: Zwischen den Lagern 3 und 2 wird Buhl von Fritz Aumann fotografiert.

Der nächste Morgen. Es ist der 1. Juli. Wir sind schon früh auf dem Weg nach Lager IV. Nun hat sich auch in den Niederungen das Gewölk aufgelöst, und nur noch eine feine Dunstschicht, das sicherste Zeichen für gutes Wetter, verschleiert etwas die Talsohle. Soweit das Auge reicht, nicht das geringste Anzeichen einer Bewölkung, es ist auch dementsprechend kalt – was wollen wir noch mehr! Dies alles trägt dazu bei, unseren Auftrieb auf den Höhepunkt zu steigern. Ich bin unbändig in Form. Es dürfte mein bisher bester Tag sein, und so spüre ich, trotz des uferlosen Schnees, das Spuren kaum. Wir sind alle in Hochstimmung wie nie zuvor während der ganzen Expedition. Wir haben alle das Gefühl: diesmal muß es klappen!

Zur Erreichung eines Achttausenders gehören bestimmte Voraussetzungen, und daß diese ausgerechnet auf den einen Tag zusammenfallen, ist außerordentlich selten. Man ist ja immer in sehr unterschiedlicher Verfassung. Das einemal glaubt man Bäume ausreißen zu können, und ein andermal ist einem wieder ganz elend zumute. Es muß jedenfalls der richtige Mann im richtigen Moment am richtigen Platze sein!

Otto Kempter fühlt sich noch nicht recht wohl und will noch einen Erholungstag im Lager III einlegen, um dann anderentags mit seinem Träger zu folgen. Wir haben die verbliebenen drei Hunzas, die »Tiger«, wie wir sie später nannten, mit uns. Sie sind heute sehr willig, doch wir möchten sie nicht allzuschwer beladen, damit sie uns auch morgen noch Dienste leisten. Nur das Allernotwendigste geht mit, ein Zelt und etwas Verpflegung, außerdem das Teleportgerät. Unsere persönliche Ausrüstung tragen wir selbst.

Plötzlich klingelt unser Funksprechgerät. Anruf vom Hauptlager! Ertl nimmt den Hörer ab.

Man will uns zurückholen – noch immer Rückzugsbefehl! Ertl zweifelt schon an dem Geisteszustand der Hauptlagerbewohner. Deren Standpunkt erscheint uns nur mehr Rechthaberei und Dickköpfigkeit. Hans erklärt, man solle unten doch froh sein, daß heroben endlich ein »frischer Wind wehe«, so daß es nun ungehindert vorwärtsginge. Doch da meldet sich Aschenbrenner. Er ist noch im Hauptlager, obwohl er bereits gestern die bergsteigerische Leitung Frauenberger übergeben hat. Nun entspinnt sich eine heftige Auseinandersetzung, in der kräftige bajuwarische Worte fallen. Aschenbrenner hat wieder die bergsteigerische Leitung übernommen …

Wir gehen weiter!

Eine Stunde später läuten wir im Hauptlager an und berichten, daß wir zügig im Anstieg sind und bestens vorwärtskommen. Doch abermals donnert der Rückzugsbefehl herauf, diesmal vom Sprecher Aumann durchgegeben. Ein drittes und letztes Mal versuchen wir es noch in Güte: »Ihr werdet uns noch einmal dankbar sein …« Es hilft alles nichts.

Als auch dieser Überzeugungsversuch ungehört bleibt, beweist Hans, daß er von Goethe nicht nur den Faust kennt. Mit klassischem Spruch hängt er den Hörer auf. Ein aussichtsloser Fall! Es war das letzte Gespräch an diesem Tag.

Mittags sind wir im Lager IV. Vom Lager ist fast nichts mehr zu sehen. Nur an einigen Stellen ragen kleine Erhebungen aus der gleichförmigen Fläche heraus. Es müssen unsere Zelte sein! Das Gelände ist vollkommen verändert. Die große Mulde bei den Zelten ist ganz mit Schnee gefüllt. Nun beginnt ein anstrengendes Schneeräumen. Mit den Skistöcken müssen wir erst die Lage der einzelnen Zelte feststellen, sie sind zum Teil einen Meter unter der Schneedecke. Den Eingang der Schneehöhle können wir kaum finden. Wir haben noch wertvolle Verpflegung darin. Endlich stößt der Pickel in einen Hohlraum. Drei Meter dick ist die kleine Öffnung mit Schnee verrammelt. Nach Stunden erst liegt das ganze Lager wieder frei.

Hans und ich nehmen nun jeder eine Seilrolle in den Rucksack und steigen damit die Rakhioteiswand an. Die fixen Seile kommen uns nun sehr zugute, und bald sind wir in der Querung zum Mohrenkopf. Dort wird noch das restliche Stück mit diesen 200 Metern Seil gesichert. Das Anbringen der Haken ist in dieser Höhe eine mühsame Arbeit. Durch die Eisflanke schlagen wir noch eine exakte Stufenleiter, eine regelrechte »Wendeltreppe«. Dies ist Voraussetzung, wollen wir am nächsten Tag die Träger hier heraufbringen. Nun ist eine geschlossene Seilverankerung von Lager IV zum Mohrenkopf geschaffen – das beruhigt uns sehr. Um sieben Uhr abends erreichen wir todmüde die Zelte unseres Lagers. Es war ein anstrengender, aber gelungener Tag!

Anderentags – Ertl der Frühaufsteher weckt schon zeitig. Die Träger haben Kopfschmerzen. Eine Tablette hilft darüber hinweg, und sie scheinen guten Willens zu sein. Walter hat gestern noch wertvolle Vorarbeit geleistet, indem er alle Vorbereitungen für heute getroffen und den Trägern die Steigeisen angepaßt hat. Schon die ganzen letzten Tage wurden sie von uns wie »Sommerfrischler« behandelt. Walter, ein getreuer Katholik, betete nun selbst schon zu Allah, er möge die Träger mit uns gehen lassen!

Überraschend kommt ein Anruf vom Hauptlager. Was ist wohl los? Läßt man uns jetzt vielleicht gehen?

Doch noch immer beharrt man auf dem Rückzugsbefehl. Nach einer halben Stunde hin und her gelingt es Walter endlich, denen da unten das erlösende Wort abzuringen: »In Gottes Namen, dann geht schon, unseren Segen habt ihr!« Befreit atmen wir auf.

Otto ist nun auch bei uns. Er fühlt sich heute wieder frischer. Nun sind wir vollzählig, vier Sahibs und vier Träger. Ich spure voraus, verbessere noch einmal den ganzen Weg, und hinterdrein folgt Ertl mit seiner schweren Filmkamera, der den Anstieg festhält, dann Walter, der »gute Sahib«, wie ihn die Träger nennen. Er versteht es am besten, mit ihnen umzugehen. Am Seil folgen sie ihm wie treue Tiere. Den Schluß bildet Otto.

Ich kann einen Freudenschrei nicht unterdrücken – die Träger gehen! Und als wir sie gar über die Randkluft steigen sehen, geht ein Strahlen über unsere Gesichter. Sie haben jede Scheu vor der Tiefe verloren, und diese Flanke scheint ihnen nun gar nicht mehr so schrecklich vorzukommen. Das will viel heißen, denn direkt links von uns bricht das Eis steil in die grüne Talsohle des Rupal-Nullah ab.

In verhältnismäßig kurzer Zeit schon sind wir oben unter der Querung des Rakhiot Peak. Ich mühe mich gerade mit dem Seil ab, will es noch besser im Schnee verankern, doch nirgends findet der Pickel Halt. Die Träger rasten indessen an der Rakhiotschulter – aber dann ist es doch soweit, und mit einiger Vorsicht können sie folgen. Madi muß zurückbleiben, er hat keine Steigeisen, für seine Schuhgröße war kein einziges Paar aufzutreiben. Die steilen Felsen und vereisten Flanken kann er unmöglich ohne die Zacken begehen. Er steigt nach Lager IV ab, und Walter nimmt nun die Last dieses Trägers auf seinen Rücken. Sehr anstrengend ist noch das Spuren im schweren, windgepreßten Schnee zum Grat hinüber, der den Rakhiot Peak mit dem Silbersattel verbindet. Dort treffen wir wieder alle zusammen. Nun habe ich auch Muße, einen Blick in die Runde zu werfen.

Unter uns bricht eine steile Flanke zum flacheren Gletscherboden bei Lager II ab. Dort unten, wie ein Felsenriff, der Lagersporn, daneben im Bruch einige Punkte, verschwindend klein die Zelte und noch tiefer die graue, schuttbedeckte Gletscherzunge des Rakhiotgletschers, der wie ein Schlangenleib gegen die Märchenwiese und Tato hinauszieht. Dort in der Nähe des äußersten Knies des flachen Rakhiotgletschers muß das Hauptlager sein. Dort ist bereits alles grün. Ob man uns wohl beobachtet? In der Ferne winken die Eisberge des Karakorum. Gasherbrum, die wunderbare Pyramide des K 2, des Rakaposhi und unzählige Unbekannte.

Nach Süden fällt steil eine Wand ab, und erst wenn man nach vorne tritt, sieht man in den obersten Teil dieser gewaltigen Flanke. Die höchste Wand der Erde, die Südwand, die vom Gipfel des Nanga Parbat an die 5000 Meter tief in einem Schuß abbricht.

Ich spure wieder voraus, kann es kaum mehr erwarten, dem Gipfel näherzukommen, und brenne förmlich nach jedem Höhenmeter. Immer wieder neue Eindrücke. Über großartige Wächtengalerien wühle ich mich zum Mohrenkopf hinüber. Hier ist noch die Schneeschaufel, die wir hinterlegt hatten. Nun fällt der Grat ab – zu einer Einschartung, einer kleinen Fläche auf ungefähr 6900 Meter Höhe. Ein scharfer Schneegrat zieht jenseits gegen den Silbersattel empor, und ich steige noch weiter an, will ich doch dieses Lager, das Ausgangslager zum Gipfel, so hoch wie möglich anlegen. Bald höre ich hinter mir Murren, sehe, wie die Träger die Lasten niederwerfen, und ziehe es nun vor, doch wieder abzusteigen, denn verärgern wollen wir sie nicht. Sie müssen auch in den nächsten Tagen noch einsatzbereit sein. Mit einem Lob »Bod adja« und anerkennendem Schulterklopfen verabschieden wir uns von ihnen.

Hans und Walter hätten verständlicherweise gute Lust, hier heroben zu bleiben. Sie sind glänzend in Form, doch muß jemand mit den Trägern absteigen, und außerdem können hier im Lager V, wo nur ein kleines Sturmzelt bereitliegt, nur zwei Mann übernachten. Als die Älteren verzichten sie großmütig auf einen Gipfelversuch, lassen uns Jungen zunächst diese Chance und steigen nach einem herzlichen Abschied mit guten Segens- und Glückwünschen zum Lager IV ab. Für uns ist es außerordentlich beruhigend zu wissen, daß zwei Kameraden für uns die Rückendeckung übernehmen, auf die wir uns voll und ganz verlassen können. Denn hinter uns vieren herrscht ein Vakuum von rund 3000 Höhenmetern. Die Verbindung nach unten ist abgerissen – und die Zwischenlager stehen leer…

In einer kleinen Verflachung wird der Schnee festgetreten, und darauf erbauen wir das Sturmzelt, das uns für die Nacht aufnehmen soll. Die Sonne verschwindet bald hinter den Silberzacken, und abendliche Kälte treibt uns unter das schützende Dach. Die Rucksäcke werden gepackt, Tee für den nächsten Tag gekocht, und so verrinnen die letzten Stunden des 2. Juli. Es ist bereits dunkel, und beide kauern wir, in die Schlafsäcke gehüllt, um den surrenden »Primus«.

»Daß wir beide hier herumsitzen, ist wohl nicht nötig«, sage ich zu Otto. »Ist es dir recht, wenn ich mich jetzt ein bißl hinlege? Dafür bereite ich morgen das Frühstück!«

Otto ist einverstanden. Mich überkommt Müdigkeit, und ich versuche, noch bevor der quälende Höhenhusten einsetzt, zu schlafen. Es ist 20 Uhr. Doch ich kann nicht schlafen. Wieder komme ich, ohne zu wollen, in lästiges Grübeln, nachts ist der Geist immer furchtbar rege. Eine Stunde später bläst auch Otto die Kerze aus. Meine Gedanken sind wieder oben beim Gipfel. Wird es uns morgen gelingen? Ich weiß, es ist der entscheidende Tag, der uns den Erfolg bringen wird oder nicht! 1200 Höhenmeter trennen uns noch vom Gipfel, sechs Kilometer Luftlinie sind es bis dorthin. Eine kolossale Entfernung, eine Strecke, wie sie im Himalaya in diesen Höhen bisher noch nicht überwunden wurde. Es liegt weit über dem Durchschnitt, ich weiß es. Aber was kann man tun? Die Träger machen nicht mehr mit! Wir müssen es versuchen! Normalerweise müßten über uns noch zwei bis drei Lager stehen, doch diese gibt es eben nicht.

Dann überfliege ich in Gedanken wieder den ganzen Weg. Der

Firngrat zum Silbersattel ist bekannt. Weiter oben wird er steiler, hoffentlich kein blankes Eis, denn das würde aufhalten. Fünf Stunden wäre eine gute Zeit, meinte Aschenbrenner einmal. Das Hochplateau – unheimlich lang, ein elender Schinder! Man kann nur hoffen, daß der Schnee dort nicht allzu tief ist. Aber dann wird es ungewiß, dann kommt Neuland. Wie wird der Abstieg zur Bazhinscharte sein, der Grat jenseits zur Schulter? Doch auch dies wurde immer als relativ leicht beurteilt. Die letzte Strecke von der Schulter – »eine gemähte Wiese, befahrbar vom Handwagen bis zum Kleinautomobil«, meinte Erwin Schneider. Also dürfte das Ganze nur eine Angelegenheit der Höhenanpassung sein. Kopfzerbrechen bereitet mir eigentlich nur der Gegenanstieg zum Vorgipfel im Abstieg. Das sind 100 Meter, die man nicht umgehen kann. Der Rückweg zu den Lagern führt nur über den Vorgipfel, und wenn man sich in seinen Kräften verausgabt hat, dann wird es schwer sein, hier wieder hinaufzukommen. Aber es muß gehen! Morgen fällt die Entscheidung, so oder so. Auch für mich persönlich.

Otto liegt neben mir und scheint gut zu schlafen, er rührt sich nicht mehr. Plötzlich kommt unheimlicher Sturm auf. Er rüttelt an den Zeltwänden, er drückt auf meine Dachseite und drängt mich immer mehr in die Zeltmitte. Orkanartig fährt er über den Grat, jault die Südwand hinab. Unser Zelt steht nur 5 Meter von der Gratwächte entfernt, und dahinter ist der gewaltige Absturz. Es ist nur mit ganz normalen, kurzen Heringen im Schnee verankert. Wir hatten doch nicht mit so einem Sturm gerechnet, und es sollte ja nur während dieser Nacht halten. Bei dem Gedanken, mitsamt dem Zelt in die Südwand geschleudert zu werden, ist mir unheimlich. Lange überlege ich, was zu tun sei. Es muß etwas geschehen! Wenn uns erst einmal der Wind unter die Dachfläche kommt, dann ist es aus. Es kostet enorme Überwindung, bis ich endlich aus dem warmen Schlafsack heraus ins Freie finde. Der Himmel ist klar, doch der Sturm droht mich umzuwerfen. Unsere Pickel und Skistöcke dienen zur Verankerung des Zeltes auf der Sturmseite. Beruhigt lege ich mich wieder nieder. Nun kann es toben und rütteln – allerdings nur bis morgen früh!

Weiter sinnend und grübelnd vergehen die Stunden. Ich finde keinen Schlaf. Nach Mitternacht legt sich der Sturm ein wenig. Ich schaue auf die Uhr: halb eins! Noch zu früh zum Aufstehen. Für zwei Uhr ist der Abmarsch festgesetzt. Wir brauchen die Zeit, wollen wir nicht in die Nacht kommen.

Endlich ist es soweit, der Leuchtzeiger steht auf ein Uhr. Im Schlafsack ziehe ich mich an, auch die Schuhe, den Hosenabschluß gut verschnürt. Dann noch die Wickelgamaschen herum, das hat sich bis jetzt immer bewährt. Heute verwende ich sogar die Überhose aus blauem Ninoflex. Drei Garnituren Unterwäsche habe ich an. Nach etlichen Versuchen brennt auch der Kocher, und bald ist ein Getränk warm. Halb zwei Uhr, nun wäre es auch für Otto an der Zeit.

»Otto – aufstehen, Zeit ist's!« rufe ich ihm zu.

Keine Antwort, er reagiert überhaupt nicht darauf. Schläft er so gut? Ich werde energischer, rüttle ihn, »hast g'hört, es ist schon bald zwei Uhr, wir müssen gehen!«

Er murmelt etwas Unverständliches vor sich hin. Ich höre nur: »Noch zu früh, wir haben doch gestern von drei Uhr gesprochen!«

»Und wenn es so wäre, wir brauchen die Zeit, der Weg ist lang, wir dürfen nicht in die Nacht kommen«, gebe ich erklärend zurück. Es ist schon zwei Uhr vorbei. Otto rührt sich noch immer nicht. Mir ist das unerklärlich.

»Otto, was ist, hast du keinen Auftrieb? Heute, wo es doch zum Gipfel geht, wo wir endlich soweit sind!« versuche ich ihn anzustacheln.

»Na, i' hab no koan Auftrieb«, brummelt es aus dem Schlafsack.

Das genügt mir! Ich packe den Rucksack für einen Alleingang. Speck, Dextro, Ovosport und einige Neapolitanerschnitten kommen hinein, dazu Wärmebekleidung, meine private »Agfa Karat« (eine Expeditions-Leica als Zusatzgerät bekam ich leider nicht), dann noch die kleine Feldflasche mit Ertls bewährtem Cocatee, den er eigens aus Bolivien mitgebracht hatte, und die Steigeisen verschwinden in dem kleinen Sturmrucksack. Dazu noch ein Beutel Dörrobst und die pakistanische Flagge, die mir Ertl gestern noch aushändigte. Meinen Tiroler Wimpel natürlich auch, so wie es bei der Abfahrt am Innsbrucker Hauptbahnhof von Kuno und mir unserem Kletterklub versprochen worden war. Dann zur Vorsorge noch einige Tabletten Padutin, ein kreislaufförderndes Mittel gegen Erfrierungen, und einige Pillen Pervitin für den äußersten Notfall – Medikamente, die wir schon seit dem Hauptlager mit uns führten.

Als ich das Zelt verlassen will – halb drei Uhr –, merke ich, wie Otto sich erhebt. Will er nun doch folgen? Ein kurzes Zwiegespräch – ja, er geht auch. Ich gebe den Speck in seinen Rucksack, damit ich nicht alles allein zu tragen habe.

»Holst mich ja doch irgendwo ein, ich spure einstweilen voraus!« Damit verlasse ich das Zelt.

Der Wind hat sich nun fast ganz gelegt. Ein prachtvoller Sternenhimmel wölbt sich über mir. Es ist furchtbar kalt. Der Mond ist im Abnehmen. Schemenhaft beleuchtet die schmale Sichel den scharfen Firngrat zum Silbersattel. Wie ein Streifen aus gleißendem purem Silber spannt sich die gewölbte Eisfläche zwischen den beiden dunklen Silberzacken.

Der Eispickel verschwindet hinter dem Rucksackriemen, und die beiden Skistöcke dienen als Stütze. Böser Bruchharsch erschwert mir das Weitersteigen. Hoffentlich bleibt das nicht so. Ich steige zum Grat an, doch auch hier die gleiche Schneebeschaffenheit. Ein riesiger Schatten taucht auf. Wie ein Gebäudekomplex steht eine Schneewand vor mir: die Schaumrolle, ein gigantisches Wächtengebilde. Hier stand im Jahre 1934 Lager VII. Hier waren damals noch 14 erstklassige Sherpas, und weiter oben am Silbersattel stand noch eine Gruppe mit 11 Sherpas. Und doch endete jene Expedition hervorragender Bergsteiger mit der erschütternden Tragödie. Wehmut überkommt mich. Aber man soll nicht an den Tod denken. Man soll nicht grübeln, wenn man allein ist...

Eine steile Rinne steige ich zum Grat an. Der Schnee ist noch immer unheimlich tief. Endlich wird seine Beschaffenheit besser, dafür aber das Gelände steiler. Rechts ahne ich einen tiefen Abgrund, ich schaue in ein schwarzes Loch. Der Grat ist hartgeblasen – Gott sei Dank! Ja, es wird sogar so hart, daß ich die Steigeisen anschnallen muß. Das einzige Geräusch weit und breit ist das Knirschen der Zehnzacker. Aber dann fährt mich wieder ein scharfer Wind an. Nun bläst er aus der Südwand herauf, eisig kalt. Ich wende das Gesicht ab und versuche wieder an die Nordseite zu kommen. Steile Aufschwünge folgen. Riesige Wächtenabbrüche werden links im Süden umgangen. Hier ist wieder tiefer Schnee, der Wind hat ihn abgelagert, dann bricht wieder eine steile Rinne ab. Rechts und links davon dunkle Wächter, die Silhouetten einzelner Felstürme. Sehen kann ich nicht viel, aber ich weiß, hier bräuchte ich nur einen Sprung hinab zu tun, und in rasender Schnelle wäre ich Tausende von Metern tiefer. Das Mondlicht begleitet mich nun nicht mehr, es verbirgt sich hinter dem Silbersattel. Ich finde aber trotzdem gut meinen Weg. Quere steile Hänge an der Nordseite und bin über mein Fortkommen recht zufrieden. Zwei Atemzüge je Schritt ist ausgesprochen wenig.

Steiler wird der Grat, und immer näher komme ich den Felsen des linken Silberzackens. Im Nordosten bildet sich ein Lichtstreifen, langsam steigt über den Bergen des Karakorum der feurige Sonnenball herauf. Es verspricht ein herrlicher Tag zu werden. Bis in die fernste Ferne ist der Himmel klar, und in den Tälern liegt noch immer schwacher Dunst. Dort unten schläft man wohl noch.

Es ist fünf Uhr früh. Ich setze mich in den Schnee, verzehre ein paar Neapolitanerschnitten und betrachte das Spiel des werdenden Tages. Immer mehr eröffnet sich mir eine Wunderwelt. Bisher nur erträumte Ausblicke tun sich nun vor dem trunkenen Auge auf. Dort ein breiter Felsturm, das muß der Mustagh Tower sein, und rechts davon eine Unzahl von dunklen Felsbergen, dolomitenähnlich. Ich verfolge meine Spur zurück. Nun sehe ich dort unten einen kleinen Punkt, es ist Otto. Er dürfte eine Stunde zurück sein.

Die Sonne hat schon Kraft, angenehm empfinde ich ihre Strahlen. Nahe erscheint mir nun die freigeschwungene Linie des Silbersattels. Dort glänzt etwas, ist es blankes Eis? In einer halben Stunde müßte ich dort sein. Über mir riesige Wächten. Ich steige wieder an. Wieder kommen Bruchharsch, Windgangeln, hartgepreßter Schnee, und darunter spüre ich harte Unterlage. Nun bin ich bei dem glänzenden Streifen – blankes Eis. Vorsichtig ritze ich Stufe um Stufe. Äußerst bedachtsam – denn eine kleine Unachtsamkeit, nur ein Rutscher – erst 2000 Meter tiefer, in der Nähe von Lager II, würde ich wieder zum Halten kommen.

In einer halben Stunde wollte ich auf der Höhe sein? Ich gehe schon eine Stunde, und immer noch weit entfernt scheint mir der Silbersattel. Es ist die dünne Luft, die jeden Maßstab raubt, jedes Schätzungsvermögen zunichte macht. Nach zwei Stunden erst weitet sich vor mir eine riesige Schneefläche, meterhohe Windverwehungen, dazwischen blaues, blankes Eis – der Silbersattel, das Tor zum Gipfel! Gespannt hetze ich höher. Wie wird der Weiterweg sein? Aber der Hang verflacht sich noch nicht! Dort hinten kommt nun eine feine Schneespitze hervor, wächst immer größer herauf. Der Vorgipfel! Nun übersehe ich auch das ganze Hochplateau – eine riesige Schneefläche. Ich bin an der Kimme des Silbersattels, am Rande des Hochfirns, 7450 Meter. Wieder lasse ich mich in den Schnee fallen. Ein sparsamer Schluck aus der Feldflasche. Otto ist gerade am Beginn der Querung. Rechts und links zwei mächtige Pfeiler, die Silberzacken, der westliche ganz scharf, und beinahe überkommt mich die Kletterlust. Ausgebreitet liegen Hindukusch und Karakorum über der Indusfurche. Ja, der Blick schweift noch weiter, ganz hinten da müssen die Berge Pamirs sein – Rußland!

Lange darf ich mich nicht aufhalten, der Weg ist noch weit, ich muß die Zeit nützen. Ich überlege noch kurz: soll ich auf Otto warten? Aber er wird mich schon noch einholen, der Weiterweg ist furchtbar mühsam, ein ständiges Auf und Nieder, ein Hindernislauf über meterhohe Stufen! Man stützt sich auf die Stöcke, drückt sich auf eine harte Schneeplatte, springt dann wieder in die nächste Einbuchtung. Eine aufgewühlte, jäh erstarrte Wasserfläche! Das soll drei Kilometer so hingehen? Es erscheint mir nicht so lang… Es ist so lang. Es ist länger. Es ist endlos…

Langsam schleicht sich bleierne Müdigkeit in alle Glieder. Ich bin wie ausgewechselt. Was ist das? Ist es die Todeszone? 7500 Meter zeigt der Höhenmesser. Ich weiß, daß es manche Bergsteiger gegeben hat, die in dieser Höhe noch sehr aktionsfähig waren. Auch ohne künstlichen Sauerstoff wie ich. Und ich bin doch ganz gut höhenangepaßt. Doch fünf Atemzüge erfordert nun jeder Schritt. Das Weiterkommen ist furchtbar mühsam. Die Sonne nimmt an Kraft zu, es wird warm – heiß! Ist es die Strahlungstemperatur? Eigenartig, denke ich mir, der Schnee ist trocken, die Luft ist kalt, doch die Sonne heizt erbarmungslos ein, dörrt den Körper aus, trocknet die Schleimhäute und legt sich wie Zentnerlast auf den ganzen Menschen. Es wird immer unerträglicher. Ich setze mich in den Schnee – raste, versuche etwas zu essen, aber nichts will hinunter. Wenn ich jetzt bloß den Speck bei mir hätte, denke ich mir. Ich bilde mir ein, daß ich ihn leicht schlukken könnte. Aber den hat Otto im Rucksack. Also wieder weiter.

Mühsam raffe ich mich auf. Immer häufiger muß ich rasten. Ich schleppe mich an den Rand des Hochplateaus hinüber. Vielleicht kommt aus der Südwand ein frischer Wind? Doch unfaßbar ruhig ist die Luft! Ist das immer so in den Tagen knapp vor Beginn des Monsuns? Auch die Engländer nützten wohl diese Phase am Everest. Es sind die wenigen Tage des ganzen Jahres, wo es auch in diesen Höhen windstill ist. Diese Zeit ist aber auch sehr gefährlich, denn unvermittelt setzen dann oft die Stürme ein. Ich denke an Aschenbrenner und Schneider, die vor 19 Jahren doch schon hier oben unterhalb des Vorgipfels waren. Der Rauch ihrer Zigaretten stieg senkrecht in die Höhe, erzählten sie. Aber anderentags schon war das Inferno los...

Steiler ziehen die Hänge zum Vorgipfel empor. Es ist 10 Uhr vormittags. Ich liege im Schnee, das Gesicht auf dem Rucksack, und schnaufe, schnaufe. Es will anscheinend nicht mehr... Dort draußen, am Silbersattel, ein Punkt – es ist Otto. Es wäre gut, wenn der Kamerad jetzt hier wäre. Nicht nur wegen des Specks. Ich bin so müde. – Ist es nur der Hunger, ist es der Durst oder spüre ich wirklich so die Höhe? Nun sehe ich hinüber zur Bazhinscharte, fast waagerecht, gar nicht weit weg. Doch dazwischen liegt eine Wand, von senkrechten Felsen durchsetzt, die Südwand. Ein Versuch allein wäre schon Selbstmord! Wie könnte ich diese Erhebung, den Vorgipfel, umgehen? Ich zerbreche mir den Kopf. Vielleicht geht es doch auf der Nordseite? Abends könnte ich wieder zurück sein. Aber dann muß ich mich erleichtern. Der Rucksack drückt schon gewaltig auf die Schultern. Wenn er auch nicht schwer ist, aber hier spürt man schon jedes Gramm. Proviant ist für mich wertlos, ich bringe ohnedies nichts Eßbares hinunter, so bleibt auch dieser Bestand zurück. Noch ein Blick zu Otto. Der Punkt scheint sich nicht zu bewegen. Ich kann nicht warten.

Ich verstaue den Rucksack im Hohlraum einer Windfurche, binde den Anorak um die Hüfte, stecke den Eispickel wie ein Schwert an die Seite, Feldflasche, Reservebekleidung und Gipfelwimpel verschwinden in den Tiefen der Taschen, den Foto umgehängt, noch einen

Reservefilm stecke ich ein, und auf die beiden Stöcke gestützt, setze ich den Weiterweg fort. Da fällt mir ein, der dicke Pullover ist noch im Rucksack ... Aber ich habe nicht die Energie, die Schritte zurück zu tun. Ich tröste mich: der dünne Pullover, den ich anhabe, würde auch genügen. Gegen Abend bin ich sicher wieder hier zurück. Im ersten Moment fühle ich mich erleichtert, aber gar bald stellen sich die wohlbekannten Erscheinungen neuerdings ein. Das Aufraffen nach jeder Rast erfordert unheimliche Überwindung. Am liebsten würde ich liegenbleiben, einschlafen. Wohltuend für die Augen ist der dunkle Hintergrund, das Industal, das hinter dem Silbersattel hervorkommt. Wie gerne möchte man einmal die lästigen Schneebrillen abnehmen, doch nicht einmal zum Fotografieren ist es erlaubt. Das Licht ist zu grell. Hier und da treten vereinzelt kleinere Spalten auf, die man aber schon deutlich erkennen kann und denen ich bewußt aus dem Wege gehe. Ich befinde mich bereits auf einer Höhe von ungefähr 7800 Meter, also knapp unterhalb des Vorgipfels, und quere nun an dessen Nordseite entlang, ziehe durch endlose Mulden meine einsame Spur. Wenn ich einen Blick zurückwerfe, so sehe ich, gerade noch erkennbar, wie einen Stecknadelkopf so klein, Otto etwas hinter dem Silbersattel. Er scheint aufgegeben zu haben, er bewegt sich nicht weiter. So gehe ich eben allein meinen Weg. Der Vorgipfel ist mir jedenfalls sicher und als unerstiegener Gipfel mit 7910 Metern eine ganz ansehnliche Erhebung. Doch damit gebe ich mich nun doch nicht zufrieden. Eine Mulde löst die andere ab. 40 Meter unterhalb des Vorgipfels erreiche ich eine kleine Scharte, den obersten Rand des Hochfirns. Ein kurzer Hang führt noch zum Vorgipfel hinauf. Doch ich gehe ihn nicht. Ich muß meine Kräfte sparen.

Unter mir nun die Diamirscharte, ein sicherer Übergang, doch schade um den Höhenverlust. Es müßte ja auch hier eine Möglichkeit geben, zur Bazhinscharte hinabzukommen. Ein steiler, felsiger Abbruch liegt vor mir. Neuland. Hier hat noch kein Mensch seinen Fuß hingesetzt. Tief unten ein steiles Schneefeld und jenseits ein scharfer Felsgrat, eine plattige Wand, von etlichen Rinnen durchzogen, und dort oben die Schulter. Als besonders schmerzlich empfinde ich nun den gewaltigen Höhenverlust. Wäre ich nur schon dort drüben! Durch eine Rinne steige ich ab, quere auf Blockbändern nach links, aber bald stehe ich vor einer senkrechten Felswand. Ihre Überwindung scheint mir unmöglich zu sein. Ich kann mich kaum noch aufrecht halten. Immer wieder setze ich mich auf einen Felsen, möchte am liebsten einschlafen, fühle mich furchtbar müde, aber ich muß weiter. Das Ziel lockt noch immer, eine geheime Kraft treibt mich vorwärts, ein Dämon läßt mich Fuß vor Fuß setzen.

Ich steige wieder zurück, versuche es weiter oben, hier scheint eine Möglichkeit gegeben. Steile Rinnen ziehen hinab, eisdurchsetzt. Dann bewegt mich wieder die bange Frage: Komme ich dort hinter jenem Felseck noch weiter, wird die Kraft reichen, um anderenfalls auch hier wieder zurückzukommen? Ich erinnere mich des Pervitins. Ich weiß von seiner Wirkung, aber auch von der Reaktion, und führe einen wahren Kampf mit mir selbst. Der Körper verlangt sehnlich danach, der Geist aber verbietet es. Vielleicht geht es noch bis zur Bazhinscharte!

Um zwei Uhr mittags stehe ich endlich dort, in der tiefen Senke zwischen Vor- und Hauptgipfel, 7820 Meter hoch. Erschöpft lasse ich mich in den Schnee fallen. Der Hunger nagt, der Durst quält, aber ich muß mir den letzten Schluck noch, solange es irgend geht, aufsparen. Vielleicht hilft das Pervitin darüber hinweg. In wenigen Stunden müßte ich ja wieder zurück sein, und bis dahin würde die Wirkung schon reichen. Zögernd stecke ich zwei Tabletten in den Mund. Ich warte auf die Wirkung. Sie bleibt aus, ich spüre nichts. Oder hat es doch geholfen, wäre ich sonst vielleicht überhaupt hier liegengeblieben? Bei Tabletten kann man das nicht sagen!

Ich raffe mich wieder auf, steige entlang einer riesigen Wächtengalerie, und nun sehe ich auch den Felsgrat zur Schulter unmittelbar vor mir aufstreben. Oft hatte ich ihn vom Lager IV oder vom Mohrenkopf betrachtet, doch so ganz sicher konnte ich mir keine Meinung bilden. Ich war skeptisch. Nun wird mein Pessimismus hier bestätigt. Ein scharfer Felsgrat zieht zur Höhe. Sägezahnartig steilen einzelne Aufschwünge nach oben. Felstürme schauen wenig einladend herab. Alles noch stark verschneit und vereist. Dort oben: eine drohende Messerschneide, überdacht von einem Wächtensaum. Rechts fällt eine plattige Felswand einige hundert Meter weit in die Diamirseite ab. Wie es darunter weitergeht, ist meinem Auge verschlossen, links weiß ich nur die ungeheure Südwand. Gewohnheitsmäßig suche ich auch die rechte Wand nach Möglichkeiten ab und kann darin schließlich einige schwache Stellen finden. Sollte der Grat nicht gehen, so wäre dies der einzige Ausweg. Jäh setzt eine steile Felsstufe vom letzten Schnee an.

Ich stehe auf scharfer Firnschneide, unmittelbar am Beginn des Felsgrates, und schaue an den Füßen vorbei hinab in die Senke des Rupaltales – 5000 Meter tiefer. Gleichgültig nehme ich dieses Bild in mich auf, ich bin schon zu apathisch, als daß diese Eindrücke auf mich wirken könnten. Vielleicht geht es im Fels besser, vielleicht lenkt die Kletterei ab?

Sie lenkt ab, aber nur für Augenblicke, für eine kurze Wandstelle. Dann ist die Erschöpfung wieder da. Vollkommen ausgepumpt muß ich mich auf dem nächsten Absatz hinsetzen und längere Zeit verschnaufen. Nun bin ich bei der »Messerschneide«. Um den plattigen Felsen rechts auszuweichen, muß ich auf den Schnee der Wächte hinaustreten. Hält er? Durch einen Spalt sehe ich in den grausigen Absturz nach Süden: der oberste Teil – eine Eiger-Nordwand. Zierliche Wächten spannen sich wie baufällige Brücken von Felskopf zu Felskopf.

Eine senkrechte Stufe steht vor mir. Hoffentlich reicht meine Kraft! In einer mit Schnee gefüllten Ritze winde ich mich höher, nur noch wenige Meter. Mit letzter Kraft drücke ich den Körper über die Felskante und liege nun lange Zeit flach auf einer Plattform und ringe nach Luft. Ich richte mich auf. Dort hinten erst – immer noch gleich weit entfernt – der Gipfel. Ich könnte verzweifeln. Aber jetzt kann ich doch nicht mehr aufgeben! Ich will gar nicht dorthin schauen, der Gipfel kommt doch nicht näher. Ich setze mir mein Ziel selbst! Und so heftet sich das Auge auf einen nahen Punkt, wenige Meter entfernt, der eben mein vorläufiges Ziel bedeutet. Der nächste Aufschwung, eine Kanzel oder ein Felsturm, ist es, den mein Auge anvisiert, und erst wenn ich dort bin, will ich wieder weiter schauen, aber dann auch nur für die nächsten 10 oder 20 Meter. Der Gipfel interessiert mich nun nicht mehr. Ich denke nicht an ihn, denke überhaupt nicht. Ich gehe und gehe, ich klettere und klettere, es vergehen Stunden. Ich will nur da hinauf, sehe nur die nächsten paar Meter vor mir, so lange, bis ich oben bin, bis es nicht mehr höher hinauf geht. Schon von meinen früheren Bergfahrten her bin ich gewöhnt, nicht vor dem Ziel aufzugeben. Ein Umkehren, ein Verzichten nur aus einer Schwäche heraus, das hat es bei mir noch nie gegeben. Aber hier ist es anders. Hier ist ein unbegreiflicher, unwiderstehlicher Zwang, der den erschöpften Körper weitertreibt.

Endlich rückt die Schulter in mein Blickfeld. Der Grat wird flacher, jedoch zerrissener. Ich glaube das Ärgste schon hinter mir zu haben, da stellt sich unverhofft ein steiler Felsturm in den Weg, ein Gratgendarm. Gendarmen versperren gerne den Weg, doch dieser scheint mir unerbittlich Halt gebieten zu wollen. Ungefähr 60 Meter schießt er fast senkrecht aus einer nur angedeuteten Gratscharte empor. Seine Flanken sind arg vereist und verschneit. Muß ich mich nun hier, so nahe dem Ziel, geschlagen geben? Es scheint fast so! Eine direkte Überkletterung halte ich für unmöglich. Ich habe ja kein Seil oder sonstige Kletterausrüstung bei mir, und was hätte es auch für einen Sinn. Ich bin doch allein! In die Südseite werfe ich erst gar keinen Blick und versuche – die einzige Möglichkeit – ihn im Norden zu umgehen. Ich quere eine brüchige Felsrinne, Eis schiebt sich dazwischen, eine kleine senkrechte Wandstufe, ebenfalls äußerst brüchig. Felsklötze hängen lose am Bergkörper. Ich biege um eine Kante, und nach 30 Metern stehe ich vor einem überhängenden Abbruch. Gut fünf Meter unter mir zieht eine steile, teilweise schneeige Rinne dahin und führt auf die Grathöhe. Doch wie komme ich in die Rinne hinein? Nach oben wie nach unten begrenzt sie ein überhängender Abbruch. Ich bin zum Äußersten bereit, versuche das Letzte! Noch mit den Steigeisen an den Füßen klettere ich den immer steiler werdenden Fels höher, rostigbraunen, brüchigen Gneis. Ein Riß bildet die einzige Möglichkeit.

Wieder stecke ich die Handschuhe ein, verkralle mich im Grund des Risses, wie ich das in meinen heimatlichen Bergen schon so oft getan habe. Aber nun muß es schnell gehen! Es sind ungefähr zehn Meter. Doch da verklemmen sich die Steigeisen im schmalen Felsspalt, die Finger drohen zu erlahmen. Es ist schwerste Kletterei, man könnte sie vergleichen mit den schwierigen Stellen des Salzburgerweges in der Watzmann-Ostwand. Ich habe schon ganz meine Umgebung vergessen, denke gar nicht mehr, daß ich am Nanga Parbat bin. Nur noch eines beherrscht mich, ich muß durchhalten!

Ich beiße die Zähne aufeinander, noch einige schwere Meter, die Finger werden schon weich, aber da finde ich endlich einen Stand. Eine senkrechte Wandstelle liegt unter mir. Nahe am Absturz ging es diesmal noch vorüber. Doch ich bin noch nicht in der Rinne. Hier besteht nur eine Möglichkeit, endlich hineinzuqueren. Durch den etwas überhängenden Fels zieht eine handbreite Leiste. Darüber sind abschüssige Griffe. Die Steigeisenzacken kratzen am glatten Fels. Noch einmal biete ich meine ganzen Kräfte auf, es ist eigenartig, ich schaue gar nicht in den Abgrund. Nur noch die paar Meter vor mir, an die zehn Griffe und einige Tritte sind meine Welt. Die Kletterei nimmt mich ganz in Anspruch. Wieder dieses peinliche Gefühl in den Fingern, doch es muß gehen, nur noch wenige Meter, ich sehe ja schon den Weg frei zur Schulter hinauf. Endlich stehe ich in der Rinne. Es waren bange Momente.

Der Turm liegt hinter mir. Noch eine kurze flachere Wandstufe, und ein steiles hartes Schneefeld zieht vor mir nach oben. Die Spannung läßt nach. Nun bin ich wieder am Nanga Parbat! Unheimliche Müdigkeit überfällt mich. Erschöpft sacke ich zusammen. Ich ringe nach Luft und führe einen wahren Kampf um dieses lebensnotwendige Element. Wieder die alten Höhenerscheinungen, in noch stärkerem Maße – oder ist es der Durst? Jeder Meter ein Willenskampf, ich zwinge mich weiter, und endlich stehe ich am äußersten Rand der Schulter. Über 8000 Meter hoch. Es ist sechs Uhr abends. Bei dieser Feststellung erschrecke ich. Mir schien der Weg von der Bazhinscharte nur gut eine Stunde. Ich kann nicht mehr! Für meine Augen erscheint der Gipfel nun ganz nahe, direkt greifbar mir gegenüber – eine Schneekuppe, doch ich fühle mich nun außerstande, ihn noch zu erreichen. Für meinen Zustand ist er noch unendlich weit entfernt. Ein letzter Schluck aus der Feldflasche, er muß helfen!

Der Cocatee tut anscheinend doch seine Wirkung. Ich fühle mich wieder etwas frischer, und nachdem ich alles Entbehrliche auf einem Block hinterlegt habe, richte ich mich wieder auf. Nur noch der Eispickel, die Gipfelfahne und der Fotoapparat begleiten mich. Unsagbar mühsam schleppe ich mich einen waagerechten Felsgrat entlang.

Ich weiß, hier befiehlt nur mehr der Geist, der Geist, der an gar nichts anderes mehr denkt als an das Hinauf. Der Körper kann schon lange nicht mehr. Wie in einer Selbsthypnose bewege ich mich vorwärts.

Die Südseite bricht in steilen Schnee- und Eisflanken ab. Im Norden tritt erstaunlicherweise Fels und grobes Blockwerk zutage. Steil zieht es nach oben. Ich bin ganz erstaunt. Was mag die Ursache sein, ist es der Sturm, der den Schnee vom Gestein reißt, der ihn gar nicht ansetzen läßt? Ich quere Rinnen und kurze Schneefelder und mühe mich über Blockwerk. Der Fuß des Gipfelaufbaus ist erreicht. Über mir sehe ich einen Felsvorsprung, der höchste erkennbare Punkt. Dahinter muß der Gipfel sein. Wie weit noch? Hoffentlich reicht die Kraft noch bis dahin! Immerfort beschäftigt mich diese bange Frage. Ich kann mich nicht mehr aufrecht halten, ich bin nur noch das Wrack von einem Menschen. Kriechend auf allen vieren komme ich nur langsam weiter, immer näher kommt dieser Felsvorsprung, dem ich voll banger Erwartung zustrebe.

Was ist dahinter?

Ich bin angenehm überrascht. Nur noch eine kleine Mulde, ein kurzer Schneehang, wenige Meter nur, es geht schon leichter …

Und dann stehe ich auf dem höchsten Punkt dieses Berges, auf dem Gipfel des Nanga Parbat. 8125 Meter hoch.

Nirgends geht es mehr höher hinauf, eine kleine ebene Schneefläche, zwei Höcker, und nach allen Seiten fällt das Gelände nur ab. Es ist sieben Uhr abends. Hier stehe ich nun, seit Erdenbestehen der erste Mensch, auf diesem Fleck, am Ziel meiner Wünsche! Doch nichts von berauschendem Glück, nichts von jauchzender Freude, nicht das erhebende Gefühl des Siegers verspüre ich in mir. Ich bin mir der Bedeutung dieses Augenblicks nicht im geringsten bewußt. Ich bin vollkommen fertig! Todmüde lasse ich mich in den Schnee fallen, stecke ganz automatisch, als ob ich dies schon trainiert hätte, den Pickel in den sturmgepreßten Schnee. Siebzehn Stunden war ich nun dauernd unterwegs, jeder Schritt war ein Kampf, eine unbeschreibliche Willensanstrengung. Ich bin nur froh, nicht mehr nach oben steigen, nicht an den Weiterweg denken zu müssen, nicht mehr da hinaufschauen zu brauchen mit der bangen Frage, wird es noch gehen? Aus dem Anorak hole ich meinen Tiroler Wimpel und binde ihn an den Pickelstiel. Die Sonne berührt schon bald den Horizont, und ich muß mich beeilen, will ich noch einige Aufnahmen erhaschen. Ich knie nieder – im Vordergrund der Pickel mit dem Wimpel, und dahinter schauen gerade noch der Silbersattel, ein Teil des Hochplateaus und der Absturz in die Südwand hervor. Dort unten ziehen schon lange abendliche Schatten dahin, und am Silbersattel kann man deutlich die Windgangeln erkennen. Der Grat zum Lager V kommt auch noch drauf und über den Pickel, weiter weg und viel kleiner und niedriger, nun die Berge des Hindukusch und Karakorum.

Der Film ist aus. Ich spule um. Öffne vorsichtig die Rückwand meiner »Karat 36«, denn ich bin mir der Bedeutung dieser Aufnahme bewußt, und lege den neuen »Agfa-Color« ein. Trotz meines Erschöpfungszustandes kontrolliert der Geist diese Vorgänge genau. Der Wunsch der Innsbrucker Klubfreunde ist erfüllt, ich nehme den Tiroler Wimpel ab, stecke ihn wieder ein, und nun befestige ich an dem Pickel, wie verabredet, die pakistanische Flagge! Schnell noch einige Aufnahmen – die Beleuchtung ist schon etwas schlecht, ich muß den Belichtungsmesser zu Hilfe nehmen. Ein »Schuß« zum Vorgipfel hinüber, einer zum Rakhiot Peak, zum Lager V hinunter und nun noch direkt steil ins Rupaltal abwärts, um auch diesen Tiefblick festzuhalten. Das sind Dokumente genug. Ich klappe die Kamera wieder zu.

Nun kann ich erst mit Ruhe den Rundblick wieder in mich aufnehmen. Von der kleinen Gipfelfläche fallen nach allen Seiten steile Flanken ungeheuer tief in die Täler ab. Sie entschwinden dem Auge völlig, und erst tief unten sieht man nach allen Richtungen die schuttbedeckten Talgletscher hinausziehen. Man hat das Gefühl, über allem zu schweben, in keinem Zusammenhang mehr mit der Erde zu stehen, losgelöst von der Welt und der Menschheit. Ich komme mir vor wie auf einem winzigen Eiland inmitten eines riesigen Ozeans. Im Norden, in über 100 Kilometer Entfernung, verebben gewaltige Gebirge. Im Osten das gleiche Meer von ungezählten Gipfeln, eisbedeckt, unerstiegen, unerforscht – das ist der Himalaya. Doch ist es nur ein bescheidener Teil dieses mächtigen Gebirges, den ich von hier aus übersehen kann. Auch im Westen, soweit das Auge reicht, brandet ein Wall von Bergen, und nur der Süden fällt tief in eine schwarze, dunstige Ebene ab: Indien und Pakistan. Unmittelbar unter mir, wie eine Hügellandschaft, eine Kette von Fünftausendern. An den gerade noch schneebedeckten Kuppen kann man die Höhe erkennen, und darüber hinweg fällt weit in das Land hinein der mächtige Schatten einer Pyramide, auf deren Spitze ich stehe.

Der Himmel ist makellos, weit und breit keine Wolke. Dies ist beruhigend. Die Sonne senkt sich hinter eine Bergkette, und im Nu wird es empfindlich kalt. Es mag eine halbe Stunde verstrichen sein. Ich erhebe mich zum Abstieg. Als Beweis der Ersteigung – denn es konnte mich niemand beobachten – und als Symbol zugleich hinterlasse ich meinen Eispickel mit dem Zeichen Pakistans, dem weißen Halbmond mit Stern auf grünem Grund. Außerdem trage ich zu den obersten Steinen noch einige Blöcke zusammen und stelle sie zu einem kleinen Steinmal auf – doch muß ich diese Arbeit bald lassen, sie ist zu anstrengend, es genügt auch so. Ein von Menschenhand geschaffenes Gebilde steht!

Noch einen letzten Blick zurück – dann wende ich mich ab. Da fällt mir noch ein anderes Versprechen ein, und ich gehe nochmals die paar Meter zurück, stecke vom höchsten Punkt einen kleinen Stein ein – er ist für meine Frau, die zu Hause wartet und bangt – und steige gegen die Schulter ab. Es ist mir aber nun, als ob eine Veränderung in meinem Körper vor sich gegangen wäre. Ich fühle mich plötzlich viel frischer. Was ist wohl die Ursache? Vielleicht doch die Erreichung des Zieles? Wo ich im Aufstieg kroch, springe ich nun fast von Stein zu Stein und bin bald bei meinen zurückgelassenen Sachen an der Schulter. Ich bin mir der Schwierigkeiten dieses Felsgrates bewußt, der sich von hier zur Tiefe senkt. Im Abstieg dürften sie kaum zu überwinden sein. Der letzte Felsturm – im Aufstieg konnte ich ihn ja gerade noch bewältigen. Ich habe kein Seil! So bleibt mir keine andere Wahl, als nach einem anderen Abstieg Ausschau zu halten.

Vor mir zieht ein steiles Eisfeld zur Tiefe, weit unten entschwindet es meinen Blicken. Vielleicht komme ich da hinab. Vielleicht führen unten Rinnen weiter. Ich hatte mir doch schon im Anstieg die rechte Flanke näher betrachtet und sah auch verschiedene Möglichkeiten. Es müßte hier schon gehen, 400 Meter tiefer am Ende der Felsen könnte ich dann leicht die Schneehänge zum Fuße des Vorgipfels ansteigen. Dort unten muß die Rippe emporziehen, an der sich vor bereits 58 Jahren Mummery, einer der größten Bergsteiger aller Zeiten, versuchte. Der Nanga Parbat und seine Gletscher wurden dem kühnen Mann zum erhabenen Grabmal. Der Nanga Parbat, dessen Gipfel ich als erster betreten durfte. Ich kann diese Tatsache noch nicht ermessen. Ich will nur wieder ins Tal, zu Menschen, ins Leben …

In nördlicher Richtung steige ich nun diese Eisflanke abwärts und gewinne auch rasch an Tiefe. Das Gelände sieht noch gut aus, doch wie mag es weitergehen? Die Steigeisen leisten mir vortreffliche Dienste, denn die beiden Skistöcke sind kein Ersatz für den Eispickel. Doch lieber jetzt ohne Pickel, als später ohne Skistöcke! Ich hoffe, noch vor Einbruch der Dunkelheit die Bazhinscharte zu erreichen, um dann bei Nacht im Mondschein über das Hochplateau zum Lager V zu gelangen und mir so ein Freilager in dieser Höhe ersparen zu können. Plötzlich verspüre ich ein lockeres, unsicheres Gefühl am rechten Fuß. Was ist das? Ganz erschreckt sehe ich, daß der Befestigungsriemen des Steigeisens unter mir verschwindet. Das Eisen hat sich gelöst, und dies wäre mir beinahe zum Verhängnis geworden. Ein rascher Griff nach dem Steigeisen – ich kann es gerade noch ertappen. Doch ich habe keine Ersatzriemen bei mir, nicht einmal ein Stückchen Schnur. Und wenn auch – wie sollte ich in dieser exponierten Lage das Steigeisen anschnallen?

Nur auf einem Beine stehe ich, die beiden Skistöcke bilden die einzige Stütze. Rechts und links, über und unter mir steiler, vom Sturme beinhart gepreßter Schnee und Eis. Wie soll ich hier herauskommen? Ich versuche mit den Stockspitzen eine schwache Kerbe zu ritzen. Es gelingt. Keine Kerbe, aber eine Ritze, in der der blanke Schuh für einen Augenblick Halt findet, genau so lang, bis der andere steigeisenbewehrte Fuß einen Schritt weiter machen kann und die Zacken greifen. Ein abenteuerlicher Gang. So erreiche ich vorerst eine Schneerippe. Weiter absteigen kann ich nun nicht mehr. Ich versuche, auf dem kürzesten Weg der Flanke zu entrinnen, und quere gegen den Grat hinüber, halte mich von einer Schneerippe zur anderen, bis ich wieder Fels unter der Gummisohle fühle. Ich bewege mich wie ein Traumwandler. Nur so ist es zu erklären, daß ich dieser Flanke entrinne …

Wieder bin ich in der Rinne hinter dem steilen Felsturm. Hier komme ich doch rasch weiter. Die Kletterei nimmt wieder meine ganze Aufmerksamkeit in Anspruch, so daß ich darüber beinahe die Höhe vergesse. Der Fels wird plattiger. Ich mühe mich einen glatten, ziemlich grifflosen Riß abwärts. Doch plötzlich wird es düster! Bricht etwa schon die Nacht herein? In meinem Eifer habe ich die Zeit übersehen! Fieberhaft suche ich nach einem besseren Platz, denn hier kann ich nicht einmal stehen. In überraschend kurzer Zeit ist es auch gänzlich finster. Es gibt hier anscheinend keine Dämmerung. Wo ist ein Platz, wo ich die Nacht verbringen kann?

Endlich spüre ich wieder etwas Festes unter mir – und schon fühle ich mich gerettet. Der Stand bietet beiden Füßen Platz. Zum Sitzen ist er allerdings zu klein, so muß ich eben stehend abwarten. Da drüben, dem Grat zu, sehe ich einen schwarzen Schatten aus der Wand ragen. Ein riesiger Block. Dort könnte ich sogar sitzen oder liegen! Doch der Fels dorthin ist glatt, vereist, und in der Dunkelheit erscheint mir dies zu riskant. Ich muß mich wohl oder übel mit meinem Platz begnügen, ziehe alles Verfügbare an, die Wollhaube über die Ohren, die Kapuze tief über den Kopf, zwei Paar Handschuhe, alles dicht verschlossen. So warte ich ab. Als Rückenlehne dient mir eine 50 bis 60 Grad geneigte Wandfläche. Den dicken Pullover könnte ich nun gut gebrauchen! Aber der ist weit, im zurückgelassenen Rucksack... Sonst bin ich vortrefflich ausgerüstet. Zwar fehlt mir jetzt der Biwaksack zum richtigen Kälteschutz, und auch ein Seil, um mich vor dem Absturz zu sichern, aber trotzdem erweckt der Gedanke an die bevorstehende Nacht in mir kein Grauen. Ich bin von seltsamer Gelassenheit. Alles ist so selbstverständlich. Es muß doch so sein. Das gehört eben dazu! Fast gleichgültig sehe ich dieser Nacht in 8000 Meter Höhe entgegen. Natürlich hätte ich weiter oben viel bessere Möglichkeiten gehabt, hätte sogar liegen können, aber nun bin ich schon einmal hier! Da fällt mir das Padutin ein! Ein kreislaufförderndes Mittel, ein Schutz gegen Erfrierungen. Fünf dieser kleinen Pillen würge ich hinunter, sie bleiben mir fast im Halse stecken. In der linken Hand halte ich die beiden Skistöcke. Hoffentlich entfallen sie mir nicht, ich brauche sie noch! Die Rechte klammert sich an einen Griff. Ich schaue nochmals auf die Uhr – neun Uhr abends. Hoffentlich hält das Wetter...

Jähe Müdigkeit überkommt mich. Ich kann mich kaum mehr aufrecht halten. Der Kopf fällt nach vorne, die Augenlider drücken schwer herab, ich döse ein...

Plötzlich erwache ich, reiße den Kopf hoch. Was ist? Wo bin ich? Erschreckt stelle ich fest: in einer steilen Felswand, schutzlos – am Nanga Parbat –, unter mir gähnende Leere, ein schwarzer Abgrund. Doch dann kommt es mir wieder gar nicht so vor, als ob ich in 8000 Meter Höhe wäre, ich habe keinerlei Atembeschwerden mehr. Ich versuche mich gewaltsam wachzuhalten, aber immer wieder will mich der Schlaf übermannen. Ich döse ständig von neuem ein, und es ist nur ein Wunder, daß ich das Gleichgewicht nicht verliere.

Wo sind meine Stöcke? Jäher Schreck! Ruhe! Ruhe! Da sind sie ja. Eisern umklammere ich sie. Kälteschauer laufen mir über den Rükken, aber das macht nichts. Daß diese Nacht hart wird, weiß ich. Beherrscht der Wille so den Körper, daß ich kein Gefühl mehr für körperliche Pein empfinde? Es muß doch sicherlich um 20 Grad minus haben, wenn nicht noch mehr! Ich hoffe auf den Mond. Um Mitternacht müßte er herauskommen, und dann könnte ich schon weiter absteigen. So würde diese Nacht nicht so lang. Halb dösend verbringe ich die Zeit. Als ich wieder die Augen aufreiße, glänzt das Hochplateau bereits silbern. Dort unten der Vorgipfel, der Nordgipfel, alles ist gespensterhaft beleuchtet, daneben wieder schwarze Schatten. Auch in meiner Wand ist es dunkel. Wo bleibt der Mond? Er verbirgt sich hinter dem Gipfel. Muß ich nun doch die ganze lange Nacht hier verbringen? Den Morgen auf diesem winzigen Platz abwarten? Es scheint mir jetzt fast unmöglich.

Dort drüben glänzt etwas. Es ist Schnee, eine Wächte in der Einschartung am Grat, und immer wieder schaue ich zu dem dunklen Schatten, dem Block hinüber und stelle mir vor, wie angenehm es dort zu sitzen wäre. Hie und da streicht ein Windhauch um die Flanken. Dann ist es wieder still. Totenstill. Das Schweigen der Unendlichkeit. Der Körper ist doch nicht unempfindlich geworden...Die Kälte wird immer unerträglicher. Ich spüre sie im Gesicht, trotz der dicken Handschuhe auch an den Händen. Sie sind beinahe starr. Vor allem aber an den Füßen. Die Kälte kriecht immer höher den Körper herauf. Die Zehen sind schon lange wie tot. Anfangs versuchte ich sie zu bewegen, trampelte auf meinem kleinen Stand. Aber ich muß achtgeben, alles, worauf ich stehe, ist locker. Ist auch gleich, denke ich mir. Kalte gefühllose Füße habe ich schon öfters gehabt, ohne mir ernsthafte Erfrierungen zugezogen zu haben.

Dann nimmt mich wieder die Größe dieser Nacht gefangen... Ein wunderbarer Sternenhimmel wölbt sich über mir. Lange Zeit schaue ich da hinauf, suche den Großen Wagen und den Polarstern dort am Horizont. Draußen im Industal blinkt ein Licht auf, ein Fahrzeug wohl – dann ist es wieder dunkel.

Der Körper beginnt sein Recht geltend zu machen. Hunger und Durst machen sich wieder bemerkbar. Ich habe aber nichts bei mir. Langsam verrinnt die Zeit. So langsam... Ich glaube schon nicht mehr an ein Ende dieser Nacht. Dann taucht doch dort in der Ferne hinter einer gezackten Bergkette ein Lichtstreifen auf, steigt immer höher herauf, der neue Morgen! Er ist wie eine Erlösung.

Noch stehen die Sterne am Himmel. Will es denn gar nicht Tag werden? Sehnsüchtig schaue ich dort hinüber, blicke fast starr zu dem Streifen, hinter dem die Sonne hervorkommen muß. Endlich verblaßt auch der letzte Stern – es wird Tag!

Bewegungslos lehne ich am Felsen, die rechte Hand hält sich immer noch an den Griff, und die linke umklammert eisern die Skistöcke. Die Füße sind wie Holzklumpen, die Schuhe gefroren, die Gummisohlen voller Reif. Die ersten Sonnenstrahlen treffen mich. Wie wohltuend das ist. Es löst die Erstarrung. Ich beginne wieder zu klettern, quere in den Riß zurück. Doch jetzt heißt es aufpassen! Es ist doppelt gefährlich, alles ist furchtbar glatt. Tiefer steige ich in die Rinne ab, endlos lang – noch immer nur mit dem einen Steigeisen, das andere ist in der Brusttasche meines Anoraks.

In diesen Stunden höchster Anspannung erfaßt mich ein eigenartiges Gefühl. Ich bin nicht mehr allein! – Da ist ein Gefährte, der mich behütet, bewacht, sichert. Ich weiß, daß das Unsinn ist, aber das Gefühl bleibt...

Eine steile Wand unterbricht die Rinne. Der Fels ist kleinsplitterig, brüchig. Ich muß die Handschuhe ausziehen, stecke sie in die Hosentaschen und versuche in die Rinne zu kommen. Doch alles bröckelt ab. Zu riskant erscheint mir das. Ein Rutscher, ein kleiner Sturz wäre mein Ende! Bestimmt würde ich auch den Gefährten mitreißen, den

Freund – der gar nicht da ist ... Jeder Meter muß vorsichtig abgeklettert werden.

Bei uns in den heimatlichen Bergen würde ich einfach in die Schneerinne springen! Ich steige wieder zurück, will wieder meine Handschuhe anziehen. Sie sind fort. Erschreckt frage ich den rätselhaften Begleiter: »Hast du meine Handschuhe gesehen?«

»Die hast du doch verloren.« Deutlich höre ich die Antwort. Ich drehe mich um – sehe aber niemand. Bin ich schon wahnsinnig?

Narrt mich ein Spuk? Deutlich vernahm ich doch die bekannte Stimme. Welchem meiner Freunde gehörte sie? Ich weiß es nicht. Ich kenne sie nur ... Ich suche nach den Handschuhen, doch nirgends sind sie zu sehen. Sie müßten doch irgendwo liegen, oder sind sie die Wand hinuntergefallen? Nochmals durchstöbere ich meine Taschen, dabei fällt mir mit Schrecken die Tragödie von der Annapurna ein – doch da entdecke ich meine Reservehandschuhe. Nun ist die Situation wieder gerettet.

Ich steige weiter ab, komme auch zurück in die Schneerinne, quere aus ihr heraus und jenseits abermals in die Felsen. Rechts, fast in gleicher Höhe – die Bazhinscharte! Doch ich muß nun noch weiter hinab, bis zum Ende der Felsen. Und während des ganzen Ganges begleitet mich der Gefährte, den ich nie sehe und der doch so vertraut ist. Besonders an schwierigen Stellen ist dieses Gefühl betonter. Es beruhigt mich, es lullt ein: wenn ich stürze oder rutsche, hält mich doch der andere am Seil. Aber da ist kein Seil. Da ist kein »anderer«. Im nächsten Augenblick weiß ich wieder ganz genau, daß ich allein bin, und weiß auch, daß ich mir hier nicht die geringste Unachtsamkeit leisten kann.

Noch ein steiler Abbruch, ein senkrechter Riß, der mich ganz außer Atem bringt – und nun stehe ich endlich im Schnee. Die Wand läßt mich frei, sie liegt hinter mir. Steile, beinharte Schneefelder ziehen zu den Felsen, die vom Vorgipfel herabstürzen. Die Steigeisen sind hier wieder unentbehrlich. Ich versuche das zweite am Fuß zu befestigen. Mit der Verschnürung der Überhose binde ich es an den Schuh, aber schon nach wenigen Schritten steht das Steigeisen quer zur Schuhsohle. Geduldig schnalle ich es abermals fest, doch bald stehen die Zacken neben den Schuhen seitlich weg. Alle 10 bis 20 Meter wiederholt sich dieses gefährliche Spiel. Das Bücken allein strengt mich schon furchtbar an. Diese Anstrengung verwirrt mich vollkommen. Ich schimpfe auf meinen Begleiter hinter mir, der mir dieses schlechte Eisen gegeben hat. Ich merke nun auch, wie er mir nachfolgt, immer hinterdrein!

Dann sitze ich wieder im Schnee, den Kopf in die Hände gestützt, und raste und verschnaufe. Die Knöchel schmerzen vom Abwinkeln, das Gehen ist furchtbar anstrengend, doch endlich bin ich bei den Felsen, unterhalb der Diamirscharte. In einem riesigen Schneekolk, einer Mulde, tauche ich unter. Es ist schon wieder Mittag, wo bleibt bloß die Zeit? Durst – furchtbarer Durst quält mich. Ich habe nichts mehr zu trinken. Die Sonne brennt hernieder, es ist qualvoll, doch nirgends Wasser. Eis klebt an den Felsen, aber kein Wasser rinnt daran herab.

Nun steht mir der Gegenanstieg zum Vorgipfel bevor, der mich schon früher beunruhigt hat. Ich will mich noch etwas erholen und setze mich in den Schnee. Mein Denken ist plötzlich wie ausgelöscht. Wie angenehm ist das doch!

Ich reiße die Augen auf, schaue umher! Habe ich jetzt geschlafen? Ein Blick auf die Uhr, eine Stunde ist bereits vergangen. Wo bin ich denn überhaupt? Überall sehe ich Spuren, dort Steinmänner! Bin ich auf einer Skitour? Allmählich kommt es mir wieder zum Bewußtsein: ich bin am Nanga Parbat in fast 8000 Meter Höhe – allein! Und die Spuren – das sind ja nur Windverwehungen und die Steinmänner dort – das sind Felstürme! Droben in den Felsen unter dem Vorgipfel höre ich Stimmen. Ruft mich jemand? Oder ist es nur der Wind? Vielleicht warten dort oben meine Freunde? Mühsam raffe ich mich wieder auf. Steige um einen steilen Felsen herum. Eine Geröllhalde zieht hinauf. Von Stein zu Stein mühe ich mich vorwärts, hänge nur noch in den Skistöcken. Nach jedem Schritt sinkt der Körper müde auf das Geröll. Ich glaube schon am Ende meiner Kräfte zu sein. Doch ich muß weiter! Wie oft habe ich das nun schon gesagt? Ich weiß, es gibt keine andere Möglichkeit, will ich wieder zurück zu den Menschen. So muß ich diesen Weg da hinaufsteigen. Für 30 Meter benötige ich eine Stunde. Immer unwahrscheinlicher ist für mich in diesem Zustand nun der lange Anstieg des gestrigen Tages. Noch flache Schneehänge, die endlos erscheinen. Dann aber stehe ich auf der Diamirscharte in der tiefsten Senke zwischen Vor- und Nordgipfel.

Vor mir liegt nun wieder diese riesige wellige Schneefläche, zerfurcht und zerpflügt. Weit, weit draußen der Silbersattel. Meine Augen suchen den Horizont ab, peilen über die Kimme des Silbersattels, streichen am Hochfirn entlang herauf. Vielleicht kommt mir jemand entgegen? Doch nichts ist zu erkennen. Wenn ich nur einen Schluck Tee hätte, einen einzigen Schluck – er würde mich schon über die nächsten Stunden hinwegbringen. Mein ganzes Denken ist nur mehr bei etwas Trinkbarem, der Durst wird zur höllischen Qual, er raubt mir förmlich die Sinne. Gestern der letzte Schluck. Und dabei diese mörderische Hitze, diese Trockenheit. Der Gaumen ist wie Stroh, das Blut muß dick und zäh sein.

Während ich weitersteige, sind meine Augen unentwegt am Silbersattel. Nun sehe ich Punkte. Täuschung? Nein, das müssen die Freunde sein. Ich will rufen, jauchzen, bringe aber keinen Laut heraus. Aber die anderen kommen. Soll ich auf sie warten? Doch die Entfernung ist zu groß – ich gehe ihnen entgegen. Schritt für Schritt, müde, stolpernd, mechanisch. Als ich wieder über die wellige Schneefläche blicke, sind die Punkte verschwunden – grenzenlos die Enttäuschung … doch – da sind die Punkte wieder – nein – abermals ist die Schneefläche dort draußen leer! Narrt man mich? Allein stehe ich in dieser schier endlosen Weite, dieser hoffnungslosen Eiswüste.

Der Hunger wird fast ebenso unerträglich wie der Durst! Eine Packung Ovosport weiß ich noch im Rucksack, dort drüben muß er sein! Dort drüben … Wo drüben? Endlose Steilhänge quere ich. Einen langen Umweg muß ich machen. Alles nur wegen eines Bissens. Ich hoffe, dadurch wieder zu neuen Kräften zu kommen. Wie muß ich doch achtgeben, daß ich mit den Steigeisen nicht meine empfindlich gewordenen Knöchel verletze. Eine kleine Verstauchung, und aus wäre es! Wieder schaue ich zum Silbersattel. Nun sehe ich die Punkte woanders und merke erst jetzt, daß es Felsen von dahinter aufragenden Bergen sind.

Doch jetzt höre ich Stimmen, ganz deutlich. Meinen Namen höre ich rufen: »Hermann – Hermann!« Ich höre sogar, wie sich Leute unterhalten! Aber zu sehen ist nichts. Täuschen mich die Sinne? –

Halluzinationen? Ist dies der Anfang vom Ende – das Ende selbst? Wo mag wohl der Rucksack liegen? Ich kann ihn nicht finden.

Vielleicht ist die alte Spur noch sichtbar – so steige ich ab und quere abermals nach rechts. Ein endloses Hin und Her, ein Auf und Nieder! Es geht schon bald nicht mehr. Nur der Gedanke, etwas in den Magen zu bekommen, treibt mich weiter. Beinahe hätte ich das Suchen aufgegeben, da sehe ich noch deutlich einen Schuhabdruck – die Spur! Muß ich nun wieder hinauf oder hinab? Ich steige an, aber schon wieder kommen Bedenken. Es ist zum Verzweifeln – man müßte ihn doch sehen.

Endlich liegt der Rucksack vor mir. Ich falle nieder und krame im Liegen herum, aber kein Ovosport. Dafür finde ich etwas anderes – eine Packung Dextroenergen. Ich versuche eine Tablette zu essen, doch sie bleibt mir wie Mehl im Munde kleben. Die einzige Möglichkeit – ich greife zum Schnee. Ich tue es nicht gern, denn ich weiß, daß das schlimme Folgen haben kann, aber nun geht es nicht mehr anders. Ich zerdrücke die Tabletten, vermische sie mit dem Schnee und esse nun diesen Brei. Er mundet köstlich und bringt die erwartete Erfrischung. Nun kann ich wieder schlucken, spüre sogar wieder Speichel und versuche nun weiterzugehen. Doch bald wird der Durst noch brennender, die Zunge klebt mir am Gaumen, der Hals ist offen, rauh wie ein Reibeisen, und der Mund schäumt mir förmlich. Wieder rühre ich so einen Brei an, aber es ist nur eine kurze Labung, dafür tritt dann der Durst erneut und stärker auf. Der Schnee raubt mir fühlbar die letzten Kräfte, und so wird dieser Weg über das Hochplateau zu einem wahren Leidensgang.

Nur langsam, im Schneckentempo, komme ich weiter, muß nun für jeden Schritt bis zu 20 Atemzüge machen. Alle paar Meter falle ich in den Schnee. Nur mit Hilfe der beiden Skistöcke ist es mir überhaupt noch möglich, weiterzukommen, sie sind mir Lebensretter und stützende Samariter.

Ich muß wohl hingefallen und eingeschlafen sein. Als ich erwache, sind die Augenlider wie Blei. Ich will mich erheben, doch es geht nicht, erschöpft sinke ich wieder zurück. Es ist also aus. So ist das Ende... Aber der Lebenswille ist noch nicht erloschen. Wo sind meine Skistöcke? Es ist nur einer da. Wo ist mein zweiter? Ich erschrecke.

Dieser Schreck fährt aufpeitschend, belebend durch den Körper. Ich sehe, daß der zweite Skistock ein Stückchen abgerollt ist. Auf allen vieren krieche ich dorthin. Dann habe ich wieder beide Stöcke in Händen. Ich richte mich auf – stehe – gehe...

Nun sehe ich auch wieder zum Rakhiot Peak hinüber, sehe einen Punkt, das Zelt. Dort am Hang – sind es Felsen oder die Freunde? Die Entfernung ist wohl zu groß, doch ich versuche zu rufen. Aber ich habe keine Stimme. Vielleicht sieht man mich? Ich schwinge die Skistöcke...

Es geht schon gegen Abend, die Sonne senkt sich aufs neue, und lange Schatten fallen über den Schnee. Ich kämpfe mich mit letzter Energie weiter. Eine zweite Nacht im Freien überstehe ich nicht! Vom eigenen Schatten gezerrt, getrieben und genarrt, taumle ich dahin. Ich bin nicht mehr ich – nur noch ein Schatten – ein Schatten hinter einem Schatten. Diese elenden Windgangeln, die mir den Weg so furchtbar erschweren! Endlich bin ich in der tiefsten Einsenkung des Plateaus, und nur noch einige hundert Meter trennen mich von der weiten torähnlichen Fläche des Silbersattels. Wie mag hier der Sturm gehaust haben – eine furchtbar aufgewühlte Fläche. Ich taumle wie ein Betrunkener, stürze, krieche, stehe, gehe, taumle... Ich erinnere mich wieder des Pervitins. Wenn noch etwas hilft, dann ist es das. Nur noch ein kurzes Aufleben der Kräfte soll es bewirken, denn bald würde ich beim Zelt sein. Aber sind nicht alle Reservekräfte schon aufgebraucht – ich fühle mich vollkommen ausgehöhlt. Blut und Speichel kommt aus dem Mund; er ist gänzlich verklebt, und die drei Tabletten drücke ich hinunter, als ob es Holzspäne wären. Ich zähle schon die Meter, immer näher kommt der Rand des Schnees.

Um halb sechs Uhr abends stehe ich draußen am Silbersattel und schaue wieder hinunter zum Rakhiotgletscher, zu den Lagern. Ausgebreitet liegt der ganze Anstieg vor mir. Ich sehe die Zelte im Schnee vergraben an den Hängen kleben. Unendlich tröstlich ist dieser Anblick. Als ob ich nach Hause käme. Doch was ist, da drunten rührt sich ja niemand! Hat man die Lager leer gelassen? Heilige Ruhe weit und breit, keine Menschenseele, kein Laut! Ich schaue hinüber zum Rakhiot Peak, und da bemerke ich wieder den schwarzen Punkt, das kleine Sturmzelt und in der Nähe – noch zwei Punkte! Dort in der

Rakhiotquerung muß auch jemand sein, vielleicht die Träger. Das ist keine Täuschung mehr. Das sind wirklich Menschen!

Ich weiß, ich bin gerettet. Ich bin in der Nähe der Kameraden, und dies gibt mir wieder neue Zuversicht. Die alten Spuren sind noch erhalten, ich nutze sie und quere zum Grat hinüber. Augenblicklich fühle ich mich wieder frischer. Ist es das Pervitin oder die seelische Entlastung? Zudem kann ich nun wieder leichter atmen. Aber die Vorsicht darf ich keinesfalls außer acht lassen! Wieder macht sich das eine Steigeisen selbständig. Ich nehme es verärgert ab und werfe es kurzerhand über die Südwand. Verhältnismäßig rasch komme ich den ausgesetzten Grat abwärts, vorbei an der Schaumrolle, durch den Bruchharsch, und um sieben Uhr abends, 41 Stunden, nachdem ich diesen Platz verlassen hatte, trete ich in die Nähe des Zeltes.

Hans kommt mir nun entgegen. Er weiß nicht, wie er seine Rührung verbergen soll, und vergräbt sich hinter sein Aufnahmegerät. Wir fallen uns in die Arme, keiner bringt mehr ein Wort heraus. Ich bin so ausgedörrt, daß ich keinen Laut hervorbringe, und Hans ist nur froh, daß ich wieder zurück bin. Wir setzen uns vor das Zelt, und nun ruft er Walter zurück, der eben am Mohrenkopf steht und absteigen will, um uns beiden Platz zu machen. Walter ist glücklich, mir nun die Hand schütteln zu können, beinahe Tränen hat er in den Augen. Es gibt Augenblicke, da es keine Schande ist, wenn Männer weinen...

Die beiden wußten doch nicht, was mit mir los war, und hatten schon das Schlimmste befürchtet. Sie wären ohne mich nicht mehr ins Hauptlager abgestiegen. Bis abends wollten sie warten. Dann wären sie losgezogen, über den Silbersattel, über die endlose Hochfläche, Richtung Gipfel. Nicht um diesen zu bezwingen, sondern um mich zu suchen. Großartig, solche Freunde. In diesem Augenblick fühle ich mich glücklich wie nie zuvor. Ich vergesse, daß alle Lager auf dem Rakhiotgletscher leerstehen.

Walter und Hans – aus ihren Augen lese ich Freude und Dank, und in väterlich-freundschaftlicher Art sind sie nun um mich bemüht. Hans gießt mir literweise Tee und Kaffee ein, dies bewirkt, daß langsam wieder Leben in meinen ausgetrockneten Körper dringt. Sie fragen gar nicht, ob ich den Gipfel gemacht habe. Ihnen ist dies gleichgültig. Die Hauptsache ist, daß ich gesund zurück bin. Dieses Zusammensein ist das eindrucksvollste Erleben während der ganzen Expedition. Wir wissen nun: wir sind nicht nur Expeditionskameraden – wir sind Freunde geworden! Walter zieht mir indessen schon die Schuhe aus, und nun erst merke ich, daß der Berg seinen Tribut gefordert hat. Die beiden ersten Zehen des rechten Fußes sind schon etwas verfärbt und gefühllos. Hatte ich das im Abstieg gar nicht gemerkt? Walter behandelt nun die Erfrierungen. Zu dritt drängen wir uns nun in das enge Sturmzelt, ich muß doch berichten und erzähle und rede – wie ein Wasserfall – wie ein aufgezogenes Uhrwerk, das nicht so schnell zum Stillstand kommen kann. Ich bin wieder fabelhaft frisch! Was ist das, sind es die Nerven? Ich schildere den beiden den schweren Weg, und sie lauschen gespannt meinen Worten. Es wird immer ruhiger, und um Mitternacht merke ich erst, daß sie bereits eingeschlafen sind. Nun versuche auch ich zu schlafen, doch offenen Auges liege ich im Zelt. Ich fühle mich wohl, ich bin wieder bei den Kameraden, weiß mich warm und geborgen. Die Gedanken sind immer noch droben, und ich kann es selbst noch nicht fassen, daß ich wirklich auf dem Gipfel des Nanga Parbat gestanden bin. Wie oft habe ich mir diesen Augenblick erträumt, und nun war es so ganz anders, so unglaubwürdig. – Und das Biwak – auch mir erscheint es nachträglich wie das große Wunder einer gütigen Macht.

5. Juli 1953. Wir sind schon früh auf. Es ist noch immer wolkenlos und windstill, doch wir müssen absteigen. Meine Erfrierungen verlangen schleunigst ärztliche Hilfe, und wir wissen, daß der Monsun jeden Tag losbrechen kann. Wir wollen noch vorher den Berg verlassen, haben wir doch das ungute Gefühl, als ob er sich nun noch rächen würde, denn oft packt das Schicksal in letzter Minute noch zu. Wenn schon mit Erfolg, so wollen wir auch ohne Opfer heimkehren! Noch ein letzter Blick hinauf zum Gipfel – vom Pickel und der Fahne ist nichts zu sehen, die Entfernung ist zu groß – und schweren Herzens scheiden wir von diesem Berg, der uns alles bedeutet. Das Zelt verschwindet in der Rupalflanke, wir opfern es dem Berg, alles andere bleibt liegen. Ich bin in erstaunlich guter Verfassung und gehe in den Spuren meiner Kameraden nach. Wieder vorbei am Mohrenkopf, wo nun eine Gedenktafel für die Toten von 1934 angebracht

ist, entlang der Rakhiotquerung die Eiswand hinab. Hier begegnen wir gerade Otto und den Trägern, die nochmals nach Lager V ansteigen wollen, um die zurückgelassene Ausrüstung zu holen. Noch eine Stärkung in den Zelten von Lager IV – ich kann wegen der Halsentzündung, die ja nicht ausbleiben konnte, fast nichts essen – und weiter, bei glühender Hitze und matschigem Schnee nach Lager III.

Müde und abgekämpft lasse ich mich in ein Zelt fallen. Es ist fünf Uhr abends, und bald übermannt mich tiefer Schlaf. Erstmals seit Tagen wieder richtig schlafen! Jemand rüttelt mich. Was ist? Ist das Abendessen bereit? – Nein, es ist schon früher Morgen! Tatsächlich: totenähnlich durchschlief ich diese Nacht. Wir müssen die Zeit nützen, solange der Schnee noch hart ist. Jeder trägt eine schwere Last, seine ganze Ausrüstung. Auch mir bleibt nichts anderes übrig, obwohl ich schon arge Schmerzen im rechten Fuß verspüre und sich die Erschöpfung bleiern auf mich legt. Auf halbem Wege treffen wir mit einer Trägergruppe zusammen. Aumann und Köllensperger führen das Räumkommando! Gestern verließen sie das Hauptlager. 15 Hunzas! So viel hat dieser Berg noch nie gesehen! Aber jetzt geht es ja auch nach Hause, und da bekommt alles wieder neuen Auftrieb. Eine Freudendemonstration der Träger – und die Wege trennen sich wieder.

Der Gletscher schaut furchtbar aus. Die alten Spuren sind vollkommen verfallen, von Lawinen verschüttet. Eine Woche war hier keiner mehr gegangen. Neue Spalten haben sich aufgetan, Eistürme sind zusammengestürzt, man kennt diese Gegend nicht wieder. Bei Lager II sieht es besonders wüst aus, alles ist aufgerissen, die Brücken sind weg. Hier haben Gletscherbewegung und Sonnenbestrahlung in den vier Wochen ein unglaubliches Zerstörungswerk vollbracht. Wir kommen nicht mehr weiter. Wir flüchten vor der sengenden Hitze in den Schutz des verwahrlosten Lagers. Hans und Otto halten nach dem Weiterweg Ausschau. Walter betreut mich. Nach Stunden kommen die beiden ergebnislos von ihrer Wegsuche zurück. Das Eis ist morsch und brüchig, es wäre zu gefährlich, noch weiter abzusteigen, so müssen wir wiederum eine Nacht im Gletscher verbringen. Ich kann fast nicht mehr schlafen. Die Erfrierungen machen sich bemerkbar. Die Füße schwellen an. Am anderen Morgen muß ich die Filzeinlage entfernen, ebenso das zweite Paar Socken. Trotzdem komme ich kaum mehr in die Schuhe hinein. Ich kann immer noch nichts Hartes, Trockenes essen, es ist, als ob ich Reißnägel schlucken müßte. Die Kälte der Nacht hat den Schnee wieder hart gefroren, und wir können weiter. Der Buldarkamm und die Chongra Peaks stehen schon wieder hoch über uns. Der Silbersattel taucht fern in den Himmel, und der Gipfel hat sich schon längst dahinter verborgen. Gefährlich nahe an der Nordwand ziehen wir unsere Spur. Hans mit seinen langen Beinen nimmt Reißaus. Die Wand ist ihm nicht geheuer. Ich bemühe mich zu folgen, doch nur hinkend schleppe ich mich vorwärts. Gut eine Stunde bin ich dieser dauernden Gefahr ausgesetzt. Immer wieder schaue ich bange nach oben, erschrecke bei jedem kleinsten Geräusch, aber schließlich werde ich ganz gleichgültig und sage mir nur, wenn es mich jetzt noch erwischt, habe ich eben Pech gehabt.

Bei Lager I ist es schon aper. Aller Schnee ist fort. Die Zelte stehen wie Pilze auf schmalen Eishöckern, und sogar das erste Wässerlein sehe ich wieder sprudeln. Hier ist noch reichlich Verpflegung – die besten Leckerbissen. Jetzt geht es mir auch schon wieder etwas besser, und ich futtere, was hineingeht. Bier und Apfelmus, Würstchen, Marmelade, Honig, Milch, Fleisch und noch vieles andere – als ob ich das Versäumte der letzten Tage nachholen müßte. Die Wirkung bleibt natürlich nicht aus. Furchtbar schlapp ist mir nun zumute, die dicke Luft, die ich nicht mehr gewöhnt bin, trägt auch ihr Teil dazu bei.

Endlich Vegetation. Wie haben wir doch den ersten Fliegen und Schmetterlingen im Lager II nachgeschaut, es waren uns Boten aus einer anderen Welt, Vorboten des Sommers. Aber nun können wir selbst wieder in knietiefem Gras schlendern, das Bunt der Blumen schauen, ihren süßen Duft riechen. Wir können es kaum fassen. Wie neugeboren kommen wir uns vor, die wir doch Wochen in Schnee und Eis verbrachten. Wir legen uns ins Grüne, strecken uns wohlig und träumen! Vergessen sind die Strapazen, die Anstrengungen. Ein warmer Wind streicht wieder um unsere rauhen Bärte. Weiße Alpenrosen blühen zu unserer Begrüßung, und voll Dankbarkeit nehmen wir alles zu eigen.

Gegen Abend nähern wir uns dem Hauptlager. Was ist hier los? So viele Menschen sahen wir schon lange nicht mehr! Sie werden uns

Karakorum-Expedition 1957: Hermann Buhl, Marcus Schmuck ...

... Fritz Wintersteller, Kurt Diemberger

Vorbereitung: Buhl stellt bei Sport Scheck in München die Ausrüstung zusammen.

Wohltat für Buhls Zehen: ein fröhliches Bad im heißen Pool vor Askole

Broad Peak: Buhl spurt gipfelwärts.

Westalpenstil: Schmuck mit Last

Gipfel: Buhl am 9.6.1957 auf dem Broad Peak

Ein Achttausender ohne Hochträger und Sauerstoffgeräte: der Initiator der Expedition zum Broad Peak

doch nicht etwa einen besonderen Empfang bereiten wollen? Wir freuen uns, den Erfolg heimbringen zu können, unser eisernes Durchhalten war also doch nicht umsonst. Nun sind wir da – die letzten Schritte zu den Zelten.

Reichlich kühl ist der Empfang! Nur die Träger zeigen offene Freude über den Sieg; stolz können sie nun zu ihren Frauen zurückkehren. Sie behängen uns mit Blumenkränzen. Ich gehe unserem Expeditionsleiter entgegen. »Wie war's? Wie geht's?«

Ich muß ihm zuerst Einzelheiten von dem Gipfelgang berichten, dann erkundigt er sich nach meinem Fuß.

Träger kommen und gehen, was ist hier los? Die Lasten werden bereits nach Gilgit vorausgeschickt! Morgen soll es schon weitergehen. Herrligkoffer und Bitterling wollen das nächste Schiff Mitte Juli noch erreichen. Wir, die wir gerade vom Berge kommen – und besonders ich –, sind wenig erfreut darüber. Wir meinen, daß wir uns doch unbedingt noch etwas erholen müssen. Wie hatten wir uns nach einigen Ruhetagen im Hauptlager gesehnt! Bitterling ist fest beim Einpacken von Verpflegung und Ausrüstung. Es soll für eine nächstjährige Expedition reserviert werden. Das meiste ist schon weg. Selbst die Medikamente, bis auf eine kleine Anzahl Tabletten, sind bereits unterwegs nach Gilgit. Öfters höre ich nun den Namen »K 2«. Was soll das? Dort, am zweithöchsten Berg der Welt, ist doch noch die amerikanische Expedition unterwegs. Eine eigenartige Atmosphäre schwebt über dem Hauptlager.

Der Abend vereint uns im Küchenzelt. Es gibt kein »Festessen«, nur den Rest der noch zurückgelassenen Verpflegung. Nudeln! Und wie hatten wir uns doch gerade auf eine abwechslungsreiche Kost im Basislager gefreut! Wo ist Aschenbrenner geblieben? Kurz nach der Siegesmeldung, so wird uns bedeutet, hat er die Heimreise angetreten. Dann erhebt sich Bitterling und dankt dem Expeditionsleiter für diesen großen Sieg! Bedrücktes Schweigen folgt dieser wohlgesetzten Rede. Eine überraschende Nachricht aus Gilgit hat zur Folge, daß man nun doch noch einige Tage hier verweilen muß. So nimmt mich mein kleines Zeit wieder auf.

Hans und Walter übernehmen meine Betreuung und bemühen sich rührend um mich. Ich kann jetzt überhaupt nicht mehr gehen. Die

Wunde ist aufgebrochen, die erfrorenen Zehen sind bereits schwarz. Ich beginne die Eindrücke meines einsamen Gipfelganges, nachdem unser Expeditionsleiter es ungeduldig verlangt, mit der Maschine niederzuschreiben. Dabei blicke ich immer wieder hinaus vors Zelt, schaue über die gewaltige Nordwand hinauf zum Hochplateau, das sich als weißer Saum gegen den blauen Himmel abhebt. Und während das Auge dort oben haftet, sind die Gedanken immerfort bei diesen schicksalsschweren Stunden, und schon jetzt, da doch erst einige Tage verstrichen sind, will mir dieser Gipfelgang ganz unwirklich erscheinen. Es ist mir wie ein Traum, den man nicht begreifen kann, so unfaßbar und doch so gegenwärtig…

Ein Jahr danach

Der Sturm hat sich gelegt. Der Sturm, den Menschen entfacht hatten und der eine häßliche Staubwolke aufwirbelte, die vorübergehend sogar das leuchtende Bild des Berges verschleierte. In jenen unerfreulichen Tagen bekam man weniger Luft als in den großen Höhen, man sah nicht mehr klar, konnte nicht den richtigen Abstand zu den Menschen und Dingen bekommen – auch nicht zu sich selbst. Es war wie ein Konzert in einem Raum, in den der Lärm der Straße hereindrang. Man hörte vor lauter Nebengeräuschen die erhabene Melodie des Konzertes kaum mehr.

Der Straßenlärm ist verstummt. Der Staub der Niederungen hat sich gesenkt. Klar steht das Bild des Berges. Rein klingt die Melodie. Und über allen Ärger erhebt sich zwingend die große Freude, die man in Worten nicht ausdrücken kann. Und es ist auch die Freude am herrlichen Berg, an der Tat, an der Freundschaft, die uns im Juli 1954 zusammenführt: Hans Ertl, Walter Frauenberger und mich. Wir feiern Geburtstag. Vor einem Jahr waren wir drei in dem winzigen Zelt von Lager V. Vor einem Jahr bin ich von oben dorthin gekommen, nachdem ich den Gipfel des Nanga Parbat betreten durfte. Diesmal allerdings sind wir nicht oben auf irgendeinem Berg, sondern in meinem Münchner Heim. Es gilt ja auch einen anderen Geburtstag zu feiern, einen ganz privaten: Meine Frau hat mir die zweite Tochter geschenkt. So klingen die Gläser nicht auf den Berg allein und unsere Freundschaft, sondern auch auf das Wohl eines Menschenkindes, das soeben seinen ersten Krächzer in diese Welt getan hat. Und damit die Stimmung nicht zu feierlich wird, ist Hans Ertl da, der alte Berg- und Weltvagabund. Er liebt es, seine Gefühle unter der Maske liebenswürdiger Frivolität zu verbergen, und findet seltsame Zusammenhänge zwischen alpiner Tat und Bevölkerungspolitik.

So steht am Anfang unseres Beisammenseins das Lachen. Es wird aber doch keine lärmende, ausgelassene Feier. Zu stark und doch still ist in mir das Glücksempfinden, daß mir der herrliche Berg die Freundschaft dieser Männer geschenkt hat. Zu stark ist die Erinnerung an die Zeit vor einem Jahr. Wir treten gemeinsam den Gang durch die Erinnerung an…

Der Weg zurück. Vom Hauptlager abwärts. Ich konnte nicht mehr gehen, die Schmerzen in dem erfrorenen Fuß waren zu arg geworden. Die Hunzas, die Hochträger, dieselben, die in den Tagen der Entscheidung unsere Begleiter und Gefährten waren, trugen mich. Sie ließen es sich nicht nehmen, diese prächtigen Menschen. Und Hans und Walter waren ständig um mich, behüteten mich, lasen mir jeden Wunsch von den Augen ab. Trotzdem bildeten wir eine wehmütige Nachhut der Expedition, die weit voraus war. Unwillkürlich fiel mir der Abtransport Maurice Herzogs von der Annapurna ein.

Gewiß, das Schicksal des tapferen Leiters der französischen Mannschaft war nicht beneidenswert. Und doch beneidete ich ihn fast. Er war von Freunden umgeben, nur von Freunden. Und vor allem war Dr. Oudot bei ihm, dieser herrliche Arzt…

Ich konnte mich nicht beklagen – ich traf auf meinem Rückmarsch Ärzte, die sich rührend meiner annahmen: ein pakistanischer, ein englischer und zuletzt in Lahore ein deutscher Arzt. Aber unter meinen Expeditionskameraden gab es keinen Dr. Oudot.

Die Erinnerung ist noch zu jung, um ihr trügerisches Spiel der Verklärung zu treiben. Noch ist Alltägliches alltäglich, Kleinliches kleinlich, Unschönes unschön. Aber das Erhabene, das Schöne überwiegt, weist alles andere in die ihm gebührenden Schranken. Unvergeßlich wird mir der Abschied von unseren Hochträgern bleiben. Haben wir uns je über sie geärgert? Das ist vergessen. Ich sehe sie immer vor mir, wie sie in Gilgit dem Jeep, in dem Walter Frauenberger – der »gute Sahib« – und ich sitzen, nachlaufen, winken, grüßen und mit Tränen in den Augen Abschied nehmen. Nein, wir werden euch nie vergessen.

Und der Flug um den Nanga Parbat! Nochmals dasselbe Bild wie beim Hinflug. Und doch so ganz anders. Damals bange, fiebernde Erwartung. Jetzt Erfüllung und Dank, gepaart mit leichter Wehmut, als ob man ein köstliches Geschenk verloren hätte. Es mag wohl auch im Leben so sein, daß Erfüllung gleichzeitig Abschied vom Vergangenen ist.

Abschied von Pakistan, diesem jungen Staat prächtiger, aufstrebender Menschen. Wieviele Freunde haben wir dort gefunden! Wieviele Beweise echter Zuneigung, von Einheimischen und von Europäern, die dort ihren Wohnsitz haben! Dank allen!

Unsere Gläser klingen. Die Erinnerung lügt nicht. Sie kann noch nicht jeden Ärger wegwischen über manches, was wir mit Menschen auszufechten hatten, das zwar unter der Flagge »Nanga Parbat« segelte, aber doch nichts mit dem Berg und dem Bergsteigen zu tun hatte. Walter Frauenberger, der Brückenschläger von Mensch zu Mensch, findet die passenden Worte, die unserem Gang durch die Erinnerung wieder den richtigen Weg weisen. Den Weg hinauf.

Die Männer stehen vor uns auf, die vor uns am großen Berg waren. Die Toten, die unvergessenen. Alle haben sie an der Pyramide gebaut, zu der ich den Schlußstein setzen durfte. Dieser Vergleich stammt nicht von mir, sondern von John Hunt, dem Führer der erfolgreichen Britenexpedition zum Mount Everest.

Er paßt zum Nanga Parbat ebensogut wie zum höchsten Berg der Erde. Alle bauten sie, brannten nach dem großen Ziel, wurden vom Berg zurückgeschlagen oder – gefällt. Aber nun sind sie alle da, in unserer Erinnerungsstunde bei der Geburtstagsfeier.

Mummery, der große Engländer. Einer der bedeutendsten Bergsteiger seiner Zeit. Er kannte noch nicht die ungeheuren Maße des Berges, griff den Nanga Parbat von einer Seite an, von der sich eine kampferprobte, himalayagewohnte Mannschaft 44 Jahre später schaudernd abwandte. Mummery legte 1895 den Grundstein zur Pyramide, die Geschichte des Nanga Parbat heißt. Er ist der erste, dem ich Bericht erstatten, dem ich Rechenschaft ablegen muß. Ihm darf ich voll in die Augen sehen, darf aufrecht stehen, während ich melde: Ich habe den Nanga Parbat nicht mit Hilfe moderner technischer Hilfsmittel bestiegen, sondern ganz in seinem Sinne, »by fair means«, mit reinen Mitteln – aus eigener Kraft.

Als nächsten sehe ich Willo Welzenbach vor mir, den wohl bedeutendsten deutschen Bergsteiger nach dem Ersten Weltkrieg. Er hatte den von Walter Schmidkunz treu gehüteten alten Plan Mummerys aufgegriffen und den Nanga Parbat aus der Vergessenheit in das helle Licht der Sehnsucht junger Bergsteiger gestellt. Als es ihm 1932 nicht vergönnt war, an der von ihm ins Leben gerufenen Expedition teilzunehmen, übertrug er die Führung seinem Freund und Seilgefährten Willy Merkl. Und es ist nur ein Zeichen der inneren Haltung des Erstbesteigers der großen Wände der Dent d'Hérens und des Berner Oberlandes, daß er 1934 seinem Freunde Willy Merkl die Führung keinen Augenblick streitig machte, obwohl er diesmal selbst mit zum Berg Mummerys ziehen konnte. Ich bin am Morgen des 3. Juli 1953 an der Stelle vorbeigekommen, an der Willo Weizenbach 19 Jahre früher gestorben ist. Darf ich diesem wunderbar mutigen Mann gegenüber, der in der Hölle des entfesselten Berges vor seinem Tode schon acht Tage lang nichts Warmes zu essen und nichts zu trinken hatte, überhaupt etwas von meiner Klage verlauten lassen, von der seinerzeit schmerzlich empfundenen Enttäuschung bei meiner Rückkehr ins Hauptlager? Angesichts der Entbehrungen Welzenbachs will sie mir heute lächerlich erscheinen. Ich weiß, daß es mir damals gar nicht um das »Was«, sondern um das »Wie« gegangen ist. Vor Willo Welzenbachs Opfer verstummt auch die Frage nach dem »Wie« in mir, und mich beherrscht allein der Wunsch, hinzutreten und nur das eine zu melden, daß der Gipfel endlich erreicht wurde und dadurch der Tod Welzenbachs und der vielen anderen einen Sinn bekommen hat. Und ich weiß, daß auch Willy Merkl, zu dessen Gedenken die Expedition ausgezogen war, mir nach meiner Rückkehr vom Gipfel in neidloser Freude die Hand gegeben hätte, wie es unter Bergsteigern der Brauch ist.

Ich gedenke Pert Fankhausers, des jungen Kletterers aus Kitzbühel, der sich mit zahlreichen verwegenen Erstbegehungen im Wilden Kaiser ein ewiges Denkmal gesetzt hat. Ich habe ihn persönlich nie kennengelernt, obwohl wir dem gleichen Kletterklub angehörten. Auch er fand seine letzte Ruhe im ewigen Eis des Nanga Parbat. Dein Sterben, Pert, war nicht umsonst. Der Wimpel unserer »Karwendler« wehte auf dem Gipfel des Nanga Parbat. Ich habe ihn mit nach Hause gebracht, auch für dich!

Darf ich Hans Hartmann, den man im Juni 1937 mit Carlo Wien und seinen Gefährten aus dem Eisgrab des Lagers IV barg, etwas von meinen zwei amputierten Zehen erzählen, die bei frühzeitiger Behandlung vielleicht zu erhalten gewesen wären? Hans Hartmann, der seinerzeit durch Erfrierung beide Vorfüße verloren hatte und trotzdem Bergsteiger blieb und in den Flanken des Nanga Parbat sogar die mühselige Arbeit des Spurentretens so oft auf sich nahm? Hans Hartmann, dessen höhenphysiologische Aufzeichnungen das wissenschaftlich Wertvollste waren, was man je aus einer Lawine geborgen hat? Dessen Tagebuch zu den menschlich schönsten Dokumenten der Geschichte des Himalaya-Bergsteigens gehört? Ich kann nur die Worte zitieren, die Hans Hartmann an den Beginn seines Tagebuches gesetzt hat: »Was Frost und Leid, mich brennt ein Eid!«

Auch mich brannte der gleiche Eid. Und ein gnädiges Geschick erlaubte mir, den Eid zu erfüllen. Das ist es, was ich den Toten des Nanga Parbat zu melden habe.

Ein großer Berg, ein Achttausender, läßt sich nicht ohne letztes persönliches Risiko bezwingen. Dieses wollte die Expeditionsleitung 1953 nicht auf sich nehmen. Das war ihr gutes Recht – von ihrem Standpunkt aus, der von abwägender Vernunft und irrtümlicher Wettermeldung gezeichnet war. Der Gipfeltrupp nahm das Risiko auf sich. Und das war sein gutes Recht, da er Wetter und Verhältnisse richtig beurteilen konnte. Wir waren keine Wahnsinnigen. Auch unser Wille war von Vernunft gesteuert. Aber uns brannte der Eid dem Berg und den Toten gegenüber: alles zu versuchen, was in unserer Kraft stand.

Das letzte Risiko des Gipfelganges trug ich allein. Und es ist mein gutes Recht, dies zu sagen.

Es ist wohl nicht notwendig, in den Alpen schwerste Wege zu gehen, die größten Gefahren zu überwinden und alle körperlichen

Kräfte ausschöpfende Strapazen auf sich zu nehmen, um ein tüchtiger Himalayabergsteiger zu werden. Ich aber war froh, daß ich darauf trainiert war, von mir das Äußerste zu verlangen. Dem habe ich zu verdanken, daß ich lebe. Und ich lebe gern…

Leuchtend steht der Berg in unserer Erinnerung. Meilenstein der Vergangenheit. Wegweiser in die Zukunft.

Dank euch, Freunde!

Hell klingen die Gläser.

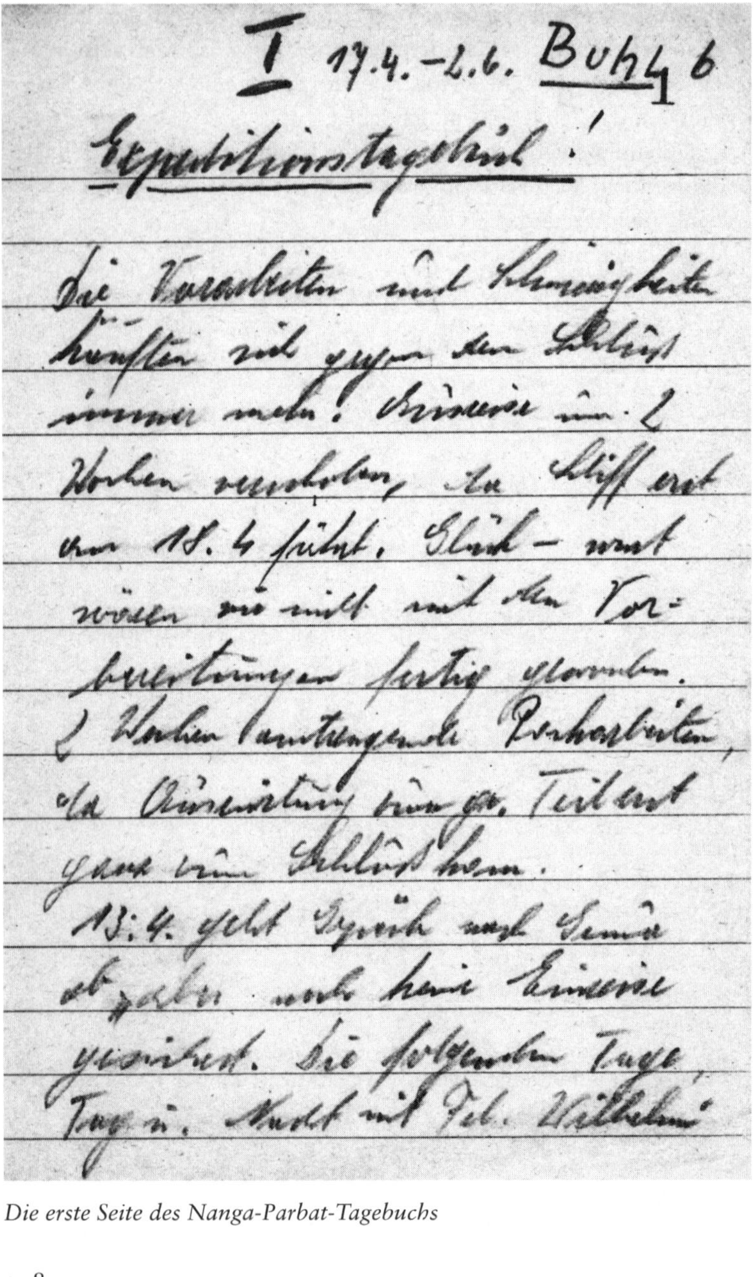

Die erste Seite des Nanga-Parbat-Tagebuchs

Hermann Buhls Nanga-Parbat-Tagebuch

Hermann Buhl hat während der erfolgreichen Nanga-Parbat-Expedition 1953 zwei kleinformatige Expeditionstagebücher geschrieben, die hier mit freundlicher Genehmigung seiner Witwe Eugenie Buhl erstmals in voller Länge publiziert werden. Die Eintragungen erstrecken sich über den Zeitraum vom 13. April bis zum 2. Juli 1953 (wobei die letzten Eintragungen zum 3. Juli gemacht wurden), also der Zeit der letzten Vorbereitungen zur Abreise bis zum Gipfelsturm.

Gelegentlich waren seine handschriftlichen Aufzeichnungen, die ja zum großen Teil unter schwierigen Bedingungen am Berg erfolgten, nur schwer entzifferbar (z.B. bei Namen einheimischer Träger), was durch die Einfügung eckiger Klammern deutlich gemacht wird. Offensichtliche Flüchtigkeitsfehler in Rechtschreibung und Zeichensetzung wurden, wo es der besseren Lesbarkeit des Textes dient, in der Übertragung stillschweigend korrigiert.

Kurt Diemberger

I 17.4. – 2.6. Buhl
Expeditionstagebuch!

Die Vorarbeiten und Schwierigkeiten häuften sich gegen den Schluß immer mehr! Ausreise um 2 Wochen verschoben, da Schiff erst am 18. 4. fährt. Glück – sonst wären wir nicht mit den Vorbereitungen fertig geworden. 2 Wochen anstrengende Packarbeiten, da Ausrüstung zum gr. Teil erst ganz zum Schluß kam.

13. 4. geht Gepäck nach Genua ab, aber noch keine Einreise gesichert. Die folgenden Tage Tag und Nacht mit Frl. Wilhelmi gearbeitet, da Liste d. Ausrüstung in engl. Sprache u. Dollarwerten zur Zollabfertigung so schnell als möglich nach Karachi muß.

16. 4. nachts kommen erst Visum mit Einreiseerlaubnis v. pakist. Konsulat. Nachmittags noch Einkäufe gemacht, erster Tag wieder für mich privat. Abends Vortrag v. H. Ertl, gleichzeitig Verabschiedung v. München.

17. 4. 12 h Abfahrt mit dem Rom-Express I. Klasse v. München unter großem Hallo und Begeisterung. In Kufstein wieder Empfang, in Innsbruck wieder von Klub und Verwandten. Generl verläßt mich hier.

18. 4. 4 h früh in Genua, kurze Stadtbesichtigung, mittags an Bord der »Viktoria« [»Victoria«] d. Lloyd Triestino, macht erst eine 2. Fahrt. Empfang durch eine Abordnung des C. A. I. [italienischer Alpenverein]

14 h Abfahrt von Genua, feierlicher Augenblick. Kuno, Hermann, Otto ich eine Kabine. Walter u. Karl eine und Albert, Fritz, Hans eine.
Wir fahren I. Klasse. Sehr komfortabel, neues Schiff, wunderbar eingerichtet: 11 600 Tonnen.
Wir essen, was wir können und wollen. 8–10 Gänge pro Mahlzeit. Anfangs noch Schwierigkeiten wegen der ital. u. engl. Sprache, gibt sich aber bald. Entwickeln großen Appetit. Meer ist spiegelglatt. Ehrenrunde um Genua. 6 h abends passieren wir die Insel »Gorgona«. Sehr müde, wunderbar geschlafen.

19. 4. 7 h auf, passieren bereits die Insel Ischia, schnell frühstücken, dann fahren wir schon im Hafen v. Neapel ein.
9 h im Hafen v. Neapel. Wunderbar. Vormittags eine Exkursion nach Pompei, Besichtigung d. Ruinen, hochinteressant, schon wesentlich wärmer, wunderbare Vegetation, Palmen, Kakteen, Zypressen, Pinien. Mittags wieder am Schiff. Nachmittags Spaziergang nach Neapel. Vesuv vollkommen ruhig, ohne Tätigkeit. Post erledigt.
½10 abends pünktlich Abfahrt v. Neapel mit Schlepper aus dem Hafen. Wunderbares Bild – Neapel bei Nacht, eine Lichtergalerie. Begegnung mit »Konstitution«, 33 000 Tonnen. Wunderbare Nacht, passieren um 11 h nachts Capri, dann zu Bett.

20. 4. Duschen um 7 h früh, Brause in Kabine. 8 h passieren wir die Straße v. Messina, ganz im Dunst der Ätna, noch schneebedeckt. Am Südufer d. Stiefels entlang in die offene See, ins Mittelmeer, Seegang mit bewegten, größeren Wellen, Schiff schaukelt ganz nett, macht mir aber nichts. Vormittags einige Spiele an Bord, Tischtennis. Abends Kino.

21. 4. Probealarm an Deck, erproben d. Schwimmwesten, vormittags passieren wir Kreta, den südl. Punkt Europas. See wie ein Spiegel. Abends Tanz, alles in schwarz, aber sehr steif. Kuno im Smoking.

22. 4. Nachmittags fahren wir in den Hafen von Port Said (Afrika). Orientalisches Treiben. Eingeborenenboote umlagern das Schiff und preisen ihre Ware an. Sehr schmutzig.
Wir gehen an Land.
Bauweise in ägyptischem Stil. Moscheen, Besichtigung einer Moschee (in Strohschuhen).
Zutritt zum Araberviertel verboten, wegen Unruhen. Schöne Palmenalleen (Lesseps-Denkmal, d. Erbauer d. Suezkanals)
Arabisches Militär bei Abendgebet. Port Said bei Nacht, viel Lärm. Tolles Treiben, aber keine Frauen zu sehen. Im letzten Abdruck an Bord. ½12 h nachts Ausfahrt aus Port Said. Hafen wunderbar beleuchtet.

23. 4. Im Suezkanal 160 km lang. Links Arabien, alles Wüste, rechts Ägypten, kleine Oasen, Palmen saftig grün, dahinter wieder Wüste. Flugplätze, Straße entlang d. Kanals. Im Kanal kann nur ein Schiff in einer Richtung verkehren. Jasmedia – großer Binnensee. Müssen einige Stunden warten, bis Einfahrt in Suez frei. Schiff geht vor Anker. Schon sehr heiß. Entgegenkommende Segelschiffe werden vom Ufer her gezogen. Abends in Suez. Schiff fährt gleich durch, da Verspätung. Einmündung ins Rote Meer. Wunderbarer Sonnenuntergang. Abends Kino.

24. 4. Im Roten Meer, sehr heiß, dunstig, schwül. Air-Condition wird in Betrieb gesetzt, wunderbar kühl in allen Räumen. Nette Bordbekanntschaften. Sonnenbaden am Schiffsbug, wunderbar kühl, da Fahrwind. Schwimmbassin in Betrieb, schade, Salzwasser, sonst sehr erfrischend. Abends Tanz in weiß, etwas steif. Nachher Namenstagsfeier in d. II. Kl. bei Österreichern, und noch Besichtigung d. Radargerätes d. Kommandobrücke und Spaziergang an Deck, unheimlich lau, und feuchte Luft.

25. 4. Sehr heiß, trüb, noch immer im Roten Meer, am Morgen hat das Meer auch rote Färbung. Haifische spielen im Meer, fliegende Fische, Quallen. Vor dem Essen noch ein Bad.

26. 4. Schon etwas kühler, frischer Seewind vom Indischen Ozean herein. 1 h Einfahrt in den Hafen v. Aden. Großes Passagierschiff »Himalaya«. Lebhaftes Treiben, viel[e] Eingeborene, Schwarze Somali. Schiff geht vor Anker. Nachmittags an Land. Rundgang um den Hafen, sehr interessant. Alles kahl, nichts grünes, außer Parkanlagen, sehr heiß. Alte Arabersiedlg., hausen unmöglich. Zusammentreffen m. Bürgermeister. Abends eingeladen zur Hochzeit. Sehr zeremoniell, ich darf das Haus nicht besichtigen. Dann zurück aufs Schiff, höchste Zeit. Ich fall schon bald auf, weil ich viel in d. II. Klasse bin. ½11 h Ausfahrt aus Aden. Im Indischen Ozean.

27. 4. Im Indischen Ozean, vielfach an d. Küste entlang, etwas bewegtere See. Land teilweise zu sehen. Sehr gebirgig.
Schaut d[urch] den hellen Stein an d. Küste aus wie Fjordlandschaft (Gletscher). Abends Tanz in II. Kl.

28. 4. Im Indischen Ozean See etwas bewegter. Sonst keine besonderen Vorkommnisse.

29. 4. Im Indischen Ozean, Kapitän Dinner, abends Tanz, Uhr insgesamt v. Europa bis hierher 4 Std. vorgestellt, abends packen, Vorbereitungen.

30. 4. 6 h früh Einfahrt in Hafen von Karachi. Paßformalitäten. 8 h verlassen d. Schiffs. Schwierigkeiten am Zoll. 1 h mittags geht Gepäck mit

Kamelkarren und wir im Taxi ins Hotel Bristol. Schaut von außen gut aus, innen aber eine miese Bude. Nachmittags Verbindg. mit Boom, abends Einladungen.

1. 5. 9 h im Hafen, dann in die Stadt, Cafehaus, mittags in Bristol u. nachmittags auf die »Viktoria«. 6 h läuft Schiff aus nach Bombay.

2. 5. Im Hotel Bristol, die anderen machen Erledigungen, ich erledige die Post; noch nach Bombay geschrieben.

2. 5. Zollfreiheit erlangt. 6 Gepäcksstücke gehen noch ab, so müssen wir uns teilen. Die 4 Jungen sollen mit Gepäckwagen mitfahren. Um 10 h geht unser Zug, keine Air Condition, I. Kl. mit Eis, aber Personenzug, nach Rawalpindi 1600 bis 1800 km. (Kuno, Hermann, Otto, ich)

3. 5. Im Zug, furchtbar heiß, trotz Ventilatoren und Eis steht das Thermometer bei 40° an. Draußen ist es unerträglich. Die ganze Nacht, den Tag, folgende Nacht durchgefahren. Zug hält in jedem Nest. Den ganzen Tag kalte Getränke getrunken, totschlapp.

4. 5. Im Zug, noch heißer. Um 1/2 4 h nachmittags in Lahore. Mit Taxi Lahore besichtigt. Ich war furchtbar müde, wie Blei in den Füßen. Abends etwas Fieber. 10 h abends wieder weiter nach Rawalpindi.

5. 5. 10 h vormittags in Rawalpindi Hotel Flashman, muß sofort ins Bett, da eitrige Angina. Auf d. Fahrt geholt, 50 Std. auf d. Bahn. Schwitzkur, 4 Penicillinspritzen u. Tabletten, kann kaum ruhig liegen, noch weniger schlafen. Kann nichts essen, nur heißen Tee.

6. 5. 9 h früh zum Flugplatz. Mit d. 2. Partie mit einer Dakota nach Gilgit. Anfangs furchtbar heiß. Wunderbarer Flug, knapp über die Vorberge. Am Nanga vorbei, jedoch teilweise in Wolken, dann hinunter nach Gilgit, 1 1/2 Stunden Flug. Großartige Begrüßung d[urch] Bevölkerung und Behörden. Quartier im Bungalow d. Bürgermeisters. Abends eingeladen. Volkstänze. Mein Hals schon besser.

7. 5. Vormittags Post erledigt. Nachmittags Polo, ganz wunderbar, einmalige Reiter. Wegen Sturm muß abgebrochen werden. Gesundheitszustand besser, kann wieder alles essen. Wetter schlecht. Abends wieder Einladung beim Bürgermeister mit Vorführung einheimischer Volkstänze.

8. 5. Vormittags feierliche Übergabe d. pakistanischen Fahne durch d. Bürgermeister v. Gilgit. 3 h nachm. starten 5 Jeeps m. Ausrüstung und 4 Sahibs, sowie einigen Hunzas nach Talichi. Wilde Fahrt, immer entlang

der ungeheuren Schluchten an steilen Berghängen. Straße gerade Jeepbreite, links geht's oft 100 m u. mehr senkrecht ins Bachbett hinab. Verwegene Fahrer. Landschaftlich großartig, wildromantisch. Wunderbare Durchblicke durch tiefeingeschnittene Täler auf eisbedeckte Berge. Zusammenfluß d. Indus [mit dem Gilgit-river], dann bei Dunkelheit weiter, ganz narrisch, 8 h abends in Talichi.

9. 5. Wunderbarer Blick v. Talichi zu Nanga Parbat in 40 km Entfernung, sehr eindrucksvoll. Im N d. Rakaposhi. Langwierige Besprechungen mit den Trägern, die schon seit 2 Tagen hier warten. Wollen nicht so viel tragen, aber mehr Bezahlung. Insgesamt stehen 265 Träger zur Verfügung – Boten nach Gilgit – Karl [Herrligkoffer] soll sofort kommen.

10. 5. Verhandlungen gehen weiter. Kulis wollen nicht so viel tragen. Bezahlung außer [unleserlich], Punkt 1 – Gewicht. Nachmittags kommt Karl, Ertl u. Köllensperger. Jeeps fahren nicht mehr, nur ein Privatunternehmer, verspricht im Tag 4 mal zu fahren, aber versprochen wird hier viel. Lage ist nicht günstig, aber nicht hoffnungslos. Träger verlangen unheimliche Forderungen. Am 14. beginnt hier der Ramadan, die Fastenzeit der Mohammedaner, da wollen sie dann nicht mehr arbeiten. Schließlich kommen wir dank d. Sprachkenntnisse [von] Herrn Knips zu einer Einigung. Normalgewicht 20 kg, was drüber ist, muß extra bezahlt werden. Wegen Mangel an Kulis muß jeder 2 mal gehen. Inzwischen ist Maultierkolonne v. Gilgit in Gang gesetzt worden. 80 Lasten sind in Talichi, diese werden noch abends verschickt.

11. 5. Walter und ich gehen 6 h früh von Talichi weg, mit 6 Hunzas zur Rakhiotbrücke. Bei der Talbiegung wird es interessant. Straße z. T. abgebrochen, wird aber gerade ausgebessert. Steiler Abfall z[um] Indus, welcher in tollen Kaskaden hinausfließt. 1/2 9 h bei der Rakhiotbrücke. Kann ohne Kampfeinlage überschritten werden!!
Steiler Aufstieg jenseits a. d. linken Hängen d. Rakhiotschlucht. Gott sei Dank etwas bewölkt, daher nicht so heiß. Aufstieg zieht sich sehr in die Länge, furchtbar öd, nur Geröll und Felsen, rechts und links unheimliche Schluchten. 1600 m Aufstieg. Bei ungef. 2800 m quert d. Weg rechts hinab nach Tato. Hier erstes Grün und erste Bäume. Gleich hinter Tato verbringen wir die erste Nacht. Träger sitzen die ganze Nacht am Lagerfeuer, wir liegen in unseren Schlafsäcken unter freiem Himmel.

12. 5. 5 h früh Aufbruch. Wunderbarer Weg durch Zirbenwälder, ganz wildromantisch, ähnlich unserem Karwendel, zur Märchenwiese. Märchenhaft schön, erster Blick z. Nanga. Und weiter in einer Moränenmulde an d. Waldgrenze vorläufiges Lager. 12 h beginnt die Abfertigung der Kulis. Wildes Durcheinander, wildes Geschrei. 1 Großzelt u. 2 Normalzelte werden

aufgestellt. Ungef. Höhe 3700 m. Landschaftlich großartig, wie bei uns zu Hause.

13. 5. Nicht bestens geschlafen, etwas kalt. 4 h früh auf, alles gefroren, doch Wetter schön. 5 h Aufbruch mit 6 Hunzas z. Hauptlager. Weg 2 Stunden, am Ende noch etwas Schnee. Müssen Lagerplatz ausschaufeln, ich gehe zu Lager I hinauf (4600 m), furchtbar heiß und schlechter Schnee. Spüre etwas die Höhe, habe Kopfstechen. Diese Hitze in dieser Höhe ungewohnt. Sonst wunderbar, auch fotografiert. Es täuscht alles gewaltig u. sieht viel kürzer aus, wie es ist. 2 h wieder im Lager. Nachmittags obligates Gewitter. Verteilen v. Ausrüstung an Hunzas. Noch etliche Lasten gekommen.

14. 5. Gut geschlafen. 7 h früh auf. 1 Stunde verhandeln, bis sich Hunzas entschließen, auch etwas zu tragen. Sind feine Herren, stellen nur Ansprüche und wollen nichts leisten. 8 h Abmarsch mit 7 Hunzas 1 Großzelt und 5 leichte Lasten z. Hauptlager. 1. Arbeitstag d. Hunzas. Tragen ganz gut. 11 h im Hauptlager. 1 Std. Rast, dann weiter schneeschaufeln. Reden viel, aber arbeiten fast nichts. Wunderbare Stimmungen, in d. Nordwand des Nanga herrscht Ruhe; oben starker Wind. Nachmittags gewittrig. 2 h Aufbruch v. Hauptlager. Inzwischen ist im vorläufigen Hauptlager ein Großteil d. Ausrüstung eingetroffen und alle Sahibs bis auf Kuno und Otto angekommen, richtige Zeltstadt. Abends erstes ausgiebiges Essen.

15. 5 6 h auf. Anfänglich wollten Träger nicht gehen, da Feiertag (Ramadan), als aber Ertl sein[en] Koffer aufnahm und ging, setzten sie sich doch in Schwung. 7 1/2 h Abmarsch mit Walter. Jeder ein komplettes Zelt getragen. In 2 Std. beim Hauptlager, sehr gut in Form. Noch 2 Zelte aufgestellt und dann wieder heimgezogen.
3 h im Lager. Nachmittags Wetter schlecht. Sonne hat einen Ring. Durch Hitze Lippen aufgezogen und Gesicht verbrannt. 2 Wochen keine Lebertabletten mehr genommen.

16. 5 Mit Hunzas zum H. L. eine komplette Last getragen (gr. Zeltheringe 24 kg, Zeit 1 1/2 Std.), gut in Form! Vormittags Wetter gut, nachmittags geregnet. Nachmittags noch 1x gegangen und m. 1 Strickleiter u. Seilen. Im gr. Schlafsack geschlafen, sehr warm, gut geschlafen.

17. 5. Vormittags zum H. L. gegangen, mit einer Strickleiter, schlecht in Form, Wetter bedrückend, Regen, nachmittags zurück, Peter [Aschenbrenner] bereits hier, aber ohne Sherpas. In 6 Tagen von München bis hierher, mit Straßenanzug und Halbschuhen und Handkoffer, nun kommt Schwung in die Expedition. Ein Großzelt wird aufgestellt. Auf die Küche wird mehr Augenmerk gelegt, Hochlagerverpflegung darf nicht angegriffen werden.

Peter bemängelt vieles an der Ausrüstung, Schlafsäcke zu klein, Zelte nicht in Ordnung, an der Verpflegung fehlt verschiedenes wie Butter, Essig, Rollmöpse.

18. 5. Jeder bekommt seinen Orderly [persönlicher »Betreuer«], ich den Hadschi Beg. Selbst darf nicht mehr viel gemacht werden, dazu ist der Orderly hier. Wir dürfen auch nicht mehr so viel tragen, nur mehr einen Rucksack mit persönlicher Ausrüstung, keine Kisten und Säcke mehr. Wir gehen mit Träger z. Hauptlager. Abends kommt [Name unleserlich] mit 60 Trägern aus Tato. Schlechtes Wetter, es regnet u. schneit. Gut geschlafen.

19. 5. Am Morgen schwerer Schnee, Zelt wird eingedrückt, eine Zeltstange geknickt. Wetter wieder schön. Kulis v. Tato gehen 2x mit schweren Lasten in erstaunlich kurzer Zeit zum H. L. Ein Großteil d. Lasten kommt hinauf. Ich habe Rasttag, waschen, baden im Eiswasser, aus einer Decke eine Schlafsackeinlage nähen u. schreiben. Abends schneit es wieder.

21. 5. 8 h ab nach H. L. mit einem Teil persönlicher Ausrüstung, viel Neuschnee, [Name unleserlich] haut ab mit Postträger. Hunzas schaufeln einen Platz fürs Großzelt aus, ich gehe hinauf nach Lager I, 600 m Höhenunterschied. Viel Neuschnee, knietief gespurt, Zeit $1^1/_2$ Std. sehr gut in Form. Wetter: nebelig, diesig, sehr warm. Alles in allem sehr eindrucksvoll. $^1/_2 5$ h wieder im Lager. Knips bereits fort mit Bestellung für Butter, Cornflakes u. Benachrichtigung der Sherpas. Essen: Kitzbraten, gut geschlafen. Anschiß v. Peter, weil ich allein ging. [Bei B. folgt 20. 5.]

20. 5. Im Lager, Wetter schlecht. Frühtemperatur um 0 Grad.

22. 5. Lippen u. Nase wieder ziemlich in Ordnung. 7 h Abmarsch mit Hunzas mit einem Teil meiner Ausrüstung z. H. L. Großzelt wird aufgestellt. Mittags starker Schneefall, aber sehr warm. Nachmittags wieder im Lager, Mittagsschlaf u. Tagebuch nachgeschrieben.

23. 5. Vormittags mit Hunzas ins Hauptlager, einen Teil meiner Ausrüstung selbst getragen. Nachmittags wieder zurück, mit Hunzas z. 2. Mal ins Hauptlager. Alles bis auf Kuno dort eingezogen, Zelt aufgestellt. Gut geschlafen. Wetter gut.
[seitlich notiert:] Morgentemperatur –10°

24. 5. (Pfingstsonntag) Hauptlager eingerichtet, Großzelt aufgestellt, alles ausgepackt, Wetter gut.

25. 5. Lagerausrüstung überprüft u. gepackt, Traglasten zubereitet. Wetter: etwas windig, nachmittags bewölkt, gewittrig, abends warm, keine

Niederschläge. Hans ist ein wunderbarer Koch u. macht die tollsten Gerichte. Kleine Auseinandersetzung mit Peter wegen Steigeisen, da alle viel zu klein.

26. 5. 5 h auf, morgens warm, leicht bedeckt windig, Filmaufnahmen. Seit Karachi keine Post mehr erhalten, da alles am Landweg geht. Um 8 h sollten d. Träger z. Lager I gehen, kommen erst um 2 h in Schwung nach langwieriger Verhandlung wegen Bezahlung, Gewicht u. Kost ab H. L. Einige streiken, sie werden ausgezogen, 5 nach Hause geschickt, die Auftreiber, die anderen bleiben. Um 4 h gehen Kuno u. ich nach Lager I. Am Weg starker Schneefall, Nebel, kalt, Peter erwartet uns oben und befiehlt uns, mit ihm abzusteigen. Abends starkes Kopfweh.

27. 5. Gut geschl. 8 h auf, morgens –3°, Wetter schön, über Nacht geschneit. Sämtl. Träger gehen nach Lager I, sie sind sehr willig. Kuno spurt, ich gehe als Letzter um 10 h. ½12 h beim Lager I, sehr heiß, Träger schaufeln gerade den Zeltplatz aus, sehr schön auf einer Mittelmoräne hinter einem hohen Stein vor dem Druck d. Lawinen geschützt. Sehr nahe an d. N.Wand. Die Träger u. Hermann [Köllensperger] steigen ab, Kuno u. ich bleiben, stellen 3 Zelte auf, errichten einen Kochplatz u. richten uns häuslich ein, so wird es abends, wunderbare Stimmungen. 7 h abends –1° fühle mich sauwohl. 1. Nacht in Lager I (4460 m), konnte lange nicht einschlafen. Schlecht geschlafen.

28. 5. 3 h früh auf, sehr kalt, aber klar, ½5 h Aufbruch m. Kuno gegen Lager II. –10°, elender Bruchharsch. Spuren furchtbar anstrengend, brechen bei jedem Schritt 2–3 mal ein. Wechseln im Führen immer ab; kommen gut durch den unteren Teil d. Bruches. Ungef. in der Mitte werden wir von einer unüberwindbaren Eisbarriere weit nach recht[s] gedrängt. Grundloser Pulver bis zu 1 m. Jeder Steilhang, wenn er noch so kurz, wird zum Problem. Müssen uns maulwurfähnlich hinaufwühlen. Unheimliche Eisgebilde. Wunderbare Durchblicke auf die N Abstürze des Nanga u. Ganalo. Weg sehr gefährlich, da alles verschneit. Um 10 h, ungef. wie wir am weitesten rechts außen sind, bricht rechts oben aus dem linken Teil d. N Wand eine Eislawine ab, anfänglich wunderbares Schauspiel, wir sind ungef. 1 km entfernt und wähnen uns in Sicherheit, doch plötzlich wächst eine Wolke über unserem Kopfe hinweg, wir drücken uns in den Schnee und schützen uns mit den Händen d. Gesicht, für Minuten ist es dunkel, es rüttelt durch den Luftdruck, überall dringt Schnee ein, dann ist die Lawine über uns hinweg. Für uns beide ein einmaliges Erlebnis. Wir steigen weiter an. Eine große Querspalte versperrt uns den Weg in die große Mulde. Wir übersteigen eine 10 m hohe senkrechte Schneewand u. stehen vor einer weiteren Spalte. Mein Höhenmesser zeigt 4800 m, wir mögen aber 5000 m sein, es ist Mittag, furchtbar heiß, wir sehr müde, seit 8 Stunden dauernd am Weg. Für

einen Umweg sind wir zu faul. So steigen wir ab, erkundigen aber einen besseren Durchschlupf. Am Weg nach Lager I werden wir nochmals von einer Lawine überrascht, die aber nicht bis zu uns reicht. Wir suchen einen bessern Weg für die Träger durch den Bruch von dem Lager, müssen sehr weit hinab und toll im Bruch herumsteigen, das ist sehr unangenehm, weil der Schnee nicht mehr hält und überall tropft es. Um ½4 h im Lager I, wo uns Albert erwartet. Er steigt dann ab, Kuno u. ich bleiben im Lager. Noch einen Spaziergang um den Moränenkopf. Mein Höhenmesser funktioniert scheinbar nicht, er zeigt hier 4800 m an. Kuno ist in d. Füßen patschnaß, ich total trocken. 7 h abends ins Zelt, gleich eingeschlafen, da sehr müde.

29. 5. Lager 1
Bis 7 h geschlafen, wunderbar geschlafen. 8 h kommt Ertl, dann Fritz, dann Hermann u. Otto, Aschenbrenner u. etliche Träger m. Lasten f. Lager 4. Über Nacht 20 cm Neuschnee, sehr heiß, Wetter aber schön, Frühtemperatur –3°. Otto u. Hermann bleiben hier, die anderen steigen wieder ab. Noch keine Post f. mich. Fast den ganzen Tag geschlafen, gegessen, Tagebuch nachgeschrieben, Brief geschrieben.

30. 5. ½4 h früh Aufbruch v. Lager 1 m. Kuno, Otto u. Hermann nach Lager 2. Wetter schön, sehr kalt, Temperatur 3 h –8°. Sehr gut geschlafen. Schnee ganz hart, kommen rasch vorwärts. Weg wird m. Fähnchen markiert. Im oberen Drittel tiefer Pulver, die steile Schlußrinne fast allein gespurt, bis zur Brust gewühlt. Wunderbar in Form. Um 8 h früh am Plateau von Lager 2 5200 m. Bis hierher alles im Schatten gegangen. Kuno u. ich suchen einen geeigneten Lagerplatz, furchtbar heiß, kehren nach 2 Stunden mit befriedigendem Ergebnis zurück. An einem Serac am Skistock abgeseilt. Starke Kopfschmerzen, verursacht durch die pralle Sonnenbestrahlung. Nachmittags bei arger Hitze wieder Abstieg, neuer Schlauch. Um ½5 h im Lager 1, Ertl anwesend. Post angekommen. Erste Post seit Karachi, 2 Briefe vom Generl, 1 Brief v. Christa, Gemütsbarometer steigt schlagartig, Kopf[weh] vorbei. Ertl sagt, daß Walter heute noch nach Lager 1 kommt, um am nächsten Tag m. Otto u. Hermann u. 6 Trägern nach Lager 2 anzusteigen. Deshalb steigen Kuno u. ich ins H.L. ab, um einen Rasttag einzuschalten. Auf halbem Weg kommen Träger mit Nachricht für Kuno entgegen. Walter kommt also nicht, Kuno ist Vortruppführer u. muß morgen mit den Trägern nach Lager 2. Kuno ist nicht erfreut und geht wieder nach Lager 1. Ich steige ab, um nötigenfalls noch nachts nach Lager 1 anzusteigen. Auftrag wird alle 5 Minuten umgeschmissen. Auf Grund meiner Benachrichtigung steigt dann noch Walter abends nach Lager 1 an, um Kuno abzulösen, doch dieser will nun auch nicht mehr zurück.

31. 5. H.L.
Rasttag, bis 9 h geschlafen, gut gegessen, Post u. Filme erledigt. Peter, der

auf der Jagd war, kommt nachmittags zurück, fragt nach Kuno u. scheißt mich zusammen, daß jeder tut, wie er will, wenn wir den Befehlen nicht gehorchen, sollen wir allein gehen…
Nachdem Peter zu mir nichts sagt wegen Aufsteigen, erkundige ich mich bei ihm noch einmal. Da mein Höhenmesser kaputt ist und wir zu viert nun nur mehr einen haben, hingegen im H.L. 4 sind, möchte ich ihn umtauschen, auch auf Wunsch der anderen. Nach mehrmaligem Anfragen, wobei ich sehr angesprochen wurde, wir würden doch zu viert mit einem auskommen, bekomme ich schließlich den von Albert. Wegen Karte will ich gar nichts mehr sagen, obwohl im H.L. 5 Stück liegen. Beim Gehen sagt dann Peter, ich soll kein solcher Egoist sein, was ich nicht recht verstehe u. frage, warum. Schließlich sagt er dann wegen dem Höhenmesser. Das ist mir zuviel und so gebe ich ihn wieder zurück u. gehe. Peter ruft mich dann und kommt mir nach. Gibt mir den Höhenmesser wieder u. sagt, ich soll kein Kind sein, er hätte sich für mich sehr eingesetzt u. schließlich sei man auf mich nicht angewiesen, es ginge auch ohne mich, worauf ich gehe. In 50 Min. gehe ich nach Lager 1, es schneit wieder stark, Walter erwartet mich oben.

1. 6. Lager 1: Nachts fast nichts geschlafen. 2 h auf. 4 h Abmarsch mit Otto u. 6 Trägern nach Lager 2. Sehr schwerer Rucksack (20 kg). Im ersten Bruch ein Träger 5 m in eine Spalte gestürzt, aber nichts passiert. Noch in der Nacht massige Lawine abgegangen, daß im L.1 ungef. 5 Min. die Zelte wackelten. Über Nacht Neuschnee gefallen, daher Schnee nicht sehr tragfähig. Träger gehen gut. Auf halbem Weg will ich mein Bettzeug zurücklassen, um es dann später zu holen, doch ein Träger nimmt es mir. Langer Schlauch, Sonne brennt bereits herein. Noch nie so fertig wie an diesem Tag. 12 h mittags im Lager 2, welches etwas rückwärts in einer Mulde ziemlich sicher liegt. Sehr idyllisch. Kuno ist bereits heroben. Hermann steigt mit den Trägern ab. Starkes Kopfweh.

2. 6. Nachts schlecht geschlafen. Nachts geschneit. 5 h früh auf u. ab Richtung Lager 3. Nach 2 Stunden setzt unheimlicher Schneesturm ein u. Nebel. Bei 5600 m entschließen wir uns zur Rückkehr. Spur verweht, kein Licht mehr. Sehr schwer in dem zerklüfteten Gletscher durchzufinden, lawinengefährlich. Narrischen Kohl[dampf], seit 7 Stunden nichts mehr im Magen, Gegenanstieg arger Schlauch. Mittags wieder im Lager. Kurz nachher eintreffen der Träger aus L.1. Den ganzen Tag stark geschneit. Nachmittags viel gekocht u. gegessen. Ein 5. Zelt zum Kochen u. für Verpflegung aufgestellt. Abends etwas aufgehellt, aber nachts wieder geschneit.

II 3.6. – Buhl
Expeditionstagebuch!

3. 6. L. 2 Schlecht geschlafen, morgens starkes Kopfweh, keinen Appetit, nur Tee m. Schnaps, vormittags 10 Min. Sturm ums Lager, wahrscheinl. Lawine, Kuno und Otto spuren hin zur Lagerkanzel, sehen aber nichts u. kommen mittags wieder retour, ich beschäftige mich m. Kochen, da Kopfweh nicht besser, steige ich mittags allein ab, benütze die Strickleiter, starker Abschneider u. im Steilhang sehe ich Albert m. 8 Trägern, spure ihnen entgegen, plötzlich geht ein Schneebrett über uns [ab], ich kann mich noch herauswutzeln, aber die Träger, alle zusammengeseilt! gehen wie ein Knäuel ab. Lawine bleibt aber bald stehen, Träger sind ganz verängstigt. Bringen Lasten an einen sicheren Ort links außen und steigen mit Albert wieder ab. Ich gehe voraus, sehr sicher, nur unten bei der Querung und im Bruch sehr unangenehm, da Schnee ganz weich. Im Lager 1 Walter, dann hinunter nach H.L. Kopfweh vorbei, fühle mich wieder wunderbar, guten Appetit. Abends untersucht mich Karl, Blutdruck normal, Puls 65, alles in Ordnung, nur eine Höhenerscheinung, da noch nicht genügend akklimatisiert. Meldung v. Everest, 600 m unterm Gipfel. Abends starker Schneefall.

4. 6. H.L. Wunderbar geschlafen bis 10 h. Wetter schön, warm, taut bis 5000 m, nachmittags Post an Generl, wieder starker Schneefall.

5. 6. H.L. Wetter wieder schön, gut geschlafen. Vormittags geht K. Hermann [Köllensperger] nach Lager I (3½ Std.), ich folge nachmittags. Hermann schläft wieder einmal. Nachmittags suchten wir gemeinsam den Weg durch den Eisbruch, da für Träger nicht mehr gangbar, einsturzbereite Kellergewölbe. In Lager 1 wunderbar geschlafen.

6. 6. L. 1 Uhr um 1 Std. vorgestellt, Sommerzeit, mir sehr angenehm. 5 Uhr Abmarsch mit 6 Trägern u. Hermann nach Lager 2. Bei der Querung d. Gletscherbodens kommt riesige Lawine vom Gipfelplateau u. staubt uns ein, derart gerannt, daß ich lange keine Luft mehr bekam u. das Gefühl hatte, es reißt mir die Lunge heraus. Gleich darauf kommt eine 2. von links oben her, gleich groß, erfüllt den ganzen Kessel, daß die Zelte in Lager I wackeln, und geht direkt über uns hinweg, daß uns fast die Luft ausbleibt, schauen aus wie Schneemänner, sonst geht alles reibungslos bis Lager 2, doch ich kann [mich] während des ganzen Aufstiegs von dem Rennen nicht mehr erholen. Strickleiter vor Lager 2 wird benützt. Im Lager ist niemand, alles spurt nach 3 hinauf. Hermann bleibt, ich steige mit den Trägern wieder ab. Die vor der Kanzel zurückgelassenen 8 Lasten werden noch bis zur Kanzel gebracht, dann steigen wir ab nach 1, sind mittags dort. Ertl wartet vergebens auf Lawinen. Albert ist im Lager, hat aber für uns, wo er uns doch gesehen hat, weder einen Tee gemacht noch etwas gekocht, erst nach

2 Stunden, nachdem ich sage, daß ich Hunger hätte, bekomme ich etwas. Abends dasselbe, und erst als ich ihn wieder auf meinen Hunger aufmerksam mache, geht ihm scheinbar der Knopf auf. Nachts gut geschlafen.

7. 6. L. 1 4 h Abmarsch mit 12 Trägern nach Lager 2. Wetter wunderbar, ziehe gute Spur, Harsch, sehr kalt. Keine Lawinen, trotzdem Ertl den ganzen Vormittag darauf [auf]paßte. Um 1/2 9 h in Lager 2, wieder niemand hier, alles spurt nach 3, trotzdem Otto weiß, daß ich ihn ablösen soll. So steige ich wieder mit den Trägern ab nach 1. Um 1/2 12 Uhr im Lager. Beginn einer Schönwetterperiode, doch im H.L. schläft man weiter, die berührt das scheinbar nicht sehr, sie halten nicht einmal die abgemachten Sendezeiten ein, haben ja keine Zeit, gehen nicht einmal nach Lager 1, und Peter lacht zu allem. Vom H.L. kommen unmögliche Befehle durch, die Trägerverpflegung kommt viel zu spät herauf, immer erst 8 h abends. 3 von den guten Trägern müssen im H.L. bleiben als Diener, damit die Sahibs nur Kaana [Essen], Pani [Wasser] rufen brauchen, trotzdem wir zu wenig Träger haben (11 Sahibs u. 12 Träger?). Erst jetzt wird nach Gilgit um noch weitere 15 Hunzas geschickt, die aber erst in 10–14 Tagen hier sein können, alles viel zu spät, nachdem [man] in Gilgit großmütig 30 uns angebotene Hunzas abgewiesen hat. Abends kommt bzw. hinkt der Fußkranke [Trägername unleserlich] vom H.L. mit Tschapatis herauf, er kann kaum gehen, kommt auch nicht mehr ins H.L. hinunter und muß hier bleiben, ißt unnötig die Verpflegung der anderen auf. Doch der starke [weiterer Trägername unleserlich] bleibt unten als Orderly. Wenn man einen Wunsch äußert, muß man ihn mehrmals wiederholen u. wird erst in einigen Tagen erfüllt. In L. 1 liegen noch ungef. 80 Lasten für 3 u. 4.

8. 6. L. 1 Wieder mit Trägern nach L. 2. Diesmal gehen nur 7, 5 sind krank bzw. sie wollen nicht, muß am Morgen 1 Stunde auf Träger warten. Albert, der immer in L. 1 ist, findet es nicht der Mühe wert, aufzustehen, ein Frühstück zu bereiten. Wetter sehr gut, Spur wunderbar hart, gut in Form, um 9 h in Lager 2. Hermann steht erst vom Schlafen auf. Otto ist am Vortag abends ins H.L. abgestiegen. Kuno steigt heute mit mir ins H.L. ab. Ich bleibe mit den Trägern in Lager 1. Kranke Träger kommen erst um 1/2 9 h abends vom H.L. herauf, es scheint, als ob man unten alles sabotieren würde. Karl behandelt auch die Kranken wie Hunde. Wunderbare Lawinen, eine geht über Lager 1 hinweg.

9. 6. L. 1 Gut geschlafen. Diesmal gehen alle 12 Träger nach Lager 2 und mit mir Albert. Meine Leica kaputt, bekomme keinen Ersatz, trotzdem in H.L. 2 od. 3 Leicagehäuse sind. Man sagt, ich könne ja doch nicht fotografieren und Leicaspezialist sei Peter. Am frühen Vormittag in Lager 2. Ich bleibe in Lager 2, und Albert steigt mit Trägern nach 1 ab. 6 Hunzas bleiben hier, die bessere Gruppe mit Iner Khan. In L. 2 werden noch 2 Zelte für Träger aufgeschlagen, da keine Trägerverpflegung, essen sie mit uns mit.

10. 6. L. 2 Gut geschlafen, um 3 h früh auf, Hermann wartet natürlich, bis das Frühstück bereit ist, mit dem Aufstehen. Wir 2 gehen voraus, um den Weg zu präparieren. Trotzdem ich einen vollen Rucksack habe mit meinen persönlichen Sachen, gut in Form. Während ich die Eisrippe für Träger begehbar mache, geht Hermann voraus. 1 Stunde später folgt Walter mit den Trägern. Hermann ist schlecht in Form u. so habe ich ihn bald eingeholt, spure über 3 hinaus und am Plateau bei 4 in ungef. 6200 m lasse ich meinen Rucksack, es ist erst $^1/_2$8 h früh. Warten will ich nicht, der Chongra Peak erscheint so nahe, so mach ich mich auf den Weg dorthin, Ziemlicher Schlauch bis zum Bergfuß, quere auf der SW Seite und steige von W her an. Alles gespurt, sehr anstrengend. Um $^1/_2$12 h am Gipfel 6450 m, mein erster Sechstausender. Wunderbarer Blick zum Nanga, nach Süden, steiler Abfall. Gut in Form, gejodelt wie selten zuvor. Dann wieder abgestiegen, in eine Spalte eingebrochen, aber sehr harmlos. Furchtbarer Schlauch in der Mittagshitze zum Lager 3, dem früheren Lager 4. $^1/_2$2 h Ankunft, Träger haben gerade einen ziemlich tiefen Zeltplatz ausgeschaufelt und hauen dann mit Hermann nach 2 ab. Walter und ich bleiben, stellen 2 Zelte auf, furchtbar heiß. Nachts fast nichts geschlafen, fühle mich aber sehr wohl.

11. 6. L. 3 Ruhetag, um 8 h auf, Walter ist bereits zum südl. Chongra Peak aufgebrochen, kommt in meinen Spuren rasch weiter. Spüre einen leichten Kopfweh. Um 9 h kommen 3 Träger m. Hermann herauf, mehr sind vom Hauptquartier nicht zugelassen, da sie von 1 nach 2 benötigt werden. Dies wäre das Wetter für den Gipfel, den ganzen Tag windstill und wolkenlos, sogar am Gipfel, keine Schneefahnen, Hermann legt sich ins Zelt und schläft schon wieder. 2$^1/_2$ Std. hab ich mich mit dem Primus abgemüht, um Tee für die Träger zu kochen, der Zunder [?] geht gut. Post von Generl erhalten. Mittags kommt Walter vom Chongra Peak, dann steigt Hermann mit Trägern nach 2 ab. Abends eine Schlaftablette genommen, besser geschlafen.

12. 6. L. 3 $^1/_2$4 h früh auf, sehr kalt, Wetter gut, Zunder [?] geht nicht, die ganze Kochkiste steht in Flammen, fliegt vor's Zelt hinaus. Um 5 h Abmarsch nach Lager 4, unter Rakhiot Peak. Erster Steilhang scheint nicht sehr geheuer, so gehe ich voraus, plötzlich sehe ich Walter ganz unten am Gletscher, vermute, daß er mit dem Hang abgegangen ist, und da ich nicht warten will, steige ich zu ihm ab. Sein Hut ist ihm hinuntergefallen. Dieser Zwischenfall kostet uns eine halbe Stunde. Nimm [Nehme] seinen Rucksack und gehe wieder hinauf. Bin gut in Form. Es kommen unheimliche Steilhänge mit tiefem Pulverschnee, doch zu unserem Staunen hält der Schnee wunderbar. Bissig kalt, trotz der guten Schuhe mit Einlagen kalte

Füße. Beim ersten Sonnenstrahl kurze Rast. 2–4 Atemzüge pro Schritt, Spuren furchtbar anstrengend, in der Spur nur 1 Atemzug. Lange Querung unter einer Randkluft, bis diese überwunden werden kann, an senkrechter Schneewand, kurzes Manöver, dann sehr steiler Hang, Querung zum Fuße des Rakhiot Peaks, längere Rast, dann noch hinauf zum Grat. Ankunft dort mittags ungef. 12 h, 6700 m. Wetterverschlechterung, überall Nebel, sehr heiß. Bis hierher alles gespurt, äußerst anstrengend. Steigen in der alten Spur wieder ab. Um 2 h etwas fertig in Lager 3. 3 Träger waren wieder heroben, ohne Hermann. Nachmittags gekocht u. geschlafen. Wetter wird immer schlechter.

13. 6. L. 3 Gut geschlafen. In der Nacht stark geschneit, nachts Zelt schließen müssen, beinahe 1 m Neuschnee. Kochzelt eingedrückt. Bis ½ 12 h geschlafen, starkes Kopfweh. 1 Kopfwehtablette genommen, dann besser. Nachmittags wieder in normalem Zustand starken Appetit. Lager ausgeschaufelt, Zelte verstärkt. Seit etlichen Tagen starker Höhenhusten, verursacht durch die trockene Luft. Schneit den ganzen Tag wie toll. Alles verschneit, man sieht keine Spuren mehr. Gegen Abend klart es ein wenig auf, Zeltstangen d[urch] Skistöcke verstärkt. wunderbare Stimmungen.

14. 6. L. 3 In der Nacht schneit und stürmt es unheimlich, wie ein Wasserfall trommelt es aufs Zelt. Die ganze Nacht nicht geschlafen. In der Nacht steht Walter auf, um das Zelt auszuschaufeln, es ist schon völlig eingeschneit und die schwere Schneelast droht es einzudrücken. Erst am Morgen etwas geschlafen, starkes Kopfweh, da Zelt geschlossen. Ruhetag – etwas besser. Den ganzen Tag über noch stark geschneit. Abends klart es wieder auf. Wolkenmeer bis 6000 m, die höchsten Gipfel ragen gerade heraus, Silbersattel zu sehen, wunderbare Stimmungen, bis ins H. L. geschneit. Es wird kalt, ich übersiedle ins Küchenzelt, da ich allein besser schlafe. Abends noch heißen Tee mit Schnaps z. einschlafen.

15. 6. L. 3 Nachts gut geschlafen, nur morgens Kopfweh, da Zelt geschlossen, Zelte haben keine Lüftung. Nachts war es klar, morgens schön, aber bitter kalt, um –20°. Im Zelt ganz dick der Reif, alles gefroren. Steh um ½ 8 h auf, Lager total verschneit, man sieht gar nichts mehr. Bis mittags Schnee geschaufelt, so daß es wieder einigermaßen erträglich war, sehr warm, aber noch von unten abgeschnitten, doch wir haben genügend Proviant und Kerosin. Appetit in Ordnung, Puls 80 wie immer hier heroben. Nachmittags macht es wieder zu und beginnt leicht zu schneien, hoffentlich war unsere Arbeit nicht umsonst, denn in 6000 m ist Schnee schaufeln doch etwas anstrengend. Abends setzt starker Wind ein, es stürmt unheimlich. Unser Lagerplatz wird nachts total zugeweht, ebenfalls die Zelte, daß wir aufstehen müssen, das Dach abschöpfen.

16. 6. L. 3 Morgens noch starker Sturm, dann hör ich Stimmen, um 9 h kommen Peter, Kuno, Hermann u. Otto m. Trägern. 2 Zelte werden aufgestellt, es stürmt den ganzen Tag über, auch nachts noch.

17. 6. L. 3 Mein Zelt ist total verweht, bis oben im Schnee, Kuno muß mir erst den Eingang freischaufeln. Wir sind direkt in einer Windgasse, Lager wird abgebrochen und 100 m tiefer verlegt. Warmer sonniger Tag.

18. 6. L. 3 Morgens schön, Temp. –21° Kuno, Walter, Otto u. ich spuren nach 5 bzw. 4, 6700 m. Schneehöhle wird gegraben, leider treffen wir auf eine Spalte, lassen die Höhle aber u. verrammeln die Spalte. Dann steigen wir ab nach 3.

19. 6. L. 3 Aufbruch mit Otto, Hermann u. Trägern nach 4. Leichter Neuschnee, aber leicht gegangen, sehr gut in Form. Hermann steigt mit Trägern ab, Otto u. ich bleiben. Ich buddle eine Höhle in den Hang und stelle ein Zelt darin auf, während Otto kocht. Leichter Schneefall, etwas windig. In der Schneehöhle sehr kalt, es zieht wahnsinnig aus der Spalte. Temp. immer zw. 10 + 20°– und tiefer, alles gefroren u. voller Reif.

20. 6. L. 4 Schlecht geschlafen, vormittags m. Reepschnur hinauf zu Randkluft, sehr stürmisch. Seil durch die Wand gezogen, arger Tschach [= Mühe, Plage] u. verankert, reicht aber nur über die Hälfte, dann wieder abgestiegen. Keine Träger gekommen.

21. 6. L. 4 In der Nacht stark gestürmt, Eingang 1 m tief zugeweht. Zelt gar nicht mehr sichtbar, vollkommen zugeweht. Um 1/2 9 h Aufbruch m. 100 m Seil über die Rakhiot Eiswand, unten noch drangestückelt, 30 m fehlen aber zur Randkluft. Querung hinter der Rakhiot Schulter präpariert, blankes blaues Eis, bin froh, daß ich Steigeisen mithabe, viel Stufen geschlagen, Wetter schön, aber windig. Dann durch Bruchharsch schräg angestiegen zu Rakhiot Peak, trotz Sturm u. Kälte letzten Felsturm noch erstiegen, IV ohne Handschuhe, vorgekommen wie bei uns daheim. Erster 7000er, 7070 m Otto herunten geblieben, Gipfel überschritten, auf der anderen Seite hinunter, alles ohne Seil, Alu-Haken vorgefunden. Wunderbarer Blick zu Silbersattel u. Nanga bes. Südwand über dem Nebel. Dann abgestiegen zum Mohrenkopf. Schneeschaufel hinterlegt. Nebel schlagen über dem Grat zusammen. Querung zurück zur Rakhiotwand. Schicke Otto voraus, damit er etwas kocht, während ich über die Wand eine Stufenleiter hinunterschlage. 3 Träger u. Hermann u. Kuno sind im Lager. 7 h abends treffe ich dort ein, gekocht ist aber noch nichts. 2 Zelte stehen in der Kuhle. Morgen soll's nach 6 gehen [s. Anmerkung S. 267], ich freu mich schon.

22. 6. L. 4 Morgens schneit's, Waschküche, Träger sind alle krank, in ihrem Zelt schaut's ärger aus wie in einem Siechenhaus. Sie wollen nicht absteigen. Lage trostlos. Ich mache den Vorschlag, sie gehen mit etwas Verpflegung und Kochzeug nach 6 u. machen dort ein Depot, werde aber ausgelacht. So nehme ich eine Last Konserven, eine Gummimatratze ungef. 10–12 kg und steige die Rakhiotflanke an. Arger Tschach, oben an der Schulter hinterlege ich es, gehe noch zur Querung hinüber und hänge ein Seil hinein. Ziemlich erschöpft rutsche ich dann am Seil die Flanke hinunter. Wie ich unten ankomme, ist nicht einmal was zum trinken da, geschweige zum essen, erst abends gibt's wieder was, also den ganzen Tag mit einer Tasse Milo. Benzin ist ausgegangen, also wird mit Esbit gekocht, furchtbarer Gestank u. Qualm, man hält es in der Höhle nicht mehr aus.

23. 6. L. 4 Schlaftablette genommen, gut geschlafen, aber morgens Kopfweh. Kuno u. Hermann steigen mit den Trägern ab. Mit Esbit kochen ist unmöglich, man verhungert dabei, Otto liegt noch im Schlafsack, ich steige also ab, um Benzin zu holen. Arger Schlauch. Mittags im Lager 3. Kuno schlecht beisammen. Hier ist es wunderbar. Alles zu essen, so esse ich einmal den ganzen Nachmittag. Nachts gut geschlafen.

24. 6. L. 3 9 h ab mit 4 Trägern nach Lager 4, einer kehrt gleich am Anfang um. Tief gespurt, nicht gut in Form. Otto auch schlecht in Form u. geht mit einem Träger hinunter nach 3. 2 bleiben in 4. Ich bleibe im Zelt, arger Sturm, furchtbares Lager, es stürmt immer. Verheerender Kampf mit dem Kocher. 7 h abends hab ich Wasser, da schreit einer der Träger, Sahib, Pani, also muß ich's denen geben. Es wird nachts, der Kocher geht x-mal aus, die Sturmhölzer brennen nicht, stinken aber dafür verheerend, die Kerze geht x-mal aus, um 9 h nachts hab ich erst ein lauwarmes Wasser und geh dann hungrig in den Schlafsack, Gut geschlafen.

25. 6. L. 4 ½ 8 h steh ich auf, die ganze Nacht gestürmt und stürmt noch weiter. Fang an zu kochen. Um 9 h kommt einer der Beger [einer der beiden Hunzas namens »Beg«], ich sag ihm, er möchte in den mit Wasser gefüllten Topf noch Schnee hineingeben, statt dessen schüttet er das Wasser, das schon beim Kochen war, weg. In meiner Wut spring ich hinaus, schütte dabei den Topf mit saurer Wurst um, daß alles auf der Gummimatratze liegt. Ich [hätte] den Idiot umbringen können. Nun fang ich von vorne an Wasser kochen, nach einer Stunde ist ein Hafen Tee fertig, natürlich für die Träger, ich komme ja erst später dran. 5 mal schrei ich ihnen wegen dem Tee, dann muß ich ihnen diesen noch ins Zelt nachtragen, denn die Kerle liegen in den Schlafsäcken u. sind zu faul aufzustehen. Schließlich um 11 h sind wir so weit, daß wir gehen können. Einer ist plötzlich wieder krank. Sie haben nun auch nichts zu essen, obwohl sie gestern sagten, sie hätten für 2 Tage Verpflegung. Inzwischen fängt es orkanartig zu stürmen an. Ich gehe mit einem los. Bin schlecht auf den Füßen, der Wind ist zu stark, wir haben keine Lust, wir kehren um, holen den einen aus dem Zelt und steigen ab, Ordnung kennen die Burschen keine, sie verhunzen das Zelt, wie sie aus den Schlafsäcken gekrochen sind, und wollen es nicht einmal schließen. Im Abstieg begegne ich Hermann mit 3 Trägern. Mittags im Lager 3. Wieder anständig gegessen und getrunken, beinahe zu viel. Hier ist es wieder sonnig und warm. Weisung v. H.L. »Weisung« [von HB wohl ironischerweise in Anführung gesetzt]. Wenn diese Woche der Gipfel nicht gemacht wird geht er und Aumann [Lagerverwalter] hinauf zum Mohrenkopf [!].

26. 6. L. 3 ½ 6 h geht Albert, Hans u. Peter hinauf nach L. 4, weil 5 zu errichten [war]. 8 h kommt Walter herauf, Hermann u. Otto liegen um 11 h noch in den Schlafsäcken. Große Enttäuschung, nachmittags kommen Träger wieder zurück, sie gehen nicht nach 5 weiter, Peter kommt zurück, Hans und Albert bleiben in 4. Wetter vormittags schön, nachmittags Nebel, Monsun bereits für 28. in Rawalpindi gemeldet. Nachts fast nichts geschlafen, stark geschneit.

27. 6. L. 3 Morgens schön, aber bald starker Nebel u. Schneefall, Monsun hier eingetreten. 7 h Abmarsch, voraus Otto u. ich ohne Gepäck, dann Walter u. Hermann u. 3 Träger m. unseren persönlichen Sachen, müssen spuren, Schnee wird immer tiefer, keine Sicht, geh mich furchtbar schlecht, bekomme einfach keine Luft mehr, wahrscheinlich Wetter. 11 h im Lager 4, schneit stark. Lager am Vortag etwas tiefer versetzt worden. Hans u. Albert steigen mit Trägern nach 3 ab. Hans erklärt die Lage vorerst für aussichtslos, Albert will überhaupt nichts mehr wissen. Es schneit den ganzen Tag unheimlich stark, typisch monsunartig, etwas warm. Nachts klart es auf, Vollmond, Gipfel frei, wäre am liebsten noch aufgestiegen, gut geschlafen.

28. 6. L. 4 6 h wecken, Otto u. Hermann keinen Auftrieb, Lagebesprechung mit Walter. Ich will so weit als möglich, dort in Schneehöhle biwakieren u. am anderen Tag z. Gipfel. Alle 3 erklären sich bereit, mein Gepäck zu tragen. Morgens noch klar, fängt aber bald zu schneien an, erst um 11 h Abmarsch. Ich gehe voraus, bin in sehr guter Verfassung, die 3, der reinste Leichenzug, sind schon sehr abgekämpft. Über die Flanke kommen dauernd kleine Lawinenrutsche, geht sehr langsam vorwärts, viel Schnee. Um 4 h an der Schulter. Querung wird noch mit Seil verlängert. An eisiger Stelle werden Stufen geschlagen, ein Seil, an Pickeln verankert, gespannt. Hermann stürzt 10 m, ich kann ihn am Seil halten, eine Gummimatratze fliegt hinunter, kann aber geholt werden. Das Wetter verschlechtert sich noch mehr, es ist 6 h abends. Otto sagt, ½ Std. vor dem Mohrenkopf, ich schlage vor, wir kehren um. Ich will meinen Kopf nicht durchsetzen, das genügt mir, hätte einen unbändigen Auftrieb. Nimm [Nehme] meinen Rucksack und geh zurück voraus. Bei Einbruch der Dunkelheit im Lager. Koche noch über eine Stunde im Zelt. Nachts klart es wieder auf, Gipfel sichtbar, gut geschlafen.

29. 6. L. 4 Es saut wieder, schneit, was heruntergeht. Wir beschließen abzuhauen, vielleicht für immer, ich hab genug. Alles wird gepackt, auch der Schlafsack, aufgepackt wie ein Träger. 1 h Abmarsch, über knietief Schnee, keine Sicht, einmal fast über die Wächte hinaus. Sehr lawinengefährlich, jeder steile Hang geht ab. Trete alles ab und steige in Lawinenbahn ab. Äußerst mühsam, bauchtief Schnee, eine kleine Gasse gewühlt. Haarscharf zum Lager 3 gefunden. 4 h Ankunft. Gut gegessen, abends aufgeklart. Wunderbar geschlafen.

30. 6. L. 3 Rasttag, schönes Wetter, alles klar, Post erledigt, Befehl v. H.L., alles hinunter, Peter fährt weg, nur Hermann steigt ab, da saumieß. Mehrmaliger Anruf v. H.L., daß absteigen, Hochstimmung bei uns, narrischer Auftrieb.

1. 7. L. 4 6 h Aufbruch nach L. 4 Walter, Hans und ich mit 3 Trägern, Otto bleibt auf einen Tag noch in L. 3, er fühlt sich nicht so wohl, will sich heute noch ausrasten und morgen mit Ma[h]di nachgehen. Wunderbares Wetter, wolkenlos, so weit man sieht, im Tal Dunst, beste Anzeichen einer anhaltenden Schönwetterperiode. Morgens –20°, tiefer Schnee, anstrengend zu spuren, 3 mal Teleport[gespräch] m. H.L. Rückzugsbefehl, müßten uns erholen, dann neuen Angriffsbefehl befolgen, sagen aber nicht, wie er lautet. Denken gar nicht daran abzusteigen, waren noch nie so gut in Form. Aschenbrenner noch im H.L. Bergsteigerischer Leiter ist immer noch er, obwohl er schon vor Tagen dies dem Walter abgetreten hat. Gespräche, welche Ertl in sehr angeregter Form führt, enden mit l. m. [a.] A. und wir gehen weiter. Ertl macht aufmerksam, daß sie uns noch einmal dankbar sein werden und daß dies nur [nun] Geschichte macht. Mittags in L. 4, vollkommen eingeschneit, müssen erst alles ausgraben, sehr mühsam, dann nehmen Hans u. ich je 100 m Seil, steigen damit die Rakhiotflanke empor, hängen es in die Querung z. Mohrenkopf und steigen wieder ab, während Walter sich mit den Trägern beschäftigt, Steigeisen anpaßt usw. 7 h abends wieder in L. 4. Nachts gut geschlafen.

2. 7. L. 4 Hans weckt sehr früh, sehr kalt, aber klar. Wetter wunderbar Teleportgespräch mit H.L. Walter wird verlangt. Nochmaliger Rückzugsbefehl – Walter macht sie auf ihre Dummheit und den Irrtum aufmerksam und nach langem Reden erst von unten »also geht's zu, unsern Segen habt's«. Vormittags kommt Kempter und Ma[h]di v. Lager 3. Wir gehen gemeinsam weg, ich gehe voraus mit Seil, um eine Versicherung noch in die Rakhiotflanke zu hängen. Muß noch spuren u. eine neue Stufenleiter durch die Flanke schlagen. Sehr anstrengend! Hans trägt Filmapparatur, Walter hat die Träger am Seil, sie gehen sehr gut und den Schluß macht Otto. In der Rakhiotquerung müssen noch Haken geschlagen werden, Pickelsicherungen f. die Träger u. neue Stufen u. nachdem alles nach ist, spure ich knietief z. Mohrenkopf hinüber. Spure weiter voraus zur tiefsten Einschartung 6900 m mit einer Schaumrolle, doch Träger gehen nicht mehr weiter, muß zurück. Hans wäre gern mit mir z. Gipfel gegangen, ist sehr gut in Form, aber läßt Otto die Chance. Träger gehen zurück, steigen mit Walter u. Hans nach 4 ab, da nur ein Zelt heroben. Wir schlagen das Zelt auf, beginnen zu kochen, während es Nacht wird. Wunderbarer Sonnenuntergang. Leg mich um 8 h zur Ruhe, Otto 1 Stunde später. Kann keinen Schlaf finden. Sturm kommt auf u. drückt gewaltig auf das Zelt, verankere das Zelt noch etwas stärker m. Pickeln u. Skistöcken. Wecker geht nicht richtig, schaue öfters auf die Uhr, Otto schläft gut. Um 1 h nachts steh ich auf, zieh mich an, koche Tee und packe den Rucksack. Otto macht keine Anstalten z. Aufstehen, ich weck ihn, mach ihn aufmerksam, daß ich um 2 h gehe, da wir die Zeit brauchen, u. mache ihn auf die Bedeutung des Tages aufmerksam. Er reagiert nicht, es ist 2 Uhr, ich mach ihn mehrfach auf meinen pünktlichen Aufbruch aufmerksam und frag ihn schließlich, ob er denn gar keinen Auftrieb hat, in der Absicht, ihn bei der Ehre zu packen. Worauf er antwortet, »nein, ich habe noch keinen Auftrieb«. Für mich steht die Lage fest, ich geh eben allein, und als ich alles in meinen Rucksack packen will, steht Otto auf. In der Meinung, daß er mir mit 1/2 Std. Abstand folgt, geb ich den Speck in seinen Rucksack, damit ich nicht so schwer habe, und geh um 1/2 3 h v. Lager weg. Sehr kalt, aber windstill. Anfangs Bruchharsch, unter der Schaumrolle durch, riesige Wächten mondhell, dann am Grat weiter, sehr hart, leg Steigeisen an. Südseitig tiefer Schnee, zunehmend [manchmal] scharfer Wind v. Süden. 5 h unterm Silberzacken kurze Rast, wunderbarer Sonnenaufgang herrliche Sicht. Querung z. Silbersattel sehr lang, schlecht, steil, teilweise Eis, wunderbar in Form. 7 h am Silbersattel, Otto 1 Stunde hinten. Erstmals Sicht auf Gipfelplateau. Vorgipfel weit hinten. Es wird furchtbar heiß, m[eter]hohe Windgangeln, kein Wind. Bei 7500 m Wendepunkt, plötzlich ganz schlaff, muß mich nun gewaltsam weiterraffen.7700 m laß ich den Rucksack zurück in der Meinung, abends wieder hier zu sein. Otto taucht als Punkt am Silbersattel auf, geht noch ungef. 100 m und gibt dann auf. Unheimlicher Durst u. Hunger, nur Dörrobst und das geht nicht hinunter. Vorgipfel nordseitig umgangen. 50 m unter Vorgipfel. Steiler Abstieg z. Bazhinscharte, 14 h dort. 2 Tabletten Pervitin. Enorme Wächte, ganz hart, dann steiler Felsgrat

[Hier enden die Tagebuchaufzeichnungen. Am Abend dieses 3. Juli steht Hermann Buhl auf dem Gipfel des Nanga Parbat.
Anmerkung zum 21. 6. letzte Zeile: Ein Lager 6 wurde nie errichtet. Buhls Bemerkung bezieht sich auf einen früheren Lagerplatz.]

SEKTION BERGLAND (E. V.)

DES DEUTSCHEN ALPENVEREINS IN MÜNCHEN

Fahrtenbericht für das Jahr 1953

Sofort ausgefüllt zurücksenden!

von Buhl Hermann

Ort München

Straße Schluderstr. 29/I

Datum	Gipfel	Höhe in Metern	Auf- bezw. Abstieg	Gebirgs-Gruppe	Sommer	Winter
Jänner	[illegible]	ca. 2500 m	↑↓	Stubaier A.		1
25./26. II.	Watzmann Südspitze	ca. 2700 m				
	Ostwand Salzburger Weg		I. Winterbeg. allein (Nacht)	–"–		
	– Mittelsp. – Hocheck					3
März	[illegible]	ca. 2100 m	[illegible]	Zillertaler A.		1
10. VI.	Südl. Chongra Peak	6450	allein	Himalaya		1
21. VI.	Rakhiot Peak (Nordseite)	7070	allein	–"–		1
3. VII.	Nanga Parbat	8125	allein	–"–		1

Weiter kann ich nicht mehr aufführen, da ich nicht mehr gemacht habe! Etwas schmal halt, aber entschuldigt dies.

BROAD PEAK – CHOGOLISA

berichtet von Kurt Diemberger

Wie ging es nach dem Nanga-Parbat-Erfolg weiter? Trotz der Hektik und aller Konflikte, trotz erfrorener Zehen, trotz seines Berufs als Bergführer und trotz der Gründung einer Familie konnte Hermann Buhl das extreme Bergsteigen nicht lassen. An der Ostwand des Grand Capucin, an den schwierigen Westwänden von Aiguille Noire und Petit Dru bewies er, daß er als Dreißigjähriger noch nicht zum alten Eisen gehörte.

Als er 1957 mit Marcus Schmuck, Fritz Wintersteller und mir ins Karakorum aufbrach, ahnte er nicht, daß er von dieser Fahrt nicht mehr heimkehren würde. Als sein letzter Seilgefährte habe ich hierüber 1958 für eine Neuausgabe seines Lebensbuchs erzählt – davon, was wir in monatelanger Einsamkeit inmitten der wilden Berggestalten des Karakorum erlebten.

Kurt Diemberger

Wir sind nur vier Bergsteiger, Hermann Buhl, Marcus Schmuck, Fritz Wintersteller und ich, wozu noch unser Begleitoffizier Capt. Quader Saeed kommt. Außer Hermann war von uns noch niemand im Himalaya; daher – und zudem als weitaus Bester von uns – hat er natürlich in unserem Vier-Mann-Team alle Ausrüstungs- und Bergangelegenheiten unter sich und führt als »Leiter am Berg«, zusammen mit Marcus, dem allgemeinen Expeditionsleiter, unsere kleine Gruppe an.

Der Karakorum! Die lockenden Riesen!

Sturmangriff auf einen Achttausender – ohne viel technischen Aufwand, ganz auf sich selbst gestellt, nur er und ein paar Kameraden – das war es, was er sich immer gewünscht hatte.

Der Westsporn

Es ist Mitte Mai. Wir sind im Banne der gewaltigen Westflanke des Broad Peak. Tag für Tag überqueren wir mit schweren Lasten das Zackenmeer des Godwin-Austen-Gletschers und steigen den Westsporn hinan, eine ungeheure Gratrippe, die hier als einziger lawinensicherer Weg durch die schroffe und abweisende untere Partie der 3000 Meter hohen Riesenflanke führt.

Es ist ein unerhört steiler Weg, aber er führt uns dafür rasch und direkt empor. – Noch viel rascher sind wir jeweils wieder unten: Schon beim erstenmal sind wir 800 Meter durch die Hänge und Rinnen zu Tal gebraust, in schwindelnder Abfahrt – auf dem Hosenboden. Wir kamen uns vor wie Bobfahrer und waren in einer halben Stunde schon wieder unten auf dem Gletscher.

Diese raschen »Abstiege« sparen uns viel Zeit und Kraft. Schon drei Tage nachdem wir den Berg betreten haben, steht hoch oben auf einer winzigen Gratschulter in 5800 Meter Höhe das erste kleine Hochlagerzelt – ein erster Stützpunkt, 900 Meter über dem Basislager.

Wenn wir dort oben zu dem die Schulter krönenden Felszahn hinaustreten, sehen wir tief unten auf dem Gletscher ein paar kleine Farbtupfen, die Zelte des Basislagers. Dann denken wir wieder daran, wieviel Schweiß uns seine Errichtung gekostet hat: Schon vor dem Erreichen des Konkordiaplatzes hat uns ein Großteil der Träger verlassen, wenig später der Rest; Ursache hierfür waren vor allem die plötzlich einsetzenden verheerenden Schneefälle während der letzten Anmarschtage auf dem Gletscher. – Ehe wir's uns versahen, waren wir so selber zu Trägern geworden, die im Pendelverkehr die Lasten weiterschleppten … ein etwas unfreiwilliges Training für die Hochträgerarbeit hier am Berg. Aber vielleicht steht gerade deshalb hier oben schon das Lager I.

Es ist übrigens nur als Durchgangsstation gedacht, dieses Hochlager. Die eigentliche Hochbasis, das Lager II, soll erst weitere 600 Meter höher droben auf dem großen Gletscherplateau in halber Höhe der Flanke entstehen …

Ohne Pause sind wir alle weiter im Einsatz, immer neue Lasten werden hochgeschleppt: Die Zelte für Lager II und III, die zugehörigen Luftmatratzen, eine Menge Proviant, viel Seil ... unglaublich, was man trotz knapper Berechnung alles braucht. – Und weiter geht die Schlepperei: Fels- und Eishaken, eine gewichtige Propangasflasche, Kocher, Geschirr, sonstige Ausrüstung ... Immer mehr gewöhnen wir uns dabei an die Höhe, steigern das Gewicht der Lasten von 15 auf 20, ja ich sogar einmal auf 25 Kilogramm und essen daher – allen Erfahrungen über Appetitlosigkeit in großer Höhe zum Trotz – wie die Löwen. Wir sind in glänzender Stimmung, denn da jeder »schuftet«, so sehr er nur kann, kommen wir unerwartet schnell aufwärts. Wir sind alle voll Auftrieb, und hin und wieder taucht in unseren Gesprächen schon der Gipfel auf. Natürlich wollen wir alle vier zusammen oben stehen – es wäre die Krönung unserer Gemeinschaftsarbeit.

Während Hermann und Fritz im weiteren Verlauf droben in 6350 Meter Höhe unter dem überhängenden Abbruch des Riesenplateaus unser Lager II errichten, besorgen Marcus und ich den Lastennachschub vom Basislager. Zwei Sprechfunkgeräte (jedes 11 kg schwer) halten in dieser Zeit die Verbindung aufrecht. – Schließlich sind wir dann alle in der Eishöhle des »Wächtenlagers«, wie wir unser Lager II nennen, versammelt. 50 Meter höher, direkt über unseren Köpfen, dehnen sich die Schneeflächen des mächtigen Plateaus. Es ist 6400 Meter hoch und hat die Größe eines mittleren Flugplatzes. Wegen der Sturmgefährdung haben wir die Zelte nicht dort hinaufgestellt.

Der Rundblick vom Hochplateau ist gewaltig: Ganz nahe der riesenhafte K 2, der zweithöchste Berg der Welt; seine ungeheure Pyramide haben wir ja während des ganzen Aufstieges direkt vor uns. Auf der entgegengesetzten Seite ragt der Gasherbrum auf, schön, doch lange nicht mehr so unnahbar wie vom Baltorogletscher aus. Im Süden steht jetzt frei das gewaltige Eisdach der Chogolisa, ruhig und erhaben in seiner harmonischen Linie. Wie auf einem Präsentierteller reihen sich daran im Halbrund Hunderte anderer Karakorumgipfel.

Draußen, in weiter Ferne, ist ein einsamer Berg aufgetaucht: der Nanga Parbat.

Von der anderen Seite des Plateaus können wir hinunterblicken in den Eisschlund, durch den die von Herrligkoffer geleitete Expedition von 1954 zum Hochplateau heraufstieg. – Mit Schaudern betrachten wir die schußbereiten Eisbatterien oberhalb dieses Weges. Genau durch die Bahn der weit oben losbrechenden Lawinen, durch das sogenannte Kanonenrohr, führt der gefährliche Anstieg. Dafür bot er allerdings weniger Schwierigkeiten und war, im Gegensatz zu unserem Westsporn, für Hochträger gangbar. Trotzdem – wenn ich an den Eisschlund denke, bin ich froh, daß Hermann sich für den zwar schwereren, schon von Professor Dyhrenfurth wiederholt empfohlenen und dennoch bisher unversucht gebliebenen Weg über den Westsporn entschieden hat, der ja außerdem die ideale direkte Anstiegsroute ermöglicht.

Vom Hochplateau aus nahm die Expedition von 1954 dann auch die eigentliche Westflanke in Angriff, deren nun hier am Hochplateau ansetzende Steilstufe, der 500 Meter hohe »Eiswall«, auch für uns noch ein ernstes Hindernis darstellen wird. – Damals stieß ein Vortrupp bereits über diesen Eiswall hinaus bis auf etwa 7200 Meter vor ... aber Kälte und Stürme trieben zur endgültigen Umkehr. Es war Anfang November.

Jetzt ist Mai, und weithin liegt noch der Firn auf den Eisfeldern der tieferen Flanken. Der Eiswall aber glotzt spiegelblank und voll Hohn auf uns herunter. Wie poliert erscheint die graublaue Fläche, in die nur wenige Felsinseln eingestreut sind. Die Stürme lassen hier wohl selten den Schnee hängenbleiben. Auch herunten, wo der Steilhang gegen das Plateau ausläuft, ist es nicht besser: der reinste Eislaufplatz! An vielen Stellen dürfte man sich nicht einmal hinsetzen, man würde ohne Steigeisen sofort abgleiten und mit ziemlicher Sicherheit in einem Höllentempo hinunter ins Kanonenrohr sausen – für immer und ewig. – Nun können wir ermessen, was für ein unglaubliches Glück Ernst Senn, einer der Männer von 1954, hatte, der oben am Eiswall ausglitt, in pfeilschneller Fahrt herunterkam und geradeaus hinaussauste in den bremsenden Pulverschnee des Plateaus.

Hier wird es noch harte Arbeit geben: Bis auf 7000 Meter hinauf wird hier eine ununterbrochene Kette fixer Seile vonnöten sein, dazu noch eine Stufenleiter durch die 40 und 50 Grad geneigte Blankeiswand. Sonst kommen wir mit den Lasten auf dem Rücken da nie hinauf, geschweige denn bei einem plötzlichen Rückzug gut herunter.

Über diesem Eiswall soll als letzter Stützpunkt unser Lager III entstehen: das Sturmlager für den Gipfelangriff.

Zu unser aller Überraschung haben Hermann und Fritz bei einer Erkundung der Eisflanke die Entdeckung gemacht, daß im unteren Teil noch alte Seile der Expedition von 1954 vorhanden sind. In den drei verflossenen Jahren sind sie allerdings teilweise bis zu 15 Zentimeter tief ins Eis eingefroren, müssen also erst in heikler und mühsamer Arbeit herausgehackt werden. Wir freuen uns über die Entdeckung; wenn sie auch keine Kraftersparnis für uns bedeutet, können wir so einen Teil unseres eigenen Materials schonen, von dem wir ja später für den Trangoturm gar nicht genug werden haben können.

Jedem weiteren Vordringen gipfelwärts setzt aber nun der Wettergott ein entschiedenes Halt entgegen. Während es bereits zu schneien begonnen hat, sausen wir auf dem Hosenboden Richtung Basislager.

Eine Stunde zu spät

Um die Flanken des Broad Peak heult der Sturm.

Währenddessen sitzen wir geborgen in den Zelten, genießen bei Kitzgulasch und Knödel die Freuden des »Basislager-Daseins« und lassen den Sturm Sturm sein.

Als es aber immer mehr schneit, packt uns doch die Sorge, ob nicht etwa eine der gefürchteten langen Schlechtwetterperioden angebrochen sei, wie sie zum Beispiel im Vorjahr die österreichische Gasherbrum-II-Expedition mitmachen mußte. – Es sieht bereits aus wie im tiefsten Winter; stellenweise watet man bis zu den Knien im Neuschnee. Und geht man zwischen den bizarren Eisgestalten des Godwin-Austen-Gletschers durch, so glaubt man sich in einem Märchenwald. Die Zelte des Basislagers müssen immer wieder freigeschaufelt werden …

Da – am 25. Mai 1957 – wird das Wetter plötzlich schön. Es ist windig, und die Gipfel tragen unheimliche Schneefahnen; sie stehen von Nord nach Süd – ein gutes Zeichen. Nun heißt es rasch handeln, ehe eine neue, vielleicht längere Schlechtwetterperiode alle Hoffnungen auf einen baldigen Gipfelsieg »begräbt«.

Noch steht das Sturmlager nicht!

Da helfen jetzt nur rückhaltloser Einsatz und Arbeitsteilung.

Schon am nächsten Tag steigen wir die 1500 Meter zum Plateau hinauf, wo wir gleich eine böse Überraschung erleben: Das Wächtenlager ist vollständig eingeschneit! – Erst nach mehrstündiger anstrengender Arbeit haben wir alles wieder hergerichtet. Aber viel wertvolle Zeit ist vertan. Brauchen wir denn das Sturmlager? – wirft einer die Frage auf. Aber das war nur die Idee eines Augenblicks – es wäre Wahnsinn, von hier einfach loszuziehen ... sind es doch noch tausendsechshundertfünfzig Höhenmeter bis zum Gipfel! Und oben zählen 100 Meter doppelt, wenn nicht mehr. Wir brauchen das Sturmlager!

Aber da ist der Eiswall.

Der spiegelnde, blanke Eiswall.

Es hilft nichts: Wir müssen einen Weg anlegen. Denn ohne Weg kein Lastentransport und ohne Lasten kein Sturmlager. Dabei ist das Wetter jetzt strahlend – endlich das richtige Gipfelwetter! Wenn es nur anhält! Wenigstens noch drei Tage. Wir müssen schnell sein ...

Noch ist am nächsten Morgen die Sonne nicht da, als es sich schon wieder in den Zelten regt.

Bald darauf steigen Marcus und Fritz nach Lager I ab, um ein paar unbedingt nötige Lasten heraufzubringen, während Hermann und ich hinauf aufs Plateau gehen, um die Präparierung der Flanke in Angriff zu nehmen, wobei wir hoffen, noch heute den ganzen Weg erstellen zu können.

Hermann steigt gleich höher, er will weiter oben arbeiten. Ich beginne von unten her.

Inzwischen ist die Sonne noch immer nicht da. Es ist eiskalt. Ich hacke gleich wie wild drauflos, damit mir warm wird. Zuerst soll ich noch alte Seile hier unten am Plateau freilegen und ihm hinaufbringen, hat Hermann gesagt. Hernach mit der Stufenleiter beginnen! – Zentimeterweise hacke ich nun ein Seil frei, reiße es stellenweise mit einem Ruck aus dem Panzer heraus ... Plötzlich habe ich mit einem alten Haken auch das Seilende in der Hand. Wo geht es jetzt weiter? Es kann nur hier in der Nähe sein. Gebückt mache ich einige Schritte über den Eispanzer, der so hart ist, daß die Eisen fast keine Spuren hinterlassen. – Da! Deutlich sehe ich das Seil unter der blanken Fläche; sogar die grünen Prüffäden im Hanf schimmern ein wenig durch.

Zack, zack, zack … ein paar wuchtige seitliche Pickelhiebe – da liegt es auch schon bloß, während die Eisschollen mit leisem Klirren das Weite suchen. Nun brauche ich nur mehr nach beiden Seiten weiterzuarbeiten …

Das geht eine ganze Weile so. Inzwischen ist auch die Sonne gekommen und wirft ihr gleißendes Licht über die Flanke. Wenn ich mich von Zeit zu Zeit aus der gebückten Haltung aufrichte, um den schmerzenden Rücken etwas geradezubiegen, seh' ich weit oben Hermann. Ein winziger Mensch scheint an der grauschimmernden Wölbung des Eiswalls zu kleben – ein Farbtupfen inmitten der glatten Steilheit! Es sieht unheimlich aus.

Als ich schließlich mit einem ansehnlichen Knäuel hier unten überflüssiger Seile zu ihm hochsteige, kann ich erst ermessen, was er geleistet hat. Denn die Seile, an denen ich nun, mich mit beiden Händen hochziehend, keuchend über den Eisbauch hinaufsteige, hat Hermann erst in gefährlicher und anstrenger Arbeit aus ihrem Panzer befreien müssen – ohne Stufe im wenigstens 45 Grad geneigten Blankeis stehend …! Und nun ist er auch schon dabei, weitere Seile höher hinaufzuspannen – bis dorthin, wo am unteren Ende einer Reihe von Felsschuppen sich wohl wieder einmal ein Fleck finden lassen wird, auf dem man bequem und ohne Anstrengung stehen kann.

Während ich anschließend im »Seillift« wieder hinuntersteige, arbeitet Hermann oben weiter. – Ich beginne nun, von der Hohlkehle des Plateaus an, dem Seil entlang Stufen zu schlagen. Bis zur ersten Felsinsel, der sogenannten Eiskapelle, ist die Neigung nicht sehr groß, und so habe ich dort bald die »Treppe« fertig.

Aber dann befinde ich mich oberhalb der Felsinsel endgültig im steilen, durch nichts mehr unterbrochenen Eishang der eigentlichen Flanke. Während ich mich mit der Linken an dem von oben herablaufenden Seil festhalte, schwingt die Rechte den Pickel. Weit lehn' ich mich hinaus, um den ersten zwei Hieben die nötige Wucht geben zu können … Zack! Zack! …

Ein paar Schollen sausen die Wand hinunter. Peng, peng … ping, ping, ping … ein paar leichtere Schläge vertiefen die Bresche zur Stufe. Und dann wiederum in der bereits geschaffenen Treppe einen kleinen Schritt höher getan, im Seil nachgegriffen und wieder ausgeholt …

alle 40 Zentimeter entsteht so eine neue Stufe. Der Höhengewinn ist beklemmend gering.

Und das soll heute noch fertig werden? denke ich mir, als ich wieder einmal im Schlagen innehalte und die Flanke hinaufschaue. Das muß schneller gehen! Ich will kleinere Stufen machen, mich ganz auf das Schlagen konzentrieren, an nichts anderes mehr denken...

Die Stunden verrinnen – ich merke es nicht mehr. Ich habe sogar aufgehört, an die Stufen zu denken; ich denke an gar nichts mehr. Ich bin eine Maschine, die nie in ihrem Dasein etwas anderes vor sich hatte als diese graue, glatte Fläche, die sie immer wieder zerschlägt.

Zack – zack – peng, peng, ping, ping, ping...: ein Schritt höher: ...da ist wieder die graue glatte Fläche:...Zack – zack, peng, peng, ping, ping...

Irgendwann einmal steige ich hinauf zu Hermann.

Während wir dann dort sitzen und essen, hat keiner Lust, viel zu sprechen. Wir sind müde. Nur Hermann sagt einmal, daß er auch die oben anschließenden Felsen noch weit hinauf wird versichern müssen; sie seien überall brüchig und nirgends leicht.

Bald darauf sind wir wieder an der Arbeit. Aber es erweist sich einfach als unmöglich, heute noch fertig zu werden. Als wir am Abend wieder zum Plateau hinuntersteigen, sind unsere Arme zwar wie abgestorben und ich kann rechts keine Faust mehr machen, aber von unserem »Weg« fehlt noch immer ein ansehnliches Stück.

Am nächsten Tag ist in der Flanke Hochbetrieb: Jetzt steigen wir dort alle vier auf und ab. Hermann und ich setzen die Präparierung des Anstiegs fort und schleppen zwischendurch unsere beiden Lasten für Lager III stückweise höher. Zur selben Zeit müssen Marcus und Fritz den anstrengenden Weg über die Flanke gleich zweimal schwerbeladen zurücklegen. Da hat keiner etwas zu lachen – aber das Hochlager muß einfach heute errichtet werden. Vielleicht ist es nur noch morgen schön!

Es wird Mittag, und es wird Nachmittag: Langsam neigt sich da die Herstellung unserer »Seilleiter« dem Ende zu, langsam wandert gleichzeitig unser Hochlager in Form von sechs Lasten an die 7000-Meter-Grenze heran. Und als schließlich die Sonne sich gegen den Horizont senkt, da verankern wir droben in 6950 Meter Höhe die beiden Zelte des Sturmlagers auf einer luftigen Kanzel.

Wir haben den Wettlauf gewonnen – der Eiswall liegt unter uns, und morgen wird es noch schön sein. Übermorgen? Wir trauen dem Frieden nicht, auch wenn wir müde sind und ein Rasttag jetzt etwas Herrliches wäre. Wir wissen ja nicht, was aus der Wolkendecke werden kann, die heute da noch ruhig unter uns steht. Nein, wir werden schon morgen zum Gipfel vorstoßen!

Da es noch immer 1100 Meter bis zur Gipfelschneide sind, wollen wir zeitig am Morgen aufbrechen und müssen daher jetzt noch alles herrichten. Als endlich die Gipfelrucksäcke bereitstehen, ist es finster geworden. Noch immer aber haben wir nichts zu trinken für den nächsten Tag. Auch jetzt quält uns furchtbarer Durst. Todmüde? – Wir brauchen die Flüssigkeit! Als nach Stunden mit Fritz das Kochgeschirr eintrifft, opfere ich mich. Bis 11 Uhr nachts brummt draußen zwischen den Zelten der Kocher …

Nach wenigen Stunden unruhigen Schlafs naht schon wieder der Tag. Keinem von uns fällt das Aufstehen leicht. Die letzten zwei Tage haben von uns trotz unserer guten Akklimatisation zuviel verlangt. Das Müdigkeitsgefühl legt sich aber in der morgendlichen Kälte bald, und so steigen wir langsam über die ungeheure Schnee- und Eisflanke gipfelwärts. Obwohl um uns schon unzählige Karakorumgipfel im ersten Licht erstrahlen, ist bei uns noch immer keine Sonne. Wir sind ja in einer Westflanke. Und sie ist steil.

Über uns ragen dunkel die beiden höchsten Gipfel des Broad Peak in den blassen Morgenhimmel. Zwischen ihnen, noch hoch über uns, die 7800 Meter hohe Scharte. Die müssen wir zuerst erreichen … Allmählich dringt die abnorme Kälte durch die Schuhe und Haarsocken, erreicht die Zehen, läßt den Kreislauf des in solchen Höhen immer dickflüssiger werdenden Blutes erstarren, nimmt jedes Gefühl … Wir müssen stehenbleiben und mit aller Macht die Beine schwingen. Das hilft – für ein paar Minuten. Immer tiefer wird nun der Pulverschnee. Wir werden immer langsamer. Von Minute zu Minute scheint die tödliche Kälte zuzunehmen. Und dann spüren wir schließlich die Füße überhaupt nicht mehr …

Als wir um 9 Uhr auf 7500 Meter in die Sonne kommen, ist es

schon höchste Zeit. Wir bleiben lange sitzen. – Als wir dann weitergehen, stechen die Strahlen der Sonne förmlich vom schwarzen Himmel nieder. Jetzt ist es plötzlich heiß. Immer mehr befällt uns eine eigenartige, bleierne Müdigkeit. Es wird eine Qual, die Beine zu heben…

Was ist das nur? denke ich noch stumpf. Dann merke ich, wie mir langsam schlecht wird…

7600 Meter! Es ist nach Mittag. Vor uns ein furchtbar steiler Hang. Weiter…! Wo nur die Zeit hinkommt…

…7800 Meter. Die Scharte. Ich möchte nichts wie schlafen. Eigentlich ist es schon zu spät für den Gipfel. Aber da vor uns ist der Schlußgrat… Fritz geht darauf zu… Weiter… Nur… noch… 200 Meter… aushalten…

Über mir ist eine Riesenhand. Sie senkt sich, preßt mich erbarmungslos nieder. Ich wehre mich, stemme mich mit den Schultern dagegen, drücke die Knie durch… Vergeblich, schon lieg' ich auf dem Boden. Immer stärker wird der Druck, ich will schreien… kann nicht… kann nicht mehr atmen… keine Luft… aus. – Ein gelbes Licht? – Es ist gemustert. – Wie ein Stoff. – Ein durchscheinendes Gewebe…??? …Die Zeltwand.

Nur ein wüster Traum – du liegst ja im Zelt – auf dem Boden. Liegst im Schlafsack auf einer Luftmatratze – hier oben im Lager III auf fast 7000 Meter. Aber der Traum?… Du kannst ja noch immer kaum atmen. Und alle Glieder tun weh. Es ist, als ob noch immer der furchtbare Druck auf dir lasten würde… Noch immer… Hast du sie nicht gestern wirklich kennengelernt, diese unheimliche Macht – auf dem Gipfelgrat? Dieses wohl stets gewußte, aber nie gekannte Etwas in der sogenannten Todeszone – unvorstellbar, aber wahr: … vor dir der steile Schnee, der Grat, der schwarze Himmel darüber. Und da ist über dir ein Fels… nahe, du kannst ihn fast mit Händen greifen… Nur noch zehn Schritte… gleich bist du oben. – Aber da ist sie, die unsichtbare Faust – die dich mit Gewalt in die Stufen niederdrückt, die jeden Meter zum Kampf macht… die den Fels nicht näher kommen läßt… bis du endlich mit aufgerissenem Mund keuchend an ihm lehnst…

Doch – ich habe sie kennengelernt, diese furchtbare Macht – dort oben.

Ich bin noch immer ganz zerschlagen. Im Kopf ein dumpfes Gefühl. Der Gipfel? Noch immer unerstiegen.

Bis zuletzt haben wir an den Sieg geglaubt: Ich sehe noch die dunkle Gestalt von Fritz, der ein paar Meter vor mir Schritt für Schritt den Steilhang hinaufsteigt, den letzten Hang – über dem nur noch ein paar dunkle Felsen gegen den Himmel stehen. Noch ein paar Meter, ein letztes Höherstemmen ... Und da geht es wirklich nirgends mehr höher hinauf. Im selben Augenblick, da wir's gewahr werden, löst sich von jedem das »ich muß«, und durch die große Mattigkeit, die zurückbleibt, durch die Erschöpfung, dringt ein schwacher Schimmer der Freude: Wir sind oben. Wir stehen tatsächlich auf der höchsten Schneide des Broad Peak. Aus leuchtenden Nebeln tauchen vor uns sanfte Schneebuckel auf, ein langer, waagerechter Grat, der ganz schwach abfallend nach Süden zieht. – Aber dort ... er steigt wieder an ... da taucht ein schimmernder Schneespitz hervor ... Er ist höher!

18 Uhr ... Zu spät. In wohl einer Stunde Entfernung steht da der Gipfel. Er sieht ja fast gleich hoch aus – aber nicht ganz, er muß noch 20, vielleicht nur 10 Meter höher sein. Und noch so weit weg! Wortlos steigen wir zu unseren Kameraden hinunter, die rund 50 Meter tiefer auf einem Schneebuckel stehengeblieben sind ...

Und nun? Wir werden hinuntersteigen ins Basislager und warten, bis wir uns erholt haben. Dann werden wir wiederkommen. Aber dann werden wir trotz der furchtbaren Kälte in der Flanke noch früher von hier aufbrechen müssen. Denn dann wollen wir auch noch über die lange Schneide vorstoßen – hinüber, bis auf den Gipfel.

Der Gipfel

Nun ist es wieder soweit – wir sind neuerdings heroben in den Zelten des Lagers III. Mehrere Tage haben wir drunten im Basislager bei unsicherem Wetter um unsere Hochlager gebangt. Allzu kühn – doch nicht anders möglich – stehen Lager I und III ... Ein schwerer Sturm hätte unter Umständen den Gipfelsieg in Frage stellen können. Doch nun ist das Wetter prachtvoll, etwas kälter als das erste Mal, aber hundertprozentig sicher.

Diesmal haben wir in aller Ruhe unsere Vorbereitungen treffen können und sind schon vor Sonnenuntergang in die Zelte gekrochen.

Nun erhellt bereits der Mond das Zeltdach. Langsam verrinnt die Zeit. Ich starre auf das gelbe Tuch. Werden wir morgen wirklich oben stehen ...? Morgen, am 9. Juni 1957. Wird morgen der Tag sein, die große Stunde meines Lebens, wo ich den immer rufenden, ferne erahnten Gipfel betrete, den Traumgipfel, den schimmernden Berg hoch über der Welt. Wird es wahr werden? ... Ich finde keinen Schlaf. All meine Gedanken konzentrieren sich auf morgen ...

Und Hermann? – Schläft er?

»Ab ein Uhr nachts schaue ich immer wieder auf die Uhr. Es ist furchtbar kalt. Als ich um ½3 Uhr aufstehe, bekomme ich Hustenanfälle und reiße schleunigst den Zelteingang auf. Der Mond ist weg. Das Anziehen ist eine Tortur: bis man in den Strümpfen und Schuhen ist, bis man die Hose mit den Schuhen dicht verbunden hat, dann die Überhose, die Schuhüberzüge, die beiden Pullover, den Anorak, und das alles auf engstem Raum ... Das Haferflockenmus schmeckt wunderbar. Marcus und Fritz hauen ab, um ½4 Uhr steigen Kurt und ich nach. – 20 Grad zeigt das Thermometer, aber vorläufig ist's uns noch warm, nur die Hände sind schon kalt, trotz Leder- und dicken Wollhandschuhen ... Es ist Pfingstsonntag morgen. Es geht wieder an steilen Eisflanken hinauf. Manchmal queren wir einen Hang. Zwei Atemzüge pro Schritt, es geht langsam. Es wird hell, die Sonne setzt den höchsten Gipfeln goldene Harnische auf. Der Schnee auf dem Eis wird tiefer und lockerer. Wir haben Marcus und Fritz nach stundenlangem Steigen eingeholt. Ich spure voran, durch angewehten Preßschnee. Ich schaue immer wieder zur Scharte über uns, das nächste Ziel. Die Füße sind jetzt eiskalt geworden, aber ich lasse mir keine Zeit zum Massieren, eins, zwei – eins, zwei, nur ja nicht aus dem Rhythmus kommen. Um dem grundlosen Schnee unter der Scharte auszuweichen, wollen wir diesmal rechts über Felsen. Der Schnee ist manchmal grundlos tief, dann kommen wieder tragende Platten.

Kurt löst mich ab. Noch ein steiler steinharter Hang, eine neue Querung, wir treten in das helle Sonnenlicht, es ist acht Uhr morgens.

Höchste Zeit, daß ich aus den Schuhen komme, die Füße sind bereits gefühllos. Wir messen –30 Grad. Jeder arbeitet in der Sonne sitzend an seinen Füßen, an meinem rechten Fuß ist es am schlimmsten. Erst nach 40 Minuten tauen sie auf, ich reibe sie mit Frostschutzsalbe ein und beginne wieder die umständliche Prozedur des Schuhanziehens. Marcus und Fritz sind bereits weitergestiegen. Mir schien zunächst, es ginge diesmal leichter als beim letzten Versuch. Aber allmählich kommt eine bleierne Müdigkeit über mich.

Nach einem schweren, extrem steilen Eishang erreichen wir am 9. Juni mittags, halb zwei Uhr, die Scharte zwischen Mittel- und Hauptgipfel. Mein Höhenmesser zeigt 7800 Meter an. Ich will schlafen, Kurt sucht mir aus dem Rucksack Bonbons, Dörrobst, Haselnüsse – nichts will mir schmecken. Nicht einmal ein Schluck aus der Flasche …« [Wegen eines Fehlers beim Umfüllen der Gasflaschen hatten wir überdies extrem wenig Flüssigkeit: 5 l für 4 Mann für 2 Tage. Siehe auch S. 336 oben.]

Ich sitze im Schnee und blicke auf Hermann. Sein Fuß macht ihm sehr zu schaffen – ich kann es ihm ansehen. Und eben hat er gesagt, daß er so heute wohl kaum auf den Gipfel kommt. – Ich bin traurig: Hermann, mein Seilkamerad … Gerade er, der Beste von uns – wie hat er sich die ganze Zeit für uns alle eingesetzt, Pläne entworfen, rastlos gearbeitet, das Letzte hergegeben! Hat hier am Berg alle Operationen geleitet … und gerade heute, wo es endlich ans Ziel gehen soll …

Sein Fuß … Der Nanga Parbat … er hat ein großes Opfer gefordert. Ich starre hinaus nach Westen, zu dem fernen, einsamen Riesen. Nanga Parbat – er war das Opfer wert.

Kleiner und kleiner werden droben auf dem Grat unter dem schwarzblauen Himmel die Gestalten von Fritz und Marcus. Sie kommen nur langsam aufwärts … Immer dünner wird die Luft, immer mehr wirkt sich die Höhe aus. Dabei haben wir heute wirklich das ideale Gipfelwetter. Es ist fast windstill, nur selten weht ein leichtes Lüftchen durch die Scharte. Heiß brennt die Sonne nieder. Wir sitzen im Schnee und warten. Um halb drei Uhr geht es Hermann ein wenig besser, und wir gehen wieder los. Viel Zeit haben wir jetzt nicht mehr, wir dürfen nicht allzuoft haltmachen. Vielleicht geht es; es muß doch…

Langsam steigen wir höher. Direkt vor uns zieht der steile Schnee- und Felsgrat zum Vorgipfel hinauf. Er trägt riesige pilzförmige Wächten. Auch die ungeheuren Steilwände des Mittel- und Hauptgipfels zeigen ähnliche seltsame Schneegebilde: Pilze, Rippen, riesige Strebepfeiler. 3000 Meter ziehen hier im Osten die Wände in einem Schuß zur Tiefe. Und wir gehen an ihrem oberen Rand.

7900 Meter! Der Blick hinunter auf das Heer namenloser Sechstausender, auf die Gletscherströme tief unter uns ist schwindelerregend. Weit draußen ein Strich – der Horizont. – Wir sind schon sehr hoch, aber der Weg zum Gipfel ist noch endlos.

Wir bleiben nun immer öfter stehen. Erst alle zehn Meter – dann alle zehn Schritte… Ich bewundere Hermanns Willen, wie er sich trotz seiner Verfassung Meter um Meter höherkämpft, immer wieder… jeder andere würde schon aufgegeben haben. – Aber wir werden dennoch immer langsamer. Dabei ragt der 8000 Meter hohe Mittelgipfel hinter uns noch hoch über unseren Köpfen. Endlich sind wir bei den Felsen des großen Grataufschwungs. Da ist der »Kamin«! Er kostet viel Kraft. Mit eiserner Energie zwingt Hermann sich hoch. Doch dann… Auf einer kleinen Schneeschulter bleiben wir stehen. Von dort aus sehen wir den weit entfernten Gipfel auftauchen.

So weit… Aussichtslos, da gehen wir ja in die Nacht hinein! Es ist bereits Viertel vor 5 Uhr, und in zwei Stunden geht die Sonne unter. Hinter uns liegt erst ein Drittel des Weges von der Scharte zum Gipfel – und allein für das haben wir schon zwei lange Stunden gebraucht. In unserem Tempo noch weitergehen? Hinein in eine Nacht in 8000 Meter? Und ein Biwak hier oben… Es wäre Wahnsinn. Wir stehen traurig vor der Erkenntnis, daß es zu spät ist.

Aber ob ich allein es vielleicht noch schaffe? Ich fühle mich heute in ausgezeichneter Verfassung. Mein Blick bleibt an der fernen weißen Spitze hängen. Dort steht der Gipfel – Wunsch meines Lebens.

Ich bitte Hermann, es mich noch versuchen zu lassen. Er sagt ja… er versteht meinen Wunsch. Ich bin ihm dankbar. – Hermann will inzwischen auf dieser Schneeschulter warten, bis ich zurück bin. Dann werden wir gemeinsam absteigen.

Ich möchte Hermann noch ein gutes Wort sagen, ehe ich gehe... aber ich weiß, daß es keinen Trost gibt. Hermann sitzt stumm auf dem Schnee der Schulter und schaut hinaus in die Ferne – sein Blick führt zum Nanga Parbat. Sein Berg!...

Ich ahne seine Gedanken.

Ich will sobald wie möglich zurückkommen. Keuchend steige ich den Hang zum Vorgipfel hinauf. Gerade weil ich mich gut in Form fühle, habe ich viel zu schnell losgelegt. Ich beiße die Zähne zusammen, ich will nicht stehenbleiben! Verbissen drücke ich die Knie durch, wuchte mich an den Stöcken höher... So, da ist der Vorgipfel! Ich halte einen Augenblick inne, schnappe nach Luft; alles dreht sich...

Dort drüben die weiße Spitze! Der Gipfel. Und da! In wohl einer Stunde Entfernung: zwei kleine Punkte, die auf dem letzten Schneehang langsam höhersteigen. Marcus und Fritz. Es ist kurz nach 5 Uhr.

Weiter! Es ist keine Zeit zu verlieren. Hinunter in die erste Mulde, wieder einen Buckel hinauf; hinunter, hinauf... ich fauche wie eine Lokomotive – es ist alles über 8000 Meter. Dann liegt das lange horizontale Gratstück vor mir – da ist freie Bahn. Vorwärts! Ich keuche mit aufgerissenem Mund dahin, gehe nun aufs Äußerste, stoße mich mit den Skistöcken links und rechts ab, konzentriere mich völlig auf den Weg vor mir, auf Schnee und Schutt – auf den Firstgrat, der sich wie eine riesige Brücke über ungeheure Tiefen spannt. Rasch rückt der Gipfel näher...

Die Gegensteigung beginnt! Hinauf – dort oben auf dem höchsten Schneehang machen Marcus und Fritz gerade ihre Gipfelfotos. Nur noch ein kurzes Stück! Nicht stehenbleiben! Es geht bergauf – wie wild schlägt mein Herz; die Knie wollen mir weich werden... Aber da bin ich bei den letzten Felsen, da ist der Gipfelschneehang, auf dem die Kameraden stehen. Schwer atmend mache ich halt. Ich hab's geschafft.

Marcus und Fritz sind eben im Begriff, den Abstieg anzutreten.* Sie kommen auf mich zu, und wir begrüßen uns. Dann beginnen sie, den endlosen Grat zurückzugehen. Ich bin allein – todmüde, aber

* Siehe dazu auch Kurt Diemberger, *Aufbruch ins Ungewisse*, München 2004, S. 157 f.

nun wirklich auf dem Gipfel des Broad Peak. Weit hinten sehe ich den Vorgipfel. Vor wenig mehr als einer halben Stunde bin ich noch dort drüben gestanden und habe hier herüben meine beiden Kameraden über den Schneehang emporsteigen sehen. – Ausgepumpt, wie ich bin, steige ich nun nur noch langsam zehn Meter höher, wo ich bei den letzten Stapfen stehenbleibe. Vor mir habe ich die Gipfelwächte des Broad Peak; sie ist höher als ich, und ich kann nicht hinüberschauen. Ich nehme den Rucksack von den Schultern und setze mich zu kurzer Rast in den Schnee.

Es ist angenehm, endlich wieder einmal zu sitzen. Vor mir – so weit ich nur schauen kann – Gipfel an Gipfel; ein weißes Meer, das sich endlos bis in die fernste Ferne dehnt.

In der Nähe all die bekannten Gipfel des Baltoro. Mein Blick schweift vom Gasherbrum zur Chogolisa, vom spitzen, nur 200 Meter niedrigeren Masherbrum bis zum Mitre Peak, der mit seinen 6010 Metern von hier oben gar nicht mehr imposant aussieht; er steht vielmehr wie ein herziger Zwerg mit weißer Zipfelmütze da tief unten am Konkordiaplatz. Über den weiten Wellen des Baltorogletschers steht in der Ferne der Nanga Parbat, der von hier oben noch viel einsamer und mächtiger erscheint als vom Plateau aus. Rechts über dem Vorgipfel, ganz nahe und noch immer unglaublich hoch, der K2 – 8611 Meter! – Ehrfürchtig schaue ich zu dem Riesen auf.

Längst bin ich aufgestanden, schaue rechts an der Wächte vorbei zu den Achttausendern der Gasherbrum-Kette, zu Hidden Peak und Gasherbrum II. Links der Wächte kann ich über den Schnee hinaus nach Osten blicken: Dort werden die Berge niedriger; braune, verschneite Ketten wechseln mit graubraunen Hochflächen, verlieren sich in der Ferne – das ist Tibet*; das unbekannte Land.

Schade – diese Wächte! Wenn man so von ganz oben frei hinausblicken könnte, wenn rundherum nur noch Luft, nur unendliche Weite wäre ... wie einmalig müßte das sein.

Ich starre auf die Wächte vor mir.

Nur einmal im Leben, heute, auf dem Achttausender ...! ... Ich son-

* Ich blickte dabei eigentlich nach Sinkiang. Wo die Grenze zum nahen Tibet verlief, war mir unbekannt.

diere: Eis oder ganz harter Firn. ich steige einen Schritt höher. Noch einen. Und wieder …

Ich stehe. Frei blicke ich hinaus in den Raum. Um mich nur Luft.

Ich senke den Blick. Vor mir ist ein schimmernder Schneescheitel. Hier hört der Broad Peak auf, denke ich verwundert und streiche mit dem Skistock über die höchste Wölbung. Da, vor mir … nur noch ein paar Schritte.

Lange schaue ich nach Osten …

Seltsam: dort – die Tiefe, das Weite, das Unbekannte – das ist also Tibet. Grenzenlose Einsamkeit …

Etwas ist unbegreiflich an diesem Land da draußen. Ich weiß nicht, was es ist.

Während ich schaue, fühle ich auf einmal auch hier oben diese ungeheure Einsamkeit, die lautlose Stille um mich, das Schweigen …

Ich bin allein. Und Hermann sitzt unten auf dem Grat.

Er, mit dem ich hier oben sein wollte, auf einem strahlenden Gipfel, in gemeinsamer, alles überstrahlender Freude, voll Glück über den Sieg, über die schönste Stunde eines Bergsteigerlebens … er ist nicht da. Und alles schweigt um mich – starr, kalt, unendlich. Ich bin nicht glücklich.

Müde steige ich wieder den Grat hinunter, folge den Wellen der langgezogenen Schneide. – Jäh halte ich inne, drehe mich um. Da ist der Gipfel, da sind die Stapfen im Schnee. Doch, ich war oben. Es ist vorbei. Und das war der Höhepunkt eines Bergsteigerlebens? Schade … so ganz anders, als ich es immer dachte. Und mein Traumgipfel …? »Das war eben die Wirklichkeit«, sagt eine Stimme in mir. »Ich weiß«, sage ich enttäuscht und folge wieder den endlosen Wellen. Bald werde ich bei Hermann sein. Jetzt habe ich schon den halben Grat. Es ist gut, denn ich bin müde. Müde und allein.

Da vorne der K 2, vor mir die breite Schneide, die Buckel … Ein gelber Punkt? Ein Anorak! … Hermann …!

Er ist es wirklich – er kommt trotz allem. Hermann Buhl …! Mir schaudert vor solch ungeheurer Willenskraft.

Er kommt näher. Er geht ganz langsam, Schritt für Schritt. Angespannt die Gesichtszüge, geradeaus sein Blick.

Er geht zum Gipfel. Hinein in die Nacht …

Hermann! Nun ist er da. Ich schaue ihn an. Ich kann nichts sagen – nur eines denken: Nun gehen wir doch noch gemeinsam hinauf. Ich bin mit einem Male froh und glücklich.

Was war inzwischen geschehen? Wie war das nur möglich? Hermann wollte doch auf der Schulter des Vorgipfels auf mich warten …

»… Ich setze mich hin, um zu warten, bis die anderen vom Gipfel zurückkommen. Ich glaube zu sehen, wie Marcus und Fritz den Hauptgipfel erreichen, zwei kleine Punkte auf einer schlanken Firnschneide, weit, weit rückwärts noch. Meine Füße sind wieder gefühllos. Ich beobachte Kurt, wie gut er eigentlich vom Fleck kommt.

Aber wollten wir nicht alle am Gipfel stehen? denke ich. Es ist fünf Uhr. Ob die Zeit noch reicht? Aber wir haben ja den Mond als Begleiter, rede ich mir zu und gehe weiter. Langsam komme ich dem Vorgipfel näher. Dicht darunter kommen mir Marcus und Fritz entgegen. Sie haben den Gipfel … Ich gebe ihnen zu verstehen, daß ich es versuchen wolle, so weit ich eben käme … Dann gehe ich langsam weiter. Einige kurze Gegensteigungen, dann kommt die lange Querung über einen waagrechten Schneegrat hinüber zum Hauptgipfel. Jetzt in den Abendstunden geht es plötzlich etwas besser. Mitten auf dem Grat begegne ich Kurt, er kommt gerade vom Gipfel. Als ich ihm zu verstehen gebe, daß ich noch hinüberwill, kehrt er wortlos um, um mit mir zu gehen.

Die Sonne senkt sich langsam zum Horizont, über den Gletschern hängen schon schwarze Schatten. Wir gehen in über achttausend Meter Höhe die letzten Meter zum Gipfel des BROAD PEAK hinan …

Es muß unfaßbar schön um uns sein …«

Es ist wirklich unfaßbar schön.

Ich bin müde, zu müde zum Denken. Aber ich kann schauen und fühlen …

Die Welt dort unten ist bedeutungslos geworden. Auch der erste Gipfelgang liegt in weiter Ferne – und was war das schon … Nun aber dringt durch meine Müdigkeit eine selige Gewißheit: Jetzt wird es wahr werden – das Traumbild. Denn dort oben, vor uns … da leuchtet er – unirdisch wie ein Traum – der Gipfel!

Immer phantastischer werden die Gestalten der riesigen Schneepilze. Seltsam, wie Gesichter, ihre Schattenbilder. Alles lebt – und vor mir wandert der lange Schatten Hermanns über die Schneefläche, er krümmt sich, dehnt sich, macht Sprünge.

Es ist totenstill.

Ganz tief steht die Sonne.

Das Leben! Kann es noch einmal so schön sein?

Zurückkommen? ... Vor mir liegt die Stunde, nach der ich mich ein Leben gesehnt habe. Daß ich sie erleben durfte, gerade ich!? Ich bin glücklich ...

Schwer stütze ich mich einen Augenblick auf die Stöcke, bleibe stehen. Dann gehe ich lächelnd weiter. Vor mir ist Hermann. Wir gehen gemeinsam dem Gipfel zu. Ja, wir gehen in die Nacht; doch davor ahne ich ein Leuchten, das alles überstrahlt, das jeden Wunsch des Lebens in sich schließt; das Leben selbst.

Und dann wird es wahr. Wir stehen oben. Die Stille des Raums umfängt uns. Wir schweigen. Es ist die Erfüllung.

Zitternd neigt sich die Sonne dem Horizont zu. Unter uns ist Nacht – da liegt die Welt. Nur noch heroben bei uns das Licht.

Zauberhaft schimmern die nahen Gasherbrumgipfel, weiter draußen das eisige Himmelsdach der Chogolisa. Direkt vor uns im Gegenlicht ragt die dunkle Gestalt des K 2 auf.

Dunkler, leuchtender werden die Farben. Tieforange färbt sich der Schnee. Seltsam azurblau noch immer der Himmel. Ich wende den Blick: der Schatten des Broad Peak! Eine dunkle, riesige Pyramide wächst hinaus in die endlose Weite Tibets. Sie verliert sich im Dunst der Ferne.

Immer noch stehen wir stumm. Dann drücken wir uns die Hände.

Am Horizont ist jetzt nur noch ein schmaler Sonnenrand. Ein Lichtstrahl greift über die Dunkelheit herüber zu uns. Er trifft gerade noch die letzten Meter des Gipfels.

Staunend blicken wir auf den Schnee zu unseren Füßen. Er scheint zu glühen. Wir schweben auf einer leuchtenden Insel im Raum ... Da erlischt das Licht.

»... der Himmel wird immer blasser. Bleich steht der Mond über uns. Schnell hinunter. Um halb acht Uhr, am Vorgipfel, dämmert es. Dann hilft uns der Mond. Wir müssen sehr achtgeben, wenn er sich manchmal hinter einer Felsrippe versteckt. Sehr steile Absätze. Wo der Grat von Felsen unterbrochen wird, sichern wir mit dem Seil. Endlich sind wir an der Scharte. Wir sehen Marcus und Fritz nicht mehr. – Mit zusammengeknüpften Seilen sichern wir uns die übersteile Eiswand hinunter in den Schnee. Es ist Nacht. Der Abstieg im Bruchharsch ist sehr mühsam. Aber weiter, weiter. Die Kälte ist grausam...«

Wieder im Basislager

Wir sind wieder herunten. Haben uns im schwachen Licht des Mondes hinuntergekämpft zu den Zelten des Lagers III; sind dann während der folgenden zwei Tage abgestiegen ins Basislager.

Nur ungenau erinnere ich mich noch an die Einzelheiten dieses endlosen nächtlichen Abstiegs durch die Riesenflanke: an die Steilheit der Hänge, die Gefahr eines Fehltritts im trügerischen Licht des Mondes; an den hellen Schimmer des Plateaus tief unten – des Plateaus, das nicht näher kommen wollte... und schließlich an unsere baldige völlige Erschöpfung. Wie oft saßen wir im Schnee, um zu rasten; zu dösen – erfüllt nur von dem einen Wunsch: zu schlafen! Wenigstens ein bißchen...

Aber trotz aller Stumpfheit, die sich unser bemächtigt hatte, wußten wir: Das durfte einfach nicht sein! – Wenn man erst einmal eingenickt war, würde man bald in einen immer tiefer werdenden Schlaf versinken... der leise, unmerklich über alle Müdigkeit der Welt hinausführte...

Es war gut, daß wir zu zweit waren. So riß sich doch immer wieder einer von uns hoch und sagte, daß es Zeit wäre, wieder ein Stück zu gehen. Dann gingen wir wieder...

Um halb ein Uhr nachts merkten wir am Gelände, daß wir uns in der Nähe des Sturmlagers befanden. Nach einer Weile tauchten die

Silhouetten der Zelte vor uns auf: Wir wußten, daß wir nun endlich schlafen durften.

Noch ein paar Schritte, die letzten ... da: der Zelteingang ... der Schlafsack ... dann nichts mehr.

Nun haben wir uns von den Strapazen schon wieder ziemlich erholt. Wir genießen die angenehme Geräumigkeit der großen Basislagerzelte, räkeln uns in den weichen Daunenschlafsäcken, essen, schreiben Briefe ...

Manchmal schauen wir hinauf zu den Gipfeln des Broad Peak hoch über uns. Dann vergessen wir all die übermenschlichen Anstrengungen, die Widerwärtigkeiten der letzten Zeit und freuen uns: Unser Gipfel! Unser Achttausender.

Abends, wenn es bei uns herunten schon dunkel ist, wenn hoch oben noch die Felsen leuchten und der Schnee zu glühen beginnt ... dann denke ich wieder an meinen Traumgipfel, auf dem ich mit Hermann gestanden bin, an das überirdische Licht dort oben, die Stille des dunklen Raums – und ich habe das Gefühl, als könnte es wahrhaft nur ein Traum gewesen sein; ein Traum über meinem Leben – unerreichbar entrückt. Aber ich weiß, daß er Wirklichkeit war ...

Es geht gegen Mittag. Das Klappern der Schreibmaschine tönt durch das Zelt; während ich nach einem Brief gegriffen habe, schreibt Hermann an einem Bericht für daheim. – Ich lese ... und dann fällt mir wieder die eine Ansichtskarte unter den vielen Briefen in die Hände – die, die ich immer wieder anschauen muß: Da ist eine Wiese drauf, ein Baum, dahinter ein kleiner See ... »Ich bin hier auf einer kleinen Wanderung. – Tschau ...«, steht auf der Rückseite. Aufgegeben vor sechs Wochen ...

Wie lange wird es noch dauern, bis sie daheim unsere Briefe erhalten? Wo doch unsere Telegramme mindestens zwei Wochen brauchen werden! – Noch wissen sie ja gar nichts. Aber wenn sie's dann erfahren ... der Freudenrummel!

Ich blicke zu Hermann hinüber. Er hat zu schreiben aufgehört und geht jetzt den Bericht noch einmal durch. – Und während er liest, schaue ich ihm über die Schulter, lese die letzten Zeilen mit:

»… der Broad Peak ist erstiegen, auf seinem kürzesten und idealsten Wege, ohne Hochträger, von allen vier Teilnehmern der Mannschaft. Was wollen wir mehr? Wir beginnen, langsam froh zu werden. Denken an die Freunde daheim, an die Lieben zu Hause – und dann kommt zufällig der Postläufer. Wir hatten ihn erst nach Tagen erwartet. – Und inmitten bizarrer Eisnadeln und immer tiefer furchender Gletscherbäche, inmitten Eis und wildem Geröll verbergen wir unsere Köpfe hinter den Briefen und lesen und lesen. Wir freuen uns ganz unsinnig auf das erste Grün. Zu Hause soll doch schon Sommer sein …«

Neue Ziele

Die Tage vergehen. Die paar hundert Karten, die wir geschrieben haben, sind nun schon unterwegs. Abends vor dem Einschlafen liegen wir im Zelt und singen zur Gitarre; oder wir lauschen dem Sender Ceylon, der hin und wieder deutsche Musik bringt. Einmal kommt sogar eine Jodlerplatte. Unermüdlich wie immer schildert uns der Sender Pakistan die Wetterlage für die Höhe zwischen sieben- und achttausend Meter. Wir schmunzeln.

Es wird immer wärmer. Im Gletscher murmeln die Schmelzwasser. Unsere Zelte stehen bereits auf hohen Eissockeln, und wenn man hinein will, muß man achtgeben, daß man nicht in den kleinen See fällt, der sich dicht daneben gebildet hat. Und dann erzählt uns Qader, unser Begleitoffizier, daß er auf dem Dach seines Zeltes zwei Fliegen und eine Spinne entdeckt hat, die dort Fangen spielten. Man merkt eben doch ein wenig, daß es draußen Sommer ist.

Wir freuen uns, daß es so schön ist. Denn nun, ehe wir heimwollen, möchten wir uns auch die anderen Berge um den Baltoro noch ein wenig anschauen. »*… Exkursionen durchführen, vielleicht den einen oder anderen Sechs- oder Siebentausender noch ersteigen …*«, schreibt Hermann nach Hause. – Bedauerlicherweise will Marcus nun bald heimfahren – bei ihm spielen auch Berufsgründe mit. Hermann und ich finden das zu früh, denn *»um diese Zeit wie jetzt sind* *die meisten Expeditionen erst eingelangt«*, schreibt Hermann in einem anderen Brief und fährt dann fort: »*Was meine Rückkehr anbelangt, so rechne ich, daß ich Ende August zurückkomme …«* *

Zunächst sollte jedenfalls der Berg zur Gänze geräumt werden.

Als erstes räumten Marcus und Fritz, zusammen mit Qader, das Hochlager I. Dann stiegen Hermann und ich hoch, um auch Lager II und III noch völlig abzubauen.

Inzwischen brachen unsere Kameraden zum Hauptgipfel der Savoiagruppe auf, einem Berg, dessen einheimischer Name uns unbekannt war, den G. O. Dyhrenfurth jedoch als »Savoiagrat III« bezeichnet hatte. Es war ein prächtiger Siebentausender, den wir alle schon während des ganzen Aufstiegs immer wieder betrachtet und als gemeinsames Nachziel besprochen hatten.

Kurz nachdem Hermann und ich wieder ins Basislager zurückgekehrt waren, kamen Marcus und Fritz auf den schnellen Kurzskiern von dieser Fahrt zurück und meldeten die Erstbesteigung dieses Gipfels … für Hermann und mich, die wir von dieser Fahrt nichts gewußt hatten, eine große Überraschung. Der Gipfelturm sei ihm ziemlich schwer erschienen, meinte Fritz. Dann erzählte er weiter von der Fahrt und pries auch all die anderen Gipfel um den Savoiagletscher, von denen gewiß noch einige zu machen wären. Sie hätten übrigens eine günstige Anstiegsroute auf den »Angel« von der Rückseite her ausgemacht. Ob wir den nicht versuchen wollten …?

Doch der Angel war nicht unser Fall. Sicher war er ein prächtiger Berg, in wunschloser Freude hatten wir schon oft hinaufgeschaut, wenn die Frühsonne die weiße Pyramide aufleuchten ließ. Aber dieser »herzige Engel«, wie wir ihn oft spaßhalber nannten, verschwand mit seinen 6800 Metern fast völlig neben dem K 2. Sicherlich – auch wir wollten zu einem Berg; aber uns lockte kein Angel, auch kein Savoiagipfel mehr, nicht einmal der Skyang Kangri, obwohl wir diesen für ein lohnendes Nachziel hielten …

Wir schauten nach Süden: Da stand in der Ferne ein schimmernder

* Siehe die Hinweise zu den näheren Umständen bei Kurt Diemberger, *Aufbruch ins Ungewisse*, a. a. O., S. 161 ff.

Zauberberg, ein himmelhohes Dach aus Eis, die Chogolisa, 7654 Meter! Mehr als zweieinhalbtausend Meter über dem Gletscherboden lag der gewaltige Dachfirst. Eigentlich war es gleichgültig, wie hoch dieser Gipfel war. Er war so schön…

Wir konnten es begreifen, daß schon im Jahre 1909 der Herzog der Abruzzen die Ersteigung des Berges versucht hatte. Er war knapp am Sieg vorbeigegangen: Eine ganze Kette von Hochlagern war errichtet worden, der 7150 Meter hohe Gratgipfel im Südostgrat bereits erreicht, der Gipfel schon ganz nahe. Über den Schlußgrat stieg man höher, kam dem Gipfel immer näher… Und dann war es aus – einhundertfünfzig Meter unter dem Gipfel machte verheerendes Schlechtwetter jedes Höherkommen unmöglich. Die Angreifer mußten zurück.

Das war im Jahre 1909! Es war eine für die damalige Zeit einmalige Leistung, und der Bergsteigerherzog hätte den vollen Erfolg wahrhaft verdient gehabt.

Seither hatte niemand mehr den Grat betreten …

Die Chogolisa

Eines Tages hatten Hermann und ich am Fuße der Chogolisa unser kleines Zeit aufgestellt. Es war der 21. Juni.

Da wir befürchtet hatten, daß die Schönwetterperiode nicht mehr lange andauern würde, hatten wir uns nicht viel Zeit gelassen: Noch am Tage der Rückkehr unserer Kameraden hatten Hermann und ich in eingehender Beratung alles festgelegt, was wir für den Angriff unbedingt brauchten. Obwohl wir jedes Gramm sparten, war der Rucksack, »unter« dem ich mich in Richtung Konkordiaplatz in Bewegung setzte, ca. 35 Kilogramm schwer. Hermann, der noch Ausrüstung vom Fuß des Broad Peak holen mußte, war mit dem restlichen notwendigen Material am nächsten Morgen gefolgt. – In der Nähe des 6010 Meter hohen Mitre Peak hatte er ein kleines Depot für dessen Ersteigung errichtet und mich dann auch nach einigen Stunden eingeholt, wo er mir gleich von dieser Programmerweiterung erzählte. Es war mir sofort klar, daß aus meiner Fotoexkursion zum Gasherbrumgletscher nichts mehr werden konnte, wenn es noch an diesen grimmigen Berg gehen sollte; auch war ich anfangs etwas skeptisch, wenn ich an den dort sicher bevorstehenden Kampf um Meter dachte ... aber dann dachte ich mir, daß die Besteigung wohl gelingen müsse, wenn Hermann sie für möglich hielt. Denn was war ihm noch nicht gelungen? Er war ja nicht umsonst der verantwortliche bergsteigerische Leiter unserer Expedition, der jeden unserer Bergpläne genau durchdachte. Und ich hatte gelernt, ihm, dem Erfahrenen, zu glauben, was er einmal gesagt hatte: daß sich auch die tollkühnsten Pläne mit Vorsicht und Sicherheit durchführen ließen.

Unsere Expedition versprach ein geradezu einmaliger Erfolg zu werden: Außer unserem Achttausender würden wir noch eine ganze Reihe von schönen, wenn auch niedrigeren Gipfeln mit heimbringen. – Denn während wir hier am oberen Baltoro tätig waren, würden Marcus und Fritz zufolge der von Hermann im Basislager hinterlassenen schriftlichen Mitteilung, statt uns nachzukommen, die übrigen Berge der von ihnen begonnenen Savoiagruppe erschließen. Nachher sollte es dann noch hinaus zu den herrlichen Kletterbergen um Paiju gehen.

Wir standen vor dem Zelt und schauten hinauf, wo hoch oben in der Abendsonne der Gipfel der Chogolisa leuchtete. Jetzt, wo wir direkt davor standen, ahnten wir erst, wie gewaltig dieser Eisriese war. Unser Blick schweifte über die kilometerweiten, zerborstenen Eisströme, den endlos geschwungenen Grat, die 1000 Meter hohe Flucht der Nordwand ... ganz klein und verloren konnte man sich vorkommen.

Aber wir waren ja zu zweit – wie damals beim abendlichen Gang zum Gipfel. Wir waren nicht allein.

Und wir hatten ein Zelt, unser »Hochlager«, mit dem wir jeden Tag ein Stück höher hinauf wollten. Und wir hatten Markierungsfähnchen für den Rückweg und genügend Proviant, wenn es uns einschneite ... wir hatten eigentlich alles.

Der Plan war freilich weit kühner als der für die Ersteigung des Broad Peak. Wir freuten uns darüber. Wir waren ja nun lange genug am Berg gewesen, gut durchtrainiert und ausgezeichnet akklimatisiert. Auf die Ausrüstung konnten wir uns ebenso hundertprozentig verlassen wie auf uns beide; das hatten wir ja gesehen.

Auf dem Gipfel erlosch jetzt das letzte Licht. Nur noch der schwache Schein des scheidenden Tages lag auf der ungeheuren, nach Nordwesten gekehrten Dachfläche. Wenig später sah man rundum nur noch dunkle Silhouetten: den riesigen Hidden Peak, den Baltoro Kangri, weit in der Ferne den spitzen Mustaghturm. Um uns war es wunderbar ruhig, am Himmel die ersten Sterne – es war zum Beten schön.

Wie üblich war es rasch kalt geworden, und nachdem wir noch Wasser geholt hatten, beeilten wir uns, in unser »Haus« zu kommen. Dann brummte der Benzinkocher, dem es hier auf 5000 Meter noch recht gut ging. Köstlich mundete das heiße Getränk, das wir bei Kerzenschein, vergraben in die warmen Schlafsäcke, zu uns nahmen. Wir waren müde, aber restlos zufrieden. Wenig später schliefen wir tief und traumlos. Nur einmal hörte ich wie aus weiter Ferne das Dröhnen einer Eislawine.

Wir suchen einen Weg

Zeitig am nächsten Morgen brachen wir zu einer Erkundung auf. Im Anblick der wildzerrissenen Brüche, die weiter unten überall den Zugang zu den höheren Regionen des Berges sperrten, war es uns klar geworden, daß wir mit unseren überschweren Lasten unmöglich auf Anhieb hier durchkamen. Es wäre nur sinnlose Kraftvergeudung gewesen. So suchten wir also einen günstigen Anstieg durch dieses Chaos, indem wir einer ungeheuren Schneerippe zustrebten, die wie ein Schiffskiel die emporbrandenden Eiswogen teilte. Nach oben hin verlor sich diese Rippe in den weiten Gletschermulden unterhalb des Kaberisattels, der ja unser erstes Ziel sein mußte. Erst dort oben, in 6400 Meter Höhe, setzte der Südostgrat der Chogolisa an. Somit waren von uns herunten bis zum Sattel hinauf schon 1400 Höhenmeter zu überwinden. Das einzige steile Stück war der Steilhang hinauf zur Rippe, dafür sah aber der Weg zum Sattel hinauf auch entsprechend endlos aus.

Wie mit einem sechsten Sinn steuerte Hermann im Zickzack zwischen hausgroßen Eiswürfeln durch und fand, wie wir wenig später von oben sahen, einen idealen Zustieg zur Rippe. Wir folgten der Rippe noch bis auf 5500 Meter, errichteten ein Depot und traten dann, befriedigt vom Ergebnis unserer Erkundung, den Rückweg an.

Es war unerhört warm geworden, über dem Baltoro lag eine Dunstschicht, und rund um die Gipfel türmten sich riesige Wolkenberge. Der Schnee war aufgeweicht, und alle fünf Schritte brach man unvermittelt bis über die Knie ein. Laut machten wir unserem Ärger Luft, suchten vergeblich nach einem besseren Weg und kamen erst wieder gut voran, als wir die Moräne betreten hatten. Alle Anzeichen deuteten auf eine Wetterverschlechterung hin. – Schade! – So lange Zeit war es jetzt schön gewesen. – Als wir das Zelt erreichten, ging hinter dem Mitre Peak flammend die Sonne unter. Der Himmel bot ein unwahrscheinliches Farbenspiel.

Als wir am nächsten Morgen aufwachten, war es bereits zu spät, um wegzugehen. So entschieden wir uns für einen Rasttag. Wir kochten, aßen, schliefen und verbrachten die restliche Zeit mit angenehmem Nichtstun. Zwischendurch unterhielten wir uns immer wieder über das Wetter: Es sah nicht besonders aus. Eine niedrige Wolkendecke verhüllte die Gipfel, da und dort kam etwas Blau durch. Wir beschlossen dennoch, am nächsten Morgen aufzubrechen; wir würden dann am ersten Schönwettertag schon so weit oben sein, daß uns ein sofortiger Vorstoß zum Gipfel möglich war.

Angriff!

In der Nacht kommen die Sterne durch. Aber am Morgen hängen wieder verbreitet Nebelschwaden in der Luft, wenige hundert Meter über der Talsohle. Längst sind wir unterwegs, sind bereits bei beginnender Dämmerung aufgebrochen. Es ist nicht besonders kalt, und hin und wieder brechen wir durch die Schneedecke. Aber unser Gewicht ist ja heute auch größer als vorgestern um dieselbe Zeit – sind doch nur ein paar Kleinigkeiten, ein Säckchen mit Lebensmitteln und ein Fernglas, auf der Moräne zurückgeblieben. Wie die Schnecke ihr Haus, wie der Einsiedlerkrebs seine Schale mit sich trägt, so haben auch wir alles, was wir brauchen, mit uns. Wir können jederzeit haltmachen, können, wo immer es uns paßt, das Zelt aufschlagen und uns einrichten. In diesem herrlichen Gefühl der Ungebundenheit stürmen wir förmlich voran, trotz unserer Lasten in gar nicht schneckenhaftem Tempo. Wir sind vom gestrigen Tag her gut ausgerastet und voll Auftrieb.

Als wir unter dem Baltoro Kangri durchqueren, bricht rot die Sonne durch den Nebel und erfüllt uns mit Zuversicht. Bald darauf schließt sich die Nebeldecke wieder.

Nun haben wir die Brüche erreicht, seilen uns an und gehen weiter. Unheimlich wirkt diese Landschaft im fahlen Grau, dieser Wall von gläsernen Nadeln, Türmen, zerborstenen und übereinandergeschichteten Eisblöcken. Da und dort kommt diffus das Licht der Sonne durch. Immer wieder erfüllt dumpfes Dröhnen die Luft, manchmal ganz nahe; dann ist irgendwo eine Eislawine niedergebrochen oder eine Wand oder ein Turm eingestürzt. Mit leisem Bangen erwarte ich den schiefen Eisturm, unter dem wir schon vor zwei Tagen mit Unbehagen durchgestiegen sind; es gibt keine andere Möglichkeit. – Da ist er schon: 20 Meter über unseren Köpfen hängt das dräuend eiszapfenbewehrte Haupt. So schnell wie möglich balancieren wir über lokkere Eisblöcke unter ihm hinweg. Aufatmend stehen wir dann am Steilhang der Rippe und schauen zurück: Es ist ein Wunder, daß dieser Bursche noch steht – ist er doch schon halb umgekippt.

Nach dem anstrengenden Steilhang haben wir den Kamm der Rippe erreicht. Im Vergleich zu unten ist das Hohersteigen hier das reinste Vergnügen. Nachdem wir, auf 5500 Meter angekommen, auch noch die hier deponierten Sachen eingepackt haben, folgen wir weiter dem Kamm der Rippe.

Immer schlechter wird die Sicht. Schließlich ist auch der letzte Wegweiser, die Rippe, zu Ende. In der ungefähren Richtung des Sattels stapfen wir durch weite Gletschermulden höher. Mächtige, bis zu hundert Meter lange Querspalten zwingen uns zu weiten Umgehungen. Alle fünfzig Meter steckt Hermann ein rotes Markierungsfähnchen in den Schnee. So ist der Rückweg gesichert.

Werden wir mit den Fähnchen auskommen? Das ist die Frage, die uns bewegt. Noch ist kein Ende abzusehen: Stunde um Stunde stapfen wir durch den immer tiefer werdenden Schnee bergan...

Es hat leicht zu schneien begonnen.

Hier oben eingeschneit zu werden müßte unangenehm sein – denke ich mir. Aber wir haben ja genug Proviant. Auch kann der Schnee nie so tief sein, daß man nicht wieder hinunterkäme. Es wäre trotzdem schöner, wenn es zu schneien aufhören würde…

Immer ärger wird die Stapferei. Hermann läßt sich im Spuren nicht ablösen. »Morgen dann…« meint er.

Obwohl wir uns keine überflüssige Rast gönnen, klettert der Höhenmesser nur langsam hinauf. 30 Meter, 50 Meter Höhengewinn lesen wir enttäuscht ab, wenn wir uns wieder einmal in den Schnee fallen lassen. Dann schauen wir gar nicht mehr: Immer flacher wird das Gelände, immer geringer der Höhengewinn. – Als es einmal kurz aufreißt, blicken wir gespannt aufwärts: Aber wir sehen keinen Sattel, nur vor uns die weite weiße Fläche, die höher oben einen Rand hat. Also noch immer nichts…Es erscheint uns wie ein Wunder, als im abendlichen Aufklaren dann wirklich die kilometerweite Schneefläche des Kaberisattels vor uns liegt. Noch einmal lassen wir uns mit den Lasten in den Schnee fallen…

Bald darauf haben wir dann auf dem notdürftig festgetrampelten Boden das Zelt aufgestellt. Und während aus dem Nebelbrauen die Siebentausender des nahen Baltoro Kangri auftauchen, gilt unsere ganze Aufmerksamkeit dem rußenden Benzinkocher, der alle paar Minuten ausgeht, und vor allem dem kleinen Häferl mit Schnee darauf, aus dem einmal Wasser werden soll. Es wird wohl nichts Rechtes werden; aber nachdem wir uns eine ganze Stunde mit dem Kocher herumgeärgert haben, gestehen wir uns ein, daß uns noch kein Tee so gut geschmeckt hat wie dieses bleichgefärbte Wasser. Wir sind restlos zufrieden – steht doch unser Zelt jetzt schon auf 6350 Meter. Das war heute ein großer Schritt ans Ziel! Fast 1400 Höhenmeter haben wir mit allem Material, das wir für den Berg brauchen, in einem Tag bewältigt – für diesen Schritt haben wir am Broad Peak *acht* Tage und *zwei* Hochlager gebraucht.

Morgen wollen wir bis zu einer kleinen Schulter im Südostgrat der Chogolisa vorstoßen.

Dann wird hier nur noch ein Fähnchen im Schnee stecken.

Das Zelt auf dem Grat

Jäh schwingt sich aus den sanften Schneefeldern des Kaberisattels der Südostgrat hoch. Seine silberne Schneide erinnert an die Schönheit des Biancograts, die gewaltigen Wächtensäume auf seinen Höhen an die Gefährlichkeit des Lyskamms; nur sind die Wächten hier noch viel größer.

In seinem ganzen Verlauf von vier bis fünf Kilometern Länge steigt der Südostgrat der Chogolisa zunächst zu einer wenig hervortretenden Schulter in 6700 Meter Höhe an; dann folgt nach einem weiteren, gut 400 Meter hohen Steilaufschwung der ziemlich markante Gratgipfel (P 7150), hinter dem der Grat wieder bis auf 7000 Meter abfällt. Schließlich zieht der Grat in zunehmender Steilheit die letzten 650 Meter zum Gipfelturm empor, der, von ferne kaum wahrnehmbar, am nordöstlichen Ende des Dachs dem weißen Firstgrat aufsitzt. – Zu beiden Seiten des Grates ziehen steile Flanken zur Tiefe, fast durchweg lawinengefährlich. Über diese Himmelsleiter führt der einzige günstige Weg auf das Riesendach. Ein besonderer Vorteil ist es, daß hier für den Bergsteiger die Sonne viel früher aufgeht als in einer Westflanke – wie etwa am Broad Peak.

Diesmal werden wir uns keine kalten Füße holen!

Noch sind wir ja ziemlich weit unten. Wir haben das Zelt knapp unter der rund 6700 Meter hohen Gratschulter aufgestellt. Der Platz ist relativ windgeschützt, aber recht exponiert: Einen Meter neben dem Zelteingang geht es die 300 Meter zum Kaberisattel so steil hinunter, daß wir uns weit hinausbeugen müssen, um von der Flanke etwas zu sehen. Wir haben das Zelt gut im Eis verankert, denn die blankgeblasene Fläche der Schulter läßt uns ahnen, wie fürchterlich hier die Stürme toben müssen, deren ungehinderte Gewalt den freistehenden Grat von Süden trifft.

Wir wollen hier auf besseres Wetter warten und dann zum Gipfel vorstoßen. Unter Berücksichtigung des Gratgipfels haben wir da noch einen Höhenunterschied von 1250 Metern zu überwinden, etwas viel für einen Gipfelangriff im Himalaya, aber da wir es für unwahrscheinlich halten, daß wir weiter oben noch einen so sicheren Platz finden können, hat es wenig Sinn, das Zelt noch weiter hinaufzuschleppen.

Auch haben wir von den 300 Metern vom Sattel herauf schon genug, über die wir nur im Schneckentempo, oft bis zum Bauch im Neuschnee, heraufgekommen sind. Nun soll es dafür leicht und schnell weitergehen. Soll ... leider sieht es zunächst noch gar nicht nach Wetterbesserung aus, auch das Höhenbarometer rührt sich um keinen Strich.

In den Morgenstunden des 26. Juni wuchtet plötzlich eine Bö nach der andern gegen unser Zelt, heult wilder Sturm auf. Schlaftrunken stemmen wir uns gegen die Zeltwand, halten die sich biegenden Stäbe fest, bangen davor, daß eine starke Bö uns mitsamt dem Zelt hinab in die Flanke schleudert ...

Aber unser leichtes Perlonzelt widersteht dem Sturm, federt elastisch jeden neuen Ansturm der Luftmassen ab, und schließlich beginnen wir uns auch an den Höllenlärm der knatternden Zeltwände zu gewöhnen. Als wir merken, daß der Sturm etwas nachläßt, sind wir trotzdem herzlich froh. – Ein paar Meter über uns geht es aber immer noch toll zu. Dort an der Gratschneide tobt kaum vermindert der Sturm. Im Zelt geborgen, lauschen wir seinem Brausen, den tausend Stimmen in der Luft. Es ist wie gewaltige Musik – und plötzlich haben wir das unbändige Verlangen, hinauszugehen, hinein in den Sturm ...

»Wir könnten eigentlich ein wenig gegen den Gratgipfel ansteigen und uns das da draußen ein bisserl anschaun!« meint Hermann. »Außerdem schadet es nichts, wenn wir uns etwas Bewegung machen.«

Wie Marsmenschen sehen wir aus, als wir wenig später die blanke Schulter betreten.

Donnerwetter, geht es da zu! Hermann brüllt etwas zurück, was ich nicht verstehe – ich sehe nur, daß er weitergeht und daß das Seil zwischen uns hoch in der Luft steht. Zwischen Wolken von Schneestaub sehe ich den Gratgipfel auftauchen, sehe die rauchenden Wächten, die darüber hinweghuschenden Nebelfetzen ... und folge Hermann nach. Ungewohnt leicht komme ich mir vor und habe das Gefühl, eben erst gehen gelernt zu haben. Für Minuten taucht die bleiche Scheibe der Sonne auf, hüllt alles in fahles Licht.

Höhensturm des Himalaya!

Eine wilde Freude hat mich erfaßt. Eben habe ich Hermann zugerufen, daß es phantastisch sei, aber er hat mich wohl nicht gehört – in dem gewaltigen Dröhnen geht jedes Wort unter.

Kurz danach ist es aber auch aus mit der Begeisterung. Die Kälte ist enorm – das Gesicht vom Anprall der Eisnadeln gefühllos. – Vorne ist jetzt auch Hermann stehengeblieben. Die Hand schützend vors Gesicht gehalten, dreht er sich nach mir um – ja, wir sind uns einig, wir haben genug gesehen. So rasch wie möglich gehen wir zurück ...

Wie gemütlich ist es im Zeltinnern! – Hermann lacht: »Weißt du, daß es mir hier herinnen gar nicht himalayamäßig vorkommt. Man könnte wirklich das Gefühl haben, irgendwo in den Westalpen im Zelt zu sitzen, statt hier auf 6700 Meter ...« Und nach einer Weile: »Der Sturm ist gut, er bläst uns den ganzen Grat frei – und vielleicht vertreibt er auch noch das schlechte Wetter.«

Wir würden nur einen einzigen schönen Tag brauchen! – Dann wäre der Handstreich gelungen: In drei Tagen auf die 7654 Meter hohe Chogolisa! – Wir wollen warten – hier läßt sich's ja aushalten.

Während der Sturm sich mehr und mehr legt, plaudern wir von den Westalpen, freuen uns, wenn wir entdecken, daß wir diese oder jene Tour beide kennen, und gehen sie dann von unten bis oben durch. »Wenn wir jetzt heimkommen, sollten wir unsere Form ausnützen ... wie wär's mit einer Doppelüberschreitung des Mont Blanc? Weißt du: Brenvaflanke rauf, Peutereygrat runter, Innominatagrat rauf, Brouillardgrat runter ... Was meinst du dazu?« – »Ich? Ja, hm ... ich denke gerade, was sie bei mir daheim sagen werden, wenn ich nach einem halben Jahr heimkomme und schon wieder abhaue ... Also 14 Tage müßten wir da schon warten, glaub' ich«, laß ich mich vernehmen.

Und dann spricht Hermann von neuen Himalayaplänen: Zum Rakaposhi soll es gehen, dem schon so oft berannten Riesen über dem Hunzatal. Keine Riesenexpedition ... eine kleine Gruppe von Freunden soll es sein – unter Hermanns Führung; ein Kreis von Kameraden, der eisern zusammenhält. Das ist alles, was sich Hermann wünscht. Auch wenn er vielleicht dann nicht selber mit zum Gipfel geht, wenn die Jungen ihn stürmen, wenn sie, von ihm angeleitet, den letzten und schönsten Schritt tun ... er wird sich mit ihnen freuen und wird schon alles für sie hergerichtet haben, wenn sie vom Gipfel zurückkommen und mit leuchtenden Augen erzählen, wie es oben war. »Es gibt nichts Schöneres für einen zurückkommenden jungen Bergsteiger, als von Freunden betreut zu werden. Wie ich es am Nanga Parbat von Walter Frauenberger und Hans Ertl erlebt habe…« Hermann schweigt.

Stumm schau ich ihn an: Das ist Hermann Buhl – und was haben seine Neider über ihn zu verbreiten gewußt. Das ist er nun wirklich – Hermann, der gute Kamerad, der immer wie ein väterlicher Freund zu mir war, der es bei all seinen Moralpredigten doch nur gut mit mir gemeint hat. – Wir werden noch oft zusammen in die Berge gehen…

»Selbstverständlich steig' ich auch selber wieder hinauf zu diesen herrlichen Gipfeln hier!« lacht Hermann. »Aber weißt du«, fährt er nachdenklich fort, »es ist mir jetzt klar, daß es das, was ich auf dem Nanga Parbat erlebt habe, nur einmal im Leben geben kann. Es war wie ein Traum – es war die Erfüllung meines größten Wunsches. Das kann sich für mich nie mehr wiederholen…

Darum muß ich nicht immer dabei sein, wenn es zum Gipfel geht. Aber es müssen alles Freunde sein, die ihn berennen. Die Kameradschaft ist ja viel wichtiger als der Gipfel – nur dann ist es schön in den Bergen.«

Draußen ist es jetzt ganz ruhig geworden. Auch wir liegen stumm in den Schlafsäcken, hängen unseren Gedanken nach.

Als ich gerade am Einschlafen bin, höre ich plötzlich laut Hermanns Stimme: »Kurtl, der Höhenmesser sinkt! Morgen kann es schon schön sein! Hab' ich's nicht gleich gesagt – der Sturm…!« – Wie der Blitz hab' ich mich aufgesetzt. Ist es nicht heller draußen? Aufgeregt nestle ich an der Schnur am Zelteingang, öffne den weiten Schlauch: Da schaut blendend weiß der Baltoro Kangri zu uns herein; über ein paar Nebelfetzen steht der blaue Himmel. – Wir drängen die Köpfe ins Freie: Weit geht unser Blick über die tiefverschneiten Mulden, die endlosen, zerrissenen Gletscherströme. So weit wir schauen können, Eis und wieder Eis – und darüber ferne, gleißende Gipfel… »So war es am Nanga Parbat«, meint Hermann leise, und seine Augen leuchten.

Es ist schon spät, bald wird es dunkel sein. »Wir müssen noch Ovomaltine machen und die Rucksäcke packen!« sagt Hermann, »und daß du mir ja nicht zu viel mitnimmst – das wird morgen ein Sturmangriff!« – In strahlender Laune treffen wir unsere Vorbereitungen; nicht einmal der Kocher kann uns ärgern: Morgen geht es ja zum Gipfel! Morgen wird das schimmernde Himmelsdach unser sein, werden wir auf seinem First stehen und über tausend Gipfel blicken...

Der große Tag

Dann kommt der Morgen des 27. Juni – klar, schön und ruhig.

Es ist kalt, und der Tag verspricht wunderbar zu werden, einer jener Tage, die als ein Geschenk des Himmels in unserer Erinnerung stehenbleiben. Wir sind überglücklich.

Um Viertel vor fünf Uhr verlassen wir das Zelt.

Noch ist es dunkel, nur der K 2 im Norden trägt schon ein zartes Licht. Wie ein Schatten steht vor ihm der Broad Peak, unfreundlich, kalt. Was wird das heute für ein Sonnenweg sein im Vergleich zu jener Flanke!

Immer heller wird es hinter der Kulisse des Baltoro Kangri – dann leuchtet auf einmal im Süden ein Meer von Gipfeln auf – wenig erforschte Sechs- und Siebentausender. Es sind kühne Formen, und einzelne Nadeln gleichen schimmernden Kristallen.

Während wir höherstapfen, beginnen unsre Füße allmählich kalt zu werden. Aber als wir eben wieder mit dem Beinschwingen begonnen haben, blinzelt die Sonne über den Baltoro Kangri herüber und hat uns gleich darauf in ihr warmes Licht getaucht. Voll Freude betrachten wir den glitzernden Schnee. Wir sind ausgerastet, haben keine Last, und so kommen wir uns unerhört leicht vor; rasch gewinnen wir an Höhe, kommen dem Gratgipfel immer näher. Die Wächten dort oben sind riesenhaft! Bis zu 10 Meter weit hängen sie hinaus. Wie werden wir nur darüber hinwegkommen? In der Flanke?

Wir steigen höher. Die Gratschneide wird immer schärfer. Plötzlich ein dumpfer Knall, alles bebt. Wie angewurzelt bleiben wir stehen: Ein paar Meter neben uns fährt die ganze Schneefläche als riesige Scholle ab, zerbricht, ergießt sich über die Flanke... gleich darauf tief unten ein Donnern – eine Lawine! Peinlich genau halten wir uns nun auf der harten Schneide.

Schon nach kurzer Zeit haben wir die Siebentausendmetergrenze erreicht. Im harten Eis verlassen wir hier den Grat, traversieren ein Stück und erreichen etwas weiter oben einen Vorsprung. Hermann steht zuerst oben und sichert mich nach. Während er die letzten Meter Seil einholt, zwinkert er mir zu und deutet mit unverhohlener Freude mit dem Kopf in Richtung unseres Weiterwegs. Ich schaue gespannt... da...da ist ja schon die Chogolisa! Donnerwetter! So nah! Und ganz einfach sieht es aus. »Mensch, Hermann! – Da brauchen wir ja nur unter dem Gratgipfel durch in die Scharte zu traversieren und dann – der Schlußgrat ist ja ganz einfach!« Hermann nickt und lacht.

Die Flanke ist hier unvermittelt flach geworden, und so können wir ungefährdet unter dem Riesenwächtensaum des Gratgipfels durchkommen. Es ist der reinste Gletschermarsch. Rasch kommt die Chogolisa näher... Aber dann müssen wir erkennen, daß es doch nicht so einfach werden wird – ja, ganz fatal sieht das dort drüben aus: Noch ehe der Grat sich in die Scharte senkt, wird die Flanke zur Fels- und Eiswand, wird der Grat selbst zu einem Nacheinander von Riesenwächten und Eiszähnen. – Wo sollen wir da...? Über die Zähne? Durch diese Flanke? Egal, wir werden ja sehen.

Wir kommen nur noch langsam vorwärts. Immer weiter hinauf drängen uns die Felsabstürze, immer näher an die weiße, gezahnte Schneide heran. Sorgfältig sichern wir mit dem Seil, achten auf Lawinen. Und doch löst sich noch einmal ein kleines Schneebrett und fährt über die Wand zur Tiefe. Heimtückische Hohlräume in der Nähe der Felsen lassen uns immer wieder durchbrechen. Zerfressen und locker wie eine Bienenwabe scheint hier das Eis zu sein.

Dann müssen wir endgültig in die Felsen – direkt darauf sitzt einer der weißen, ungangbaren Gratzähne. Mit aller Vorsicht tastet Hermann sich an den Fels heran – vergeblich, schon wieder sitzt er bis zum Bauch in einer Kluft, arbeitet sich heraus, steigt mit dem Fuß schon wieder in einen Hohlraum...aber dann hat er den ersten Griff erwischt. Während ich meterweise das Seil ausgebe, staune ich, mit welcher Leichtigkeit Hermann von Tritt zu Tritt steigt; kaum, daß er die

Griffe berührt. Schon ist er drüben, und »Nachkommen!« tönt es zu mir herüber. Nach dieser Passage werden die nächsten Seillängen in der Flanke wieder etwas leichter. Im blanken Steileis umgehen wir schließlich den letzten großen Schneezahn und steigen über den folgenden Hang hinunter in die Scharte.

Es ist erst neun Uhr morgens! Vergnügt betrachten wir den 650 Meter hohen Schlußgrat. Er bietet uns kaum noch Schwierigkeiten. Nur den Gipfelturm können wir nicht direkt angehen – aber von links her ist es sicher möglich. Bis da hinauf können wir das Seil ablegen – wir sind dann schneller und ungehindert. An den großen Wächten kann man dort oben sicher in weitem Respektabstand vorbei.

Vorher wollen wir noch ein Stündchen in der Scharte sitzen, rasten und essen. Wir haben ja noch so viel Zeit.

Das Wetter ist herrlich. Heiß brennt die Sonne nieder. In einer windgeschützten Mulde machen wir's uns bequem. Wunderbar munden die für den Gipfelgang aufgesparten Spezialitäten. Hermann bemerkt natürlich gleich wieder, daß ich wie üblich mehr als das Doppelte der nötigen Menge mitgenommen habe, aber er lacht ... was ist heute schon nicht recht?

»Das ist der schönste Tag für mich, seit ich auf dieser Expedition bin«, meint Hermann und blinzelt in die Sonne. »So hab' ich es mir immer vorgestellt. In einem Zug von unten durch, im Sturm gehört so ein Berg erstiegen.«

Auch ich bin voll Freude. Für uns ist heute alles so einmalig. Das Schwerste – der Gratgipfel – liegt auch schon hinter uns. Er ist eine wilde Berggestalt. Hermann vergleicht ihn mit einem Andengipfel. Jetzt sieht er besonders eindrucksvoll aus, denn die glitzernde Schneefahne, die schon vorhin seine Schneide zierte, wächst weit in den tiefblauen Himmel hinaus. Der Wind, der vorhin aufkam, muß stärker geworden sein.

Wir richten uns wieder zum Gehen her. Drunten im Süden stehen bewegungslos mächtige Wolkenbänke. Über den Baltorobergen wölbt sich ein makellos blauer Himmel. Während wir höhersteigen, eröffnet sich uns eine einmalige Schau: Wie an einer Schnur aufgereiht, stehen da in nächster Nähe alle Riesen des Karakorum, eine ganze Kette von Bergen über und knapp unter 8000 Metern. Vom K2 bis

Broad Peak 8047 m, Westflanke: oben rechts die fast horizontale Schneide des Hauptgipfels

Begegnung: Buhl in 8000 m Höhe, hinten der K2

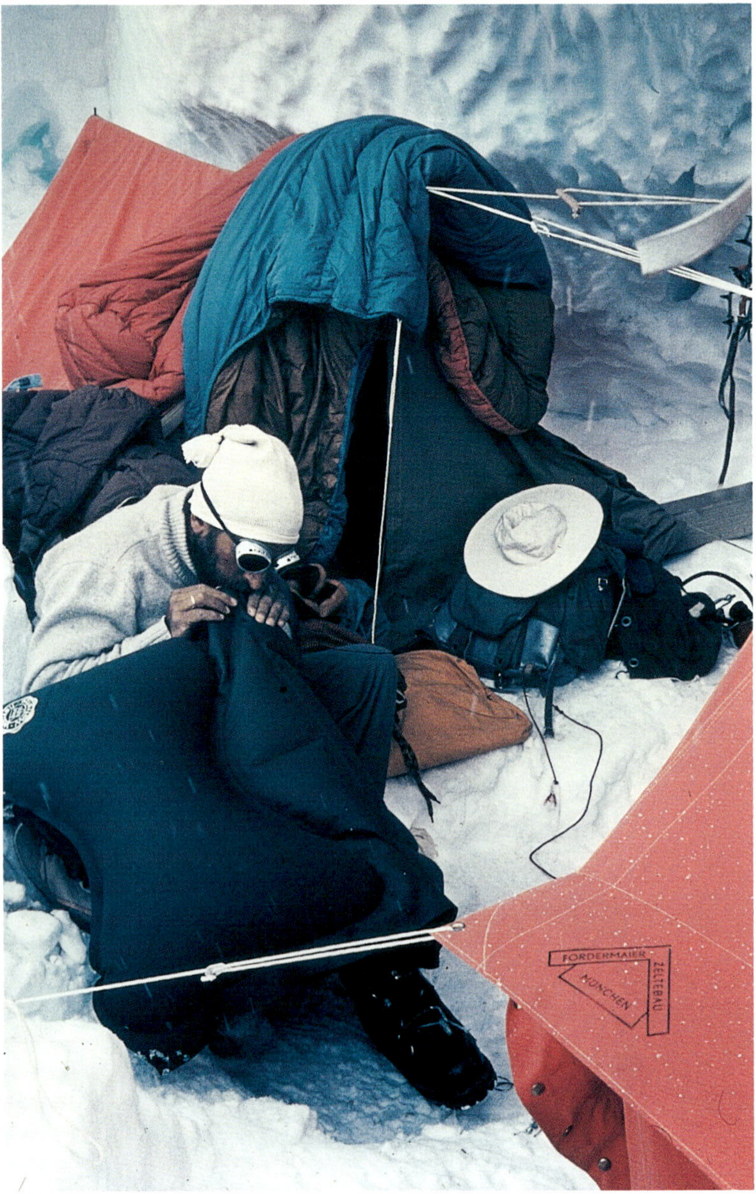

L2 in ca. 6400 m Höhe: Buhl im »Wächtenlager«

7800 m: Der Vorgipfel (rechts) *überragt scheinbar den Hauptgipfel.*

Am Horizont der Nanga Parbat: Diemberger in der Scharte auf 7800 m

Im Sturmlager (6950 m): Buhl und Schmuck gegen Masherbrum (7821 m)

zum Hidden Peak schweift bewundernd unser Blick. Während Hermann stehenbleibt und zum Broad Peak hinüberschaut, fotografiere ich ihn. »Die Form hätte ich dort haben sollen...« meint er noch, dann gehen wir wieder weiter.

Außer einer kurzen Eiswand haben sich uns bisher keine neuen Schwierigkeiten mehr in den Weg gestellt. Allerdings haben uns verdächtige Risse im Schneehang dazu veranlaßt, näher als ursprünglich beabsichtigt an den Abbruchrand heranzugehen. Wir spuren abwechselnd höher. Immer tiefer sinkt der Gratgipfel.

Was für eine Bewegung dort in den Wolkenbergen im Süden? Sie kommen rasch näher. Auch wir steigern das Tempo, es wäre schade, wenn wir von oben nichts sehen könnten.

Nun ist es ja nicht mehr weit. Dort oben setzt der letzte Aufschwung an; gleich darüber ist der Gipfelturm. Noch 400 Meter hinauf zu ihm...

Wenig später zieht eine kleine Wolke über die Flanke herauf. Sie wird größer, sie hüllt uns ein, verhüllt den Berg...

Die letzte Spur

Es ist unheimlich dunkel geworden. Graue Fetzen huschen über den Grat. Dann ist die Hölle los.

Durch ganze Wolken von Schneestaub kämpfen wir uns höher. Oft, wenn eine wilde Bö gegen uns heranrast, können wir nur niedergeduckt dem unheimlichen Sturm Widerstand bieten. Mit voller Wucht trifft er uns hier auf dem Grat, immer wieder hat man das Gefühl, den Stand zu verlieren. Wir kommen kaum vorwärts. Eben war der Himmel noch blau – wie ist das alles nur möglich?

Wir haben keine Zeit, um nachzudenken. Jetzt nur rasch hinauf. Ob man weiter oben neben dem Grat in der Flanke besser gehen könnte? Es hilft nichts, hier gibt es wohl keine bessere Möglichkeit. Oder sollen wir hier, so nah vor dem Ziel, noch aufgeben? – Geblendet von einer Wolke von Eisnadeln muß ich stehenbleiben, schlage die

Hände vor das schmerzende Gesicht. Da ist Hermann. »Jetzt gehe ich wieder ein bisserl voraus!« ruft er mir zu.

Das grauenhafte Toben geht weiter. Alle 20, 30 Meter lösen wir uns ab. Es ist fast nichts mehr zu sehen. Plötzlich wird es lichter. Gebannt starren wir hinauf. Da! Zum Greifen nahe! Der Gipfelturm. Dunkel, drohend blickt er auf uns herunter. Dann hat ihn der Sturm verschluckt.

In kältestarren Kleidern mühen wir uns aufwärts, einen steilen, tiefen Hang knapp am Grat entlang. Alles ist weiß, nur manchmal läßt sich ein schwacher Umriß erkennen. Es hat fast keinen Sinn mehr…

Hermann vor mir ist stehengeblieben. 7300 Meter! Noch immer 300 Meter bis zum Gipfelturm. »Wir müssen sofort umkehren! Der Sturm verbläst ja hinter uns die Spur, und dann laufen wir noch auf die Wächten hinaus!« Er hat recht – daß uns das nicht früher aufgefallen ist!

Nun heißt es rasch sein – wie wir sind, drehen wir sofort um. Hermann hat zuletzt gespurt, und so bin ich jetzt voraus. Aus Sicherheitsgründen gehen wir im Abstand von 10 bis 15 Metern – mehr läßt die Sicht nicht zu. Gebückt taste ich mich bergab. Schon nach 50 Metern ist von der Spur fast nichts mehr zu sehen. Nur die tiefen Pickellöcher haben sich gehalten. Aber auch sie werden immer spärlicher; unvermindert tobt der Sturm.

Nun sind wir auf der breiten Schneefläche in rund 7200 Meter Höhe! Da muß jetzt irgendwo rechts der gefährliche Lawinenhang kommen, der uns so nahe an den Abbruch herandrängte. Wenn man nur ein bißchen mehr sehen könnte! Ich dreh' mich um: Ja, da folgt Hermann im Abstand in meiner Spur. Im Weitergehen schau ich immer wieder nach links: Da ist es oben etwas dunkler und unten etwas heller – mehr seh' ich nicht. Aber dort muß der Wächtenrand sein. Dem dürfen wir nicht zu nahe kommen! – Aber auch dem Steilhang nicht. Wann kommt der nur?

Ha – da ist wieder einmal ein Pickelloch!

Angespannt blicke ich nach links und auf die Schneefläche vor mir. Jetzt hab' ich wieder eins – es ist kaum noch zu sehen.

Da… plötzlich durchzuckt es mich wie ein Schlag, alles bebt, die Schneefläche unter mir scheint einen Augenblick zu sinken… Entsetzt springe ich im selben Moment nach rechts hinaus, zwei, drei Riesensätze – und folge noch ein Stück dem Steilhang vor mir abwärts, immer noch entsetzt über das, was ich sah: Dicht vor mir der Wächtenrand, von dem kleine Stücke abbrachen. Ich war schon draußen auf der Wächte… hab' ich Glück gehabt! Was wohl Hermann dazu sagen wird…?

Ich bleibe stehen, dreh' mich um – aber da ist nur die große Wölbung im Hang, über die ich nicht hinaufsehe. Die Sicht ist jetzt besser; gleich wird Hermann oben auftauchen. Eigentlich müßte er schon da sein…

Hermann kommt noch immer nicht… »Hermann!«… Was ist nur?… Um Gottes willen!… Die Erschütterung… Hermann! Ich keuche den Hang hinauf… da ist der Rücken… dahinter die Fläche… ist leer.

…Hermann… du…

Es ist alles aus.

Schleppend tu ich ein paar Schritte höher. Dann seh' ich's: Da ist seine Spur, ein paar Tritte im Schnee und dann – nichts mehr. Dunkle Tiefe; davor der gezackte Rand eines Wächtenbruchs.

Die Erschütterung vorhin…

Und hier kann ich nirgends in die Nordwand hinunterschauen! Ich muß zurück auf den Gratgipfel.

Je weiter ich hinunterkomme, desto schwächer wird der Sturm.

Ich kann noch immer kaum denken. Hermann abgestürzt? Er? Wie konnte das nur passieren? Noch dazu hinter mir; er ist doch viel leichter als ich.

Mit größter Anstrengung schaffe ich die Gegensteigung zum Gratgipfel. Noch ehe ich oben bin, reißt es auf. Ich eile hinaus an den Abbruchrand, so weit es nur überhaupt geht. Von hier muß ich etwas sehen!

Himmelhoch jagt der Sturm die Wolken. Aus den Schleiern taucht ein Grat… ein Turm… ein Dach mit riesigen Schneefahnen. Die Chogolisa – schrecklich.

Deutlich sehe ich weit oben unsere Abstiegsspur über das breite Schneefeld führen. Immer näher kommt von rechts der Wandabbruch, immer mehr an die geradeaus abwärts verlaufende Spur heran. Und dort ... ich sehe es mit furchtbarer Deutlichkeit ... dort hat Hermann bei einer leichten Biegung meine Spur verlassen – die nahe am Abgrund weiterführt – und ist geradeaus weitergegangen, nur drei, vier Meter, aber direkt hinaus auf den abbruchbereiten Wächtenrand. Hinaus ins Leere ... Schaudernd blicke ich die Wand hinunter. Vom Wandfuß ist noch immer nichts zu sehen. Wenn wir das Seil gehabt hätten? ... An der Stelle hätte ich Hermann nicht halten können.

Jetzt wird der Blick hinunter frei: Unter der blankgefegten Wand dehnen sich weithin die Schneemassen einer Lawine. Ihr Ende ist nicht zu sehen, verliert sich nach unten im Nebel.

Hermann ist nirgends zu sehen. Er muß mindestens 300, wahrscheinlich 500 Meter tief abgestürzt sein und liegt jetzt irgendwo dort unten unter den Schneemassen. Er muß wohl tot sein. Aber – ich will es einfach nicht glauben!

Hinuntersteigen! – Aber es geht ja hier nirgends, so weit ich auch schaue. Meine Rufe verhallen ohne Antwort.

Vielleicht kann ich mit den Kameraden von unten kommen. Durch die Brüche. Die einzige Möglichkeit. Krampfhaft suche ich mit den Augen noch einmal alles ab. Suche nach einem Rucksack, einem Skistock, einem schwarzen Punkt ... nach irgend etwas von Hermann.

Aber es ist nichts, gar nichts zu sehen. Nur dort oben – die Spur ...

Seine letzte Spur.

Wolken verhüllen den Berg.

Ich bin allein.

Wütend peitscht der Sturm wieder Nebel und Schnee über den Grat. Wie Spukgestalten schauen die mächtigen Zähne aus. Vor Stunden sind wir da herüber, Hermann und ich. Jetzt gehe ich allein zurück. Mir graut.

Dann kämpfe ich mich Meter um Meter durch die Felsen der Flanke. Im Eis knapp unter der Schneide geht es weiter. Ich durchquere eine steile Schneerippe, vorsichtig ... plötzlich stürzt die ganze Rippe auf mich herunter. Blitzschnell werfe ich mich herum, kann mich gerade noch halten ... die Schollen verschwinden in der Tiefe.

Ich bin erstarrt. Langsam richte ich mich auf. – Ich bin noch hier?!

Es ist wohl alles Schicksal … Vielleicht war es Hermann dort oben bestimmt, hinauszugehen.

Die Sicht ist immer gleich schlecht. Endlos scheinen die Minuten. Aus den Minuten werden Stunden …

Der Grat ist hinter mir, der Sturm hat aufgehört. Durch endlose Gletschermulden irre ich hinunter – im Nebel, dann beim ersterbenden Schein meiner Taschenlampe. Die Markierungsfähnchen sind meist verschneit. Wie durch ein Wunder finde ich doch immer wieder weiter.

Da – eine Stimme! Ich bleibe stehen: Totenstille. Ich gehe … da, wieder! – »Hermann!« … Alles bleibt ruhig. Schließlich merke ich, daß nur ein Karabiner am Rucksack beim Gehen hin- und herschwingt. Trotzdem habe ich nun das Gefühl, daß Hermann unsichtbar mit mir geht …

Die Augen tränen. Ich bin am Ende meiner Kräfte. Kaum kann ich mich noch aufrecht halten. Meine Phantasie verschwimmt mit der Wirklichkeit. Wie im Traum gehe ich hinunter, instinktiv an den Spalten vorüber, über sie hinweg. Ich gehe … Noch immer? Ich … kann … ja … nicht … mehr! Es muß – gehen!

Hinunter … rasch … die Kameraden … vielleicht noch Hilfe … Hermann … Ich kann schon längst nicht mehr. Aber meine Füße gehen noch immer.

27 Stunden nach Hermanns Absturz erreichte ich das Basislager am Fuß des Broad Peak. – Unter Marcus' Führung wurde eine Suchaktion gestartet, die am 30. Juni bis auf 5700 Meter kam. Sie brachte keinen Erfolg: Von Hermann war nichts zu sehen.

Irgendwo in den Gletschern am Fuß der Nordwand tut er seinen letzten Schlaf.

Hoch über ihm das Himmelsdach.

Spendenkarte für die geplante Expedition mit einer Abbildung des Broad Peak

Ein Gedächtnisprotokoll Hermann Buhls

Was würde Hermann Buhl erzählt haben, wenn er lebend von der Chogolisa zurückgekommen wäre? Im Unterschied zu allen Hypothesen und Spekulationen, die spätere Autoren auf- und angestellt haben – und auch im Unterschied dazu, was seine Expeditionsgefährten Schmuck und Wintersteller nach der Rückkehr und heute wieder nach fast fünf Jahrzehnten behaupten –, soll hier Hermann Buhl selbst zu Wort kommen. Erstmals wird hier aus einem Gedächtnisprotokoll zitiert, das Buhl kurz vor der Abreise zum Broad Peak niedergeschrieben hat. Er hielt es offenbar für notwendig, dieses im Original achtseitige, engbeschriebene Gedächtnisprotokoll aufzusetzen, um die schwierigen Auseinandersetzungen mit Marcus Schmuck über die Leitung der Expedition zu dokumentieren, als deren Initiator Hermann Buhl sich fühlte.

Kurt Diemberger

»Unmittelbar nach der Nanga-Parbat-Expedition befaßte ich mich mit dem Gedanken einer Expedition in das Karakorumgebiet, welche unter meiner Leitung und Durchführung mit einer kleinen Mannschaft und geringen Mitteln stattfinden sollte. Ich arbeitete mir einen Plan aus und fuhr mit diesen Unterlagen nach schriftlicher Vereinbarung am [...] Januar 1956 nach Hintermoos bei Saalfelden, wo ich mich mit Markus* Schmuck, von dem ich wußte, daß er ein guter Bergsteiger ist und auch Organisationstalent hat, traf. Schmuck, welcher von einer Spitzbergenkundfahrt zurückgekehrt war, arbeitete an den Plänen einer Kaukasusexpedition, während ich ihm den Vorschlag machte, wenn dann doch gleich eine Himalaya-Expedition [zu unternehmen,] und weihte ihn in meinen Plan ein. Die ursprünglich vorgesehene Mannschaft bestand aus meinen beiden Freunden Ing. Luis Vigl und Dr. Hugo Vigl. Da nun Luis Vigl aus beruflichen Gründen ausfiel, wandte ich mich als dessen Ersatzmann an Markus Schmuck.
Dr. Hugo Vigl blieb bestehen, und größer als 3 Mann sollte die Mannschaft nicht werden. Dr. Hugo Vigl sollte als Expeditionsarzt fungieren.
Expeditionsleiter wurde keiner aufgestellt, da wir einstimmig der Ansicht waren, daß wir alles in Gemeinschaftsarbeit machen. Ich hatte damals schon als genaues Ziel den Broad Peak im Karakorum und Unterlagen über Zeitplanung, Durchführung und Finanzierung sowie Ausrüstung und Verpflegung bei mir, was als Unterlage für die weiteren Arbeiten diente. Ich betonte damals schon, daß man diese Unterlagen erst genau ausarbeiten

* Hermann Buhl schreibt in seinen Aufzeichnungen Marcus Schmuck fälschlicherweise immer als Markus.

und überprüfen müsse. Für das kommende Frühjahr war es schon zu spät, so wurde auf das Jahr 1957 geplant. Um Markus Schmuck auch näher kennenzulernen, nahm ich ihn den Sommer über als meinen Tourengefährten und machte mit ihm schwerste Fahrten. Eines Tages im Herbst stellte mir Schmuck seinen Freund Wintersteller, Teilnehmer der Spitzbergen-Kundfahrt, vor und erklärte mir, dies sei der neue Expeditionsteilnehmer an Stelle von Dr. Hugo Vigl*, und hatte somit Fritz Wintersteller aus Salzburg bereits in die Pläne eingeweiht. Ich nahm davon im Moment leider wenig Notiz, da ich beruflich sehr gebunden war ...« [Blatt 1]

»Zuerst galt es für mich, von Herrn Scheck, meinem Chef, einen 6-monatigen Urlaub zu erwirken und dann sein Einverständnis und seine Unterstützung, die uns von großem Vorteil sein konnte, zu erwirken. Dies war mir schließlich auch gelungen, und am 23. Dezember 1956 gingen die ersten Schreiben bezüglich der Ausrüstung an die verschiedenen Lieferfirmen.« [Blatt 1]

»Ich erhielt dann um die Weihnachtszeit von Schmuck einen Expeditionsbriefkopf bzw. mußte aus einem diesbezüglichen Schreiben ersehen, daß die Expedition ihren Kopf und Titel abgeändert hat, und zwar: Karakorum Expedition 1957 des Österreichischen Alpenvereins, Leitung Markus Schmuck, Salzburg, Eniglstr. 1 a.« [Blatt 2]

»Auf meine Frage, ob er vom AV [Alpenverein] zum Leiter bestimmt wurde, erklärte mir Schmuck mehrmals, daß er sich selbst gewählt habe und daß man mich in diesen Kreisen vorneweg als Leiter ablehnte. Auf meine Frage, ob Schmuck diese wichtige Entscheidung nicht in meiner Anwesenheit treffen hätte können, zumal der Urheber des Gedankens ich selbst bin, erklärte er mir, dies habe sehr geeilt und man konnte diese Besprechung nicht mehr vertagen.« [Blatt 4]

[Kurz zuvor heißt es im Gedächtnisprotokoll:] »Zu dieser Besprechung wurde ich (Hermann Buhl) von Seiten des Alpenvereins nicht geladen, nur telegrafisch durch Schmuck, aber so kurzfristig, wie schon erwähnt, daß es mir nicht möglich war zu erscheinen, und ohne Angabe der Dringlichkeit.« [Blatt 4]

[»Später ... war Hermann Buhl zur Teilnahme an ›seiner‹ Broad-Peak-Expedition nur noch bereit, wenn er die absolute Leitung am Berg und in allen bergsteigerischen Belangen behielt. Ein Abkommen darüber wurde am 19. Februar 1957 in Ferleiten entworfen, aber erst am 3. März 1957 räumten die beiden ›Kontrahenten‹ die letzten Schwierigkeiten durch gegenseitige

* Der inzwischen ebenfalls verhindert war.

Unterzeichnung entsprechender Regelungen aus dem Weg. Wie man sieht – die Vorgeschichte unserer Expedition war kompliziert.«*]

»Wir teilten die Arbeit ungefähr folgend: Schmuck [als] Expeditionsleiter ist für die administrativen Belange zuständig. Wintersteller für die Verpflegung und ich für die Ausrüstung, wobei jeder einzelne seine Beziehungen der Expedition zur Verfügung stellen soll…« [Blatt 2]

»Als Ersatzmann und 4. Teilnehmer nahmen wir noch Kurt Diemberger mit in die Expeditionsmannschaft auf.« [Blatt 3]

[Während Diemberger und Wintersteller schon mit der Ausrüstung an Bord der »Asia« unterwegs sind, regeln Schmuck und Buhl zu Hause noch letzte organisatorische Dinge. Probleme ergeben sich, weil die pakistanische Regierung plötzlich statt des Broad Peak nur noch eine Genehmigung für den Masherbrum (7821 m) erteilen will und ein Vertreter des Alpenvereins Buhl gegenüber erklärt, daß damit die »Unterstützungswürdigkeit« entfallen würde, da es sich bei diesem Berg um keinen Achttausender handele.]
»Daher die Zurückbehaltung der gesamten Spendengelder, denn alle Gelder, auch die öffentlichen und privaten, wurden oder mußten auf das Konto des Alpenvereins eingezahlt [werden].« [Blatt 6]

[Das betraf Buhl auch insofern, als er seinen damaligen Arbeitgeber, das Haus Sport-Scheck in München, als wichtigen Unterstützer gewonnen hatte.]
»…ersuchte ich in Abwesenheit Herrn Schecks dessen Vertreter Herrn Brunner um Antwort auf die Frage, ob das Sporthaus Scheck die Expedition als solche oder nur die Teilnahme Hermann Buhls, somit Hermann Buhl allein, unterstütze, wobei mir Herr Brunner erklärte, ›nur für die Teilnahme Hermann Buhls!‹« [Blatt 8]

[Das Gedächtnisprotokoll endet mit:] »Dies ist der Sachverhalt bis zum Sonntag, den 24. März 1957.

Ramsau, den 24. März 1957 (Hermann Buhl)«

* Kurt Diemberger, *Aufbruch ins Ungewisse*, München 2004, S. 141 f.

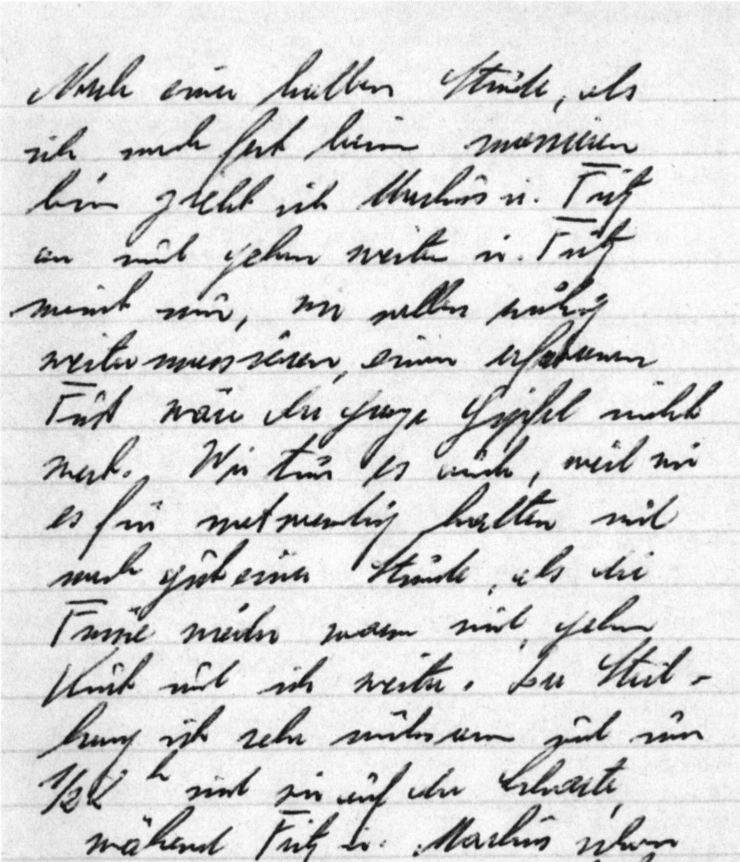

Eintragung vom 9. 6., Pfingstsonntag (Ausschnitt, s. Seite 336 f.)

Hermann Buhls Broad-Peak-Tagebuch

Hermann Buhls letzte Expedition brachte zwar die Verwirklichung einer großen Idee – die erste Besteigung eines Achttausenders ohne Hochträger, ohne künstlichen Sauerstoff und nur mit einer kleinen Mannschaft –, doch stand sie unter keinem guten Stern. Zunächst fielen die Gefährten aus, mit denen er sie unternehmen wollte, was ihn zur Suche nach neuen zwang ... Dann entwandt eine ihm wenig wohlgesonnene alpine Umwelt im Verein mit persönlichem Ehrgeiz emporstrebender alpinistischer Spitzenleute dem oft schwierigen Einzelgänger die von ihm als selbstverständlich betrachtete Expeditionsleitung.

Nach dem grandiosen Nanga-Parbat-Erfolg 1953 war es zu unerfreulichen Differenzen vor allem mit Karl Herrligkoffer gekommen, die schließlich sogar zu gerichtlichen Auseinandersetzungen führten. Buhl fühlte sich angefeindet, beneidet, witterte Intrigen – was ihn ärgert und belastet. Für Reinhold Messner z. B. war der »Nanga Parbat ... sein [Buhls] Schicksalsberg, der Gipfel seiner Bewährung. Dort oben endete Buhls Aufstieg. Als er ins Basislager zurückgekehrt war, begann sein Absturz ...« Wie jedoch eine Betrachtung von Horst Höfler im gleichen Buch deutlich macht, war Hermann Buhl keineswegs an einem toten Punkt angelangt: »Buhls Antwort in diesem Dilemma ist Bergsteigen! Nach ersten vorsichtigen Versuchen – durch die Amputationen am rechten Fuß behindert, fällt ihm anfangs das Klettern schwer – packt er bald wieder schwierige Touren an. ... Jetzt und nicht erst im Augenblick des Erreichens seines zweiten Achttausendergipfels, des Broad Peak, ist Hermann Buhl im weitesten Sinn des Wortes ›ganz oben‹. Er ist – unbestritten – der erfolgreichste Bergsteiger der Welt.«***

Dennoch bahnt sich schon bei der Vorbereitung der Broad-Peak-Expedition, wie auch aus den Auszügen aus dem Gedächtnisprotokoll ersichtlich wird, eine explosive Situation an. Es ist eine tragische Entwicklung, die sich später – trotz eines in dem Vierergespann zunächst erreichten labilen Gleichgewichts –, als es um den Gipfel geht, mehr und mehr zuspitzt ... und am Ende der Expedition zum offenen Bruch der Gemeinschaft führt. Dies zeigt sich zunächst nur in gelegentlichen Bemerkungen in Hermann Buhls Broad-Peak-Tagebüchern, während es gegen Ende immer deutlicher wird.

Nach der Tragödie an der Chogolisa habe ich diese Tagebücher an mich genommen und sie der Witwe Hermann Buhls überbracht. Hier werden sie erstmals in voller Länge publiziert.

Kurt Diemberger

* Horst Höfler/Reinhold Messner, *Hermann Buhl – Kompromißlos nach oben*, München 2000, S. 48.

** Ebd., S. 178 f.

Tagebuch 1 Hermann Buhl Österr. Karakorum Exped. 1957

Freitag, 29. 3. 17 h am Flughafen Riem zur Ankunft von Schmuck, ich hatte noch einige Besorgungen und [konnte] nicht mit derselben Maschine nach Amsterdam mitfliegen. Abends zu Hause, Presse am Flugplatz.

Samstag, 30. 3. Letzte Erledigungen, Verabschiedung v. Scheck und um 16 h m. Generl u. Krimhilde am Flughafen Riem. Stettner, Meyer, Strobl, Graf Dohnal, Frau Dr. Fries am Flugplatz. Scheck konnte wegen Unfall nicht, keine Presse, Gott sei Dank.
140,– DM Übergepäck von Meyer bezahlt.
Kurzer Abschied und um 17 h mit LAI nach Rom. Ab Ibk [Innsbruck] schön, über Brenner, Bozen, wunderbarer Flug um 19 h in Rom – Liempino (= Ciampino,) 2 Std. Aufenthalt, um 8 h kommt Markus m. KLM von Amsterdam und um ½ 10 h Abflug m. KLM nach Beirut.

Sonntag, 31. 3. Uhr 1 Stunde vor, ½ 4 Uhr früh am Flugplatz Beirut. Im Flughafengebäude Frühstück und um ½ 5 h Abflug nach Karachi! Nach einer Stunde Flug setzt rechter Außenmotor aus! Maschine dreht, kehrt um, läßt alles Benzin ab, muß Höhe lassen und erreicht dann um ca. ½ 7 Uhr wieder Beirut.
Da größerer Motorschaden festgestellt wird, bringt man uns nach Beirut in die Stadt ins Lords Hotel. Vormittag Spaziergang ans Meer, sehr stürmisch, und nachmittags Stadtrundfahrt, Besuch des Nationalmuseums und 5 h Tee in einem Hotel am Hafen. Abends im Hotel, schönes Zimmer, gute Küche, Klima angenehm. Nächtigen dort, da Schaden noch nicht behoben.

Mo. 1. 4. ½ 10 Uhr m. Taxis Fahrt nach Baalbek über den Libanon. Straße bis 2200 m, wunderbar und in einem Hochtal Richtung Damaskus. Nach 100 km Baalbek erreicht und Besichtigung der dortigen Tempelruinen, alte Kultstätten der Phönizier, Araber und Römer. Großartiges Schaustück.
Mittagessen an der Abzweigung nach Damaskus in schönem Hotel u. 5 h abends wieder in Beirut. Alles auf Kosten der KLM.
Kurzer Abendspaziergang und Abendessen im Hotel, dann Fahrt zum Flughafen, da Maschine wieder intakt. Motor ausgetauscht.
9 h abends wieder ab Beirut. Uhr 3 Stunden vor!

Di. 2. 4. Nachtflug nach Karachi, Gewitter unter uns und wunderbarer Sonnenaufgang im Flugzeug. Flug über Karachi und 7 h früh planmäßige Landung in Karachi. Von Konsul Gehegen der Österr. Gesandtschaft abgeholt, behilflich beim Zoll. Filme gehen so mit! Dann ins Hotel Merchant Navy Club neben Beach Luxury. Hotel II. Kl. Tagespension 12 Rp. (Beach Luxury 32,– Rp.).

Nachmittags bei Österr. Gesandtschaft eingeladen, bei Minister Dr. Hartlmayer u. Frau u. Dr. Hirnschroth, sehr gemütlich.
Abends mit Dr. Hartlmayer im Roots Club zusammen, und anschließend Chappls eingekauft. Im Hotel abendgegessen und bis 10 h geschrieben, Klima angenehm.

Mi. 3. 4. mittags Ankunft der Asia, m. Dr. Hartlmayer u. Markus auf Schiff gegangen, dort mit anderen gegessen! Zollfreimachung des Gepäcks, 1 Last pro Kuli 6 Anas, 1 km Fahrt 6 Anas, 1 Rp = 16 Anas.
Abends bei österr. Gesandtschaft auf Party, sehr nett, österr. Kolonie war geladen, bis 2 h früh bei Musik zusammengesessen! Sehr gemütlich!

Do. 4. 4. Im Bazar fotografiert, bei Dr. Hirnschroth um 4 h nachm. dort eingeladen! Abends Fritz u. Kurt m. Nord Western Railway ab Karachi 1/2 10 h nach Rawalpindi, I. Kl. Air Condition, ich mit Dr. Hirnschroth und Frl. Liselotte bei Fa. Liedtke, dem Vertreter der »Olympia«, eingeladen, sehr nett bis 1/2 12 h nachts.

Fr. 5. 4. Letzter Tag in Karachi, mittags 1/2 3 Uhr Abflug nach Lahore mit PIA. Klima erträglich, etwas feucht, aber nicht wärmer als bei uns an Hochsommertagen.
Am Flugplatz Minister Hartlmayer, Gehegen, Hirnschroth, Flugwetter gut, fesche Stewardessen in pak. Tracht (fotografiert) 5 h in Lahore, mit DC 3 um 1/2 7 h weiter nach Rawalpindi, kommen in schlimme Gewitterfront, unheimlicher Sturm, Maschine flog hin und her wie ein Blatt Papier. Da Sturm immer heftiger, nach 1/2 Stunde Umkehr nach Lahore, von PIA in Hotel gebracht!
Den ganzen Tag übler Magen, fast nichts gegessen, starker Durchfall, wahrscheinlich durch Ochsenfett – Essen in Karachi.
Die ganze Nacht fast nichts geschlafen, mußte immer aufs Klo.
Morgens starkes Gewitter. Um 4 h früh auf. 5 h Abfahrt mit Bus der PIA zum Flughafen und 6 h Abflug nach Rawalpindi. Wetter schlecht, Flug noch etwas stürmisch und um 7 h früh in R'pindi.

Sa. 6. 4. zum Flashmans Hotel, immer noch Durchfall. Markus mit Kurt zum Kaschmir-Ministerium. Gepäck mit Kurt und Fritz nachts angekommen, bereits vollzählig im Hotel.
Noch immer starker Durchfall, fast nichts gegessen, sehr schwach, Tierkohle genommen. Fast den ganzen Tag geschlafen. Abends aufgestanden, etwas besser. Leichter Hautausschlag von Ernährung od. Schwitzen.
Flug Karachi – R'pindi Rp:
Bahn .... Rp:
Gepäck 1200 Kg .... Rp:

So. 7. 4. Noch etwas mau auf den Beinen, doch schon wieder Appetit. Nachmittags Rundfahrt m. Markus im Bazar.

Mo. 8. 4. Wetter etwas besser, aber noch immer kühl, Flug frühestens in 4 Tagen, wenn es nicht mehr regnet. Flugplatz Skardu nicht benutzbar, geschrieben. Temperatur um 20–25 C°.

Di. 9. 4. Etwas wärmer, Wetter gut, gesundheitlich wieder ganz hergestellt, guter Appetit, Essen prima, Tagespension 21 Rp., den ganzen Tag geschrieben an 1. Bericht, abends Einladung bei Herr Feuer [Fire], ehem. Major in seinem Haus etwas außerhalb R'pindi. Käpt. Saeed von Peshawar angekommen, als Verbindungsoffizier zugewiesen.

Mi. 10. 4. Auskunft, vor einschl. 11. 4. kann nicht geflogen werden. Mit Herrn Ziegler von Österr. Gesandschaft in New Delhi in seinem Opel m. Markus u. Fritz eine Fahrt ins Blaue gemacht, 10 h ab nach Taxila, Erderosionen, Nomaden u. Kamele am Wegrand. Fahrt bis Nowshera, vorher bei Attock am Indus Aufnahmen der Ruinen gemacht. Von Nowshera über Mardan, Zuckerfabrik nach Malakand und Paß gefahren, E-Werk, wunderbare Landschaft, kahl, Farbenkontraste, braun, grün, tibetische Landschaft. Nach Saidu 90 Meilen von Nowshera (State Swat) ins Swat Hotel (Swat Fluß). Stadtbesichtigung, nette Begegnung mit Kindern (wie Rattenfänger von Hameln). Saidu Shariff-Mina Gora [Mingaora], Einkauf von Teppichen. Wunderbarer Blick auf Grenzberge zwischen Hindukusch und Karakorum, auf ungef. 5000–6000 m hohe Berge.

Do. 11. 4. 7 h früh ab von Saidu, Fahrt über den Malakandpaß, Gräber, Ziegenfloßfähre und Blick vom Paß auf die Ebene nach Nowshera, weiter nach Peshawar, Deans Hotel und weiter zum Khyberpaß. Landschaftlich großartige Fahrt vorbei an fortähnlichen Dörfern, Kamelkarawanen, Fotoverbot, wilde Schluchten ca. 30 Meilen von Peshawar, von Paßhöhe wunderbarer Blick nach Afghanistan. Kurzer Aufenthalt an Grenze und zurück nach Peshawar.
Heimfahrt alles ich gefahren. Wunderbare Fahrt, 3 Stunden von Peshawar nach R'pindi, ca. 50–60 Meilen Speed!
Um 1/2 9 h im Hotel.
Meldung, daß wir morgen fliegen können.

Fr. 12. 4. Wetter schön, etwas wärmer. Um 1/2 10 h am Flugplatz. Da Pilot ausgefallen, keine Maschine frei, fliegt nur nach Gilgit.
Einladung bei Major Feuer, R'pindi, bis 3 h.
Inzwischen ist Klaus nach Gilgit geflogen und um 4 h wieder zurück.
Abends Wetterverschlechterung, wieder ins Hotel. Noch Post erledigt.

Sa. 13. 4. 10 h wieder zum Flugplatz. Wetter verschlechtert sich, stark überzogen, schwül, 40° Wärme. Es wird ernst!
Um ½ nach 11 h startet die Maschine m. gesamter Ladung. Fotoverbot!
Bei 4000 m Nebeldecke, Gewitterwolken, sieht schlecht aus.
Maschine steigt bis 3900 m, kann gerade über die Pässe, ohne in die Wolken zu müssen.
Nanga im Nebel, ab 6000 m Wolken.
Wegen schlechter Witterung nicht direkter Flug, sondern links ab ins Kagantal. Ab Talichi phantastischer Flug unmittelbar an Abhängen entlang nach Skardu.
In Skardu am Flugplatz Fotoerlaubnis.
Flugplatz kahl, trostlos, nicht so schön wie Gilgit. Maschine fliegt 1 Stunde später wieder zurück, kann wegen Witterung nicht länger warten. P. A. von Skardu holt uns ab und bringt uns m. Jeep 9 Meilen in die Ortschaft und zum Gästehaus v. Skardu. Abends beim P. A. eingeladen.
Wunderbarer Blick auf Indusebene, sehr primitiv, jedoch Neonbeleuchtung.
Wetter verschlechtert sich, Schneegrenze bei ca. 3500 m.
Skardu liegt 2100 m, Temp. 20 °C.

So. 14. 4. Wetter schlecht, es regnet, alles verhangen. Temp. 10 °C.
Wir packen den ganzen Tag Lasten um auf 27 kg.
Abends Spaziergang zum Indus, Erprobung der Sprechgeräte. Nachts gut geschlafen.

Mo. 15. 4. Etwas wärmer, doch noch immer verhangen, teilweise Regen.
Packen und schreiben. Nachmittags Autofahrt an einen See im Industal 20 Meilen von Skardu, abends Spaziergang zum Burgfelsen m. Kurt, Sprechgeräte ausprobiert. Kleine Wüste.

Di. 16. 4. Untertags gepackt, Wetter noch immer schlecht, abends beim P. A. eingeladen, gutes Essen, Hendl, Nachspeise Eis, nachts noch vor unserem Haus gesungen. 12 h ins Bett. Letztes Mal rasiert!

Mi. 17. 4. Ankunft der Träger, 45 Askole-Leute, neu, machen guten Eindruck, Trägerobmann [hat] neu[en] orig. ital. Eispickel. Einige mit Medaillen von K2 und Broad Peak.
22 Träger aus Skardu ausgesucht. 57 eigene Lasten, 10 Lasten Trägerverpflegung, dazu kommt noch ein Polizist, der uns bis Askole begleiten soll.
Ich hab den ganzen Tag geschrieben, da morgen Post weggeht, bis 11 h nachts.

Do. 18. 4. Abmarsch von Skardu m. 1. Gruppe von Trägern, 20 Mann 8 h früh, dann kommt Kurt und den Schluß bildet Markus.

Mit Fähre über den Indus. 12 Meilen bis Shigar. Fast alles Sandwüste, riesiges Becken am Zusammenfluß Indus u. Shigar. Über einen Felsriegel mit Tiefblick auf Shigar. Krasse Gegensätze, Sand, grüne Oasen, Aprikosenhaine, Schneeberge. Unheimlich lange Wüste bis Shigar, Shigar sehr langgezogen, 3 km.
3 h nachmittags Ankunft. Poloplatz für Nächtigung. In Schlucht holen Kurt und ich barfuß Wasser. Episode mit Bürgermeister, Foto gegen 1 Anas, Desio-Expedition 1000 Kuli, Poloplatz voll besetzt. Wunderbarer Abend, 2 B-Zelte aufgestellt, gesungen, abends Hendl und Eier, den ganzen Tag über nichts gegessen. (Kurt fragt sich durch in Shigar! Expedition – Erba guet?) Furchtbarer Sonnenbrand durch Hitze im Sand, schlecht geschlafen, nachts Sturm.

Fr. 19. 4. 1/2 7 Uhr früh Aufbruch von Shigar, Nachts gestürmt, tagsüber etwas besser. Landschaft wechselt m. Ortschaften u. Aprikosenhainen, riesige Schwemmkegel m. Dornen, Art Punagras und niedere dunkelfarbige Kräuter, Tal immer breit und im Grunde viel Sand.
Berge immer höher, links wilde Hängegletscher, Schneegrenze bei ca. 3500 m, alles kahl, riesige Schutthalden und etwas höher Stauden und dünner, niederer Baumwuchs. An den Hängen alte Terrassen sichtbar, früherer Talboden.
Rechts hoher Berg Koser Gunge ca. 6400 m, links ebenfalls spitze Berge um 6000 m.
Mittags Aufkommen eines Sandsturmes, der das ganze Shigartal in eine Art Wolke taucht. Wenig und schlechtes Wasser. Nach 17 Meilen in Koshumal um 5 h abends. Lagerplatz in einem ausgetrockneten Bachbett.
Sehr stürmisch, unangenehm, um 8 h ins Zelt.

Sa. 20. 4. 1/2 7 h Aufbruch. An steilen Abhängen zum Talhintergrund, Abzweigung Bascha-Braldu (Chitral). Hier rechts ab den Braldu entlang. Tal wird schmäler, aber immer noch viel Sand. Steile Abhänge, Gletscherschliff. Einige Male muß Bach durchwatet werden.
Wunderbare Rückblicke auf großartige Berge. Tal macht hier Biegung nach NO. Um 4 h in Dassu, 2500 m, wunderbarer Zeltplatz m. gutem Wasser, warm, gemütlich. Abendessen wieder Hennen und Eier. Um 8 h ins Zelt und dort noch gesungen. Nachts gut geschlafen. Insgesamt 18 Meilen gegangen. Auffallend, daß Frauen sehr schimpfen können.

So. 21. 4. (Ostersonntag) Gut geschlafen, 1/2 6 Uhr auf, 1/2 7 Uhr Abmarsch nach Gomoro, 11 Meilen. Ankunft ca. 15 Uhr, sehr viel auf und ab, einige Holzstege, wilde Sand- und Moränenschluchten, alte Lawinenreste neben Sandbänken. Viel Geröll, Wetter mittelmäßig, 8 Uhr früh 8 Grad Wärme, Aufnahmen von Frauen, gar nicht schön, natürlich gegen Zigaretten. Palmkatzerl!

Felsauswaschungen weit hinauf, Salztee, Kurt sagt, »sie ist ein klasses Mädchen«, worauf sie sofort ihr Gesicht verhüllt und rot wird. Füße in Ordnung, am Grat großer Granitklotz, Lagerplatz gut, Temperatur 6 Uhr abends 13 °C +, abends religiöse Riten mit Gesang und Schlagen, hörte sich unheimlich an, bis in die Nacht, am 21.4. regelmäßig. (Bei Dassu, der reinste Flugplatz,) wecken und bei Sonnenuntergang durch Priester verkünden des Ramadans, hört sich im Talkessel unheimlich an.

Mo. 22. 4. (Ostermontag) Gut geschlafen. 1/2 7 Aufbruch nach Chongo, ca. 10 Meilen. Wetter bedeckt, ab 4000 m Nebel, Temp. früh 8° plus C …
Tal wird V-förmig, immer an Lehmabbrüchen, Mergel und unheimlich hohen und steilen Abbrüchen entlang. Verschiedene neue Muren. Tal windet sich dahin, ganz eng, teilweise Adler gesichtet. Hohe Wasserschliffe u. vor Chongo markanter Gletscherschliff. Vor Chongo weitet sich das Tal, biegt wieder in nördlicher Richtung ab, hat nun wieder Almcharakter. Bis hierher immer Geröll und Sand, wenig Wachstum. Temp. tagsüber immer um 10 Grad plus. Schneegrenze bei 3500 m. 3 Uhr Ankunft in Chongo und Lagerplatz in kl. Wiesental auf Terrasse aufgeschlagen. Sehr kühl! Den Trägern Dyhrenfurth-Buch gezeigt. Eine Krähe fährt mit gekauften Eiern für Frühstück ab. Nachgerufen: »Laß sie da!« Seilbrücke nicht verwendet. Abends mit Kurt noch einen Lauf gemacht! Gut geschlafen!

Di. 23. 4. Morgent. 3 °C um 7 Uhr früh. Abmarsch zur Quelle. Wunderbares Bad. Ca. + 30 °C, an Quelle noch heißer. Träger auch gebadet. Ungefähr 2 Stunden im Wasser. Um 1 Uhr Ankunft in Askole, von Skardu bis hierher 110 km. Abendspaziergang nach Hio am Weg zum Skoro-La mit Blick auf Korofon. Nachmittags Trägerauszahlung. Abends beginnt es zu schneien.
Nachts gut geschlafen.

Mi. 24. 4. Rasttag in Askole. Es schneit den ganzen Tag, ca. 5 cm Neuschnee. Mittags Kitzgulasch. Nachmittags Aussuchen der Träger, wildes Geschrei!
Lambadar grinst bei jedem Träger wie ein Fuchs. Sohn des Lambadar wird nicht genommen. Den ganzen Tag geschrieben, Bericht 4, 1 Brief an Generl. Alles in allem sehr kalt! Meistens im Zelt und Schlafsack.

Do. 25. 4. Rasttag in Askole! Wetter besser, wärmer, morgens 6°, untertags 10, teilweise Sonnenschein. Bestimmung der Träger insges. 85, 50 davon erhalten Patschen, da nicht mehr hier, 10 hat Fritz in Skardu gelassen 15–20 Markus in Salzburg. Anfangs Schwierigkeiten, Geschrei unter Trägern. Markus möchte mich wegen Patschen verantwortlich machen. Hat jedoch auf Grund der Verpflegung in Skardu nur 50 bestimmt.

[Träger] ohne Patschen bekommen 8 Rp bis Basislager für Schuhabnutzung. Filme abgeschickt, Abendessen Eier und Hühner. 9 Uhr ins Bett.

Fr. 26. 4. 5 Uhr auf, 7 Uhr Aufbruch mit 85 Trägern nach Korofon. (Großer Stein) ca. 10 km., 3110 m. Zungenende des Biafogletschers, ca. 3 km breit überquert, teilweise Eis, sonst tief unter Schotter begraben. Kleiner Gletschersee m. Eisresten an Zunge, ca. 50 m hoher Eisabbruch in See. Wetter schlecht, ca. + 5 °C. Träger bleiben bei Stein, brennen dort Feuer ab, wir zwei Zelte mit Überdach aufgestellt. Wirbel unter den Trägern, Markus schreit, kommandiert, worauf Träger nur lachen.
Ich sag zu Fritz, daß es besser sei, mit den Trägern in Ruhe zu verhandeln, worauf Markus, dies gehört, mich zur Rede stellt, wer da meckert!
Ich verbat mir diese Art! Markus will überhaupt jede Verantwortung abwälzen auf die Teilnehmer, so macht er bei jeder Gelegenheit Fritz für Essen, mich für Ausrüstung und Kurt für Gesundheit verantwortlich.
Er selbst will aber den E.-Leiter spielen, und gebärdet sich ähnlich wie Herrligkoffer. Markus ist bei Trägern bereits unbeliebt.
Abends noch kurzer Lauf, Puls unmittelbar nachher 130, 2 Min. später 90, abends kalt, um 0° u. leichter Schneefall, Träger Feuer gemacht u. bei Stein m. Decken geschlafen, keine Zeltplanen, wir 2 Zelte zusammengebaut m. Überdächer[n], wesentlich wärmer. Gut geschlafen.

Sa. 27. 4. ½7 Uhr früh Aufbruch v. Korofon, nach Bardumal, 3200 m, ca. 12 Meilen. Weg einmal an Felswand entlang, Träger unterstützt, sind im Klettern sehr gut! Sonst immer im Bachbett, viel Schotter. Ein Träger erkrankt. ½4 h in Bardumal, viele Höhlen, wo Träger schlafen, wir in beiden Zelten am Sand getrennt aufgestellt. Mittags warm, teilweise lichter, abends wieder leichter Schneefall, Wetter noch immer unbeständig.
Berge in Wolken. Wasserläufe teilweise vereist, sonst noch kein Schnee im Talgrund.
1 Bach durchwaten, Skelett von Steinbock gefunden, bei gr. Stein 50 m von den Höhlen flußabwärts am oberen Rand versteckt. Abends kalt im Bach gewaschen, wunderbar, nachher sehr warm. Abendessen Hendl u. Kaffee. Yak-Herde am Hang! Träger guter Laune. Temp. 6 h abends 0° Grad.

So. 28. 4. Bardumal Aufbruch ½7 h früh, nach Paiju. Teilweise Kletterstellen, Träger klettern sehr gut. Jeden Tag frisches Bad im Biaho. Leichte Aufhellung, Kletterblock (Karim sagt, daß Abram dort hinauf sei!) wurde zuerst von mir und dann von Kurt erstiegen. Ca. 16 h in Paiju. Aufhellung, wunderbarer Blick auf Baltoro, wie Kohlenhaufen, Uli Biaho u. Trango-Türme. Nachts Sturm, morgens klar.

Mo. 29. 4. Rasttag, da Träger Tschapatti backen. Ich mache mit Kurt eine Erkundung zum Baltorogletscher.

Abmarsch ½9 h, vorher noch Steigeisen anpassen. Fritz geht eine halbe Stunde voraus, steigt den Gletscher links an und kehrt mittags zurück.
Ich gehe mit Kurt in der Mitte des Baltoro, sehr mühsam, quere aber den [?] ersten Abbruch nach [unleserlich] zum Uli-Biahogletscher und laß in einer Gletschermulde des Uli Biaho den Rucksack. Erkundung des Paiju Peak. Diese Seite aussichtslos. Steige mit Kurt einen Ausläufer der Uli-Biahotürme sehr mühsam bis 4400 m an mit großartigem Blick auf Paiju Peak, Biaho-Türme, Trangotürme und den ganzen Baltoro bis Konkordia.
Um 8 Uhr abends erst wieder zurück. Ziemlich müde vom Geröllstapfen. Schuhe sehr gut, Abendessen: Hendl, Eier, gut geschlafen!

Di. 30. 4. Paiju ab um 8 Uhr, morgens im Biaho eiskalt gebadet, den Bach durchwaten bis über die Knie, an Rändern und am Grunde Eis. Mit Kurt dann rechts des Baltoro aufgestiegen, während Träger links die übliche Route gingen. Kamen sehr schnell weiter, trotzdem wir eine Stunde nach Trägern loszogen, waren um mehr als 1 Stunde [schneller], um 2 Uhr bereits in Liligo.
Sehr heiß, doch gut im Moränental vorangekommen. Rucksack 15 kg. – »Zum Arsch der Welt« ← DAV – [Richtungspfeil gletscheraufwärts] Wunderbarer Blick auf Paiju Peak u. Trangotürme, klare Sicht!

Mi. 1. 5. Liligo, über Nacht geschneit! 3 cm Neuschnee! 7 Uhr Aufbruch nach Urdokas. Wetter schlechter, verhangen, eintönig, doch Träger gehen gut.
Verschiedentlich Steinbockgeweih gefunden. Liligosee nicht sichtbar. Von rechts kommen steile Hängegletscher herab. Um 2 Uhr in Urdokas. Viel Schnee. Füße ganz naß, da mit Patschen gegangen. Felshöhlen für Träger. Diese machen sich dort kleine Feuer und wir singen zur Hebung der Stimmung mit den Trägern zur Gitarre. Sehr riskanter Punkt. Gut geschlafen.

Do. 2. 5. Urdokas, morgens Trägerstreik, wegen Schneebrillen. Wir haben nur insgesamt mit unseren 25 mit. Die besten bekommen Brillen und die anderen wollen wir gehen lassen, um einen Pendelverkehr einzurichten. Jedoch weigern sich auch diese, ohne die anderen zu gehen. Ihr Zusammenhalt ist vorbildlich, doch für uns im Moment ungünstig. Das Singen am Vorabend hat auch nichts geholfen.
Wir müssen denen, die keine Brillen bekommen, dafür 3 Rp. bezahlen und plötzlich hat fast jeder irgendeine Brille. Endlich gelingt es mir um 10 Uhr, mich mit Karim in Schwung zu setzen, u. diesem folgen allmählich auch die anderen. Wetter trostlos, Schnee wird immer tiefer, mittags wieder üblicher Schneesturm.
Einmündung des Mandu-Gletschers und später Yermanendugletschers.

Um 4 Uhr abends dort Lager errichtet, Lager I am Baltoro! Abends klart es auf und man sieht wunderbar den Masherbrum.

Fr. 3. 5. Gut geschlafen, 8 Uhr Aufbruch vom Lager, viel Schnee, Träger haben wieder ihre eigenen Schuhe und unsere in Urdokas zurückgelassen. Kleine Auseinandersetzung wegen Kurt. Fritz zwickt ihn wegen des besten Eisgehers immer auf. Nur kurze Wegstrecke, kommen nicht nach Konkordia, sondern nur bis zur Einmündung des Biarchedi-Gletschers, 3 Uhr nachmittags wird Baltoro Lager II errichtet. Abends klart es wie üblich wieder etwas auf.

Sa. 4. 5. Aufbruch 8 Uhr, mit Fritz vorausgespurt. Heute müssen wir normalerweise zum Konkordia kommen. Kommen aber [unleserlich] nur bis zum Mitre Peak. Wegen des vielen Schnees u. schlechten Wetters nur kurze Strecke, Träger klagen über nasse Füße. Um 3 Uhr wird Baltoro Lager III errichtet und damit erklären die Träger einfach, am Basislager zu sein, da man normalerweise nur 3 Tage von Urdokas geht. Doch wo ist unser Basislager? Träger erklären, sie haben nichts mehr zu essen, wofür der Obmann verantwortlich wäre, daß für ganzen Anmarsch und Rückmarsch Trägerverpflegung reicht.
Diese wird überprüft und gesammelt, wobei wir feststellen, daß die Träger ziemlich Vorrat gegessen haben. Wilder Tumult im Lager, einige Holzträger und Verpflegungsträger, die wir nicht mehr benötigen, werden ausbezahlt und können gehen. Die meisten erklären, sie gehen morgen nach Askole. Wir können zu besseren Bedingungen noch 24 Träger anwerben, die anderen werden ausbezahlt und können morgen gehen.

So. 5. 5. Fritz u. ich brechen um 8 Uhr mit 24 Trägern auf. Über Nacht geschneit, Wetter schlecht. Karim bemängelt immer unsere Spur, doch wir müssen da gehen, wo der Schnee fester ist. Mittags stürmt es wieder. Bei einer Schneebrücke, die wir überqueren, schimpfen die Träger und meinen »no gut!« Dabei ist es ganz harmlos.
2 mal auf dieser Passage bleiben sie stehen und beten zu Allah, daß ihnen nichts geschehen möge.
Dann spur ich voraus, um möglichst weit zu kommen. Bin in sehr guter Verfassung. Um 3 Uhr ist ein geeigneter Platz in einer Moränenmulde bereits am Godwin-Austengletscher erreicht worden. Hier warte ich auf Träger. Erst nach mehr als 1 Stunde kommen sie an und fluchen über die lange Wegstrecke. Einer wirft seine Last hin und will schon ein Zelt haben. Wir geben ihnen 4 Planen, doch wie immer muß man ihnen den Platz richten, treten, schaufeln und die Planen spannen, sonst setzen sie sich auf alle 4 drauf und haben über dem Kopf nichts. Sie sind in diesen Belangen sehr unbeholfen, phlegmatisch. Wir bemühen uns 4 Stunden um sie, kochen ihnen erstmals am Propan Tee, geben Zigaretten, dem Obmann Schoko-

lade, und Karim kann in unser Zelt für den Abend u. doch sagen alle, morgen Askole. Erst um 8 Uhr abends kommen wir an die Reihe.

Mo. 6. 5. Baltoro Lager IV Am Morgen gehen die Träger hinaus und Fritz und ich richten das Lager her, das Wetter ist schöner, und spuren den Godwin-Austengletscher einwärts zur Erkundung des Anstieges und eines geeigneten Basislagers.
Um 4 Uhr kommen Kurt, Markus und 2 Träger und erzählen uns, daß alle wegen mangelnder Verpflegung abhauten, wobei sie jedoch das, was wir noch hatten, ablehnten. 2 Träger, die beiden Köche, sind uns geblieben.
Sie bekommen nun ihr eigenes Zelt, Schuhe, bessere Kleidung, Luftmatratzen und eine Plane u. sind sehr zufrieden.
Wir schlafen zu 4 in einem Zelt!

Di. 7. 5. Lager IV Anmarsch. Fritz und ich gehen mit Lasten von 30–35 kg zu dem geplanten Basislager am Fuße des Westsporns des Broad Peak, ca. 2 Std. sehr heiß, sehr müde, habe etwas Kopfweh, lege mich ins Zelt!
Abends gehen wir nochmals mit etwas leichteren Lasten hinein, während Kurt, Markus und die 2 Träger nochmals hinausgehen, etwas zu holen. Abends kommt auch Kadar [Qader Saeed]. Wir schlafen zu 5 in einem Zelt, nicht gut geschlafen.

Mi. 8. 5. Alle 7 Mann gehen wir hinaus ins Flüchtlingslager und tragen Lasten bis zu 30 kg herein, gehen ca. 2½ Std.
Sehr gut akklimatisiert. 2. Zelt kommt nach und wird aufgestellt.
Tagsüber warm, mittags gestürmt.

Do. 9. 5. Wir gehen alle 2–3 mal am Tage zum Basislager mit Lasten die Strecke v. ca. 5 km in einer Stunde. Abends gehen Fritz und ich noch mit persönlichen Seesäcken ins Basislager, bei Mondschein, und schlafen in kleinem Zelt. Sehr gut geschlafen.

Fr. 10. 5. Während die anderen den Transport übernehmen, richten Fritz und ich das Basislager her. Mittags stehen 2 Großzelte verbunden mit 4 Überdächern winddicht aneinandergestellt und eine Kochstelle an einem großen Stein mit Plane abgedacht, ein kleines Zelt für Captain und ein kleines Zelt für die Träger.
Nachmittags und abends gehen wir auch noch um Lasten. Wetter war schön. Nachmittags wie immer überzogen.

Sa. 11. 5. Nochmals Transport zum Basislager und nur mehr kleiner Restbestand bleibt im Baltoro-Lager IV. Kleine Auseinandersetzung mit Kurt!

Tagsüber geschneit. Ungemütlich. Abends noch einen Brief nach Hause geschrieben, da anderntags Träger mit Post nach Askole gehen.

So. 12. 5. (Muttertag) Starker Schneesturm, Träger verlassen vormittags das Lager, kommen aber nachmittags stark verschneit wieder zurück. Sie haben den Weg nicht gefunden. Ich schreib noch schnell eine Karte zum Muttertag an Generl. Bis 10 Uhr geschlafen, gekocht, nachmittags Zelte und Kocher sowie Ausrüstung für Aufstieg bereitgerichtet. Zelte stark eingeschneit. Bald ins Bett.

Mo. 13. 5. BL. I Wetter gut, klar windstill, nur Berge haben starke Schneefahnen. 9 Uhr Aufbruch mit 3 Zelten, Fritz, Kurt, Markus und ich. Nach 1 Stunde am Fuße des Westsporns. Anstieg sehr steil über Schnee. Fritz und Markus möchten links des Sporns gehen, doch hier ist starke Eislawinengefahr. Kommen im Schnee gut vorwärts und gewinnen wegen der starken Steilheit rasch an Höhe. Durch schmale, steile Rinnen in lockerem Pulverschnee angestiegen, gut und rasch vorangekommen.
Füße eiskalt, gefühllos. Markus kehrt um, da er keine Handschuhe hat. Oben ganz enger, mit lockerem Pulverschnee gefüllter Schluf, dann erreichen wir eine Kanzel [auf] 5500 m mit wunderbarem Tiefblick auf Godwin-Austen-Gletscher, sehr steiler Abfall.
Dort lassen wir Zelte zurück u. gehen mit Rucksäcken weiter. Hang wird immer steiler, viel gepreßter Schnee, habe Angst wegen Schneebrett, doch Schnee hält gut.
Quere hinaus auf steilen, festgefrorenen Schotter. Sehr schlecht zu gehen, spüre nun plötzlich die Höhe. Muß fortwährend gähnen, habe Kopfweh. Nirgends ein Lagerplatz zu finden. Bei 5800 m erreichen wir eine kl. Scharte, welche Kurt etwas ebnet und als eventuellen Zeltplatz herrichtet. Sehr kalt und windig.
2 Uhr nachmittags treten wir den Abstieg an, lassen Pickel dort oben zurück. Schnee hält gut und so fahren wir einfach im Schnee ab. 1/2 Stunde später sind wir wieder am Gletscher herunten.
Mühsamer Weg über den welligen Gletscher zurück ins Lager, 4 Uhr im Lager. Markus hat uns pfundiges zum Essen bereitet, Tagebuch nachgeschrieben, gut geschlafen.

Di. 14. 5. 1/2 10 Uhr Aufbruch vom Basislager, Spur wieder verweht, sehr anstrengend, mit 1 H-Zelt, 1/2 1 Uhr an der Kanzel, 1/2 3 Uhr am Platz vom Lager I, 5800 m. Fritz und Markus ebnen einen Zeltplatz. Ich geh mit Kurt noch etwas höher zur Erkundung.
Bei 6100 m müssen wir wegen Blankeis umdrehen, haben keine Steigeisen und keinen Pickel mit. 16 Uhr nachmittags steigen wir wieder ab. Inzwischen haben Fritz und Markus einen Zeltplatz am Grat planiert.
Aufstieg über Grat sieht nicht einladend aus, scheint besser über die Mulde

zum Plateau. Abgefahren und um ½6 Uhr wieder im Basislager. Gut und reichlich gegessen, gut geschlafen.

Mi. 15. 5. ½10 Uhr Aufbruch vom Basislager. Wetter wieder wie Tage zuvor wechselhaft, windig. Am Gletscher schwül. Diesmal mit Ausrüstung und Verpflegung. ½1 Uhr an Kanzel, gespurt, sehr anstrengend. 1 Stunde Rast, 3 Uhr bei Lagerplatz von Lager I. Platz noch etwas planiert und dann abgefahren. 5 Uhr wieder im Basislager. Gut gegessen, schlecht geschlafen, zu viel nachgedacht.

Do. 16. 5. 9 Uhr Abmarsch mit persönlicher Ausrüstung, sehr schwer, 15 kg, Wetter besser, Spur teilweise gut erhalten. Um ½12 Uhr auf Kanzel, ½ Stunde Rast, 1 Std. für Steilhang. Zelt aufgestellt und wieder abgefahren. Markus ins Basislager, Fritz, Kurt und ich mit Depot neuerdings angestiegen.
16 Uhr wieder in Lager I (Kanzel 5500 m). Fritz und ich bleiben im Lager, Kurt steigt ab. Gut [zu] Abend gegessen, am Primus gekocht. 2. Thermosflasche kaputt. Wunderbare Stimmung, gute Sprechverbindung.
Um 19 Uhr ins Zelt, stark windig, schlecht geschlafen.

Fr. 17. 5. Lager I m. Fritz, morgens sehr stürmisch, kalt, 8 Uhr auf, Plastikschüssel vom Winde verweht. 9 Uhr Abmarsch mit 1 Zelt, 1 Rucksack. Aufstieg bei starkem Sturm über Mulde und Steilhang auf Plateau, ca. 6400 m, keinen Höhenmesser mitgehabt. Zeit: 3½ Std. Plateau blankgefegt!
Aufstieg gut im Schnee möglich, nur teilweise Eis. 3 Std. [lang] Zeltplatz unter der Wächte bereitet, sehr anstrengend. 4 Uhr ab, 5 Uhr im Lager I, gutes Abendessen, gute Sprechverbindung, übermorgen große Übersiedlung.
½7 Uhr ins Zelt, großartige Stimmung, windstill!

Sa. 18. 5. Gut geschlafen, ½8 Uhr auf, ½10 Uhr Abmarsch zum Lager II, Wetter gut, bewölkt, windstill, teilweise sonnig, schwerer Rucksack, mindestens 15 kg. Spur teilweise noch brauchbar. 11 Uhr Rastplatz am Gletscher 6100 m, teilweise sehr heiß, mühsam, wunderbare Wolkenstimmungen, Steilhang sicher. 13 Uhr bei Lager II, 6400 m, bis 16 Uhr Zeltplatz hergerichtet, 1 m ausgegraben, wie irrsinnig gearbeitet. Teilweise starkes Kopfweh. 1 Zelt aufgestellt, 16 Uhr abgestiegen, 17 Uhr in Lager I.
Nebelig, aber windstill, noch leichtes Kopfweh, doch guter Appetit, mit Primus gekocht, 19 Uhr ins Zelt!

So. 19. 5. 6 Uhr auf L I geschlafen, gut geschlafen, Neuschnee, Schneefall, ½8 Uhr Abmarsch mit Ausrüstung für Lager II und persönlichen Sachen. Sehr schwer, ca. 20 kg, ½9 Uhr am Gletscher, ½10 Uhr unterm Steilhang,

dieser sehr anstrengend, Spur jedoch gut erhalten. 1/2 11 Uhr im Lager 2. Den ganzen Tag gearbeitet, ca. 20 m³ Schnee und etliche m³ Eis weggeräumt.
2. Zelt aufgestellt, Überdach und Küche errichtet, alles sehr bequem. Mittags starkes Kopfweh, hatte zu viel getragen und gearbeitet, mußte mich etwas hinlegen. Fritz machte Kaffee, dann war das Kopfweh plötzlich vorbei, und ich fühlte mich sehr wohl!
Gegen Abend auf's Plateau, 6460 m, spaziert, wunderbare Wolkenstimmungen, Gasherbrum IV sichtbar, sonst den ganzen Tag über sehr nebelig, aber windstill, Fritz und ich sind beide sehr gut akklimatisiert.
Abends Kaffee und um 7 Uhr ins Zelt. Kurt und Markus schlafen heute das erste Mal im Lager I.
Mit Primus gekocht, nicht besonders funktioniert. Fast nichts geschlafen, schlechte Nacht!

Mo. 20. 5. Lager 2, mit Fritz, morgens Nebel, Neuschnee, um 6 Uhr auf, ohne Frühstück, eine Stunde später nach Lager I abgestiegen. Von dort mit Kurt und Markus Lebensmittel nach Lager II gebracht. Tiefer Neuschnee, fast alles gespurt, in guter Verfassung.
Mittags nach 3 Stunden Anstieg im Schneesturm ins Lager II.
2. Überdach befestigt. Primus funktioniert nicht recht.
Fritz kocht uns Pfunds »Pfanni«!
Nachmittags steigen Kurt und Markus wieder nach Lager I ab, um 17 Uhr Fritz und ich zum Plateau und die Flanken ungefähr 100 m empor. Dabei finden wir im Eis noch Seilverankerungen von Herrligkoffer vor sowie ein Depot mit Lebensmittel[n], Seilen und ein Zelt.
Wir befreien alles vom Eis und steigen wieder ab. Eis blank und sehr hart! Um 19 Uhr im Lager. Schlecht geschlafen, Kopfweh, erst als ich eine Tablette nehme, schlafe ich ein und bis zum Morgen durch.

Di. 21. 5. 1/2 9 Uhr auf, Fritz macht Frühstück, Zelt eingeschneit, viel Neuschnee, es stürmt, dichter Nebel.
Ich hole meinen Pickel und steige um 11 Uhr aufs Plateau an und mit Fritz weiter die Eisflanke zum Knie. Seile von H. [Herrligkoffer] sind z. T. bis 15 cm im Eis festgefroren und müssen erst mühsam zentimeterweise befreit werden.
Ohne Sicherung, ohne Stufen in blankem, beinhartem, ca. 55° geneigtem Eis, nicht leicht, nur im Seil haltend, das man mit dem Pickel aus dem Eis schlägt. Seile noch gut erhalten.
Um 1/2 1 Uhr in ca. 6700 m, 250 m über Plateau, starker Schneesturm, so kehre ich um und rutsche mit Spezialpickelsicherung am Seil hinab.
Fritz hat Zelt mitgenommen, ich nehme Verpflegung mit. Eine halbe Stunde [später] bin ich im Lager II. Dort ist nur noch Kurt allein und liegt im Zelt. Markus, der mit ihm mit Last vom Lager I heraufkam, ist mit

Fritz bereits ins Basislager abgestiegen. Nichts Warmes hier, was mich sehr ärgert, da ich Hunger habe. Setze den Primus in Betrieb und mache Tee, versuch die Konserven von H. die trotz 3 Jahre[n] Lagerung noch gut erhalten sind, wärmen Käse und Eierlikör, alles gefroren, und nach gut einer Stunde verlasse ich Lager II, wobei alles an Ausrüstung zurückbleibt.
Da Wetter schlecht, steigen auch wir ins Basislager ab. Viel Schnee und Schneefall, wie zu Weihnachten, doch eine Stunde später am Godwin-Austen-Gletscher und um 7 Uhr abends im Basislager.
Gutes Abendessen, im Zelt gesungen und gut geschlafen.

Mi. 22. 5. Im Basislager bis 10 Uhr geschlafen, dann Ausrüstung in Stand gesetzt, Tagebuch geschrieben, und den ganzen Tag viel gegessen. Wetter noch immer schlecht. Schwere Debatte mit Kurt wegen Tabletten und Werbeaufnahmen (Moralpredigt!). Gut geschlafen.

Do. 23. 5. ½9 Uhr auf. Wetter morgens etwas schön, doch über Nacht Neuschnee gefallen. Um 10 Uhr mit Kurt weg zur Suche nach H.-Depot. Sehr schwül. Vom Felssporn weg jeden Stein und jeden Winkel abgesucht. Keine Spur.
Taleinschnitt unheimlich romantisch, doch viel zu gefährlich für einen Aufstieg, da überall Hängegletscher herabschauen. Mittags nebelt es ein. Wir steigen ständig links des Gletschers an Felsbegrenzung an, bis 5300 m, vermutliche Lage des Lagers 1, hinterster Winkel vor Steilaufschwung zum Plateau. Um 3 Uhr kehren wir um, denselben Weg, den wir anstiegen. Starker Schneefall, unheimlich viel Schnee. Um 7 Uhr mit Bärenhunger im Basislager.
Gutes Abendessen, Ziegengulasch. Gut geschlafen.
Positives Ergebnis dieser Erkundung: »Bestätigung, daß Westsporn bester und sicherster Aufstieg auf Broad Peak ist!«

Fr. 24. 5. ½9 Uhr auf, ½11 Uhr Abmarsch mit Kurt zum K2-Basislager. Über Nacht 20 cm Neuschnee gefallen, es schneit immer noch. Stürmt den ganzen Tag wie verrückt, man sieht nur Schnee, Steine und Eistürme und selten reißt es auf, so daß man auf die benachbarten Flanken einen verschwommenen Blick erhascht.
Um 3 Uhr am Fuße des K2 in der Nähe der Abruzzirippe ca. 10 km vom Basislager. Weite Fläche, doch keine Spur von einem Depot der Italiener. 1 km vorher einige Papierreste und Konservenbüchsen gefunden.
Einblick in die Nordseite des Broad Peak, sehr abweisend. Um 15 Uhr Umkehr, Schneesturm ins Gesicht.
Es stürmt unablässig, teils bis Knie spurend. Wir fluchen auf das Sauwetter, seit 4 Wochen erst ein richtig schöner Tag in Paiju. Ziemlich abgestumpft, verärgert und hungrig um 6 Uhr im Basislager.

Unerhört reichliches Abendessen, Kitzgulasch und Sinalco und Tee – bis wir kaum mehr gehen können.

Sa. 25. 5. Über Nacht stark geschneit, Wetter jedoch schön. Erster schöner Tag seit langem. Im Basislager viel photographiert. (Werbeaufnahmen) Windig!
Wind hat sich gedreht. Auf den Gipfeln unheimliche Schneefahnen, diesmal von N nach S, gutes Zeichen. Wir bereiten für einen Angriff vor.
Gut gegessen, Barometer steht äußerst günstig, abends läßt der Wind nach, wolkenlos, wunderbarer Abend.

So. 26. 5. Um 3 Uhr auf, sternenklar, mache Frühstück, um 5 Uhr Abmarsch, Schnee ist fest, wir in bester Verfassung, Anstieg zum Lager I wunderbar, nur oberer Steilhang tiefer Pulverschnee.
Wolkenlos, großartige Stimmungen.
Um 8 Uhr auf der Kanzel, um 10 Uhr im Lager I, kurze Rast und weiter zum Lager II. Schnee wird tiefer, Fritz geht hinter mir seine eigene Spur, typisch für Fritz, somit ziehe ich die Konsequenz und geh nur noch hinterdrein. Lasse Fritz von nun an spuren.
Steilhang sieht gefährlich aus, doch hält gut. Um 14 Uhr im Lager 2. Lager total zugeweht, 1 Zelt beschädigt, durch zu großen Schneedruck. Muß abgebrochen werden. Dafür wird Herrligkofferzelt aufgestellt. Bis zum Abend ist das Lager wieder instand. Fritz ist schlecht beisammen und kocht. Markus auch nicht bestens, schont sich etwas. Ich bin in guter Verfassung. Gut geschlafen.

Mo. 27. 5. im Lager 2 Fritz und Markus stiegen bereits um 6 Uhr ab nach Lager I, um Lasten für Lager II zu holen. Kurt und ich verlassen um ½8 Uhr Lager II und steigen in die Eisflanke ein. Ich mache alte Seile vom Eis frei, bringe überflüssige Seile von unten nach oben und befestige sie oben, steige bis zum »Knie« an und schaue mir die Lage an.
Letzte Seilreste von Herrligkoffer, 2 Eishaken und ein Knäuel Seil im Eis unter Felsrücken in 6700 m. Lege Seilverankerung noch bis zu den Felsen.
Markus und Fritz sind um 10 h wieder im Lager II, bleiben dort unerklärlicherweise den ganzen Tag, obwohl ich angeordnet habe, daß sie dann mit Lasten nachkommen sollen und diese so hoch als möglich tragen.
Einmal geht einer auf's Plateau, aber dann wieder zurück ins Lager.
Abends um ½8 Uhr, als ich absteige, kommen sie mir ganz unten mit Lasten entgegen.
Kurze, unhöfliche Begrüßung, gegenseitig fallen scharfe Worte und sie gehen weiter. Sie bringen die Lasten bis H.-Depot.
Wunderbare Stimmungen, abends gut geschlafen.

Di. 28. 5. Um ½9 Uhr verlasse ich mit meinen persönlichen Sachen Lager II, Kurt wird wieder wie üblich nicht fertig und kommt erst später nach. Hinter mir kommt Markus mit Verpflegung. Ich steige bis zu den Felsen, ganz gut und flott in Seilverankerung, Eis sehr hart und spiegelblank, lasse in einer Scharte den Rucksack und gehe mit den Seilen, einer Rolle von 80 m und den Resten von unten weiter und mache die Versicherung komplett bis zum Knie.
Sehr anstrengende Arbeit. Fritz geht mit Rucksack voraus, Markus läßt seinen Rucksack bei mir und steigt wieder ab, Kurt schlägt unten Stufen. Bin von seinem Können als Eismann nicht zu sehr begeistert.
Fritz läßt sich den ganzen Tag nicht mehr sehen, dabei liegen unten noch Lasten für Lager III.
Abends um ½6 Uhr begegnet mir Fritz und steigt ab, um seine 2. Last zu holen. Ich komme mit Kurt etwas später hinauf und da steht auf einer exponierten Kanzel, der einzige flache Punkt, in 6900 m ein Zelt von Fritz. Weiter oben sei kein Platz, sagt er mir, er sei noch 200 m mit Gepäck angestiegen, aber alles abschüssig.
Ich hacke mit Kurt aus dem Eis einen Platz für das 2. Zelt aus, unmittelbar am Eisabbruch, stelle das 2. Zelt auf, befestige es an der Bergseite mit Eishaken, inzwischen kommt Markus nach, aber kochen können wir nicht, da das Kochgeschirr Fritz hat und [der] noch nicht da ist.
Wir warten in der Kälte 2 Stunden, ich gehe dann in der Dämmerung Fritz entgegen und erreiche ihn bei der letzten Seilverankerung. Kurt kocht dann bis 11 Uhr nachts Ovomaltine und füllt alle 4 Flaschen damit an. Bewundernswerte Leistung von Kurt.
Fritz und Markus bieten sich an, das Frühstück zu kochen. Fritz hat das für den Gipfel vorgesehene Seil im Depot zurückgelassen. Gut geschlafen!

Mi. 29. 5. Um 2 Uhr wecke ich im Lager 3. Aufstehen verzögert sich etwas. Fritz kocht Tee, doch alle Stunden kommt nur ein Häferl, 2 Schalen sind zu wenig für den Gipfel. Ich will absteigen, um Seil von der letzten Verankerung zu holen, da Fritz ziemlich dumm herumspricht, doch es ist noch zu dunkel.
So warte ich, bis es hell wird. Draußen saukalt, ich habe keinen besonderen Auftrieb, jeder macht eben, was er will, das haben die letzten beiden Tage bewiesen.
Markus fragt, was mit Aufbruch ist. Meinetwegen, ich habe ja um 2 Uhr geweckt. Ich steige eben ab, Seil zu holen, und bis ich wieder zurückkomme, sind Fritz und Markus weg. Kurt ist noch da. Es ist 6 Uhr früh, ein wunderbarer Tag, etwas windig und bissig kalt, vielleicht 23 bis 30 Grad minus. Für mich wäre der Aufbruch zu spät, doch Markus meinte, früher sei wegen der Kälte nicht möglich. Anstieg ist sehr gut, anfangs Eis, harter Schnee, kleine verdeckte Spalten, pro Schritt 2 Atemzüge. Teilweise Wind, um 9 Uhr in 7500 m, Fritz und Markus eingeholt,

kommen in die Sonne, ist wohl wärmer, doch Füße sind noch immer gefühllos.
Ich spure voraus, sehr mühsam, da Schnee immer tiefer. Kurt löst mich mehrmals ab. An großer Spalte angelangt, 150 m höher, machen wir längere Rast, brauchten länger als angenommen.
Ich sitze ungefähr 1 Stunde in der Sonne und versuche die Füße warm zu bekommen. Kurt versucht links die Spalte zu überqueren und teilt mir mit, daß er dort 2 Stunden benötigt. Dann kommen Fritz und Markus nach und Fritz geht an anderer Stelle direkt in wenigen Minuten über den Spalt. Nun spuren Fritz und Markus eine Weile voraus und bei einer Rast unter dem letzten Steilhang holen wir sie wieder ein.
Es ist Mittag vorbei, wir müssen uns beeilen, lassen die Rucksäcke zurück und steigen den letzten sehr langen und sehr steilen Hang an.
Fritz, Markus und ich spuren abwechselnd, Kurt bleibt am Schluß, er ist fertig, kann scheinbar nicht mehr spuren.
Mir fällt es auch schwer, aber den anderen genauso, und alle 10 m lösen wir 3 uns ab.
Zum Schluß kommt eine steile Eisflanke und ein Felsriegel zur Scharte zwischen Mittel- und Hauptgipfel.
Fritz geht voraus, schlägt ein paar Stufen, Kurt folgt auf den Felgen, kann keine Stufen mehr schlagen und sich mit Mühe und Not aufrecht halten, Markus steigt hinter Kurt und ist wieder etwas besser beisammen.
Ich fühle mich nicht wohl, bin sehr schläfrig und sehe ein, daß es zu spät wird, so bleibe ich vorerst herunten und warte, bis alles auf der Scharte ist. Das dauert lange, dann kommen langwierige Seilmanöver, bis das Seil zur Sicherung in der Scharte befestigt ist. Inzwischen ist es schon 4–5 Uhr abends geworden, und ich gemahne zur Umkehr. Doch Kurt meint, ich soll heraufkommen, es sei nicht mehr weit zum Gipfel.
So steige ich in die Scharte, dann ist es 5 Uhr abends.
Kurt, der eigentlich vorher mehrmals den Wunsch äußerte, mit mir zum Gipfel zu gehen, da das Maix besonders freuen dürfte, ist nun mit Fritz voraus, während mir Markus wartet und wir zwei so hinterdrein steigen. Der Grat ist wunderbar, ein Schneegrat mit sehr steilen Aufschwüngen, tollen Wächten- und Pilzformen, senkrechten Strebepfeilern aus Schnee nach Norden und der Mittelgipfel noch phantastischer.
Tief unten ein Gletscher, der ins Shaksgam hinauszieht, eine braune Landschaft, mit Gletschern, die jäh zu Ende sind.
Fritz und Kurt sind ungefähr 50 m voraus, verschwinden dann in Fels und wir folgen nach.
Um 6 Uhr ist ein Punkt erreicht in der Höhe des Mittelgipfels und die beiden anderen scheinen den höchsten Punkt erreicht zu haben, nun ist es aber Zeit zur Umkehr. Keiner ein Seil, ein Biwakzeug, eine Taschenlampe, es nebelt ein und so gemahne ich zum allerletzten Mal zur Umkehr.
Wir beide steigen ab, und die anderen kommen auch herunter.

Am fixen Seil geht's von der Scharte hinab, dann das Eisfeld und in der Dämmerung stehen wir alle wieder im Schneefeld unter der Scharte.
Fritz haut ab, dann steigen wir drei ab. Teilweise stürmt es, alles ist vereist und verkrustet. Markus will einmal abrutschen und kann in der Dunkelheit noch einen hohen Eisabbruch erkennen, wo er sich halten kann. Es ist sehr dunkel, kein Mond, teils bewölkt. Mehrere Spalten treten auf, dann queren wir nach links hinüber. Der Schnee wird fester, es kommt Eis. Wir rufen nach Fritz, keine Antwort!
Kurt und Markus bleiben zurück und mit den Skistöcken taste ich mich abwärts. Einmal versinkt der Fuß und dann die stützende Hand in einem Loch, dann sehe ich dunkle Umrisse, einen Lichtschein und das Zelt von Lager 3.
Um ca. 10 Uhr bin ich dort, ziehe die Steigeisen aus und falle ins Zelt, ich bin fertig!
Fritz gibt auch kein Lebenszeichen mehr. Ich ziehe mich nun aus und ohne was zu essen in den Schlafsack. Eine halbe Stunde später kommt Markus, dann Kurt, ebenfalls fertig.
Hab mir die rechten Zehen etwas angefroren, und Kurt gibt mir eine Salbe zum Einreiben, ist jedoch so fertig, daß er sich nicht mehr sehr dafür interessiert. Wir schlafen traumlos.

Do. 30. 5. Um 11 Uhr wache ich auf, die Sonne scheint aufs Zelt, der Wind geht, es ist schönes Wetter, doch sehr kalt.
Noch sehr angeschlagen vom Vortag, doch Kurt scheint wie tot. Er rührt sich nicht mehr.
Mittags steigen Fritz und Markus ins Lager 2 ab und ich habe alle Mühe, bis 4 Uhr Kurt auf die Beine zu bringen. Kurt ist furchtbar phlegmatisch, und allein gelassen würde er wahrscheinlich überhaupt nicht mehr aus dem Schlafsack gehen. Alles ist gefroren, können nichts essen.
Um 4 Uhr verlassen wir Lager 3, lassen das meiste in den Zelten, ich meine ganze Photoausrüstung – werden bald wiederkommen.
Abstieg ist sehr anstrengend, doch dank der fixen Seile sicher.
Um ½5 Uhr im Lager 2.
Fritz und Markus wollen gleich weiter absteigen ins Basislager zu einer Generalerholung und haben uns zuvor noch einen Tee gekocht. Wunderbar, dieses heiße Getränk seit 2 Tagen.
Kurt will vom Absteigen nichts wissen. So bleiben wir hier.
Finden noch etwas Benzin und bringen den Primus in Betrieb. Nach langem [Warten] haben wir einen Hafen heißes Wasser mit Orangensaft und Sanddorn gemacht und dazu etwas aufgewärmt. War eigentlich meine Initiative, wenn auch Kurt nachher fertigkochte, erklärte jedoch 2 Tage später im Basislager, das Essen hätte ich ihm zu verdanken. Gehen gesättigt ins Zelt.

Fr. 31. 5. Um 8 Uhr auf, Wetter ist schlechter, steigen um ½10 Uhr ohne Frühstück ab. Rechts Zelt wieder ausgeschaufelt, Tage vorher Wächte gebrochen, jedoch unser Lager noch verschont. Steilhang unter Lager als großes Schneebrett abgegangen. Wächte über Lager gefällt mir nicht mehr. Vieles bleibt im Lager 2 zurück. Auseinandersetzung mit Kurt, weil er trotz Ermahnung, statt sich am Schaufeln zu beteiligen, gleich die Steigeisen anzieht, mit der Begründung, er ist fertig. Muß auch heute Kurt antreiben, damit er weiterkommt. Abstieg sehr mühsam. Um 12 Uhr am Godwin-Austengletscher, hier stark verändert, weniger Schnee, Eistürme noch bizarrer, schon etliche Wassertümpel mit kleinen Gletscherseen, sehr schwül. Um 10 Uhr im Basislager. Viel getrunken, gegessen und dann geschlafen. Kurt noch immer gleich apathisch, macht seit Tagen schon keinen Lacher mehr, als hätte man ihn kastriert, geht langsam auf die Nerven. Abends starke Auseinandersetzung mit Kurt, wegen Vernachlässigung seiner Pflichten, Kameradschaftsbegriff etc.
Im Essen ist Kurt noch immer gleich maßlos, trotz vieler Ermahnungen, und nimmt auf andere keine Rücksichten. Kadar ist auf ihn auch nicht mehr gut zu sprechen, da [Kurt] ihn ständig um das Abspülen bittet und Kadar ja nicht unser Putzmädchen, sondern unser Begleitoffizier ist.
Kurt hat oft eine herausfordernde Art, und das einzig Positive an ihm ist sein Gesang. Man meint es ihm gut und er faßt es als eine Schikane auf, deswegen nimmt er auch nichts an, nur selten hat er so Lichtblicke, wo er wirklich selbständig arbeiten kann. Er ist eben noch zu jung.

Sa. 1. 6. Gut geschlafen, bis 11 Uhr mittags. Den ganzen Tag noch erholt, geschlafen, gegessen, getrunken, draußen stürmt es.

So. 2. 6. Basislager, lange geschlafen, gutes Essen, man freut sich von einer Mahlzeit auf die andere.
Es gibt wieder einmal Pfanni. Mittags habe ich Reisfleisch gemacht, ganz gut gelungen. Habe Sorge um Lager 2 und 3, doch Lager 3 sieht man noch. Schreibe Post fertig. Anderntags gehen Postläufer nach Askole.

Mo. 3. 6. Gut geschlafen, im Basislager ist es erträglich, haben Wasser, untertags schon sehr warm, Platz apert immer mehr aus.
Schreibe den ganzen Tag an Berichten, Ausrüstung instand gesetzt, schon gut erholt, doch Wetter ist noch nicht 100%.
Es ist wohl schön, teilweise Sonnenschein, mittags der übliche Schneesturm von Konkordia, aber abends wieder klar.
Abends pfundige Musik im Radio. Gut geschlafen.

Di. 4. 6. Um 9 Uhr auf, Frühstück gekocht, dann kocht Markus, Wetter diesig, milchig, warm, schreibe Tagebuch nach.
Kurt bittet um Tagebuch, da er seit Skardu nachschreiben will, obwohl

er am meisten Zeit hatte und ich ihn oft ermahnte, schrieb er nie Tagebuch.

Mi. 5. 6. Basislager, Wetter mittelmäßig, viel gegessen, Werbeaufnahmen gemacht.
Nachts starker Sturm, mehrmals Überdach abgerissen.

Do. 6. 6. Fritz und Markus gehen mit Ski zum Savoyagletscher, ich bleibe mit Kurt im Basislager und erzähle Kadar einiges über Expeditionsvorbereitung. Sehr warm und windstill, abends Besserung.

Fr. 7. 6. Fritz weckt um 4 Uhr, als sie bereits mit Frühstück fertig sind, und als wir gleich darauf aufstehen, gehen Fritz und Markus schon weg. Wir gehen um 5 Uhr weg, Wetter ist schön, Schnee hart. Markus nimmt Kadar trotz meiner Warnung ein Stück mit, da die Rinne aber sehr hart, sieht er das Unsinnige ein und kehrt bald um. Kadar macht einen deprimierten Eindruck.
Man geht sich etwas schwerer, die 7 fetten Tage haben keinem gut getan. Rinne ist so hart, daß man mit Steigeisen gehen muß, bis Lager I fester Schnee. Um 8 Uhr im Lager I, kurze Rast und gleich weiter. Schnee noch fest, aber dann wird es sehr warm, ja heiß, sie [die Sonne] sticht herab. Fritz und Markus sind ständig voraus, sie tun das scheinbar absichtlich, damit sie im Tagebuch notieren können »wieder gespurt!«
Letzter Steilhang etwas mühsam, um ½ 2 h im Lager 2. Fritz und Markus haben das linke Zelt vom Schnee befreit, wir beide müssen erst das rechte befreien und neu aufstellen. Abends gibt es Krautfleisch, sehr gut. Nachmittags Nebel, abends wieder schön! Mit Sonnenuntergang in den Schlafsack.

Sa. 8. 6. Gut geschlafen, um 8 Uhr auf, ist noch sehr kalt, Fritz und Kurt liegen noch, Markus ist schon auf und hat Tee gekocht. Wetter großartig. Dann wird Haferbrei gekocht und in Thermosflaschen abgefüllt und mitgenommen. Ebenso 2 Gasflaschen klein und etwas Proviant. Um 9 Uhr in der Sonne am Plateau. Noch saukalt. Fritz sagt zu Kurt, gestern haben wir gespurt, heute trifft es euch!
In der Flanke liegt Neuschnee, aber drunter hartes Eis. Wir aber haben [es] wieder ziemlich schwer und der Anstieg im Eis ohne Stufen ist sehr anstrengend. Fritz hat wieder seine Extrawurst und steigt in den Felsen neben den Seilen an. Markus ist ziemlich mau beisammen.
Nach 4 Stunden, um 13 Uhr, sind wir alle im Lager III. Dieses ist noch wohlbehalten, nur etwas verschneit. Es ist schön und warm. In den Zelten steht Wasser bzw. Eis, bei den Fenstern hereingeweht. Habe die Automatic mit und mache ziemlich viel Werbeaufnahmen und auch andere.
Stimmung im anderen Lager ist wie immer an solchen entscheidenden

Tagen sehr gereizt. Fritz macht 2 Dosen Letscho warm und Markus beschwert sich gleich, daß wir nicht kochen. Es gibt eine Auseinandersetzung mit harten Vorwürfen, und Markus sagt, ich kann nur kommandieren, bestimmen, aber nichts tun.
Ich ziehe mich dann zurück, und Fritz meint, man müsse sich einmal ausreden, und zieht die ernst zu nehmende Auseinandersetzung nur absichtlich ins Lächerliche, um alles wieder gutzumachen.
Dann kochen wir Tee, bis die Gasflaschen leer sind. Es ist gerade so viel, daß wir abends und zum Frühstück etwas haben, und je 2 Mann 1 Liter für die Tour.
Markus fragt abends noch, wann wir weggehen. Je früher, um so lieber – ist meine Meinung. Markus meint um $^{1}/_{2}4$ Uhr früh, was mir recht ist, dann um $^{1}/_{2}3$ Uhr wecken.
»Daß mir ja keiner früher weggeht« – meint Markus noch.
Bei Sonnenuntergang gehen wir schlafen.

So. 9. 6. Pfingstsonntag Gut geschlafen, nachts muß ich vors Zelt, mondhell, am liebsten würde ich gehen und ruf ins Nachbarzelt, ob man dort keine Lust hat – keine Antwort, so schlafe ich wieder weiter. Um 1 Uhr bin ich wach und warte im Schlafsack bis $^{1}/_{2}3$ Uhr, dann mache ich die Kerze an und ziehe mich an. Der Speisethermos mit Haferflocken ist im Nachbarzelt, wir müssen warten, bis man dort damit fertig ist, dann bekommen wir unseren Teil.
Inzwischen sind die beiden fertig und Markus geht – wie üblich – voraus, dann folgt Fritz und eine Viertelstunde später kommen wir.
Es ist $^{1}/_{2}4$ Uhr, –20 Grad vor dem Zelt, windstill und klar. Der Schnee anfangs hart und Eis bis ungefähr 7300 m, dann wird er lockerer. Erst dort oben holen wir die beiden ein und ohne Füßeschwingen trotz der kalten Füße gehe ich voraus und spure weiter. Anfangs noch in der alten verblasenen Spur, dann – wie am Vortag vereinbart – rechts hinauf. Doch Fritz und Markus gehen die alte Spur weiter.
Ich gehe meinen Weg, und Kurt hinter mir, teils sehr hart, teils bricht man wieder tief ein und es ist bitterkalt, vielleicht –30 Grad. Den rechten Fuß spüre ich nicht mehr. Um 8 Uhr kommen wir in die Sonne unter dem Steilhang in 7600 m und Fritz und Markus kommen hinter uns in ihrer Spur, und geben dann zu, daß es dort nicht leicht war.
Wir essen etwas, ziehen die Schuhe aus und massieren die Füße, besonders ich, da ich den rechten Fuß schon wieder leicht angefroren habe. Nach einer halben Stunde, als ich noch fest beim Massieren bin, zieht [ziehen] sich Markus und Fritz an und gehen weiter, und Fritz meint nur, wir sollen ruhig weitermassieren, einen erfrorenen Fuß wäre der ganze Gipfel nicht wert.
Wir tun es auch, weil wir es für notwendig halten, und nach gut einer Stunde, als die Füße wieder warm sind, gehen Kurt und ich weiter.

Lockende Ziele nach dem Broad Peak: für Marcus und Fritz der Skil Brum (7360 m) …

… und für Hermann und Kurt die Chogolisa (7654 m und 7668 m)

Chogolisa am 27.6.1957: Hermann im Aufstieg kurz vor dem Wettersturz

27.6.1957: *die letzte Spur Hermann Buhls und* (Pfeil) *der Wächtenbruch*

1958: Japaner übergeben Buhls Chogolisa-Tagebuch an Walter Bonatti.

2004: Eugenie Buhl und Kurt Diemberger mit einem der Broad-Peak-Tagebücher

Der Steilhang ist sehr mühsam und um $^{1}/_{2}2$ Uhr sind wir auf der Scharte, während Fritz und Markus schon wieder weiter sind.
Mir ist hundsmiserabel, vielleicht von der Kälte, habe keinen Appetit, und Kurt reicht [mischt?] mir Zwetschgen, Pez und Haselnüsse, noch [nur? sowie?] einen Schluck Tee, was ich mit Widerwillen zu mir nehme.
Ich liege dort und verschnaufe bis $^{1}/_{2}3$ Uhr, dann gehen wir weiter. Mühsam schleppe ich mich hinter Kurt den Grat hinauf, furchtbar langsam. An der Schulter unter dem Vorgipfel ist es $^{1}/_{2}5$ Uhr; und Kurt, der glaubt, daß wir so nicht mehr zum Gipfel kommen, fragt mich, ob er allein weitergehen kann, worauf ich ihn gehen lasse. Ich setze mich hin, und will warten – und sehe gerade, es ist 5 Uhr, zwei Punkte am Gipfel noch weit weg, es ist Fritz und Markus und wie schnell Kurt den Hang zum Vorgipfel überwindet, darauf gehe ich weiter.
Am Vorgipfel begegne ich Fritz und Markus, beide sehr erschöpft, die ohne ein Wort zu sagen an mir vorbeigehen. Ich frage sie, wie weit es zum Gipfel ist? Eine gute Stunde! Dann gehe ich weiter über Felsköpfe, einen waagrechten Grat. Es geht leichter. Kurt steigt gerade vom Gipfel ab und auf halbem Weg treffe ich ihn. Er ist ganz erstaunt, daß ich komme, und geht mit mir wieder zum Gipfel zurück. Um 7 Uhr, genau bei Sonnenuntergang, stehen wir oben. Ich beeile mich, bevor die Sonne ganz verschwindet. Ich fühle im Moment nichts, will bloß noch ein paar Aufnahmen machen mit dem [Fortsetzung: Tagebuch II/ Fortsetzung von Tagebuch I So. 9.6. Pfingstsonntag] Eispickel[,] dem Berglandwimpel und der [dem] Tiroler Wimpel. Ich binde die [den] Berglandwimpel an den Pickel, steck die [den] Tiroler Wimpel ein, will sie [ihn] dann hervorholen und finde sie [ihn] nicht mehr.* Sie [er] liegt auch nicht in meiner Umgebung. Dann mach ich mit der [dem] Bergländer-Wimpel 2 Aufnahmen und einige Panoramen. Die Stimmung ist großartig, alles im Schatten, nur noch bei uns die Sonne. Blutrot geht sie unter. Dann drücken wir, Kurt und ich, uns die Hände; als die Sonne weg ist, $^{1}/_{2}8$ Uhr abends, verlassen wir den Gipfel. Rasch geht's zum Vorgipfel, wo wir noch das Leuchten des Tages haben, dann teils im Mondlicht, teils im Schatten, die Felspartie mit Seil sichernd hinab, um 9 Uhr in der Scharte und weiter an Seilen die Eisflanke hinunter und dann mühsam im Bruchharsch, keuchend endlos hinab zum Lager 3. Um $^{1}/_{2}$ nach 12 Uhr Mitternacht wieder Lager 3 erreicht. Wir fallen in den Schlafsack.

Mo. 10. 6. Pfingstmontag Bis 10 Uhr geschlafen. Markus und Fritz bauen ihr Zelt ab und hauen damit ab. Markus meint, wir sollen unser Zelt auch mit hinabnehmen, die Skistöcke, Speisethermos und Kochgeschirr einfach hinabwerfen. Mittags wollen wir aufbrechen. Wir haben kein Gas mehr und können uns nichts kochen. Wir brechen das Zelt ab, haben aber schon so schwere Rucksäcke, daß wir nichts mehr nehmen können, und außerdem

* Wimpel bei Buhl weiblich.

liegt noch alles samt Verpflegung, Gasflaschen etc. heroben, so verstauen wir es hier und wollen wieder heraufkommen. Um 13 Uhr verlassen wir Lager 3. Der Abstieg ist mühsam und anstrengend, trotz der Seile, und ich sehne mir das Plateau herauf.
Um 5 Uhr bin ich im Lager 2. Kurt war vorausgeeilt, eine Stunde früher dort und hat etwas gekocht zum Trinken. Markus und Fritz waren schon wieder weg, ohne was zu trinken zu hinterlassen, und haben den Gasanschluß mitgenommen. Benzin war nicht mehr viel hier, so war's mit dem Kochen bald aus. Hungrig und müde gingen wir schlafen.

Di. 11. 6. Nur schwer kommen wir aus dem Schlafsack. Kaltes Schmelzwasser und Keks gibt's zum Frühstück. Mittags steigen wir ab zu Lager 1. Der Rucksack ist furchtbar schwer, der Schnee schlecht. Eine Schmierschicht auf Eis. Die Steigeisen ballen, mehrmals rutsche ich aus und kann mich mit Mühe noch halten. Um 14 Uhr in Lager I. Ich koche Tee, eine Kanne, dann ist der Zucker aus und ungezuckert schmeckt er nicht. Wir warten die ärgste Hitze ab. Um 4 Uhr steigen wir ab, vorsichtig, denn es wird immer gefährlicher und Eis kommt unten heraus. Die Schlafsäcke blieben im Lager 1. Am Godwin-Austen-Gletscher ist es schwierig, sich in den vielen Tümpeln und Gletscherseen zurecht zu finden, und um 7 Uhr abends sind wir im Basislager.
Kadar erkennt uns und kommt uns mit einem Freudenschrei entgegen. Teilnahmslos sitzen Fritz und Markus in der Küche und sagen, sie haben uns beobachtet und hatten schon Sorge, da wir nicht kommen. Sie überlegten gerade, ob sie uns nicht entgegengehen sollten. Kadar sagte mir dann, Markus sagte zu ihm, es ist nicht leicht, Expeditionsleiter zu sein, wenn man die Verantwortung für die Leute hat.
Zum Essen war nicht viel da, aber Kadar macht uns gleich 2 Konserven warm. Wir hatten auch einen Hunger, daß wir alles doppelt sahen.

Mi. 12. 6. Den ganzen Tag fast geschlafen, gegessen und getrunken, erholt. Lippen und Nase wieder ganz offen. Stimmung sehr gespannt. Kurt fragt Fritz wegen Salbe, worauf ihn dieser furchtbar anplärrt. Ich funke dann dazwischen und dann erst beruhigt sich Fritz. Markus will unbedingt eine eigene Frostheilsalbe für seine Füße und fordert, obwohl er weiß, daß nicht mehr viel hier ist, für die nächsten 14 Tage seine eigene Salbe. Um mich pfeift er sich wenig, obwohl es mit meinen Füßen schlechter steht. Abends kommen die Postläufer. Jeder bekommt Post und damit ist die Stimmung besser.

Do. 13. 6. Großer Schreibtag, keiner hat mehr zum Kochen Zeit. Markus schreibt mit seinen Karten und sehr herausforderlichem Text ganz Salzburg an. Es wäre fast billiger, er würde eine Postwurfsendung an alle Haushaltungen aufgeben. Jedem muß er bekanntgeben, daß er als erste Seilschaft um

15.05 [Uhr; Schreibfehler, richtig 17.05] den Gipfel erreichte. Fritz ist mit seinen Kartengrüßen ähnlich kritisch. Die beiden schreiben fast nur privat. Abends ermahne ich an den Zusammenhalt, die Gemeinschaftsleistung und daß doch immer die Rede war, daß alle am Gipfel stehen sollen. Ich erinnere, daß der Erfolg so einmalig ist, daß es schade wäre, wenn durch Kleinlichkeiten dieser geschmälert würde, alles würde darunter leiden. Dies gründlich.

Fr. 14. 6. Fritz ist wie umgewandelt, er kriecht Kurt und mir förmlich hinten hinein. Markus ist schwierig. Er will Telegramme aufgeben, in denen das Wort die »gesamte Mannschaft« nicht vorkommt. Doch wir sind dagegen und Kurt setzt seinen Standpunkt eisern durch. Wir verlangen Abschrift des Briefes an Geoghehan mit den Telegrammtexten. Markus macht hinter meinem Rücken Abmachungen mit dem Käpt. wegen Abbruch der Expedition. Ohne uns zu fragen, will er für Ende Juni die Träger bestellen, nur weil er früher weg muß und kein Interesse mehr hat zu bleiben. Dabei hab ich noch ein umfangreiches Programm.
Werbefotos, Lager abbauen, Exkursionen etc. Ich mache ihn aufmerksam, daß ich als bergsteigerischer Leiter auch etwas zu reden habe, und dieses Wort hört er gar nicht gerne, und daß die Ausrüstung so lange nicht wegkommt, bis alles abgewickelt ist.
Außerdem sind das diktatorische Manieren, ohne jemand zu fragen, so eine wichtige Abmachung zu treffen. Nach langem Hin und Her einigen wir uns auf den 5. Juli, doch Markus möchte aus diesem Kompromiß wieder einen Kompromiß schließen, früher hieß es, wir wollten doch 3 Monate bleiben und jetzt sind es erst 6 Wochen, es bleibt aber beim 5. Juli.
Diesen Tag wird noch fest geschrieben. Habe insgesamt 300 Karten zu schreiben. Kurt gibt mir die 2. Injektion mit 2 Ampullen, 1. gestern mit einer Ampulle Priscol.

Sa. 15. 6. Berichte geschrieben bis 10 Uhr nachts, Werbeaufnahmen gemacht, 3. Injektion, eine Ampulle Priscol. Stimmung allgemein wieder besser. Wetter wechselhaft.

So. 16. 6. Fritz, Markus, Kadar gehen um 6 Uhr zu Lager I das Zelt holen, kommen um 14 Uhr zurück. Wetter gut, Tagebuch nachgetragen, Werbeaufnahmen gemacht, Mittags Eierkuchen und Vorbereitungen für Aufstieg nach Lager 3.

Mo. 17. 6. Um 6 Uhr früh ab mit Kurt nach Lager 2, Wetter gut, sehr heiß, Schnee bis Kanzel hart, dann schlecht, Neuschnee auf Eis, um 10 Uhr bei Lager I schlechte Verfassung, tiefer Neuschnee, nach Lager II, um 3 Uhr im Lager II, vollkommen eingeschneit. Eis nur noch 5 cm über Zeltgiebel, man kann nicht mehr aufrecht stehen. Schlecht geschlafen.

Di. 18. 6. Um 8 Uhr auf, sehr kalt, mittags steigt Kurt nach Lager 3 an, um Zelt und Lagerausrüstung zu holen, ich montiere Seile ab für den Abtransport, koche in Lager 2, bis Kurt kommt.
Unheimlich viel Neuschnee. Kocher funktioniert nicht recht. Abends zu viel der konzentrierten Suppe gegessen, nachts nicht geschlafen, arger Durchfall.

Mi. 19. 6. Um 8 Uhr auf, furchtbar kalt, schimpfe auf Fritz und das Lager, der seine Idee unbedingt durchsetzte. Sonne kommt erst um 5 Uhr zu den Zelten, während vor dem Lager und am Plateau die Sonne scheint und wärmt. Durchschnittstemperatur –20 Grad, man kann ohne Handschuhe kaum arbeiten. Gehen erst aufs Plateau zum Wärmen, habe eiskalte Füße. Beginnen um ca. 11 Uhr mit dem Abtransport, ist noch viel in Lager 2, für 14 Tage Verpflegung mit viel Ausrüstung, jeder hat einen Rucksack und gemeinsam den Seesack mit 2 Zelten und ca. 60 kg Ausrüstung. Abtransport in Hitze sehr anstrengend, Sack rutscht nicht. Um 16 Uhr bei Lager 1, Kurt bekommt, nachdem ich ihn zurechtweise, daß er nie hört, einen Anfall von Wut und brüllt mich nicht schlecht an. Um 1/2 7 Uhr am Godwin-Austen-Gletscher. Sack und Seil bleibt hinten, nur persönliche Ausrüstung geht mit. Kurt bricht in Gletscherbach ein, steckt bis zur Hälfte im Eiswasser, um 8 Uhr im Lager. Kadar allein, erzählt, daß Fritz und Markus vorgestern zum Savoia-Gletscher für 3–4 Tage gingen, obwohl sie uns sagten, wir sollten die Lager räumen, sie jedoch nur die Zelte, sonst aber gar nichts mit hinunternahmen. Gleich ins Bett. Gut geschlafen.

Do. 20. 6. Nachts weckt Kurt mit Tee und sagt, daß er mittags weggeht zur Chogolisa. Um 9 Uhr kommt Markus und Fritz zurück und waren am Savoya Peak angeblich über 7400 m. Fritz spricht sehr viel mit mir, will sich scheinbar wieder eingrieseln, wie es seine Art ist. Er fragt mich sogar, wie man den Berg benennen soll, und schlägt vor, in den nächsten Tagen eine schöne Viererpartie mit Kadar zu unserem Hausberg zu machen.
Er will wissen, wo Kurt hingeht. Kadar hat ihm am Morgen bereits gesagt, daß es nicht recht war, was sie taten, uns die Lager räumen lassen, während sie ohne unseres Wissens auf Tour gehen zu einem Berg, von dem wir immer gemeinsam sprachen. Nun ist auch meine Gutheit zu Ende, nun muß auch ich mit versteckten Karten spielen. Fritz erklärt mir dann auch, daß die letzten 10 m zum Gipfel sehr schwer und gefährlich waren und Markus nicht hinauf ging.
Kurt richtet alles für seinen Gang her, will mittags starten, ich setze alles in Ordnung, will Zelt versetzen und nachmittags mit Kadar unseren Sack holen.

Hermann Buhls Chogolisa-Notizbuch

Außer in seinen beiden Broad-Peak-Tagebüchern, die er im Basislager zurückließ, machte Hermann Buhl noch letzte Eintragungen in ein Notizbuch, das er zur Chogolisa mitnahm. Dieses Büchlein blieb nach der Tragödie seines Absturzes im Zelt liegen, das Hermann und ich vor unserem Gipfelversuch auf 6700 m am Grat verankert hatten, und wurde ein Jahr später von Mitgliedern einer japanischen Chogolisa-Expedition geborgen. Es ist außer meinen Aufnahmen das einzige Zeugnis über die hervorragende körperliche Verfassung Hermann Buhls an seinem letzten Berg. Darüber hinaus beweist es seinen ungebrochenen Auftrieb und die rasche Überwindung der nervlichen Streßsituation nach dem Broad Peak durch die Wahl eines neuen, begeisternden Ziels!

Kurt Diemberger

Aus dem Notizbuch Hermann Buhls mit dem Titel:
BUHL HERMANN,
ÖSTERREICHISCHE KARAKORUM EXPEDITION 1957

Juni

Sonnabend 15.

Briefe an:	Vigl mit Bericht	6/7
–"–	Generl m "	6/7
–"–	ÖAK	
–"–	Bergland mit Kurzbericht	
–"–	Scheck m. Bericht 7	

ca. 170 Firmenkarten
ca. 130 Privatkarten
1 Telegramm an Scheck [Sporthaus, Ausrüster der Expedition]
1 Telegramm an T. T. [Tiroler Tageszeitung]

Sonntag 16. [gestrichen]
L 3 1/24 Uhr früh 6900 m –20 Grad C [alles von H. B. gestrichen]
BL I [nicht gestrichen]

Montag 17. nach Lager 2

Dienstag 18. Kurt nach Lager 3, ich Seil abmontiert
nachts in Lager 2

Mittwoch 19. Abstieg ins BL
nachts im Basislager
Wetter herrlich

Donnerstag 20. Markus und Fritz von Savoia Gruppe zurück
Kurt verläßt BL um 6 [kann evtl. auch 5 heißen] Uhr [abends], ich mit Kadar zum Depot Ausrüstung holen,
Wetter herrlich.

Freitag 21. ½6 Uhr früh Aufbruch mit 35 kg Rucksack zum Gasherbrum Gletscher, nachmittags mit Kurt zusammengetroffen, um 7 Uhr Zelt im Hintergrund des Gletschers aufgestellt. Wetter herrlich, Höhe 5000 m.

Sonnabend 22. ½10 Uhr Abmarsch mit Verpflegung und einem Teil der Ausrüstung zur Chogolisa in Richtung Kaberisattel, 1 Std. zum Beginn der Steilhänge, Gletscher unheimlich zerrissen, heiß, aber bewölkt, um 3 Uhr am Schneegrat in 5500 m Depot und Abstieg, ½8 Uhr im Lager, Schnee miserabel, großartige Stimmungen. Für nächsten Tag Aufbruch um 4 Uhr gedacht, mache Kurt für Wecken verantwortlich.

Sonntag 23. Kurt läßt sich wieder von mir um ½4 Uhr früh wecken, schwere Auseinandersetzung deswegen, Wetter schlecht, leg mich wieder hin. 2. schwere Auseinandersetzung mit Kurt [wegen] essen, Orangenmarmelade fast zur Gänze gegessen. Kurt macht mir Vorwurf, zu wenig Verpflegung getragen zu haben, ist unerhört frech, Wetter den ganzen Tag schlecht, im Zelt, spreche nichts mehr mit Kurt, der Fall ist für mich erledigt.

Montag 24. 3 Uhr auf, Kurt reißt sich schwer zusammen, ½5 Uhr mit Zelt etc. weg, leichter Schneefall, Wetter nicht bes., gut in Form, 7 Uhr 30 am Depot 5500 m.
Mit Depot, Rucksack ca. 25 kg weiter über Sporn bei knietiefem Schnee, alles gespurt bis Kaberisattel, 6360 m, um 17 Uhr Lager errichtet, alles m. Fahnen markiert, Kocher geht nicht recht.

Dienstag 25. Bis 10 Uhr im Schlafsack, dann gekocht, 13 Uhr Lager abgebaut und angestiegen. Am Fuß des Firngrates d. 1. Aufschwunges in 6400 m Depot hinterlassen. Wetter schlecht, um ½ nach 6 Uhr an der Scharte dort Zelt errichtet, Kocher geht diesmal gut. 6700 m.

Mittwoch 26. Gut geschlafen, morgens Kopfweh wegen Sauerstoffmangel, bis 10 Uhr im Schlafsack, Nebel, starker Wind.

Donnerstag 27. [Keine Eintragungen mehr]

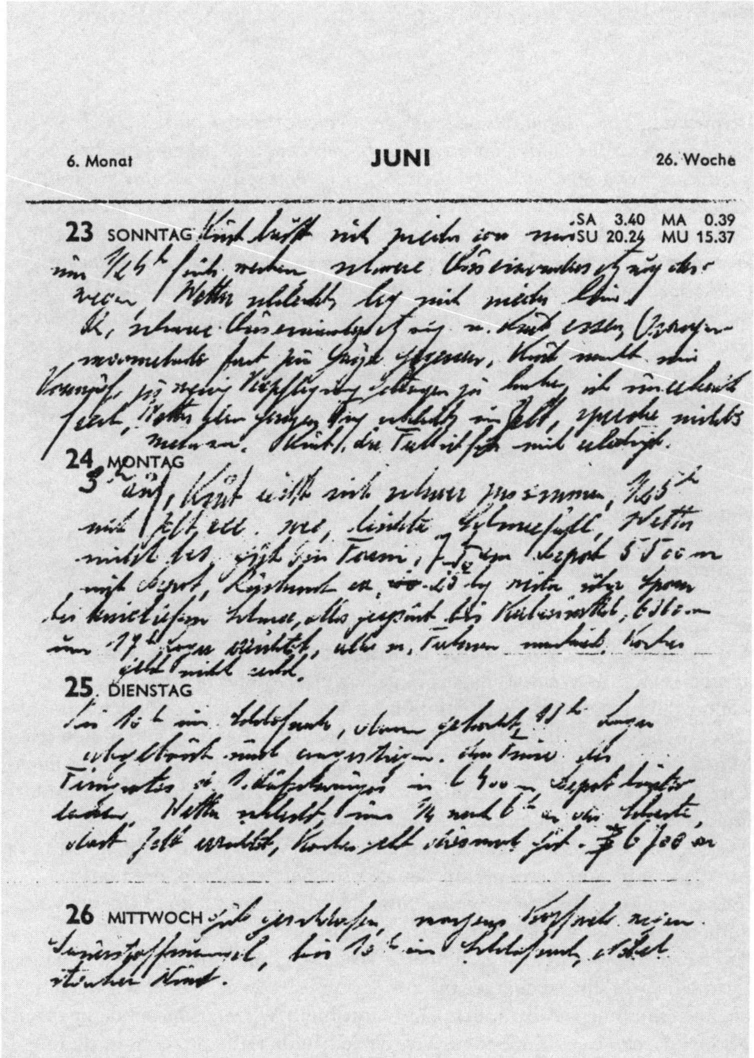
6. Monat JUNI 26. Woche

23 SONNTAG SA 3.40 MA 0.39 SU 20.24 MU 15.37

24 MONTAG

25 DIENSTAG

26 MITTWOCH

Die Seite mit den letzten Eintragungen bis zum Tag vor Buhls Absturz

Protokoll über den tödlichen Unfall Hermann Buhls

Über unser Ziel Chogolisa wußte nur der Begleitoffizier, Captain Qader Saeed, Bescheid. So traf ihn, der Hermann Buhl verehrte und der uns die Erlaubnis für diesen Berg gegeben hatte, die Nachricht von seinem Absturz besonders schwer. Ich selbst konnte seinen fast sicheren Tod ja noch immer nicht fassen, doch ohne fremde Hilfe war ich im Sturm auf 7000 Meter machtlos gewesen – ich mußte die anderen holen. Nach rund 27 Stunden, nach einer unvorstellbaren Odyssee, erst im Nebel, dann über das schier endlose Moränengelände des Baltoro, traf ich im Basislager ein. Gab es noch einen Funken Hoffnung? Hier folgt der Text der Niederschrift meiner mündlichen Schilderung der Ereignisse, der auf Veranlassung des Expeditionsleiters unverzüglich aufgenommen wurde.

Kurt Diemberger

Hauptlager am 28. Juni 1957, 16 Uhr 30. Um 16 Uhr 30 [vermutlich 16 Uhr] kommt Kurt Diemberger allein und sehr erschöpft ins Hauptlager und gibt folgenden Bericht:

Am 20. Juni verließ ich am Nachmittag das Basislager um 17 Uhr mit der Absicht, fotografisch am oberen Baltorogletscher tätig zu sein und wenn möglich einen Berg zu besteigen. Gegebenenfalls sollte Hermann Buhl, wenn es ihm besser ginge, nachkommen. Um 10 Uhr abends errichtete ich am oberen Konkordiaplatz das Zelt. Am nächsten Tag ging ich, indem ich Markierungsfähnchen steckte, bis zum Lager IV der IHE 1934, wobei mich kurz vorher Hermann Buhl einholte. Wir querten zur südlichen Moräne hinüber und stellten hier das Zelt auf (5000 m).
Am 22. Juni war das Wetter wolkig geworden. Wir trugen Verpflegung und Ausrüstung bis auf 5500 m, auf den grossen Schneerücken, der vom Kaberisattel herunterzieht, wobei ein wilder Eisbruch zu durchqueren war, und errichteten dort ein Depot. Der 23. Juni war Rasttag.
Am 24. waren wir in ausgezeichneter Verfassung und stiegen mit den ganzen Sachen für ein Hochlager bis auf 6300 m (Lager I), wobei wir auch das Depot mitnahmen. Alles spurte Hermann Buhl. Wir markierten den ganzen bei Nebel schwer zu findenden Weg (viele Mulden und Spalten) mit Fähnchen zur Sicherung eines Rückzuges bei Schlechtwetter. Der Schnee war tief und kostete anstrengende Spurarbeit.
Am 25. Juni querten wir hinüber zum Beginn des Grates des Gipfels am SO-Grat der Chogolisa. Wir errichteten ein kleines Nahrungsmitteldepot in einem Zeltsack, dann stiegen wir über den Schneegrat bis auf eine Schulter (Sattel) und errichteten in 6700 m Lager II.

Am 26. Juni wollten wir eine Spur auf den Gratgipfel legen, um uns den Gipfelangriff zu erleichtern. Eisiger Sturm zwang uns aber 50 m über dem Sattel zur Umkehr. Wir freuten uns sehr, denn der Höhenmesser war gefallen, ein Zeichen für Wetterbesserung. Am Abend wurde es dann tatsächlich schön und wir trafen alle Vorbereitungen für den nächsten Tag.
Am 27. Juni (Donnerstag) wollte ich um 2 Uhr 30 aufstehen, aber Hermann erklärte, das sei der grossen Kälte und seines Fußes wegen zu bald. Er war für 5 Uhr Abmarsch. Um 4 Uhr 45 gingen wir los. Der Wind hatte stellenweise den Grat abgeblasen, größtenteils kostete er aber anstrengende Spurarbeit. Das Steilstück bis knapp unter die Höhe des Gratgipfels spurte zum grössten Teil ich. Bis in die Scharte hinter dem Gratgipfel ging nun Hermann voraus. Das letzte Stück fast auf der Gratschneide war sehr unangenehm, schwierig und ausgesetzt und zum Teil schneebrettgefährlich. Um 9 Uhr waren wir in der Scharte 7000 m hoch. Längere Rast und Essen. Hermann massiert seinen Fuß. Das Wetter war bei uns prachtvoll, nur in den Gebieten außerhalb der Baltoroberge war es wolkig. Der Weg zum zirka 600 m höher gelegenen Gipfel war zur Gänze zu sehen und schien uns ohne weiteres gangbar. Wir wollten der Aussicht wegen bald oben sein. Hermann sagte, jetzt gehen wir ohne Seil. Es ging nur langsam vorwärts, erst spurte ich ein größeres Stück, später wechseln wir uns ab. Hermann befand sich in ausgezeichneter Form und erklärte, so gut sei es ihm auf der Expedition noch nie gegangen. Knapp unter der 7300 m Grenze wurden wir eingenebelt. Wind kam auf und artete um 13 Uhr zu einem Sturm aus, der von Schneeschauern begleitet wurde. Die Sicht wurde sehr schlecht. Wir entschlossen uns um 13 Uhr in 7300 m zur Umkehr, wobei Hermann bemerkte, jetzt müssen wir umkehren, der Wind verbläst uns die Spuren, wir sehen nichts und kommen vielleicht den Wächten zu nahe. (Sinngemäß) Er hatte zuletzt geführt, so stieg ich als erster ab. Schon nach kurzer Zeit konnte ich unsere Aufstiegsspur kaum mehr erkennen. Links von mir sah ich nur ganz schwach den Wächtenrand (Waschküche). Von Zeit zu Zeit schaute ich zurück zu Hermann, der mir in 10 m Abstand folgte. Plötzlich spürte ich ein Vibrieren der Schneefläche, sah gleichzeitig kleine Stücke vom Wächtenrand abbrechen und sprang im selben Augenblick in zwei, drei Sätzen nach rechts. Ich wunderte mich darüber und entschloß mich, ohne Rücksicht auf die kaum noch sichtbare alte Spur, weiter rechts zu gehen. Der Abstieg erforderte meine ganze Konzentration, da auf der rechten Seite Schneebrettgefahr herrschte (zirka 35 Grad Neigung). Ich dachte mir, nun muß ich dem Hermann sagen, da oben habe ich Glück gehabt. Ich sah mich um und sah niemand. Ich dachte nicht im entferntesten daran, dass die Vibration, die ich spürte, die Auswirkung eines großen Wächtenabbruches hinter mir war. Ich wartete eine Weile auf Hermann, doch er kam nicht, was mich sehr verwunderte. Ich konnte die Spur nach oben ein großes Stück nicht einsehen, da hier der Hang ein leichter Rücken war. Die Sicht

war in diesem Moment besser. Auf mein Rufen erhielt ich keine Antwort. Plötzlich kam mir der Gedanke, Hermann wird doch nicht mit der Wächte abgestürzt sein, das ist doch hinter mir in der Spur ganz unmöglich. Ich hastete den Hang hinauf und hoffte, ihn beim Anziehen der Steigeisen oder sonst einer Tätigkeit anzutreffen. Als ich den ganzen Schneehang einsah und Hermann nicht da war, dachte ich mir, jetzt ist etwas passiert. Ich dachte mir, es gibt zwei Möglichkeiten, die Wächte oder der Schneehang. Ich suchte nach einer Rutschspur in der Flanke, aber es war keine vorhanden. Dann ging ich ein Stück höher und sah, daß die Spur in den Abbruch der Wächte hinausführte. Wieso kam ich darüber und der viel leichtere Hermann nicht. Ich sah mich vor Erregung nicht nach den Spuren um und dachte nur einen Punkt zu erreichen, von dem aus ich einen Einblick in die Wand habe. Soweit ich sehen konnte, war der ganze Grat überwächtet und man konnte nicht hinuntersehen. Die Sicht war zeitweise sehr gut, man sah bis zu dem Gratgipfel. Dieser schien mir die einzige Stelle, die Einblick geben konnte. So schnell als möglich erstieg ich ihn. Ich überblickte gut die Wand unterhalb des Wächtenabbruches, sah Spuren eines Schneerutsches, aber von Hermann nichts. Ich wollte nun die Wand absteigen, sah aber keine Möglichkeit, wo ich dies alleine und ohne Seilhilfe hätte tun können. Meiner Meinung nach musste Hermann mindestens 300 m gefallen und gerutscht sein und entweder in einer Spalte oder unter den Schneemassen liegen. Ich sah nur eine Möglichkeit der Rettung, möglichst schnell die Kameraden zu holen. Ich war physisch und psychisch sehr erschöpft und unter größter Anstrengung erreichte ich um 16 Uhr das Lager II. Dabei mußte ich den ganzen Weg frisch spuren, bei schlechtester Sicht. Einmal ging ein Schneebrett über mich hinweg, wobei ich großes Glück hatte. Für den Fall, daß Hermann irgendwie durch ein Wunder zum Zelt kommen sollte, hinterließ ich die Nachricht »Komme mit Hilfe«. Ich packte das Nötige für ein Biwak ein und machte mich auf den Weg, denn es war mir klar, daß es hier auf Stunden ankommt. Die Sicht war sehr schlecht und mehrmals hätte ich fast Schneebretter losgelöst. Ich erreichte, immer knietief spurend, das Depot und holte mir den Biwaksack und ein wenig Verpflegung. Die Markierungsfähnchen waren alle eingeschneit und schauten nur 3–4 cm aus dem Schnee heraus. Sie waren sehr schwer zu finden, so daß ich manchmal die Route verlor. Ich mühte mich zuletzt mit der Taschenlampe bis auf 5500 m hinunter, wo ich um 22 Uhr ankam (1. Depotplatz) und hier biwakierte.

Am 28. Juni ging ich um 6 Uhr 30 los und erreichte das Basislager um 9 Uhr 30. Der Eisbruch hatte sich verändert und viele Stellen waren einsturzgefährdet. Ich hinterließ alles beim Basislagerzeltplatz und ging so schnell als möglich zum Broad-Peak-Basislager, wo ich um 16 Uhr eintraf. Der Schnee war weich, so daß ich dauernd einbrach und sehr müde ankam, zeitweise schneite es.

N. P. Vom Gratgipfel konnte ich die Spuren genauer beobachten und feststellen, daß Hermanns Spur bei einer Biegung meine Spur verließ und gerade weiterführend in den Wächtenabbruch führte (Foto).

Für die Richtigkeit der Angabe: Kurt Diemberger
Aufgenommen: Fritz Wintersteller
Bei Angabe und Aufnahme anwesend und zur Gänze in Kenntnis genommen: Marcus Schmuck 28. 6. 1957.

Schlußbemerkungen

von Kurt Diemberger

Mein altes, hier auf den Seiten 269–309 wieder abgedrucktes Schlußkapitel für die Gedächtnisausgabe von Hermann Buhls Buch *Achttausend drüber und drunter* war 1958 gleichzeitig ein Gegengewicht zu etwas einseitigen Darstellungen im Expeditionsbuch. Mehr als vier Jahrzehnte später ist es auch das Bedürfnis nach einer gründlichen historischen Dokumentation, die zum erstmaligen Abdruck der Tagebücher Hermann Buhls führt. Neuere Publikationen* werfen Fragen auf, die über meinen Bericht hinaus die klare Darstellung gewisser Fakten unbedingt notwendig machen. Hermann Buhl, auf dessen Idee die ungewöhnliche Expedition zum Broad Peak, seinem zweiten Achttausender, zurückgeht – und deren bergsteigerischer Leiter er war –, kommt daher in diesem Buch, wo immer es geht, selbst zu Wort.

Der Gipfel des Broad Peak war, auch wenn er ihn am 9. Juni 1957 als letzter betrat, deshalb nicht weniger eine Erstbesteigung Hermanns! Es ist eine Tatsache, daß es ohne ihn nie zum Erfolg dieser Expedition gekommen wäre, daß unsere Gefährten, die zwei Stunden vor ihm im Schnee der leuchtenden Spitze des Berges standen, den Erfolg auch Hermanns Idee und der gemeinsamen Teamarbeit verdankten. Für Hermann mit seinen Frostschäden an den Füßen bedurfte es einer übermenschlichen Willensanstrengung, unseren Gipfel trotzdem zu erreichen! Doch der brachte dann ihm und mir die tiefe Freude, ge-

* Hier ist vor allem zu nennen Richard Sale, *Broad Peak,* Carreg Ltd., Ross-on-Wye 2004, der offenbar ungeprüft die Darstellungen von Marcus Schmuck und Fritz Wintersteller übernimmt und sowohl Hermann Buhl als auch mich möglichst negativ darstellt.

meinsam hoch über der Welt inmitten der irrealen Pracht eines Sonnenuntergangs zu stehen. Es war das Geschenk eines Tages, an dem Hermann Buhl noch einmal der Griff nach den Sternen gelang!

»Buhl hat den Westalpenstil in den Himalaya verpflanzt«, sagte der junge Reinhold Messner 1975, als er den Hidden Peak wie einen Alpenberg anging und gemeinsam mit Habeler den legendären Bergsteiger als großes Vorbild sah. In ihrem Blickfeld ragte ein herrlich schimmerndes Eisdach in den Himmel – die Chogolisa. »An diesem hohen Siebentausender hatte Hermann Buhl 1957 – nach der Besteigung des Broad Peak – dasselbe gemacht, was Peter und ich jetzt erstmals an einem Achttausender praktizieren wollten: Zusammen mit Kurt Diemberger stieg er, das Zelt von Biwakstelle zu Biwakstelle nach oben schiebend, ohne fremde Hilfe bis knapp unter den Gipfel auf. Die Zweierseilschaft operierte wie bei einer Westalpentour.«

Reinhold Messner und Peter Habeler waren Freunde, nicht anders als Hermann Buhl und ich. Sonst hätten weder sie noch wir es gewagt, einen so hohen Berg – und die Chogolisa ist nur vierhundert Meter niedriger als der Hidden Peak – allein und ohne den Rückhalt einer Mannschaft im Basislager anzugehen. Es war dieselbe Idee, die Hermann Buhl und mich vorantrieb, fast zwei Jahrzehnte früher – eine Idee, die heute weiterlebt und genauso wie zu unserer Zeit mit dem Menschen- und Materialeinsatz überdimensionaler »Besteigungsmaschinen« kontrastiert.

Große Berge sind Prüfsteine – nicht nur des Könnens. Die monatelange Abgeschiedenheit zwingt dazu, daß man sich unbedingt aufeinander verlassen können muß. Da zählt es viel, ob man sich schon länger kennt oder nicht – denn wer kann auf Dauer mit den Steinen reden? Es ist eigentlich nicht überraschend, daß es 1957 zu psychischen Schwierigkeiten kam – und so werde ich diese Expedition zum Broad Peak wegen vieler unvergeßlicher Augenblicke und der Tage mit Hermann zwar immer als einen Höhepunkt betrachten, andererseits kann ich nicht anders, als aus der Sicht menschlicher Beziehungen in ihr gleichzeitig einen Tiefpunkt zu sehen. Da hilft auch der großartige Erfolg unseres Teams nicht darüber hinweg, das für lange Zeit sowohl seelische Hürden als auch die beträchtlichen Schwierigkeiten, die sich uns am Berg entgegenstellten, bewältigte. Der Broad Peak ist der einzige Achttausender, der im Westalpenstil, ohne die Hilfe von Hochträgern, ohne Sauerstoffgeräte und Basislagerunterstützung durch die gesamte Mannschaft am 9. Juni 1957 erstbestiegen wurde, eine in der Himalaya-Geschichte einmalige Tat. Doch wegen des Zeitunterschiedes von zwei Stunden zwischen den ersten und den letzten Schritten derer, die wochenlang um diesen Berg gemeinsam gekämpft hatten, mußte Hermann noch im Basislager gegen das Versenden von Telegrammen appellieren, die das Wort »die gesamte Mannschaft« für diese Erstbesteigung nicht enthielten, und gegen Grußkarten, die für die Tat aller – nun, wo das Füreinander einem unseligen Gegeneinander gewichen war – die Zeit 17.05 Uhr für die ersten Schritte im Gipfelschnee unterhalb der Schlußwächte fixierten. Hermann versuchte wirklich alles, um die Gemeinsamkeit zu retten und unseren Erfolg, der ohne sie gar nicht möglich gewesen wäre, in einem wahrheitsgetreuen Bild der alpinen Welt zu überliefern.

Doch die Berge sind Prüfsteine ... und der Broad Peak hat bewiesen, daß unser Team als Gemeinschaft zuletzt eben doch nicht standhielt. Es zerfiel – wie auch Chris Bonington in einer psychologisch tiefgehenden Untersuchung in *Quest for Adventure* aufzeigt – in seine Grundelemente.

Kaum war Hermann Buhl befreit vom deprimierenden Wettbewerb und dem Stachel der Schlußsituation am Broad Peak, lebte er wieder auf, war er wieder der »fitteste Buhl, den es je gab, mit noch vielen, vielen Plänen« (*Alpin*, September 2003, S. 14). Das erfuhr ich beim Aufstieg an der Chogolisa, diesem prächtigen Siebentausender, fortwährend; Hermann war wie ausgewechselt. Die letzten Tage seines Lebens wurden ein Höhepunkt. Nicht allein wegen des Abenteuers, mit nur einem Zelt zu zweit einen riesigen, herrlichen Berg anzugehen – in einem Stil, der den der Besteigung des Broad Peak nicht nur an Kühnheit bei weitem übertraf, sondern vor allem auch, weil ihn nichts mehr einengte, weil er frei war von jedem Zugzwang, den die Belagerung des Achttausenders zu viert mit sich gebracht hatte. Fort war nun jede Enttäuschung, ja, sein letzter Aufstieg am 27. Juni 1957 wurde, wie er sagte, »für mich der schönste Tag auf dieser Expedition, in nur drei Tagen, nicht in drei Wochen einen so großen Berg zu besteigen – das habe ich mir immer gewunschen«.

Es wäre eine irreführende Vereinfachung zu sagen, der von unseren Gefährten eigenmächtig erstiegene Skil Brum hätte Hermann Buhl zur Chogolisa angestachelt, denn er wollte auf jeden Fall noch viel unternehmen: Sechs- oder Siebentausender, die wilden Granitgestalten um Paiju, vielleicht sogar den Mitre Peak ... und warum nicht die Chogolisa, das eisige »Himmelsdach«, wie wir es nannten – einer der schönsten Berge am Baltorogletscher? Zwar mag der ohne Absprache mit uns errungene Siebentausendererfolg der anderen bei seinem Entschluß wohl eine Rolle gespielt haben, aber es ist jedenfalls aus der Luft gegriffen, zu behaupten, Hermann Buhl sei aufgebrochen, weil er »Kurt nicht alleine lassen wollte«. Hermann wollte bergsteigen, und die Chogolisa war das erste Ziel! Den falschen Eindruck, es wäre die Sorge um Kurt gewesen, die ihn getrieben hätte, hat ein Zettel erweckt, den Hermann, als unsere Gefährten noch schliefen, frühmorgens beim Aufbruch in der Küche hinterließ.* Vermutlich wollte er durch den niemandem angekündigten frühen Aufbruch weiteren Diskussionen aus dem Wege gehen, und dieser Zettel sollte gleichzeitig verhindern, daß unsere Kumpane bei Kenntnis unseres Ziels nach »ihrem« Skil Brum nun plötzlich wieder auf »gemeinsam« schalteten und uns zur Chogolisa nachkämen. Doch bei Hermann war jetzt »der Ofen aus«, er wollte nur noch mit mir am Berg sein! Am 20. Juni, am Vortag seines Weggehens, schrieb er empört in sein Tagebuch: »Er [Fritz] will wissen, wo Kurt hingeht. Kadar hat ihm am Morgen bereits gesagt, daß es nicht recht war, was sie taten, uns die Lager räumen lassen, während sie ohne unser Wissen auf Tour gehen zu einem Berg, von dem wir immer gemeinsam sprachen. Nun ist auch meine Gutheit zu Ende, nun muß auch ich mit versteckten Karten spielen.« Die »versteckte Karte« Hermanns dürfte wohl der Zettel in der Küche gewesen sein, von dessen irreführendem Text ich erst viel später erfuhr. Er

* »Lieber Marcus! Da ich Kurt nicht alleinlassen wollte, ging ich ihm heute früh nach. Komme in 5–7 Tagen mit Kurt wieder. Ihr könnt inzwischen Arbeitsgebiet Savoiagletscher fertigmachen. Heil Euch und viel Glück! Herzlichst Dein Hermann 21. 6. 57.« (zit. nach M. Schmuck)

war offensichtlich eine diplomatische »Tarnung« für unser Unternehmen Chogolisa – ein Ziel, das unseren beiden Gefährten ebenso verborgen blieb wie uns das ihre.

Als Qader Saeed uns die Erlaubnis für die Besteigung der Chogolisa gab (»They have their peak, you have your peak«), war er zweifellos in gutem Glauben, und auch wir waren es – weder Hermann noch ich hätten künftige Bergpläne im Karakorum für ein nicht genehmigtes Nachziel* aufs Spiel gesetzt, so schön es auch sein mochte! Unser Captain war außerdem ein großer Verehrer Hermann Buhls und hätte ihm einen erfüllbaren Wunsch gewiß nicht abgeschlagen (welcher Pakistani von Rang wüßte nicht um Buhls legendären Alleingang am Nanga Parbat! Im April 2005 wurde Hermann Buhl posthum die höchste Auszeichnung des Landes verliehen). Hilfsbereit, wie unser guter Qader stets war, ging er mit Hermann sogar noch zum Fuß des Broad Peak, wo ein Teil seiner Ausrüstung für die Bergfahrt lag – zu jenem Platz, wo wir den schweren Seesack nach der Räumung deponiert hatten. Wie mir Hermann tags darauf am Fuß der Chogolisa erzählte, habe Qader ihm zuletzt noch viel Glück für unsere Unternehmung gewünscht.

Man kann die Schlußbetrachtungen über Hermann Buhls Lebensbuch jedoch nicht beenden, ohne auf Widersprüche hinzuweisen, die in der heutigen Literatur und oft auch in der öffentlichen Meinung verbreitet sind. Hermann Buhls Lebenswille war keineswegs ausgeschöpft – wie aus mir unerfindlichen Gründen in dem sonst spannend geschriebenen Werk von Höfler/Messner mit dem treffenden Titel

* Den pakistanischen Bestimmungen nach war es verboten, daß die Expedition »ohne vorherige Bewilligung der pakistanischen Regierung« in mehr als einer Gruppe operierte – das galt sowohl für Marcus Schmuck und Fritz Wintersteller als auch für Hermann Buhl und mich. Der Captain durfte vermutlich keines der beiden Nachziele (weder Chogolisa noch Savoiagrat III = der spätere »Skil Brum«) nur einer einzigen Seilschaft zugestehen. Eine Unterscheidung zwischen »benannten« und »unbenannten« Zielen, wie später von Schmuck vermutlich als eine Art Rechtfertigung für Qader Saeed konstruiert, existiert jedenfalls in den amtlichen »Regulations« nicht! Eindeutig war, daß auf gar keinen Fall ein Achttausender »als Draufgabe« nach dem Broad Peak zugestanden werden durfte.

Hermann Buhl – kompromißlos nach oben behauptet wird ... das war weder am Broad Peak der Fall, wo er trotz seiner Frostschäden den Gipfel erreichte, noch danach. Hermann war trotz seines starken Willens jedoch fast mimosenhaft empfindlich, was das Zusammensein mit ihm manchmal nicht leicht machte. Er war außerdem kein guter Befehlsempfänger, und nach der Expedition mit Herrligkoffer zum Nanga Parbat wollte er für die Zukunft von einem ihm übergeordneten Leiter nichts wissen! Er hatte Pech. Anstelle eines »Herrligkoffer« im Basislager brachte ihm der Broad Peak einen Expeditionsleiter, der sich droben am Berg recht gut auskannte. Als Buhl aus der Sackgasse, in der er sich vor der Abreise befand, keinen Ausweg mehr sah, erwog er – so wird es mehrfach berichtet und bestätigte er mir auch persönlich –, dem Rat eines Freundes zu folgen und durch einen Beinbruch auszusteigen. Vielleicht wäre es für den sensiblen Hermann besser gewesen, die Expedition wäre nicht gestartet. Er aber glaubte, mit der formalen Aufteilung (Schmuck Expeditionsleiter, Buhl bergsteigerischer Leiter) sei ein Arrangement gefunden worden, das es ihm ermöglichte, sich den Traum einer zweiten Achttausender-Erstbesteigung zu erfüllen. Daß ihm dies gelang, beweist sein unglaubliches Durchhaltevermögen. Es wurde ihm zum Schicksal.

Hermann Buhls Tourenbuch in Auszügen

zusammengestellt von Rollo Steffens

Hermann Buhl, österreichischer Alpinist und Bergführer, 21.9.1924–27.6.1957 (Absturz durch Wächtenbruch an der 7665 Meter hohen Chogolisa im Karakorum-Himalaya in Pakistan).

Buhl kletterte über 100 Anstiege im (seinerzeit höchsten) VI. Schwierigkeitsgrad und unternahm Winter- und Alleinbegehungen, vorwiegend in den Nördlichen Kalkalpen. Er gelangte aber auch in die Dolomiten, in die Brenta, ins Bergell, in die Walliser und Berner Alpen und in die Montblanc-Gruppe bei Chamonix. Auffallend sind seine Aktivität und sein ungebrochenes Interesse an großen Alpen-Klassikern im Zeitraum von 1954 bis 1957, also zwischen seinen Achttausender-Expeditionen zum Nanga Parbat (8125 m) im West-Himalaya und zum Broad Peak (8047 m) im Karakorum. So kletterte Buhl in diesem Zeitraum trotz seiner Frostschäden vom Nanga Parbat beispielsweise große Klassiker wie die Süd-Verschneidung am Großen Mühlsturzhorn in den Berchtesgadener Alpen, in der Brenta die Südost-Kante an der Guglia, in der Montblanc-Gruppe die Ostwand des Grand Capucin, die Petit-Dru-Westwand, den Brenva-Sporn und das Gervasutti-Couloir (solo), am Monte Rosa die Ostwand, im Gosaukamm die Däumlingskante, die Direkte Südwand an der Schüsselkarspitze im Wettersteingebirge und an der Spritzkarspitze im Karwendel den »Schiefen Riß«.

Aus seinem unglaublichen Tourenrepertoire nachfolgend die wichtigsten Unternehmungen und Erstbegehungen im Zeitraum von 1940 bis 1957.

Rollo Steffens

Die Anfänge – Erste Touren im VI. Grad

1940
Karwendelgebirge: Grubreisen-Südturm, (Auckenthalerriß); Wetterstein: Schüsselkarspitze, S-Wand (Spindler), Zillertaler Alpen: Olperer.

1941
Stubaier Alpen, Kalkkögel: Kleine Ochsenwand, W-Wand (Gipfelstürmer-Weg); Wetterstein: Scharnitzspitze, S-Wand (Hannemann); Zillertaler Alpen: Zsigmondyspitze, SW-Grat.

1942
Stubaier Alpen, Kalkkögel: Riepenwand, W-Wand (3. Begehung), Buhls erster »Sechser«; Wetterstein: Schüsselkarspitze, Südwand (Herzog/Fiechtl, 1. Alleinbegehung).

Beginn der Erstbegehungen

1943
Wilder Kaiser: Maukspitze, W-Wand (1. Begehung); Totenkirchl, W-Wand (Dülfer, vermutlich 1. freie Begehung).

1944
Stubaier Alpen, Kalkkögel: Große Ochsenwand, Kalte Kante (3. Begehung); Kleine Ochsenwand, NO-Wand (9. Begehung).

1945
Karwendelgebirge: Martinswand (Südwandriß, 2. Alleinbegehung); Hechenberg, Gerade S-Wand (Auckenthaler).

Die Nachkriegsjahre – Erst- und Winterbegehungen, frühe Wiederholungen

1946
Dolomiten: Große Zinne, N-Wand; Karwendelgebirge: Laliderer Wand (Schmid/Krebs), Ötztaler Alpen: Seekarlesschneid, NW-Pfeiler (1. Begehung); Rofangebirge: Rofanturm, W-Kante (1. Begehung); Stubaier Alpen: Goldkappl, S-Wand (2. Begehung); Wetterstein: Oberreintalschrofen, S-Pfeiler (1. Begehung).

1947
Karwendelgebirge, Erstbegehungen: Speckkarspitze (Buhldurchschlag); Lamsen-Hüttenturm, Gerade N-Wand u. Gelbe Kante; Rotwandl-Spitze (O-Gipfel), Gerade N-Wand; Gipfelstürmernadel, S-Kante; Laliderer Spitze, Direkte N-Wand (1. Gesamtdurchstieg); Rofangebirge: Erstbegehungen: Rofanspitze, Buhldach; Sagzahn, O-Wand, Dachverschneidung.

1948
Stubaier Alpen, Kalkkögel: Nordeck, Gerade NO-Wand (1. Alleinbegehung); Karwendelgebirge: Laliderer Spitze, Herzogkante (1. Winterbegehung), Gr. Solstein, N-Pfeiler (1. Alleinbegehung); Wettersteingebirge: Schüsselkarspitze, Dir. S-Wand (1. Winterbegehung); Wilder Kaiser: Fleischbank, O-Wand (Dülfer, 1. Winter-Alleinbegehung), Maukspitze, W-Wand (1. Winterbegehung).

1949
Dolomiten: Rotwand, SW-Wand (Eisenstecken, 2. Begehung), Piz Ciavazes (Buhlverschneidung, 1. Begehung), Marmolata, S-Pfeiler; Stubaier Alpen, Kalkkögel: Große Ochsenwand, Kalte Kante (1. Winterbegehung); Montblanc-Gruppe: Aig. Blanche, N-Wand (2. Begehung) und Peutereygrat, Aig. Noire, S-Grat.

Die großen Klassiker

1950
Bernina: Piz Bernina (Biancograt); Dolomiten: Civetta, NW-Wand, Marmolata, SW-Wand (1. Winterbegehung), Cima Canali, Buhlriß (1. Begehung); Montblanc-Gruppe: Petit Dru, N-Wand, Grandes Jorasses, Walkerpfeiler (7. Begehung), Gesamtüberschreitung der Aiguilles von Chamonix (1. Begehung); Walliser Alpen: Zinalrothorn, O-Wand, Matterhorn, Überschreitung (solo);

Ortlergruppe: Königsspitze, N-Wand; Wilder Kaiser: Fleischbank, SO-Verschneidung (1. Winterbegehung).

1951
Berchtesgadener Alpen: Großes Mühlsturzhorn, Direkte S-Kante (1. Winterbegehung); Julische Alpen: Triglav, N-Wand; Montblanc-Gruppe: Montblanc, Brenva-Flanke (Sentinelle Rouge); Zillertaler Alpen: Schrammacher, NW-Wand (1. Winterbegehung), Fußstein, N-Kante (1. Winterbegehung), Sagwand, N-Pfeiler.

1952
Bergell: Piz Badile, NO-Wand (Cassin, 1. Alleinbegehung); Berner Alpen: Eigernordwand (8. Begehung); Brenta: Cima di Ambiéz, SO-Wand; Dolomiten: Tofana di Rozes, S-Wandpfeiler (Pilastro); Wettersteingebirge: Schüsselkarspitze, S-Verschneidung (solo).

Vom Karwendel zum Himalaya und zum Karakorum

1953
Berchtesgadener Alpen: Watzmann, O-Wand, Salzburger Weg (1. Winterbegehung, solo); Karwendelgebirge: Steinkar-Umrahmung (1. Winterbegehung); Stubaier Alpen: Pflerscher Tribulaun, S-Wand (2. Begehung); West-Himalaya (Kaschmir): Südl. Chongra Peak (6448 m, solo), Rakhiot Peak (7070 m, dabei vermutlich 1. Besteigung der Gipfelnadel, Nadel solo), Nanga Parbat, 8125 m (einzige Achttausender-Erstbesteigung im Alleingang ab Lager V, ca. 6900 m).

1954
Berchtesgadener Alpen: Rotpalfenriß, Schärtenspitze, W-Grat (solo), Hoher Göll, W-Wand, Großer Trichter (solo), Kleiner Trichter, Kleines Mühlsturzhorn, Alte S-Wand, Großes Mühlsturzhorn, S-Verschneidung.

1955
Allgäuer Alpen: Himmelshorn, Rädlergrat; Berchtesgadener Alpen: Kleines Mühlsturzhorn, SW-Wand, Wartsteinkante, Drittes Watzmannkind, Direkte S-Kante, Berchtesgadener Hochthron, Pfeiler-S-Wand; Brenta: Campanile Basso (Guglia di Brenta), SO-Kante; Dolomiten: Mugonispitze, S-Wand, Zwölfer, N-Kante (solo), Kleinste Zinne, S-Wand (Cassin); Montblanc-Gruppe: Grand Capucin, O-Wand, Aig. Noire, W-Wand, Dent du Géant, S-Wand; Walliser Alpen: Monte Rosa, O-Wand; Wetterstein: Schüsselkarspitze, Direkte S-Wand, Partenkirchener Dreitorspitze, W-Grat (solo); Wilder Kaiser: Predigtstuhl-Nordgipfel, Direkte W-Wand, Fleischbank, SO-Verschneidung (2. Alleinbegehung).

1956
Ortlergruppe: Ortler, Königsspitze; Ötztaler Alpen: Wildspitze; Wilder Kaiser: Vordere Karlspitze, O-Wand;
Berchtesgadener Alpen: Watzmann, O-Wand, Salzburger Weg (solo), Watzmann, O-Wand, Berchtesgadener Weg, Hochsäul, S-Südwand; Dachsteingebirge (Gosaukamm): Däumling, O-Kante, Große Bischofsmütze, SO-Kante und Direkte N-Wand (mit Einstiegsvariante); Tauern: Großglockner; Karwendelgebirge: Laliderer Spitze, N-Wand (Auckenthaler, 1. Alleinbegehung), Laliderer Wand, Dibona u. N-Verschneidung, Laliderer Spitze, N-Kante (solo), Spritzkarspitze, NO-Wand (Schiefer Riß); Montblanc-Gruppe: Petit Dru, W-Wand, Montblanc de Tacul, Gervasutti-Couloir (solo), Aig. du Moine, O-Wand (1. Alleinbegehung), Aig. des Pellerins, SW-Kante (1. vollständige Begehung im Auf- und Abstieg), Montblanc, Brenva-Sporn.

1957
Karakorum/Pakistan: Broad Peak, 8047 m. Erstbesteigung.

Literaturhinweise

Bücher

Paul Bauer; *Das Ringen um den Nanga Parbat 1856–1953. Hundert Jahre bergsteigerischer Geschichte.* Süddeutscher Verlag, München 1955

Fritz Bechtold; *Deutsche am Nanga Parbat. Der Angriff 1934.* Bruckmann Verlag, München 1935

Chris Bonington; *Quest for Adventure.* Hodder and Stoughton, London 1981

Hermann Buhl; *Achttausend – drüber und drunter,* Gedächtnisausgabe mit einem Nachtrag von Kurt Diemberger. Nymphenburger Verlagshandlung, München 1958

Hermann Buhl (Neubearbtg. Lia Hörmann); *Hermann Buhl – allein am Nanga Parbat* und *Große Fahrten.* Steiger Verlag, Innsbruck 1984

Kurt Diemberger, *Gipfel und Gefährten – Zwischen Null und Achttausend.* Bruckmann Verlag, München 2001

Kurt Diemberger, *K2 – Traum und Schicksal.* Bruckmann Verlag, München 2001

Kurt Diemberger, *Aufbruch ins Ungewisse.* Malik Verlag, München 2004

Kurt Diemberger, *Der Siebte Sinn.* AS-Verlag, Zürich 2004

G. O. Dyhrenfurth, *Der Dritte Pol. Die Achttausender und ihre Trabanten.* Nymphenburger Verlag, München 1960

G. O. Dyhrenfurth, *BALTORO; ein Himalayabuch.* Benno Schwabe & Co., Basel 1939

Andy Fanshawe & Stephen Venables, *HIMALAYA – Alpine Style.* Hodder & Stoughton, London 1995

Heinrich Harrer, *Die Weiße Spinne. Die Geschichte der Eigernordwand.* Verlag Ullstein, Berlin 1959

Karl Maria Herrligkoffer, *Nanga Parbat 1953.* Lehmanns Verlag, München 1953

Horst Höfler (Hrsg.), *Nanga Parbat – Expeditionen zum »Schicksalsberg der Deutschen« 1934–1962.* AS-Verlag, Zürich 2001

Horst Höfler/Reinhold Messner (Hrsg.), *Karl Maria Herrligkoffer – Besessen, sieghaft, umstritten.* AS-Verlag, Zürich 2001

Horst Höfler/Reinhold Messner (Hrsg.), *Hermann Buhl – Am Rande des Möglichen.* AS-Verlag, Zürich 2003

Horst Höfler/Reinhold Messner (Hrsg.), *Hermann Buhl – Kompromißlos nach oben.* Steiger Verlag, Augsburg 1997, München 2000

Kurt Maix, *Berge – ewiges Abenteuer.* Nymphenburger Verlag, München 1966

Reinhold Messner, *Die Herausforderung – Zwei und ein Achttausender.* BLV-Verlag, München 1976

Gaston Rébuffat, *Sterne und Stürme.* Nymphenburger Verlag, München 1955

Richard Sale, *Broad Peak.* Carreg Ltd., Ross-on-Wye 2004

Marcus Schmuck, *Broad Peak 8047 m.* Das Bergland Buch, Salzburg/ Stuttgart 1958

Marcus Schmuck/Karlheinz Mattern, *»Broad Peak, 8047 m«* (Gedächtnisschrift anläßlich der 40-Jahr-Feier der Erstbesteigung), Salzburg 1997

Eric Shipton, *Blank on the Map.* In Neuauflage: *The Six Mountain Travel Books.* Diadem Books, London 1985

Martin Uitz/Audrey Salkeld (Hrsg.), *Der Berg ruft!* Verlag Anton Pustet, Salzburg 2000

Arthur Werner, *Weg und Ziel Nanga Parbat 1895–1953.* Verlag f. Jugend und Volk, Wien 1954

Zeitschriften und Jahrbücher

Alpenvereinsjahrbücher 1952 und 1953 des Deutschen Alpenvereins (mit Aufsätzen von Hermann Buhl)

Jahrbuch des ÖAV 1957 (Beiträge von Marcus Schmuck, Hermann Buhl und Fritz Schmitt)

BERGE DER WELT 1958/59, Jahrbuch der Schweizerischen Stiftung für Alpine Forschungen, Zürich 1958 (Beitrag Kurt Diemberger: Broad Peak – Chogolisa)

Festschrift »100 Jahre Edelweiß Club Salzburg 1881–1981«, Eigenverlag Salzburg 1983 (mit Beitrag Fritz Wintersteller über Broad Peak 1957)

Alpiner Klub »Karwendler« Innsbruck: Tätigkeitsbericht 1954–1959 (mit Versuch am Broad Peak 1954 und Nachruf für Hermann Buhl) sowie Festschrift zum 50jährigen Jubiläum

Festschrift »50 Jahre Sektion Bergland München« des DAV 1908– 1958, München 1983 (letzter Brief von Hermann Buhl und Tourenbericht mit Nanga-Parbat-Erstbesteigung)

Katalog »Der Berg ruft!« – zur Salzburger-Land-Ausstellung 2000– 2003 über Hermann Buhl, Nanga Parbat, Broad Peak u. a. m. (Beiträge von Schmuck, Diemberger, Wintersteller)

Österreichische Alpenzeitung, Folge 1291, Jänner/Feber 1957 (H. Buhl: Rückschau Nanga Parbat) sowie Folge 1294, Juli/August 1957 (letzter Brief u. Kartengruß H. Buhls vor Aufbruch zur Chogolisa)
Österreichische Alpenzeitung, Folge 1300, Juli/August 1958 (Kurt Diemberger, eingehender Bericht »Broad Peak – Chogolisa 1957; Hermann Buhl zum Gedenken«; Gipfelbeweis- und Rundblickfotos vom 9.6.1957)
Marcus Schmuck und Fritz Wintersteller: eingehender Bericht über die Karakorum-Expedition des ÖAV 1957 (u. Suchaktion nach Hermann Buhl), in *Der Bergsteiger und Berge und Heimat,* Oktober 1957, Bruckmann Verlag München
Eduard Sternbach, »Die Panoramen vom Broad Peak, 8047m«, ÖAZ, März/Juni 1961
Der Bergsteiger 4/1951, 7/1951, 7/1952, 5/1953, 1/1957 u. a. m. (in 10/2004 Beitrag Horst Höfler, »Hermann Buhl – Früher Tod mit 32«), Bruckmann Verlag München
Alpin, Sept. 2003, Olympia-Verlag Nürnberg: Diskussion zum 50. Jahrestag der Erstbesteigung des Nanga Parbat durch Hermann Buhl (anläßl. Buchvorstellung)

Nachträge zur Taschenbuchausgabe

Alpenvereinsjahrbuch Berg 2007 des DAV und ÖAV, Beitrag Rollo Steffens
The Alpine Journal 2005, Vol. 110, London; Beitrag Stephen Goodwin
Alpinist Nr. 14, Dezember 2005, Jackson USA (Beitrag Samantha Sacks)
The American Alpine Journal 2006; Beitrag David Stevenson
Das Dachl Nr. 50, Juli 2005, ÖAV-Sekt. Reichenstein, Wien; Beitrag Rudolf Zabusch
Österreichische Alpenzeitung, F. 1584, Nov./Dez. 2005, Wien; mit Beiträgen von Adi Mokrejs und Kurt Diemberger

Bildnachweis

Archiv Eugenie Buhl, Ramsau: Seite 247, 310 (Karte; Broad-Peak-Foto: Archiv Sella, Biella), 314, 343; Tafel 1 (Foto: Richard Müller, Innsbruck), 2, 3 (Foto oben: A. Pfannenschwarz, Innsbruck; Foto unten: Jos. Jul. Schätz, München), 4, 5 (Foto: S. Ghedina, Cortina), 6, 7 (Foto unten: Franz Königer, München), 8 (Foto: A. Pedrett, St. Moritz), 9 (Foto: R. Schudel, Grindelwald), 10, 11, 12, 13, 14, 22 oben

Archiv Kurt Diemberger, Bologna: Tafel 21, 22 unten, 23–32 (© 2005 Kurt Diemberger für alle von ihm aufgenommenen oder aus seinem Archiv stammenden Bilder)

Archiv des Deutschen Alpenvereins, München: Seite 2 (Foto Hans Ertl), 268, Tafeln 15–20

SERIE PIPER

Kurt Diemberger

Aufbruch ins Ungewisse

Abenteuer zwischen K2, Sinkiang und Amazonas. 416 Seiten mit 32 Farbtafeln, 84 Abbildungen im Text und einer Karte. Mit einem Vorwort von Hans Kammerlander. Serie Piper

Seit 1956 ist Kurt Diemberger als Bergsteiger im Extremen unterwegs, erlebte Abenteuer und Tragödien, war der »Kameramann der Achttausender«. Nicht allein die Schönheit und Wildheit der Natur, auch die Menschen, die dort leben, zogen ihn magisch an. In seinem Buch löst er die Rätsel um den Tod des großen Hermann Buhl und erzählt erstmals bis in alle Einzelheiten davon, wie seine Partnerin Julie Tullis und er 1986 am K2 ums Überleben kämpften. Ein langes Leben voller Höhepunkte – wunderbar erzählt.

»Er ist ein Reisender zwischen den Welten, zugleich einer der schillerndsten Alpinisten unserer Zeit.«
Hans Kammerlander

05/2021/01/L

Hans Kammerlander

Am seidenen Faden

K2 und andere Grenzerfahrungen. Unter Mitarbeit vom Walther Lücker. 368 Seiten und 33 farbige und 88 schwarzweiße Abbildungen. Serie Piper

Er ist als erster Mensch vom Nanga Parbat und vom Mount Everest mit Skiern abgefahren, hat dreizehn Achttausender und zahllose Gipfel bestiegen, ist extreme Routen geklettert. Oft mußte er an seine Grenzen gehen, häufig war das Überleben reines Glück. Hans Kammerlander erzählt mit großer Offenheit davon, wie er solche schier ausweglose Situationen bewältigt und was er aus diesen Grenzerfahrungen gelernt hat.

»Ein Buch wie der Autor selbst. Offen, ehrlich, humorvoll, geradlinig und manchmal auch selbstkritisch. Und vor allem getragen vom fesselnden und oftmals humorigen Erzählstil.«
Alpin

05/1965/01/R

SERIE PIPER

Jon Krakauer

Auf den Gipfeln der Welt

Die Eiger-Nordwand und andere Träume. Aus dem Amerikanischen von Wolfgang Rhiel. 304 Seiten. Serie Piper

Der Autor des Weltbestsellers »In eisige Höhen« berichtet in zwölf brillanten Reportagen von seinen gefährlichen Leidenschaften: dem Everest und dem K2, dem Montblanc und der berüchtigten Eiger-Nordwand, vom Canyoning in wilden Schluchten und von seiner erfolgreichen Solobesteigung des Devils Thumb in Alaska. Er erzählt von berühmten Bergsteigern, die für ihre Passion ihr Leben aufs Spiel setzen, und macht verständlich, worin die Faszination der Berge besteht.

»Spannende und interessante Geschichten, oft mit ungewöhnlichen Perspektiven, Humor und jenem ironischen Unterton, der aus ›Helden‹ wieder Menschen macht und damit das ›Abenteuer‹ erst recht plausibel.«

Frankfurter Allgemeine Zeitung

05/1972/01/L

Joe Simpson

Sturz ins Leere

Ein Überlebenskampf in den Anden. Vorwort von Chris Bonington. Aus dem Englischen von Jürg Wahlen. 243 Seiten und 21 Fotos. Serie Piper

Die beiden Bergsteiger Joe Simpson und Simon Yates brechen auf, um den Andengipfel Siula Grande über die bisher unbezwungene Westwand zu besteigen. Beim gefährlichen Abstieg stürzt Joe ab und zerschmettert sich das Knie. Schwerverletzt hängt der junge Bergsteiger im Seil, gehalten von seinem Freund Simon. Doch der spürt, daß er allmählich seinen Halt verliert. Um sein eigenes Leben zu retten, zerschneidet Yates das Seil …

»Kunstvoll werden die inneren und äußeren Erfahrungen der beiden Protagonisten gegeneinander gesetzt. Die elegante, bildkräftige Sprache ist der geschilderten Grenzsituation gewachsen.«

Süddeutsche Zeitung

05/1815/01/R

Reinhold Messner

Mallorys zweiter Tod

Das Everest-Rätsel und die Antwort. 224 Seiten mit 75 Abbildungen. Serie Piper

Als George L. Mallory im Juni 1924 am Gipfelgrat des Mount Everest verschwand, war ein Mythos geboren und mit ihm die Frage, ob er und sein Kletterpartner Andrew Irvine fast dreißig Jahre vor Edmund Hillary und Tenzing Norgay den höchsten Berg der Erde bezwangen. Und dann im Frühjahr 1999 die Sensation: Im ewigen Eis des Achttausenders wird die Leiche Mallorys gefunden. Reinhold Messner, der berühmteste Bergsteiger unserer Zeit, erzählt aus der Perspektive von Mallory, durchsetzt mit modernen Erkenntnissen und Berichten der Zeit, was damals geschah. Und am Ende beweist er, wer als erster auf dem Everest stand.

05/2025/01/L

Peter Meier-Hüsing

Wo die Schneelöwen tanzen

Maurice Wilsons vergessene Everest-Besteigung. 266 Seiten mit 8 Seiten Bildteil. Serie Piper

»Ich werde den Everest besteigen – allein.« London, 1933: Maurice Wilson beschließt, den Spuren des legendären George Mallory zu folgen. Niemand traut ihm das zu, dem exzentrischen und unglücklich verliebten Kaufmannssohn. Doch nach einem abenteuerlichen Flug im Doppeldecker landet er in Indien und überquert illegal die Grenze nach Tibet. Und dann steht er vor dem Dach der Welt … Peter Meier-Hüsing erzählt erstmals die wahre Geschichte der einsamsten Everest-Besteigung aus dem Jahr 1934 und liefert einen aufregenden Bericht aus einer Zeit, als der Himalaya noch den Tibetern gehörte.

05/1790/01/R